타임니
요가수트라
강의

일러두기

- 《The Science of Yoga》 영어판에는 산스크리트어가 수록되어 있으나 한국어 번역판에서는 산스크리트어 영어 음차로 대신하였음을 밝혀둡니다.
- 《요가수트라》는 본디 195경 또는 196경으로 전승되나, 본서는 3권 22경(소리 등의 사라짐에 대한 이해)을 포함하여 전체 196경으로 구성하였습니다.
- 직역으로 의미 전달이 어려운 대목은 적극적인 의역을 하고, 시대감각과 맞지 않은 구절이나 비유는 생략한 곳이 있음을 밝힙니다.
- 본문에서 고딕으로 표기된 산스크리트어 한글 독음은 국립국어원의 외래어 표기법에 근거하였으나, 관용적으로 통용되는 표기나 발음에 가까운 표기를 우선한 부분도 있음을 참고 바랍니다.
- 산스크리트어 연음법칙에 의해 단어 원형을 파악하기 어려운 경우, 독자의 이해를 돕기 위해 원문의 연음 형태를 먼저 제시하고 괄호 안에 결합 전 원형을 표기하였습니다.
- 보조용언, 복합명사는 가독성을 위해 붙여쓰기하였습니다.
- 이 책의 주석은 옮긴이 각주입니다.

THE SCIENCE OF YOGA
by I. K. Taimni

타임니 요가수트라 강의

The Science of Yoga

I.K. 타임니 지음
이숙인 감수
정슬빛 옮김

나무를 심는 사람들

추천사

마음의 자유를 꿈꾸는 모든 이들에게 권하는 책

박미라(심신통합치유학 박사, 치유하는글쓰기연구소 대표)

지금으로부터 5~6년 전의 일입니다. 나는 서울 연남동 인근의 '라자요가의 집'에서 1년 동안 요가를 배웠습니다. 이곳에서 요가를 배운다는 건 몸 동작인 아사나뿐 아니라 요가경전을 읽으며 공부하는 것을 의미합니다.

그때 나는 스와미 비베카난다의 《요가수트라》 주석서를 영어 원서로 읽고 아사나와 명상을 함께하는 수련에 참여했습니다. 그 수업의 안내자였고 이 책의 감수를 맡은 시원(이숙인)이 한 문장 한 문장 본문을 읽고 내용을 해석해주면 영어 읽기에 취약했던 나는 어두운 눈을 비벼가며 겨우겨우 내용을 따라갔습니다. 그때 수업에 참여했던 수련생은 15명 남짓이었는데 30대 전후의 나이로 보였고, 결석하는 사람도 거의 없이 1년의 과정을 모두 마쳤습니다. 수료식 날 시원은 수료증과 함께 어떤 자료집을 한 권 우리에게 나누어주었습니다. 자료집에는 직접 번역한 《요가수트라》의 주석들이 정리돼 있었습니다. 사치아난다, 브야사, 그리고 서구의 여러 영어본 《요가수트라》의 주석과 해설들… 맙소사!

내가 참여하기 훨씬 전부터, 그리고 지금까지도 그곳에선 늘 요가경전을 읽으며 요가의 깊은 뜻을 배우고 이해하려는 노력이 계속되고 있습니다. 정말 멋진 일입니다. 요가를 경전과 함께, 철학으로 가르치려는 선생님이 있다니, 또 그 어려운 공부를 변함없이 계속하는 학생들이 있다니. 그 학생들이 성장해서 지금은 전문가 수준이 되었을 것은 너무나 당연한 일입니다. 그 학생들 중 한 사람인 정솔빛 님이 이 책을 번역했고, 시원이 그 내용을 감수했습니다. 추측건대 시원은 학생들에게 경전의 내용을 충실하게 전달하기 위해 오랜 기간 이 책을 수도 없이 읽고 또 연구했을 겁니다.

우리가 뭔가를 배울 때 그것의 뿌리가 되는 지식을 찾아가는 것은 정말 신나는 일입니다. 그럴 때 배움은 암기가 아니라 진정한 이해가 됩니다. 내 관심사에 대한 이해뿐 아니라 인류의 보편적 지혜에 다가가게 되지요. 우리의 정신은 더 넓어지고 또 풍요로워집니다.

나는 글쓰기 치료를 안내하는 사람으로 어떤 심리학 이론을 치료에 적용할 때 그 이론적 배경을 자세히 안내하는 편입니다. 더 적극적으로는 이론의 창시자가 직접 쓴 이론서를 참여자들과 함께 읽는 수업을 좋아합니다. 자신들에게 적용되는 심리학 이론을 정확히 이해할 때 안내자의 말에 맹목적으로 따르는 일이 적어지고, 참여자가 스스로 원리를 응용할 수 있게 되기 때문입니다.

영성과 깨달음에 관한 공부도 마찬가지입니다. 수련과 함께 이론에 대한 공부가 필요하지요. 놀랍게도 현대의 우리는 고대의 지혜를 원전이나 경전으로 직접 접할 수 있게 됐습니다. 파탄잘리의 《요가수트라》가 평범한 우리들의 책상 위에 놓여있는 것입니다. 세상에! 이렇다 보니 과거에는 속세와 인연을 끊고 수행처에 들어가서 하던 공부를, 스승이나 전문가가 해석해 전달해주던 것을 요즘엔 평범한 우리가 경전을 가지고 직접 공부합니다. 자신의 눈으로 그 내용을 확인하고, 삶에 적용해보면서 그 깊은 뜻을 알아가기 위해서 말이지요. 그만큼 영성과 깨달음이 우리 가까이에 와있는 것입니다. 《타임니 요가수트라 강의》는 이런 시대에 꼭 필요한 책입니다.

2,000여 년 전에 쓰인 파탄잘리의 《요가수트라》는 요가의 가장 기본이 되는 고전입니다. 방대한 요가의 정신을 단 196개의 짧은 경구로 만들었기 때문에 원문은 모호하지만 그만큼 해석의 가능성이 무궁무진합니다. 그래서 지금까지 많은 주석서(해설서)가 세상에 나왔고, 심지어 주석서를 해석해주는 주석서에 대한 주석서까지 출간되었습니다. 《요가수트라》의 경구를 각각의 주석서가 어떻게 서로 다르게 해석하고 있는지 공부하고 비교해보는 작업은 흥미진진한 일이겠지만 문제는 주석서조차 모호하고 어렵다는 데 있습니다.

과학자이며, 힌두의 철학자이자 신지학자인 타임니는 우리의 이런 어려움을 이해했습니다. 그의 언어는 현대적이고 구체적입니다. 그는 서문에서 "올바르고 균형 잡힌 개념, 명확한 개념을 제시해서 요가의 근본 가르침을 누구나 이해할 수 있도록 썼다"고 밝혔습니다. 자칫 모호할 수 있는 오래된 경전의 내용을 최대한 쉽고 선명하게, 그러나 깊이 있게 해석해낸 것입니다. 특히 사마디(삼매)에 대한 명쾌한 해석, 요가신인 '이슈바라'에 관한 우주론적 이해, 만트라 '옴'을 에너지나 진동과 연관시키는 그의 설명은 탁월합니다. 그의 해석은 과학과 오컬트와 힌두사상을 넘나드는데, 이것이 전혀 현학적이지 않으면서 《요가수트라》를 쉽게 이해할 수 있도록 돕습니다. 유익함을 넘어 흥미로움과 재미까지 갖춘 책이라고 감히 평가해봅니다.

앞에서 언급했듯 이 책에는 종종 오컬트라는 단어가 등장합니다. 사전적

정의로 오컬트는 "과학적으로 해명할 수 없는 신비하고 초자연적인 현상"을 말합니다. 그것의 정확한 의미를 모르는 우리는 괴기스러운 오컬트 영화나 영매 등의 심령적 현상을 떠올리곤 하지요. 그런데 '과학적으로 해명하기 어려운 신비하고 초자연적인 현상'의 가장 대표적인 것은 깨달음 또는 영적 해방일 겁니다. 신지학은 의식의 이 놀라운 현상을 과학적으로 설명하고자 하지요. 일견 양극단에 있는 것처럼 보이는 과학과 영성이 동시에 초미의 관심사가 된 현대사회에서 신지학과 오컬티즘의 대두는 자연스러운 일일 것입니다.

번역이 훌륭하다는 점도 이 책의 주요한 미덕입니다. 읽기 쉽게 번역된 것은 물론이고, 《요가수트라》와 타임니의 책을 누구보다 오래, 실천적으로 연구해온 감수자의 노력이 깃들어있기 때문에 오역이 최소화된 책이라는 믿음이 내게 있습니다.

이런 이유로 나는 《요가수트라》를 공부하고 싶은 분에게 《타임니 요가수트라 강의》를 첫 번째 책으로 권합니다. 또한 이전에 주석서를 여럿 접한 분이라면 이 책으로 《요가수트라》를 마무리해도 좋을 것입니다.

이 좋은 책이 고대의 요가를 만나고 싶어 하는 현대의 요가수련자들에게, 그리고 마음의 자유를 꿈꾸는 모든 이들에게 꿀처럼 읽히기를 기원합니다.

감수의 글

체화된 지혜, 《요가수트라》의 세계

이숙인('라자요가의 집' 대표)

요즘 내 명상의 주제는 두 가지로 모아진다. 기후위기, 그리고 인공지능. 인류 존망의 대위기 앞에서 케케묵은 초고대 경전의 20세기 해설본, 그 지난한 출간 작업에 지난 1년 역설적으로 깊이 몰두했다. 지금 왜 《요가수트라》인가. 또 왜 타임니의 《요가수트라》인가?

이 책을 쓴 타임니는 1898년 인도에서 태어나 영국의 런던대학에서 유학한, 식민지 시대 동양의 한 지식인이었다. 귀국하여 평생을 인도 알라하바드 대학 화학과 교수로 봉직한 그는 다소 특이한 이력의 소유자다. 누가 봐도 당대 첨단의 분야를 연구하는 과학자이면서 영성철학자였고, 특히 신지학자였고, 요가학자였던 것이다.

영성철학의 한 분야로 분류될 수 있는 신지학의 가장 큰 특징은 동양의 정신적 자산인 요가, 명상, 불교 등의 교의를 서구에 널리 확산시킨 점이라 할 수 있다. 크리슈나무르티, 헬렌 니어링, 추상화가 칸딘스키와 몬드리안, 어쩌면 이들보다 더 앞선 세계 최초의 추상화가로 지금 한창 부산에서 전시

중인 스웨덴 화가 힐마 아프 클린트, 시인 예이츠, 인지학자 슈타이너, 러시아 음악가 스크랴빈 등이 신지학에 심취했다. 19세기 말에서 20세기 유럽은 신지학의 대유행이 휩쓸던 시기였다. 신지학의 대표적인 이론가이자 활동가에는 서구사회에선 꽤 널리 알려진 19세기 말 헬레나 블라바츠키, 애니 베전트, 헬레나 로예리치, 20세기 중반의 앨리스 베일리 등이 있다.

인도의 저명한 학자였던 타임니가 유럽 출신 여성 신지학자들이 설립, 성장시킨 인도 첸나이 소재 신지학회 회장을 맡아 오래도록 인도 대중과 전 세계에 영원의 지혜를 전파했다. 신지학과 정통 인도철학의 관점을 통합하여 독특하게 해설한 책들을 꾸준히 펴낸 것이다. 그 가운데 하나가 《The Science of Yoga》, 즉 본 책의 원서인 《요가수트라》 해설본이다. 그는 자신의 태생적 한계를 넘어 서구의 과학적 성과, 다원주의적 종교철학에 인도 고유의 전승지혜를 가미하여 걸출한 《요가수트라》 해설서를 우리에게 전해주었다.

해외에선 국내와 달리 타임니의 《요가수트라》 해설서의 명성이 드높고 꾸준하다. 지금도 여러 나라의 언어로 소개되고 있고 샹키야, 베단타, 요가 철학 및 서구의 과학, 신학, 신지학의 사상을 아우르는 그의 해설은 매우 논리적이고 독보적이란 평가를 받는다. 이 책의 강점은 뭐니 뭐니 해도 모든 명상의 백미이자 신비의 탐구 대상인 사마디에 대한 그의 견해일 것이다. 사마디는 삼매라고도 부르는 초의식과의 합일 명상으로 요가수련의 궁극적인 목표이자 존재 이유이다. 독자들께선 1권 전체, 특히 17~18수트라의 도표와 해설을 참조하면서 3권 1~15수트라까지를 연결해보고, 이어 4권의 사마디 이후 확장된 의식의 여정을 따라 여러 번 요가 명상의 단계와 의미를 톺아보시길 권한다. 특히 삼프라갸타 사마디와 아삼프라갸타 사마디, 세 가지 파리나마와 명상 단계의 해설은, 개인적으로 한 생애의 반 이상 요가의 명상 수련을 실천하고 있는 입장에서 말할 수 없이 커다란 도움을 받았음을 밝히지 않을 수 없다.

한국에선 여전히 점술의 하나로 취급받는 '요가 아스트롤로지의 과학–베딕 조티쉬'에서 이르길 오는 2100여 년부터를 새 시대, 즉 뉴 에이지라 부른다 한다. 그 가설이 맞다면 지난 2160년의 물고기 시대가 막을 내리고 벌써 물병자리의 자극과 힘이 지상으로 매 순간 쏟아지는 중인 것이다. 물병의 힘은 개인성과 그룹성을 연결하고 물질과학의 시대를 선도한다. 하지만 여전히 심령술 수준의 《요가수트라》 해설이 난무하던 당시, 타임니는 앞날을 예견하듯 가짜영성과 진짜영성을 구별하는 기준 또한 본문에 자주 제시했다. 나아가 얄팍한 초능력과 트랜스 상태를 명상이라 우기는 많은 요가수련자들을 향해 이제 그만 환영과 미망에서 깨어나라고 강력히 촉구하고 있다.

이 책의 존재를 처음 알게 된 것은 2006년~2012년까지 라자요가의 수련장 '매직 폰드 요가스쿨'에서 수련을 지도해주신 론 카즈윅 선생으로부터다. 타임니의 《요가수트라》와 영국 출신 오컬트 학자 앨리스 베일리의 《요가수트라》 주석서 《영혼의 빛》을 그때 처음 알게 되었다. 그동안은 마치 암호 같던 옛 경전의 상징과 비유, 깊은 의미를 그로부터 지금까지 거의 매일 접하고 사유하며 묵상하게 되었다. 하여 이제 조금이나마 요가수련자로서 요가의 대표 경전, 《요가수트라》에 대해서만은 간신히 까막눈을 면하게 된 기쁨이 크다.

'라자요가의 집'에서 7년째 함께 고전요가를 수련하는 정솔빛, 이 책의 번역자는 지난 세월, 거의 7, 8권에 육박하는 여러 《요가수트라》 해설서를 연구, 탐독하면서 작년 초, 타임니의 《요가수트라》를 번역하기 시작했다고 내게 불쑥 전했다. 그 이유를 물었더니 스스로 가장 이해하기 쉽고 가장 체계적이며 합리적인 요가의 해설서인 것 같아서, 라고 말했다. 신선한 소회였다. 그럼 아예 전체를 번역해서 여럿이 함께 보면 좋겠다고 의견을 밝히자 의외로 아주 빨리 전권을 번역해 파일로 보내주었다. 영문으로만 보다가 깔끔한 번역문을 보자니 '라자요가의 집' 도반들만 돌려보기엔 아까웠다.

나무를 심는 사람들의 이수미 대표의 과감한 결정이 없었다면 이 귀한 책은 한국의 독자들에게 이렇게 아름다운 책꼴로 전해지지 못했을 것이다. 인도 첸나이의 신지학회는 출판 관련 판권의 진행에 너무 답이 더뎠다. 밀크우드 에이전시의 여인혜 대표는 고전 라자요가의 길에서 도반으로 지낸 지 벌써 15년인데, 선뜻 이 난해한 진행 과정을 맡아 정말 애써주었다. 추천사를 써준 박미라 박사는 20여 년 전 방황하던 나를 영성의 세계로 이끌어준, 내면적 고아들의 대모와도 같은 존재이다. 그리고 무엇보다 이 모든 과정의 배경에는 마음속으로 공동번역자, 공동감수자라 여기는 '라자요가의 집' 도반들이 밤하늘의 별들처럼 뚜렷이 자리하고 있다. 이에 천지간 요가의 스승들, 요가의 신성한 존재들, 마하트마와 아바타들께 엎드려 절하며 부족한 이 작업물을 삼가 바친다.

차례

추천사 ··· 004
감수의 글 ··· 008
서문 ··· 015

I 사마디 파다 023
Samādhi Pāda, 삼매의 길

II 샷다나 파다 177
Sādhana Pāda, 수련의 길

III 비부티 파다 341
Vibhūti Pāda, 초능력의 길

IV 카이발야 파다 471
Kaivalya Pāda, 해방의 길

참고 | 인간의 구성에 관한 구조적 설명 ··· 562
색인 ··· 565

서문

The Science of Yoga

요가의 과학

오늘날 동서양을 막론하고 많은 사려 깊은 사람들이 요가라는 주제에 대해 진지한 관심을 보이고 있다. 이는 자연스러운 현상이다. 삶의 깊이 있는 문제들에 대해 의문을 품기 시작한 사람은, 이 행성에서의 강렬한 삶을 마치면 천상의 기쁨이나 '영생'이 약속되리라는 정도로는 영적 욕구를 채울 수 없기 때문이다. 정통종교의 이상을 믿지 않지만, 자신의 삶이 무의미하고 일시적인 우연에 불과하다고 여기지 않는 이들은 자연스럽게 '내면적' 삶과 연관된 문제의 해결을 위해 요가를 찾게 된다.

그러니 보다 만족스러운 해결책을 찾고자 요가를 시작한 사람들은 심각한 어려움에 직면할 수 있다. 그들은 요가의 모든 체계가 흥미롭고 심지어 매력적이라고 생각할 수 있지만, 일상생활에 적용하기에는 지나치게 신비롭고 번거로운 과정이 많다고 느낀다. 요가만큼 신비로우면서도 오류가 드러날 위험 없이 마음대로 쓸 수 있는 주제도 없기 때문이다. 요가를 둘러싼 이러한 신비와 모호함의 분위기는 어느 정도 요가의 본질에서 비롯된다. 요가는 삶과 우주의 가장 큰 비의 중 일부를 다루고 있기에, 필연적으로 심오하며 신비롭다. 그러나 많은 경우 요가문헌에서의 모호함은 그 심오함 때문이 아니라, 요가의 가르침과 일반 대중들이 익숙하게 여기는 사실 사이의 간극 때문이다. 고대 요가의 가르침을 현대의 관점으로 풀이하면 훨씬 쉽게 그 주제를 인식할 수 있다. 특히 오늘날 과학적 발견들은 요가적 삶을 이해하는 데에 큰 도움을 준다. 왜냐하면 더 높은 차원의 삶의 법칙과 물질계의 삶 사이에는 '위에서와 같이, 아래에서도(As above, So below)'라는 잘 알려진 오컬트 금언처럼 어떤 관계성이 있기 때문이다.

일부 요가교사들은 이런 난제를 타개하기 위해 요가문헌들에서 실천하기 쉬운 특정 수련법을 골라내어 일반 대중에게 전하려 했다. 아사나, 프라나야마 등 많은 수련법들은 육체적인 성격을 지니고 있어서 요가의 더 높고 본질적인 가르침과 분리될 경우, 단순 반복적인 신체수련법으로 전락하게 된다. 이러한 접근은 보다 건전하고 건강한 육체적 삶에 일부 기여했지만, 전체적인 요가의 특성을 크게 왜곡시켰고, 특히 서구에서 요가의 그림자를 더 크게 드리웠다.

요가를 배우는 대중들에게 필요한 것은 현대적 관점에서 요가의 모든 측면에 대해 올바르고 균형 잡힌 개념을 해설하는 것이다. 비록 요가의 많은 측면들이 지성적 이해를 넘어서는 것은 사실이지만, 철학과 종교의 주요 흐름에 익숙하고 열린 마음과 열정적인 자세를 지닌 진지한 독자들이라면, 요가철학과 기법의 보다 깊고 넓은 세계를 만날 수 있다. 적어도 그런 사람들이라면 요가철학을 충분히 이해함으로써 이 주제에 대해 더 탐구할 가치가 있는지, 후에 수련자(*Sādhaka*, 삿다카)로서 요가의 길에 본격적으로 들어설 것인지를 판단할 수 있다. 왜냐하면 실제로 요가의 길에 들어서서 자신의 본성이 근본적으로 변하기 전까지는 요가에서 말하는 문제들과 그 해결책에 대한 진정한 통찰을 얻기 힘들기 때문이다.

이 책은 요가를 진지하게 연구하는 모든 수련자, 학생, 독자 들이 요가의 근본 가르침에 대한 명확한 개념을 그들 스스로 이해할 수 있도록 쓰여졌다. 따라서 특정한 관점이나 특정한 학파에 기대어 요가를 말하지 않는다. 모든 과학 중의 과학인 요가는 너무나 포괄적이고 심오해서 시대를 막론하고 어떤 특정한 철학의 틀에 가둘 수 없다. 요가는 삶의 영원한 법칙에 기반한 과학, 그 자체로 존재하며, 요가의 주장을 뒷받침하기 위해 어떤 다른 과학이나 철학 체계를 필요로 하지 않는다. 요가의 진리는 그것을 깨달아 증언해온 끊임없는 신비가, 오컬티스트, 성인, 현자 들의 경험과 실험에 기초하고 있다. 그 진리를 많은 사람들이 쉽게 이해할 수 있도록 이성적인 근거 위에서 설명하려는 시도가 있었지만, 그것은 결코 무언가의 증명을 위한 것이 아니다. 고차원의 요가적 진리는 증명될 수도 입증될 수도 없다. 요가의 진리는 지성이 아닌 직관(intuition)에 호소한다.

요가의 모든 측면과 유형을 다루는 방대한 문헌들이 있다. 하지만 초심자가 이 자료의 바다에 무작정 뛰어들려 했다가는 무수한 혼란과 과장된 진술 때문에 포기할 가능성이 크다. 요가의 근본 핵심을 둘러싸고 수천 년 동안 여러 가지 주석, 분류와 설명, 탄트라의 수행법 등 방대한 가짜 문헌이 쌓였다. 초심자가 이 정글에 함부로 들어섰다가는 당황하여 결국 요가의 진리와 이상을 추구하는 일이 시간 낭비일지도 모른다는 느낌을 받고 뒤돌아설 가능성이 높다. 따라서 초심자는 기본적 문헌에만 우선 집중하는 편이 좋다.

요가의 기본 문헌 가운데, 파탄잘리의 《요가수트라》는 가장 권위 있고 유용한 책으로 손꼽힌다. 파탄잘리는 요가의 필수철학과 기법을 196개의 수트라에서 압축된 형태와 체계적인 해설로 경이롭게 표현해냈다. 이 책을 처음, 또는 피상적으로 공부하는 학생에게는 그 내용이 다소 생소하고 되는 대로 쓰인 것처럼 보일 수 있지만, 보다 주의 깊게 연구해본다면 그 내용의 합리적인 근거를 발견하게 될 것이다. 다음의 개요는 이를 잘 보여준다.

1권은 요가의 일반적인 속성과 기법을 다룬다. 그것은 실제로는 '요가란 무엇인가'라는 질문에 답하기 위한 것이다. 사마디(*Samādhi*, 삼매)가 요가의 필수 기법이므로, 당연히 1권에서 다루는 여러 주제들 중 가장 중요한 위치를 차지한다. 따라서 1권은 사마디 파다(*Samādhi Pāda*, 삼매의 길)로 부른다.

2권의 첫 부분은 클레샤(*Kleśa*, 고통)의 철학을 다루며, '왜 요가를 수련해야 하는가'라는 질문의 답이다. 이는 인간 삶의 조건과 그 조건에 내재된 고통과 불행에 대해 통찰력 있는 분석을 제시한다. 요가의 길에 들어서서 최종목표에 이르기까지, 생에서 다음 생으로 불굴의 의지로 노력하려고 하는 사람이라면 누구나 클레샤의 철학을 철저히 이해해야 한다. 2권의 두 번째 부분은 바히랑가(*Bahiraṅga*), 즉 외적 수련이라 불리는 요가기법의 첫 다섯 가지 수련법을 다룬다. 이 수련법들은 준비 단계의 성격을 띠며 삿다카(수련자)를 사마디 수련에 적합하게 만드는 것이 그 목적이다. 2권은 열망자를 육체적, 정신적, 감정적, 도덕적으로 높은 차원의 요가수련에 적합하게 만들기 위한 내용이므로 삿다나 파다(*Sādhana Pāda*, 수련의 길)로 부른다.

3권의 첫 부분은 안타랑가(*Antaraṅga*), 즉 내적 수련이라 불리는 요가기법의 나머지 세 가지 수련법을 다룬다. 이를 통해 수련자는 사마디에 이르게 되고, 요가적 삶의 모든 신비가 풀리며 싯디(*Siddhi*, 초자연적 능력)를 획득한다. 3권의 두 번째 부분에서는 이러한 성취에 대해 자세히 논의하기 때문에, 이를 비부티 파다(*Vibhūti Pāda*, 초능력의 길)로 부른다.

마지막 4권에서는 요가의 연구와 실천에 수반되는 모든 철학적 문제들이 설명된다. 인식의 본질, 욕망과 그 구속력, 해방과 그에 따른 결과 등이 간략하지만 체계적으로 다뤄지기 때문에, 학생들이 이론적 지식의 적절한 배경을 갖출 수 있게 된다. 이 모든 주제들은 카이발야(*Kaivalya*, 해방) 달성과 직간접적으로 연관되어 있기 때문에, 이 장을 카이발야 파다(*Kaivalya Pāda*, 해방의 길)라고 부른다.

고대에는 모든 요가수련자들이 수트라를 암기하고 그에 대해 정기적으로 깊이 명상함으로써 그 숨겨진 의미를 이끌어내야만 했다. 하지만, 요가의 연구와 수련이 가치 있는지에 대한 확신이 먼저 필요한 현대의 학생들에게는, 요가의 전체 철학을 이해할 수 있도록 돕는 보다 상세하고 정교한 설명이 필요하다. 이를 위해서도 《요가수트라》는 가장 적합한 기반이 된다. 《요가수트라》는 요가에 관한 모든 필수적인 정보를 탁월한 방식으로 제공할 뿐만 아니라, 요가문헌 중에서도 걸작으로 인정받으며 시간과 경험의 검증을 통과했기 때문이다. 바로 이런 이유 때문에 《요가수트라》는 이 책의 기초가 되었다.

《요가수트라》와 같은 책에 대한 주석을 쓰려는 필자의 과제는 결코 쉽지 않았다. 가장 심오한 성격의 주제를 다뤄야 하기 때문이다. 해석해야 할 개념들은 응축의 기술을 극한까지 구현한 수트라의 형태로 주어진다. 수트라를 구성하는 언어는 고대의 언어로, 철학적 개념을 표현하는 데는 매우 효과적이지만 다양한 해석의 여지를 남겨둔다. 무엇보다 가장 중요한 점은 필자가 인간 경험의 영역에 있는 과학을 다루는 사람이라는 사실이다. 따라서 철학자처럼 자신만의 사유를 펼치며 자신만의 해석을 내놓을 수는 없다. 과학자는 최선을 다해 사물을 마땅히 있어야 할 모습이나 있을 수 있는 측면에서가 아니라, 있는 그대로 보여주어야 한다. 또한 시간이 지남에 따라 단어의 의미가 변한다는 점을 고려할 때, **수트라**를 문자 그대로의 의미에 따라 해석하는 것은 매우 위험하다. 물론 거의 완벽하다고 여겨지는 언어로, 대스승의 영혼으로 쓰여진 《**요가수트라**》와 같은 책을 함부로 다룰 수는 없다. 하지만 **수트라**를 무분별하고 부주의하게 해석하는 것과, 경험적 사실과 공인된 전통을 충분히 고려하여 그 의미를 이끌어내는 것은 다르다.

영어로 주석을 쓰는 데 있어서 또 다른 어려움은 많은 산스크리트어에 상응하는 영어 번역을 쉬이 찾을 수 없었다는 점이다. **요가**의 과학은 주로 동양에서 발달해왔고 서양에서 **요가**에 대한 관심이 생겨난 것은 최근의 일이므로, 철학적 개념을 내포한 산스크리트어에 해당하는 적절한 영어 단어가 없었다. 많은 경우, 사용 가능한 영어 단어조차도 독자에게 완전히 잘못된 인상을 심어줄까 염려되었다. 이를 피하기 위해 영어로 정확한 대응어를 찾을 수 없는 경우에는 주석에서 산스크리트어를 자유롭게 사용했다. 각 **수트라**의 경우 산스크리트어 원문*뿐만 아니라 **수트라**에 사용된 산스크리트어 단어의 의미도 제시하였다. 물론 앞서 언급했듯이 많은 산스크리트어 단어에 대한 정확한 영어 대응어는 없다. 그런 경우, 대략적 의미만을 제시하였고, 독자들은 후속 주석에서 그 단어의 정확한 의미를 찾을 수 있을 것이다. 어떤 해석에 대한 최종적인 정당성은 그 해석이 경험적 사실과 얼마나 부합하는가에 있으며, 이런 검증이 불가능할 경우에는 상식과 이성이 길잡이가 되어야 한다. 진리를 추구하는 사람들이라면 다양한 **수트라**들에 내재된 사실과 진리에 특히 관심을 기울여야 하며, 단어 하나하나의 의미에 대한 논

* 한국어판에서는 산스크리트어의 영어 음차를 수록하였다.

쟁에 휘말려서는 안 된다. 그런 소일거리는 학자들에게나 맡겨둘 일이다.

《요가수트라》에 대한 신중한 연구와 요가의 목표를 달성하기 위해 필요한 준비와 노력을 살펴보면, 독자들은 그것이 극도로 어렵거나 불가능한 과제라는 인상을 받을 수 있다. 이는 분명히 그들을 낙담시킬 것이고, 만약 그들이 삶의 문제들에 대해 깊이 생각하고 그것을 명확히 하지 않는다면 이 신성한 모험을 포기하거나 다음 생으로 미룰 수 있다. 요가를 단순한 취미나 일상의 스트레스와 긴장에서 벗어나기 위한 수단으로 삼을 수만은 없다는 점에는 의심의 여지가 없다. 인간 삶의 본질과 그 속에 내재된 고통과 불행을 충분히 이해하고, 이를 영구적으로 종식시키는 유일한 방법이 우리 내면의 진리를 찾는 것, 바로 요가수련이라는 깨달음을 통해서만 모든 것을 새로 시작할 수 있다. 이 목표의 달성은 장기적인 과제이며, 열망자는 전심전력을 다해 여러 생, 즉 필요한 만큼의 삶들을 바칠 준비가 되어있어야 한다. 아무도 처음부터 자신의 잠재력이 얼마만큼일지, 얼마나 오랜 시간이 필요할지 잘 알 수 없다. 최선을 기대하되, 최악에 대비해야 한다.

스스로 이런 과제를 감당할 수 없다고 느끼는 사람들이 지금 당장 요가를 시도해야 할 의무는 없다. 그들은 요가에 대한 이론적 연구를 계속하고 삶의 더 깊은 문제들에 대해 끊임없이 생각하며, 스스로를 정화하고 단련시킬 수 있다. 그러다 보면 분별력이 충분히 강해져서 언젠가는 삶의 환영을 넘어 실재를 꿰뚫어 볼 수 있게 될 것이다. 사실 이것이 바로 파탄잘리가 2권 서두에서 언급한 크리야 요가의 목적이다. 크리야 요가의 결과 진정한 내면의 눈이 열리기 시작하면, 그들은 자신이 이 길고 힘든 여정을 감당할 수 있을지에 대해 더 이상 의심하지 않게 될 것이다. 그때가 되면 아무도 그들을 막을 수 없을 것이며, 그들은 자연스럽게 진심을 다해 이 어려우면서도 신성한 과업에 매진하게 될 것이다.

중요한 점은 어디에서든 가능한 한 빨리—지금 당장—분명한 시작을 하는 것이다. 그렇게 시작하는 순간, 힘은 노력하는 자의 중심을 향해 모이기 시작하며 이제는 그 힘이 목표를 향해 열망자를 이끌어갈 것이다. 처음에는 느리지만 속도는 점점 더 빨라지게 될 것이고, 결국 그는 자신의 이상을 추구하는 데 깊이 몰두하게 되어 시간과 거리는 더 이상 문제가 되지 않을 것이다. 그리고 어느 날 자신이 목표에 도달했음을 알게 되고, 시간의 영역에서 완수한 길고 지루한 여정을 되돌아보며, 그 시간 내내 자신이 영원 안에 살고 있었다는 사실에 놀라게 될 것이다.

사마디 파다

I

Samādhi Pāda

삼매의 길

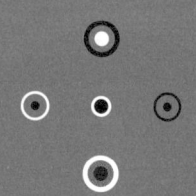

1

Atha yogānuśāsanam.

아타 요가아누샤사남

아타 이제, 여기	요가 합일	아누샤사남 해설, 가르침

Now, an exposition of Yoga (is to be made).

이제, 요가에 대한 해설을 시작하고자 한다.

이 경전은 요가에 대한 '해설(exposition)'이다. 파탄잘리는 자신이 요가과학의 발견자라고 주장하지 않으며, 단지 독자가 알아야 할 요가과학에 관한 모든 본질적 지식을 몇 개의 수트라로 압축하려고 노력한 해설자일 뿐이다. 파탄잘리라는 인물에 대해서는 거의 알려진 바가 없다. 비록 그에 관한 명확한 역사적 정보는 없지만, 오랜 전승에 따르면 그는 고빈다* 요기(*Yogi*, 요가수행자)이며, 샹카라차리아**에게 요가의 과학을 전수했던 것으로 알려져 있다. 《요가수트라》에서 요가라는 주제를 노련하게 해설한 방식으로 볼 때, 그는 실제적인 기법을 포함한 요가의 모든 측면에 대해 매우 높은 경지의 요기였음이 분명하다.

요가과학이라는 주제를 수트라의 형태로 해설하는 방법은 특이하고, 산

* 《바가바드 기타》의 주요 화자이자, 힌두 3신 중 하나인 크리슈나가 가진 여러 이름들 중의 하나.

** 인도 철학사에서 가장 영향력 있는 인물 중의 하나로, 불이론적 베단타 철학을 체계화시켰다.

스크리트어에 대한 지식이 없는 현대인들에게는 익숙하지 않다. 따라서 고대의 현자와 학자들이 가장 중요한 몇몇 주제를 설명할 때 택했던 이 고전적인 방법에 대해, 몇 마디 언급해두려 한다. 산스크리트어로 **수트라**(*Sūtra*)라는 단어는 '실(絲)'이라는 의미이고, 이 일차적 의미는 **수트라**를 경구(警句)로 보는 이차적 의미를 낳았다. 마치 묵주의 실이 구슬들을 엮어주듯이, 하나하나의 **수트라**는 주제의 본질들을 개략적으로 연결하고 있다. 이 방법의 중요한 특징은 가장 응축된 형태의 표현이다. 그것으로 모든 본질을 명확하게 설명하고, 겉보기에 제시된 개념들은 불연속적으로 보이겠지만 주제의 연속성을 근본적으로 유지한다. 이처럼 숨겨진 추론의 실마리를 발견하려는 노력은 종종 많은 **수트라**들의 의미에 대한 단서를 제공하였다. 이러한 방식은 인쇄술이 알려지지 않았고 대부분의 중요한 경전을 학생이 암기해야만 했던 시대에 널리 통용되었다. 그래서 최대한 압축적인 표현이 필요했던 것이다. 물론 본질적인 내용은 빠지지 않았으나, 이미 익숙하거나 쉽게 유추할 수 있는 것은 가차 없이 삭제되었다.

파탄잘리는 이 짧은 수트라에 엄청난 양의 이론적, 실제적 지식을 구현해 놓았다. 필요한 모든 것이 여기저기에 뼈대의 형태로 제시되어 있다. 필요한 지식의 핵심을 찾아내고, 적절히 준비하여, 심사숙고하고 음미해야만, 주제 전체를 철저히 이해할 수 있다. 현대의 학생들에게 **수트라**식 해설 방법은 불필요할 정도로 모호하고 어려워 보일 수 있다. 하지만 주제를 꿰뚫기 위해 필요한 노력을 한다면, **수트라**식 해설 방법이 현대의 설명 방식보다 우월함을 깨닫게 될 것이다. 단어와 개념을 파고들어 숨겨진 의미를 찾아내야만 필요한 지식을 철저하게 습득할 수 있다. 특히 이 방식은 자신의 내면 깊이 잠들어있는 귀중한 지식을 스스로 일깨워내는 힘과 능력을 동시에 발달시킨다.

그러나, 이러한 방식은 단점도 있다. 해당 주제에 완전히 정통하지 않은 독자가 스스로 올바른 의미를 찾기 어렵다는 점이다. 우리는 《요가수트라》의 간략한 경구들 이면에 전(全)우주적인 사고의 패턴이 있으며, 단어는 단순한 상징에 불과하다는 점을 기억해야 한다. **수트라**의 진정한 의미를 이해하기 위해서 우리는 이러한 사고 패턴에 철저히 익숙해져야 한다. 산스크리트어 경구를 다른 언어로 번역해야 할 때, 그 어려움은 더욱 커진다.

이러한 경전을 쓴 이들은 마음을 정복했고, 그들이 다루는 주제와 언어의 대가들이었다. 그들의 제시 방식에는 본디 결함이 없었을 것이다. 그러나 시간이 흐르면서, 이들 단어의 의미와 사고 패턴에 근본적인 변화가 일어났을 수 있다. 그리고 이 사실은 일부 **수트라**에 대한 오해와 잘못된 해석의 가능성을 끝없이 초래한다. 순수하게 철학적이거나 종교적인 논고에서는 그러한 오해가 크게 중요하지 않을 수도 있지만, 《요가수트라》처럼 실제 수련에 적용되는 경전에서는 심각한 문제와 위험을 초래할 수 있다.

다행히 **요가**란 동양에서 항상 살아있는 과학이었다. 여기에는 이 과학의 기본 진리를 자신의 실험과 경험으로 입증해내는 헌신적인 전문가들의 끊임없는 계승이 있었다. 이는 **요가**의 전통을 생생하고 순수하게 유지하는 데 기여했을 뿐 아니라, **요가**과학의 전문 용어들을 상당히 명확하게 정의내려 사용하였다. 과학이 현실과 유리되는 경우에는 본래의 의미를 잃고 단어의 수렁으로 빠지는 경향이 있다.

수트라의 형태로 주제를 제시하는 방법은 실용적이고 진보한 학생에게는 적합하지만, 현대사회에는 그다지 맞지 않는다는 점을 부인할 수 없다. 과거에는 압축된 형태로 구현된 지식을 상세히 설명하고 실제적인 지도를 해주는 스승들에게 쉽게 다가갈 수 있었다. 더욱이 당시 학생들에게는 스스로 생각하고, 명상하고, 그 의미를 파헤쳐볼 수 있는 여유가 있었다. 요가의 이론적 연구에만 관심이 있고, 전문 교사 밑에서 요가를 수련하지 않는 현대의 학생에게는 그런 장점들이 전혀 없으며, 그들이 이 주제를 적절히 이해하기 위해서는 상세하고 명확한 해설이 필요하다. 그들에게는 사용된 단어와 구절의 명백한 의미를 설명해줄 뿐만 아니라, 익숙하고 쉽게 이해할 수 있는 개념을 통해 숨겨진 의미도 설명해주는 주석이 필요하다. 그들은 '알약'이 아니라 덩어리로, 그것도 가능하면 입에 넣기에 적당한 크기와 맛의 음식을 원하는 것이다.

2

Yogaś citta-vṛtti-nirodhaḥ.

요가슈 칫타 - 브릿티 - 니로다

요가슈 요가는	**칫타** 마음
브릿티 변형, 기능	**니로다** 제한, 조절, 통제, 지멸

Yoga is the inhibition of the modifications of the mind.

요가는 마음*의 변형을 통제하는 것이다.

이 수트라는 실용적 가치가 있는 원리나 기법을 다루기 때문이 아니라, 단 네 단어만으로 요가의 본질을 정의했기 때문에, 가장 중요하고 잘 알려진 수트라 중의 하나이다. 모든 과학에는 가장 기본적인 개념들이 있는데, 전체 내용을 만족스럽게 파악하려면 그 개념들을 올바로 이해해야 한다. 이 수트라의 네 단어에 내재된 개념은 근본적인 성격을 띠고 있으며, 학생은 연구와 성찰을 통해 그 진정한 의미를 파악하려고 노력해야 한다. 물론, 이 단어들의 의미는 이 책 전체를 철저하게 연구하고 주제의 다양한 측면을 서로 연관지어 고려할 때에만 충분히 드러날 것이다. 그런 단어들은 신중하게

* 칫타는 마음(mind)을 포함하지만, 사실 마음보다 더 포괄적인 의미로 인간 하나하나의 의식상태를 표현하는 단어이다. 하지만 칫타에 정확하게 대응하는 영어와 한국어 단어가 없고 대부분의 사람들은 칫타를 주로 마음으로 사용하므로, 이번 수트라에서 칫타를 마음으로 표기하였다.

정의되고, 필요한 곳 어디에나 들어있을 것으로 예상된다. 그러나 이번 수트라에서는 그러한 정의가 제시되지 않았기 때문에, 파탄잘리는 학생이 이 책 전체를 공부하면서 단어의 의미에 대한 명확한 생각을 얻기를 기대했다고 볼 수 있다. 하지만 초기단계에서 혼란과 오해를 방지하기 위해, 단어와 수트라의 의미를 고찰해보는 것이 가치 있겠다.

먼저 **요가**(*Yoga*)라는 단어부터 시작해보자. 산스크리트어로 **요가**라는 단어는 무척 많은 의미를 가지고 있다. 그것은 '결합하다'를 의미하는 어근 *Yuj*에서 파생되었고, 이 결합의 개념이 모든 의미를 관통하고 있다. **요가**수련으로 결합시키려는 두 가지는 무엇인가? 힌두철학에 의하면 인간의 영혼, 즉 **지바트마**(*Jīvātmā*)는 현현(顯現)된 우주의 근원이며 신성한 실재인 **파라마트마**(*Paramātmā*)의 일부이다. 비록 본질적으로 둘은 동일하고 불가분하지만 그럼에도 불구하고 **지바트마**는 **파라마트마**와 분리되었고, 현현된 우주에서 진화의 주기를 거친 후, 의식적으로 다시 **파라마트마**와 합일하게 될 운명이다. 이 둘의 합일된 상태와 이 합일에 도달하는 의식적 과정과 훈련 모두를 **요가**라고 한다. 이 개념은 **상키야**(*Sāṃkhya*) 철학*에서 다른 방식으로 표현되어 있지만, 면밀히 분석해보면 결국 **요가**와 **상키야** 철학이 본질적으로 동일함을 알 수 있을 것이다.

다음은 **칫타**(*Citta*)라는 단어다. 이 단어는 **베단타**(*Vedānta*)**에서 **사트-치트-아난다**(*Sat-Cit-Ānanda*, 존재-의식-지복)라고 불리는 **파라마트마**의 세 가지 측

---

* 힌두 6파 철학의 한 갈래로 '수론(數論)'으로 불리며, 순수의식인 푸루샤와 근원물질인 프라크리티를 존재의 두 범주로 보는 이원론적 철학.

** '베다의 끝'이라는 뜻으로 오직 하나의 실재만이 존재한다고 보는 불이론적 해석을 지지하는 철학이며, 역시 힌두 6파 철학에 포함된다

면 중 하나인 치트(*Cit*) 또는 치티(*Citi*, IV-34)에서 파생되었다. 치트는 우주 형상의 기반이 되고, 치트를 통해 우주가 창조된다. 소우주인 개별 인간의 영혼에 치트가 반영된 것을 칫타라고 부른다. 따라서 칫타는 지바트마가 완전해져서 파라마트마와 합일할 때까지, 자신의 개별적 세계를 물현화시키고 현상계에서 살고 진화하기 위해 사용하는 도구 또는 매개체이다. 대체로 칫타는 현대심리학에서 말하는 '마음(mind)'에 해당하지만, 더 포괄적인 의미와 기능을 가지고 있다. 칫타는 현현된 우주의 모든 차원에서 의식이 작용할 수 있도록 하는 보편적 매개체(vehicle)로 간주될 수 있는 반면, 현대심리학에서의 '마음(mind)'은 사고, 의지, 감정의 표현에만 국한된다.

그러나 우리는 칫타를 다양한 정신적(mental) 이미지가 만들어질 때 여러 형태로 변형되는 물질적인 매개체로 상상해서는 안 된다. 그것은 근본적으로 비물질적이지만, 물질에 의해 영향을 받는 의식이다. 사실 칫타는 순수의식과 근원물질, 즉 푸루샤(*Puruṣa*)와 프라크리티(*Prakṛti*)의 산물이라 할 수 있으며, 그 작용을 위해서는 두 존재가 모두 필요하다. 그것은 의식의 빛이 현현된 세계에 투사되도록 하는 형태 없는 스크린과 같다. 그러나, 그 진정한 비밀은 현현된 우주의 기원에 묻혀있으며, 깨달음에 도달해야만 알 수 있다. 4권의 인식론이 칫타에 관해 일반적인 설명을 제공하고는 있지만, 칫타가 본질적으로 무엇인지에 관해서는 언급하지 않는다.

이 수트라에서 우리가 고려해야 할 세 번째 단어는 브릿티(*Vṛtti*)이다. 그것은 '존재하다'를 의미하는 어근 Vṛt에서 파생되었다. 따라서 브릿티는 존재하는 방식이다. 어떤 것이 존재하는 방식을 고려할 때, 우리는 그것의 변형, 상태, 활동 또는 기능을 고려할 수 있다. 이 모든 암시가 브릿티의 의미에 들어있지만, 현재 맥락에서 이 단어는 '변형(modification) 또는 기능(functioning)'이라는 단어로 가장 잘 번역된다. 때로는 이 단어가 '전변(transformation)'으로 번역되기도 하는데, 이는 타당하지 않은 것 같다. 전변에서는 변화에 중점을 두지, 상태에 중점을 두지 않기 때문이다. 사비자 사마디(*Sabīja Samādhi*, I-46)에서처럼 칫타의 변형은 중지될 수 있지만, 여전히 칫타는 어떤 특정한 변형된 상태로 남아있을 수 있다. 요가의 궁극적인 목표는 니르비자 사마디(*Nirbīja Samādhi*, I-51)에서 모든 변형을 지멸(止滅)하는 것이므로, '전변'이라는 단어로는 브릿티라는 단어의 의미를 적절히 표현할 수 없다. 게다가 '전변'이라는 단어는 3권 첫 부분에서 다루는 세 가지 파리나마(*Pariṇāma*)에 사용되어야 한다. 칫타는 기능적 존재이고 의식이 물질에 의해 영향을 받을 때에만 생겨나기 때문에, 아마도 '기능'이라는 단어가 현재의 맥락에서 브릿티의 의미를 최대한 잘 표현하겠지만, '변형'이라는 단어도 일반적으로 사용되고 더 쉽게 이해되므로 그냥 넘어갈 수 있겠다.

칫타-브릿티(*Citta-Vṛtti*)의 의미를 이해하려고 할 때, 몇 가지 오해를 경계해야만 한다. 첫 번째, 칫타-브릿티 자체는 진동이 아니라는 것이다. 우리는 앞에서 칫타가 물질이 아니라는 것을 보았고, 따라서 그 안에서는 어떤 진동도 일어날 수 없다. 진동이란 물질 안에서만 일어날 수 있기 때문이다. 다만, 물질의 진동이 칫타-브릿티를 생성할 수는 있다. 물질의 진동과 칫타-브릿티는 다르지만, 서로 연관되어 있다. 이와 관련하여 주목해야 할 두 번째는 칫타-브릿티가 정신적 이미지는 아니지만, 정신적 이미지와 연관될 수 있고 일반적으로는 연관되어 있다는 것이다. I-5 수트라에서 칫타-브릿티는 다섯 종류로 제시된다. 정신적 이미지에는 셀 수 없이 많은 종류가 있다. 그런데 파탄잘리는 칫타-브릿티를 다섯 가지로만 분류했다. 이는 칫타-브릿티가 단순한 정신적 이미지들보다 훨씬 포괄적이라는 점을 보여준다. 앞으로 독자들이 다섯 가지 브릿티를 다루는 여섯 개의 수트라(I-6~11)를 주의 깊게 살펴본다면, 그것들이 마음의 가장 기본적인 상태 또는 변형임을 알게 될 것이다. 파탄잘리는 독자에게 익숙한 낮은 수준의 마음의 변형과 관련하여 다섯 가지 유형을 제시했다. 그러나 칫타의 더 높은 영역에서는 그 유형의 수와 특성이 현저히 다를 수밖에 없다.

고려해야 할 마지막 단어는 니로다(*Nirodha*)이다. 이 단어는 '제한된(restrained)', '조절된(controlled)', '통제된(inhibited)'을 의미하는 니룻담(*Niruddham*)으로부터 파생되었다. 이 모든 의미는 요가의 다양한 단계에 적용될 수 있다. 제한은 초기단계에, 조절은 더 진전된 단계에, 통제 또는 완전한 지멸은 마지막 단계에 수반된다. 니로다의 주제는 III-9 수트라에서 다뤄지며, 독자는 그와 관련된 내용을 주의 깊게 읽어야 한다.

독자가 이 수트라의 네 단어의 의미를 이해했다면, 그것이 요가의 본질적 성격을 훌륭하게 정의내리고 있음을 알게 될 것이다. 이를 통하여, 독자는 모든 진보의 단계와 그 결과로 오는 의식의 모든 개화과정을 보다 명확하게 이해할 수 있다. 그것은 예비과정을 배우는 크리야 요가(*Kriyā Yoga*, 예비요가)의 단계, 마음을 완전히 조절하게 되는 다라나(*Dhāraṇā*, 집중)와 디야나(*Dhyāna*, 관조)의 단계, 삼프라갸타 사마디(*Saṃprajñāta Samādhi*, I-17)의 '씨앗(bīja, seed)'을 통제해야 하는 사비자 사마디의 단계, 그리고 칫타의 모든 변형을 지멸하고 프라크리티의 영역을 넘어 실재의 세계로 나아가는 니르비자 사마디의 마지막 단계까지 모두 동일하게 적용된다. 이 수트라의 완전한 의미는 요가라는 주제가 모든 방면에서 철저하게 연구되었을 때에만 이해될 수 있으므로, 이 단계에서 더 이상 말하는 것은 불필요하다.

3

Tadā draṣṭuḥ svarūpe'vasthānam.

타다 드라슈투 스바루페바스타남(스바루페아바스타남)

타다 그때	드라슈투 보는 자의
스바루파 자신만의 형태 또는 핵심적이고 근본적인 속성	아바스타남 확립

Then the Seer is established in his own essential and fundamental nature.

그때 관찰자는, 자기 내면의 본질 안에 확고히 자리 잡는다.

이 수트라는 마음의 변형이 모든 차원에서 완전히 지멸되었을 때, 어떤 일이 일어나는지 설명하고 있다. 관찰자는 자신의 스바루파(*Svarūpa*, 참된 본성)를 확립하거나, 달리 말하면 자각(Self-realization)에 도달한다. 우리가 칫타-브릿티의 변형에 관여하고 있는 한, 이 자각의 상태가 무엇인지는 알 수 없다. 그것은 오직 내면에서만 깨달을 수 있다. 연구와 성찰을 통해 알 수 있는 부분적인 이해조차도, 요가의 전체 이론과 기법을 습득한 후에야 가능하다. 사마디(*Samādhi*, 삼매)와 리탐바라(*Ṛtambharā*), 즉 '진리와 정의의 빛'이라는 더 높은 의식의 단계 속에서 요기는 현현의 근저에 있는 진리를 알 수 있다. 그러나 이때 그가 알 수 있는 진리는 관찰자인 드라슈타(*Draṣṭā*)가 아니라, 관찰 대상인 드리샴(*Dṛśyam*)의 일부일 뿐이다. 관찰자의 진리를 얻으려면 니르비자 사마디를 수련해야만 한다.

4

Vṛtti-sārūpyam itaratra.

브릿티-사루프얌 이타라트라

브릿티 변형	**사루프얌** 동일시	**이타라트라** 다른 상태에서

In other states there is assimilation (of the Seer) **with the modifications** (of the mind).

시시때때 관찰자는 마음의 변형 상태에 놓인다.

마음의 변형이 통제되지 않고, 관찰자가 자신의 내면에 확고히 자리잡고 있지 않을 때, 관찰자는 특정한 **브릿티**와 동화된다. 맑은 물로 가득 찬 물통 안에 불이 켜진 전구가 매달려있다고 상상해보자. 물이 어떤 장치에 의해 격렬하게 휘저어지면 전구 주위에 모든 종류의 패턴이 형성될 것이고, 패턴은 전구의 빛에 의해 순간순간 변할 것이다. 그러나 전구 자체는 어떨까? 전구는 시야에서 사라질 것이고, 전구의 빛은 물과 동화되거나 사라질 것이다. 이제 물의 회전이 점차 느려져 완전히 고요해지는 것을 상상해보자. 전구가 점차 시야에 나타나고, 마침내 물이 아주 고요해지면 전구만 보이게 될 것이다. 이 비유는 **푸루샤**가 마음의 변형과 동화되었다가, 다시 자신의 변형되지 않은 상태로 되돌아가는 것을 묘사한다. 마음은 **파라-바이라기야**(*Para-Vairāgya*, 최상의 비집착)를 통해, 또는 **사마디**의 수련을 통해 고요해질 수 있으며, 두 경우 모두 결과는 깨달음과 해방이다.

5

Vṛttayaḥ pañcatayyaḥ kliṣṭākliṣṭāḥ.

브릿타야 판차타이야 클리슈타아클리슈타

•

브릿타야 변형들	**판차타이야** 다섯 가지
클리슈타 고통스러운	**아클리슈타** 고통스럽지 않은

The modifications of the mind are five-fold and are painful or not-painful.

마음의 변형은 다섯 가지이며, 고통스럽거나 고통스럽지 않은 것들이다.

파탄잘리는 요가기법의 본질을 설명한 후, 브릿티를 두 가지 방식으로 분류한다. 처음에는 그것들이 고통스럽거나 즐겁거나 또는 중립적인지에 따라, 즉 우리의 느낌과 관련지어 분류한다. 두 번째는 우리의 칫타에서 생성되는 프라티야야(*Pratyaya*, 칫타의 내용물)에 따라 분류한다.

먼저 이 브릿티들이 우리의 느낌에 어떤 영향을 미치는지 살펴보자. 파탄잘리에 따르면 그 반응은 고통스럽거나 고통스럽지 않다. 물론 중립적인 변형들이 있다. 그것들은 우리의 마음에 어떤 즐겁거나 고통스러운 반응을 일으키지 않는다. 예를 들어 우리가 걷다가 나무를 발견할 때, 그것은 우리 안에 어떤 즐거움이나 고통을 일으키지 않는 단순한 감각적 인식이다. 마음의 변형을 초래하는 대부분의 감각적인 인식은 중립적이다. 그것들을 고통스럽지 않은 것으로 분류하였다.

한편 우리에게 즐거움이나 고통을 일으키는 마음의 다른 변형들도 있다. 예를 들어 맛있는 음식을 먹거나, 아름다운 일몰을 보거나, 장미 향을 맡을 때는 뚜렷한 즐거움이 있다. 반면에 끔찍한 광경을 보거나 고통스러운 울부짖음을 들을 때, 그 결과로 생기는 마음의 변형은 분명히 고통스러운 것이다. 그렇다면 왜 파탄잘리는 우리 내면에 어떤 느낌을 불러일으키는 모든 마음의 변형을 고통스러운 것으로 분류했을까? 그 이유는 클레샤(*Kleśa*, 고통)의 철학과 관련하여 II-15 수트라에 제시되어 있다. 요가철학의 기반이 되는 클레샤의 이론에 따르면, 모든 즐겁고 고통스러운 경험은 분별력이 발달하고 낮은 차원의 삶에 눈멀지 않은 사람들에게는 실제로 고통스럽다는 점을 여기에서 언급하는 것으로 충분할 것이다. 이에 대한 무지가 우리로 하여금 고통의 원천인 경험에서 즐거움을 보게 하고, 따라서 즐거움을 좇게 만든다. 만약 우리의 내면의 눈이 열려있다면, 우리는 활성화된 고통뿐만 아니라 즐거움 속에 숨겨진 잠재적 고통 또한 볼 수 있을 것이다. 그러면 우리는 라가(*Rāga*, 끌림)와 드베샤(*Dveṣa*, 혐오)를 일으키는 모든 경험을 고통으로 분류하는 것이 정당함을 알게 될 것이다. 이는 독자에게 다소 비관적인 인생관처럼 보일 수 있겠지만, 2권에서 클레샤의 철학을 공부할 때까지는 이에 대한 판단을 보류하도록 하자.

만약 우리의 느낌을 불러일으키는 모든 경험이 고통이라면, 우리의 느낌에 영향을 미치지 않는 나머지 경험을 고통스럽지 않은 것으로 분류하는 것은 타당하다. 따라서 칫타-브릿티를 우선, 고통스럽거나 고통스럽지 않은 것으로 분류하는 데에는 이유가 있으며, 그것이 요가적 관점에서 완벽하게 논리적이고 합리적이라는 것을 알 수 있다.

칫타-브릿티를 분류하는 또 다른 관점은 칫타에서 생성된 프라티야야의 성격이다. 이러한 방식으로 칫타-브릿티를 분류하는 목적은 우리의 모든 경험이 마음의 변형들로만 구성되어 있고, 그 외에는 아무것도 없음을 보여주기 위해서이다. 따라서 이러한 변형을 통제하고 완전하게 지멸하는 것은 우리의 낮은 차원의 삶을 완전히 소멸시키고, 필연적으로 더 높은 의식이 출현하게 한다. 이렇게 분류될 때, 브릿티는 다음 수트라에서 보듯 다섯 가지로 제시된다.

6

Pramāṇa-viparyaya-vikalpa-nidrā-smṛtayaḥ.

프라마나-비파르야야-비칼파-니드라-스므리타야

•

프라마나 올바른 지식	비파르야야 잘못된 지식	비칼파 공상, 상상
니드라 수면	스므리타야 기억들	

(They are) right knowledge, wrong knowledge, fancy, sleep, and memory.

그것들은 올바른 지식, 잘못된 지식, 공상, 수면, 그리고 기억이다.

처음에는 칫타-브릿티의 다섯 가지 분류가 다소 이상해 보일 수 있지만, 더 깊이 연구해본다면 완벽하게 과학적임을 알 수 있다. 우리의 정신적 삶은 많은 이미지들로 구성되어 있지만, 이것들을 더 자세히 연구해보면 모두 이 수트라에 열거된 다섯 가지 광범위한 분류의 하위 범주임을 알 수 있다.

프라마나(*Pramāṇa*, 올바른 지식)와 비파르야야(*Viparyaya*, 잘못된 지식)는 오감을 통해 형성되는 모든 정신적 이미지들을 포함한다. 비칼파(*Vikalpa*, 공상)와 스므리티(*Smṛti*, 기억)는 외부세계와 직접적인 접촉 없이 생성되는 모든 이미지 또는 변형을 포함한다. 그들은 오랜 시간 내면에 축적된 감각적 인식을 마음이 독자적으로 사용한 결과이다. 스므리티는 예전에 오감을 통해 얻은 감각적 인식들을 그 형태와 순서대로 마음에서 충실히 재현하는 것이다. 비칼파의 경우, 감각적 자료들은 조화롭든 조화롭지 않든 마음과 수시로 결합될 수 있다. 하지만 감각적 인식을 마음과 결합시키는 능력 자체는 의지의 통제를 받는다. 꿈에서는 의지가 이러한 결합을 통제하지 못한다. 때문에, 감각적 자료들은 잠재의식에 존재하는 욕망의 영향에 따라 무질서하고 기이하게, 종종 터무니없는 조합으로 우리 앞에 나타난다. 말하자면 의지와 이성으로 구성된 상위자아는 의식의 문턱 너머로 물러나 있고, 하위자아는 부분적으로 두뇌와 얽혀있는 상태이다. 마침내 하위자아의 잔재마저도 우리들의 뇌 너머로 물러날 때, 우리는 꿈 없는 수면인 **니드라**(*Nīdrā*)를 경험하게 된다. 이때 두뇌에는 어떤 정신적 이미지도 존재하지 않게 된다. 마음은 계속 활동하겠지만, 그 이미지는 우리들 두뇌의 스크린에 반영되지 않는다.

이제 독자들은 놀랍게도 마음의 모든 변형들이 이러한 다섯 분류들 중 하나에 속할 수 있으며, 따라서 이 분류 체계가 매우 합리적임을 알게 될 것이다. 많은 마음의 변형들이 복잡하고, 두 개 이상의 범주에 속할 수 있다. 하지만 구성 패턴을 잘 살펴보면 결국 모두가 다섯 범주 중 하나에 해당된다는 사실을 알게 될 것이다. 따라서 **브릿티**는 **판차타이야**(*Pañcatayyaḥ*), 즉 다섯 가지로 분류된다.

칫타-브릿티 가운데 왜 하위자아의 구체적 마음만이 고려되었는지 의아할 수 있다. **칫타**는 마음의 모든 수준을 포괄하며, 그중 가장 낮은 수준은 **마노마야 코샤**(*Manomaya Kośa*)*를 통해 기능한다. 이것은 하위 **마나스**(*Manas*)로 불리며, 이름과 형태를 가진 구체적인 이미지를 다룬다. 답은 명백하다. 의식이 대체로 하위 **마나스**에 국한되어 있는 사람들은 오감을 통한 구체적

* 인간의 매개체 또는 코샤에 대한 전체적 설명은 본문 뒤의 '인간의 구성에 관한 구조적 설명'을 참고하시기 바람.

이미지만을 생각할 수 있다. 상위 마나스에 상응하는 칫타-브릿티는 더 명확하고 생생하며, 하위 마나스를 통해 간접적으로 표현될 수는 있지만 보통 사람의 이해력을 넘어서는 것이다. 이는 사마디의 상태에서야 비로소 칫타 고유의 상위 차원을 통해 인식될 수 있다. 요가는 수행자에게 익숙하고 이해 가능한 가장 낮은 칫타-브릿티를 조절하고 통제하는 것으로 시작한다. 상위 마나스에 상응하는 칫타-브릿티를 다루는 것은 초기에는 어떤 유용한 목적도 달성할 수 없을 것이다. 수행자는 사마디의 기법을 배울 때까지 기다려야만 한다.

이제 다섯 가지 변형을 하나씩 살펴보자.

7

Pratyakṣānumānāgamāḥ pramāṇāni.

프라티약샤아누마나아가마 프라마나니

•

프라티약샤 직접적 인식, 감각에 기반한 인식	아누마나 추론
아가마 증언, 계시	프라마나니 검증되고 입증된 사실들

(Facts of) right knowledge (are based on) direct cognition, inference or testimony.

올바른 지식은 직접적인 인식, 추론 또는 증언에 기반한다.

프라마나는 올바른 지식 또는 사실과 관련된 지식이다. 마음이 세계를 경험하는 동안에 오감이 직간접으로 감각 대상과 접촉하는 순간, 발생하는 정확한 인식을 말한다. 이 수트라에는 올바른 지식의 세 가지 원천이 언급되어 있고, 단 하나, 프라티약샤(*Pratyakṣa*, 직접적 인식)에서만 대상과 직접적인 접촉이 있다. 다른 두 경우, 대상과의 접촉은 또 다른 대상이나 사람을 통해서 간접적으로 이루어진다. 간단한 예시가 있다. 당신의 자동차가 집 앞으로 오는 것을 보고 있다고 해보자. 당신은 그것을 즉시 내 차라고 인식한다. 이 지식이 프라티약샤다. 자, 이제 당신은 방에 앉아있다. 집 앞에서 당신 차의 익숙한 소리를 듣는다. 그러면 당신은 그것이 당신의 차임을 즉시 알아차릴 것이다. 이때 당신의 지식은 대상과의 접촉에 기반하지만, 그 접촉은 간접적이며 추론의 요소를 수반한다. 이제 다시, 당신이 자동차를 보지도 듣지도 못했지만 누군가 와서 당신의 차가 집 앞에 도착했다고 말한다 하자. 여기서도 대상과의 접촉은 간접적이지만 당신의 지식은 누군가의 증언에 기반한다. 이 세 경우 모두 당신의 두뇌에 떠오르는 이미지가 사실과 일치하기 때문에, 이때의 칫타-브릿티는 프라마나, 즉 올바른 지식에 속한다. 만약 당신의 자동차에 대한 추론이 잘못되었거나 누군가 잘못된 증언을 한다면, 당신의 지식은 잘못된 것이며 그것은 비파르야야에 속한다.

8

Viparyayo mithyā-jñānam atad-rūpa-pratiṣṭham.

비파르야요 미트야-갸남 아타드-루파-프라티슈탐

비파르야야 잘못된 지식	미트야 틀린	갸남 지식
아타드 그것이 아닌	루파 형태	프라티슈탐 가지고 있는, 기반한

Wrong knowledge is a false conception of a thing whose real form does not correspond to such a mistaken conception.

잘못된 지식은 대상의 실제 형태와 일치하지 않는, 그릇된 개념을 말한다.

비파르야야로 불리는 두 번째 브릿티 역시 외부대상과의 접촉에 기반한다. 하지만 그로 인해 형성된 정신적 이미지는 감각의 대상과 일치하지 않는다. 비파르야야를 설명하기 위해서 사막의 신기루와 같은 예가 제시되므로 비파르야야가 드문 일처럼 보일 수 있지만, 그렇지 않다. 매우 빈번하다. 대상에 대한 인식과 대상이 일치가 되지 않으면, 언제 어디서든 우리는 비파르야야를 만날 수 있다. 그런데 비파르야야에서는 오직 대상과 우리 내면에 형성된 이미지가 일치하는지만이 중요하다. 우리가 대상에 대해 가지는 인상이 흐릿할지라도 그것이 대상과 일치한다면, 그것은 비파르야야가 아니다.

9

Śabda-jñānānupātī-vastu-śūnyo vikalpaḥ.

샵다-갸나아누파티-바스투-순요 비칼파

샵다 말	갸나 인식	아누파티 ~에 따라서
바스투-순요 내용의 부재, 객관성 결여		비칼파 공상

An image conjured up by words without any substance behind it is fancy.

공상이란, 실체 없이 말에 의해 만들어진 이미지이다.

칫타-브릿티 중 프라마나와 비파르야야는 마음 바깥의 대상과 어떠한 종류의 접촉이라도 가지는 모든 종류의 경험을 망라한다. 따라서 이것들은 '객관적'이라고 할 수 있다. 이제 우리는 대상과의 접촉을 하지 않은 채, 순전히 마음이 창조한 두 가지 브릿티에 이르게 된다. 예전의 경험에 기반하고 단순히 그것을 재현한다면, 그 브릿티는 기억이다. 과거의 실제 경험에 기반하지 않거나 실제 경험의 영역에서 상응하는 것이 없고, 순전히 마음의 창조물이라면 그것은 공상 또는 상상이다. 과거 삶의 사건들을 회고하는 것은 기억의 영역에 속한다. 소설을 읽을 때, 우리의 브릿티는 공상의 영역에 속한다. 물론 그런 공상의 경우에도 정신적 이미지는 언젠가 경험했던 감각적 인식에서 파생된 것이지만, 그 조합은 새로운 것이며 어떤 실제의 경험과도 일치하지 않는다. 우리는 인면조를 상상할 수 있다. 이것은 사람의 얼굴, 새의 몸통이 따로 인식되었던 것이고, 기억의 영역이다. 하지만 실제 경험과는 일치하지 않는 합성된 이미지다. 이때의 정신적 이미지를 비칼파라고 부른다. 정신적 이미지를 활성화하는 외부대상과의 접촉이 없다는 점에서, 여기서의 기억과 공상은 '주관적'이라고 할 수 있다.

10

Abhāva-pratyayālambanā vṛttir nidrā.

아바바-프라티야야알람바나 브릿티르 니드라

아바바 부재, 없음	프라티야야 마음의 내용	알람바나 지지, 근거 대상
브릿티 변형	니드라 수면	

That modification of the mind which is based on the absence of any content in it is sleep.

수면이란 마음에 어떤 내용물도 담겨있지 않은 상태를 말한다.

이것은 중요한 수트라이며 신중히 연구되어야 한다. 물론 수트라의 문자 그대로의 의미는 명백하다. 수면뿐 아니라, 마음에 아무런 내용이 없는 상태까지도 니드라로 분류한다. 그 이유는 충분하다. 니드라 상태에 머무는 동안 사람의 마음은 공백 또는 텅 빈 상태이기 때문이다. 이런 의식의 영역에는 프라티야야가 없다. 겉으로는 칫타-브릿티-니로다(I-2)와 동일해 보인다. 그렇다면 니드라는 어떻게 니르비자 사마디(칫타-브릿티-니로다)와 다른가? 이 둘은 서로 극단에 서있다. 깊은 잠에 빠진 니드라에서는 정신적 활동이 전혀 멈추지 않고, 단지 육체의 두뇌가 마음과 분리되어 있을 뿐이다. 니드라에서는 마음에서 일어나고 있는 활동들이 기록되지 않는다. 잠에서 깨어나면 육체두뇌는 전과 같이 정신적으로 활발해진다. 자동차의 기어를 중립에 두면 엔진은 멈추지 않고 작동하지만, 단지 엔진의 동력이 자동차에 전달되지 않기 때문에 자동차가 움직이지 않는 것과 같다. 마찬가지로 니드라에서는 육체두뇌에 프라티야야가 없을 뿐이고, 정신적인 활동은 더 미세한 체(vehicle)로 옮겨져 전과 같이 계속된다. 단지 뇌가 중립 기어의 상태일 뿐이다. 최면술과 메스머리즘*의 실험은 이러한 견해를 부분적으로 뒷받침한다.

요가에서는 칫타의 활동을 조절하는데, 이를 위해서는 깨어있는 상태에서 하위 멘탈체(lower mental body)**의 진동을 멈출 필요가 있다. 깨어있는 상태에서 두뇌는 하위 마나스와 연결되어 있고, 여기에서 칫타의 활동을 제어할 수 있게 된다. 자동차의 엔진에 기어가 연결되어 있을 때, 우리는 기어를 통해 엔진 자체의 움직임을 조절하거나 멈출 수 있다. 그러므로 니드라의 상태와 칫타-브릿티-니로다의 상태는 표면적으로는 유사해 보일 수 있지만, 사실상 완전히 다르다는 것을 알 수 있다.

* '메스머'라는 의사가 사용했던 치료 기법으로, 최면술의 기원.

** 구체적인 생각을 담당하는 매개체.

11

Anubhūta-viṣayāsaṃpramoṣaḥ smṛtiḥ.

아누부타-비샤야아삼프라모샤 스므리티

아누부타 경험했던	비샤야 대상
아삼프라모샤 빠져나가지 못하게 하는	스므리티 기억

Memory is not allowing an object which has been experienced to escape.

기억은 경험했던 대상이 빠져나가지 않도록 하는 것이다.

과거의 경험을 회상하는 데 연관된 정신적인 과정은 독특한 것이며, 스므리티, 즉 기억이 칫타-브릿티의 한 유형으로 간주되는 이유는 앞의 수트라에서 이미 논의되었다. 여기서의 기억은 과거의 경험을 마음속에 보유하는 것을 뜻한다. 그러나 이러한 경험은 마음속에서 단순한 인상(Saṃskāra, 삼스카라)으로 보유되며, 이 인상이 그저 잠재적인 형태로만 존재하는 한, 그것들은 칫타-브릿티로 간주될 수 없다는 점에 수복해야 한다. 잠재적 인상이 활성화된 상태로 바뀔 때에만, 비로소 그것들이 칫타-브릿티로 여겨질 수 있다.

12

Abhyāsa-vairāgyābhyāṃ tan-nirodhaḥ.

아비야사-바이라기야아비얌 탄-니로다

•

아비야사 끊임없는 수련	바이라기야 비집착, 욕망이나 집착의 부재
아비얌 두 가지를 통해	탄-니로다 그것의 제어

Their suppression (is brought about) by persistent practice and non-attachment.

칫타-브릿티의 제어는 끊임없는 수련과 비집착에 의해 달성된다.

칫타-브릿티의 다섯 가지를 설명한 후, 파탄잘리는 이 수트라에서 브릿티를 억제하는 두 가지 수단을 제시한다. 수련(practice)과 비집착(non-attachment)이 그것이다. 겉보기에는 단순해 보이지만, 수련과 비집착에는 엄청난 의지와 노력이 필요하다. 이 두 단어는 이어지는 수트라들에서 정의되지만, 진정한 의미는 이 책에 대한 연구가 끝난 후에야 비로소 이해될 수 있을 것이다.

13

Tatra sthitau yatno'bhyāsaḥ.

타트라 스티타우 야트놉야사(야트나 아비야사)

•

타트라 그중에서	스티타우 굳건히 확립하거나 고정시키기 위해
야트나 노력, 분투	아비야사 수련

Abhyāsa is the effort of being firmly established in that state (of Citta-Vṛtti-Nirodha).

아비야사는 칫타-브릿티-니로다를 확고히 구축하려는 노력이다.

아비야사(*Abhyāsa*, 수련)란 무엇인가? 칫타-브릿티를 억제하고, 실재의 빛이 찬란히 빛나는 초월적 상태에 도달하고자 수행자가 쏟는 노력을 말한다. 사실 모든 것이 아비야사에 포함될 수 있지만, 파탄잘리의 체계에는 여덟 가지 수련만이 포함된다. 그것이 아슈탕가 요가(*Aṣṭāṅga Yoga*), 즉 여덟 가지로 구성된(八支) 요가이다. 요기는 어떤 수련법이라도 채택할 수 있지만, 대개는 자신이 속한 특정 학파의 수련법을 따르도록 권장된다.

요가는 경험적인 과학이므로 끊임없이 새 기법들이 발견, 전승되어 왔다. 높은 수준의 교사는 요가의 광범위한 원리와 자신이 속한 학파의 기법을 따르면서도, 자신만의 수련법들을 새로이 도입하여 개인적인 색채를 부여한다. 하지만 대부분의 요가 학파들은 죽은 전통을 답습하는 단순한 학술 단체로 퇴보하고 만다.

14

Sa tu dīrgha-kāla-nairantarya-satkārāsevito dṛḍha-bhūmiḥ.

사 투 디르가-칼라-나이란타리야-삿카라아세비토 드리다-부미

사 그것	투 정말로	디르가 긴
칼라 시간	나이란타리야 중단 없는 계속	삿카라 경건한 헌신
아세비타 추구된, 계속된	드리다 확고한	부미 기초를 두다

It (Abhyāsa) becomes firmly grounded on being continued for a long time, without interruption and with reverent devotion.

아비아사는 오랜 기간, 중단 없이 경건한 헌신으로 계속될 때 확고하게 뿌리내린다.

요가수련이 결실을 맺고 수행자가 그 길에 확고히 설 수 있기 위해서, 반드시 충족되어야 할 세 가지가 있다.

(1) 수련은 오랜 시간 지속되어야 한다.

(2) 중단이 없어야 한다.

(3) 헌신과 경외심으로 걸어야 한다.

이 길에서 발생하는 엄청난 실패의 사례들을 고려한다면, 위 조건들에 주목해야 한다. 처음에는 요가의 길이 매우 매력적으로 보이며, 많은 이들이 그 매력에 사로잡혀 단기간에 결실을 얻겠다는 희망에 부푼다. 그러나 안타깝게도 그 길에 들어선 극소수만이 상당한 진보를 이룬다. 용기와 인내로 계

속하는 사람들조차 매우 적다. 대다수의 사람들은 수련에 대한 환상이 사라지자마자 포기하거나, 겉으로 하는 척만 하다 머지않아 떨어져 나간다. 결국 그들은 모든 것이 허황된 일이라고 믿게 되거나, 다음 생에서 더 나은 환경에 놓이기를 헛되게 바라면서 수련은 내생으로 미루는 편이 낫겠다고 스스로를 설득한다. **카르마**(*Karma*, 인과의 법칙)가 수행자의 길에 진정한 장애를 만드는 몇몇의 경우를 제외하고는, 대다수의 경우 수련을 중단하는 진짜 원인은 영적으로 성숙하지 못해서이다. 영적인 성숙 없이는 **요가**에서 어떠한 성공도 불가능하다. 세속은 영적으로 성숙되지 않은 이들에게 여전히 매력적이며, 그런 이들은 수련에 필요한 희생을 할 준비가 전혀 되어있지 않다.

오랜 시간 수련을 지속해야 할 필요성은 분명하다. 우리의 본성은 완전히 바뀌어야만 한다. 그 작업에 얼마나 오랜 시간이 걸릴지 결정할 수 있는 요인들은 다음과 같다: 의식의 진화 수준, 우리가 이전 생에서 이미 이 일에 쏟은 시간, 그리고 이번 생에서 우리가 기울이는 노력 등이다. 만약에 수행자가 자신을 완전히 **이슈바라**(*Īśvara*, I-24)에게 내맡길 수 있다면 그는 즉시 **사마디**에 들어갈 수 있지만, 그것은 아주 큰 '만약'의 경우이다. 과거의 **삼스카라**들로 인해, 그는 긴 시간의 엄격한 훈련 과정을 거친 후에야 뚜렷한 성취에 도달할 수 있을 것이다. 드물게 몇몇은 진보가 극히 빠른데, 이것은 항상 과거로부터의 추진력 때문이다. 그 추진력은 **요가**수련에 헌신했던 과거의 여러 생들에 기인한다. 따라서 그 누구도 최종목표에 언제쯤 도착할지 예측할 수 없으며, 이 길에 들어선 진지한 수행자라면 목표에 이를 때까지 오랜 시간, 더 나아가 무수한 생을 거쳐 수련을 지속할 마음의 준비를 해야 한다. 이 길을 걸을 준비가 된 수행자는 이 매력적인 수련에 깊이 몰두해 있고 할 일 또한 많아서, 언제 목표에 도달할지 걱정할 시간조차 없다. 만약 시간이 왜 이리 더디게 흐르는가 느끼면서 과연 언제 성공할 것인가 염려하고 있다면, 그것은 위험 신호이다.

다음으로, 어떤 중단도 허용하지 않는다는 의미는 무엇인가. 성공은 결국 수련의 연속성에 달려있다. 예를 들어 수행자가 자신의 마음을 정화하기 위해 노력한다고 가정해보자. 그는 모든 불순한 생각과 감정을 마음에서 엄격하게 배제하고, 자신의 멘탈체 또는 **마노마야 코샤**가 가장 높고 순수한 생각에 따라 진동하도록 해야 한다. 하위 **마나스**의 거친 물질이, 오직 순수하고 고귀한 생각과 감정에만 반응할 수 있는 가장 미세한 물질로 완전히 대체될 때까지 말이다. 만약 이것이 성취된다면 하위 **마나스**의 진동력 자체가 완전히 변하고, 수행자는 불순한 생각을 품기가 매우 어려워진다. 그러나 수행자가 노력을 포기한다고 가정해보자. 그는 모든 정화과정을 처음부터 다시 시작해야 할 것이다.

우리에게 필요한 대부분의 변화는 다양한 **코샤**들에서의 모든 변화를 수반하며, 물질적 차원에서까지 완성되어야만 불가역적 변화가 일어난다. 모든 면에서 성공의 비밀은 장기적이고 꾸준한 수련이다. 하지만 수련의 중단조차 시작하지 않는 것보다는 낫다. 왜냐하면 그것이 우리에게 유리한 **삼스카라**를 만들고, 올바른 방향으로 경향성을 강화시키기 때문이다. 그렇다 해도 진지하게 수련할 때는 중단 없는 과정이 필수적이며, 모든 새로운 기법은 충분히 숙달될 때까지 지속적으로 연습해야만 한다.

헌신과 경외감이라는 세 번째 조건 또한 중요하다. **요가**는 진지한 작업이며 전심전력으로 임해야 한다. **요가**는 취미로 삼을 수 있는 것이 아니며, 다양한 여가 활동들 중 하나로 여길 수 없다. 과학이나 예술과 같은 세속적인 분야에서 성공을 원한다면, 그 일에 완전히 스스로를 바쳐야 하고, 어려울 수록 더 큰 헌신이 요구된다는 것은 상식이다. 요가의 목표는 인간이 성취할 수 있는 최고의 경지이며, 이는 필연적으로 수행자의 막대한 시간과 엄청난 에너지를 요구한다. 예전에는 요가를 수련하고자 하는 사람들이 온전히 요가에 헌신하기 위해 숲으로 물러나 은둔하곤 했다. 현대사회에서 은둔은 불가능하거나 불필요할 수 있지만, 이토록 신성한 임무에 대한 전심전력의 헌신은 여전히 필수적이다. 많은 이들이 세속에서의 야심과 요가수련을 결합할 수 있다고 생각한다. 그러면서 망설임 없이 왕이자 성자였던 자나카의 사례를 인용한다. 그러나 자나카 왕은 이미 요가의 이상에 도달한 다음, 세속에서의 의무를 맡게 된 경우다. 평범한 초보 수행자가 두 가지 이상을 결합시키려고 한다면, 분명 세속적 욕망과 활동에 휩쓸려 요가의 길을 형식적으로만 추구하게 될 것이다. 수행자에게 요가수련에 전심전력을 다하고 끈질기게 몰두하는 능력은 필수적인 자격이며, 드디어 그의 영혼이 신성한 모험을 시작할 준비가 되었음을 보여준다.

삿카라(*Satkāra*)라는 단어는 요가에 대한 경외심을 나타낸다. 요가의 이상을 추구하면서, 수행자는 현현하거나 현현하지 않은 전(全)우주의 기반이자 원인인 '궁극적 실재(진리, 신)'를 찾으려 노력한다. 우리들 삶의 가장 위대한 신비를 풀려고 노력하고 있다는 바로 그 사실 자체만으로, 그는 경외감과 존경심으로 충만해진다. 이를 위해 그는 자신이 추구하는 고귀한 목적의 본질과 궁극적 실재의 경이로운 본성을 인식하고 있어야만 한다.

이 수트라에서 언급된 세 가지 조건이 갖춰지면 요가의 길에서 진보가 보장된다. 과거 생에서의 부적절한 타성으로 인해 진보가 느릴 수도 있겠지만, 수행자는 적어도 그 길에 확고히 설 수 있으며, 최종적인 목표의 성취는 단지 시간 문제가 된다.

15

Dṛṣṭānuśravika-viṣaya-vitṛṣṇasya vaśīkāra-saṃjñā vairāgyam.

드리슈타아누슈라비카-비샤야-비트리슈나시야 바쉬카라-삼갸 바이라기얌

드리슈타 보이는	아누슈라비카 전해 들은, 경전에서 약속된
비샤야 대상	비트리슈나시야 갈망을 멈춘 사람의
바쉬카라-삼갸 완전하게 정복한 의식	바이라기야 비집착

The consciousness of perfect mastery (of desires) in the case of one who has ceased to crave for objects, seen or unseen, is Vairāgya.

모든 대상에 대한 갈망을 그친 이가 욕망을 완전히 정복했을 때, 이를 바이라기야라고 한다.

이 수트라는 칫타-브릿티를 제어하는 두 번째 수단인 바이라기야(*Vairāgya*, 비집착)를 정의내린다. 바이라기야의 완전한 의미, 그리고 마음의 적정을 가져오는 바이라기야의 역할은 2권에서 **클레샤**의 철학을 공부한 후에야 이해될 것이다. 바이라기야는 어떤 대상에 대한 끌림을 의미하는 라가(*Rāga*)로부터 파생되었다. 따라서 바이라기야는 모든 대상에 대한 어떤 끌림도 없는 상태를 말한다. 여기에서 다음과 같은 질문이 제기된다: 왜 혐오는 언급하지 않고 끌림만을 말하는가? 왜냐하면 끌림과 혐오는 반대되는 한 쌍이고, 끌림만큼 혐오도 영혼을 그 대상에 묶어두기 때문이다. 드베샤(*Dveṣa*, 혐오)가

바이라기야의 어원에서 제외된 이유는 드베샤가 실제로 라가에 포함되어 있고, 드베샤와 라가는 한 쌍이기 때문이다. 서로에게 집착하는 두 개인 사이에서 끌림과 혐오가 교차되는 모습은, 그 둘 모두가 집착에서 파생되었음을 보여준다. 따라서 끌림과 혐오 양쪽으로부터의 자유를 의미하는 비집착이 바이라기야의 핵심적인 의미다.

바이라기야가 칫타-브릿티-니로다에 그처럼 중요한 이유는 라가와 드베샤라는 두 가지 욕망이 끊임없이 브릿티를 생성하는 엄청난 추진력이 되기 때문이다. 사실 진화의 초기단계에서 욕망은 유일한 추진력이다. 칫타의 계발과 발달은 거의 전적으로 욕망에 의해 끊임없이 내몰린 결과이다. 그 이후에는 다른 요인들도 개입되고, 욕망이 점차 의지로 변화함에 따라 점점 더 의지가 진화의 원동력이 된다.

그러므로 모든 요가수행자들은 욕망이 우리의 삶에서 어떤 역할을 하는지, 그것이 어떤 방식으로 마음을 끊임없이 동요시키는지 또렷이 이해해야 한다. 많은 수행자들이 욕망의 영향력을 충분히 깨닫지 못한 채, 욕망을 통제하는 문제에도 충분히 주의를 기울이지 않은 채 명상을 시도하는데, 그 결과 그들은 명상에서 성공하지 못한다. 욕망을 충분히 제거하지 않고 마음을 고요하게 만들려는 것은, 격렬하게 요동치는 바다 위에 떠있는 배와 같다. 바람이 잦아들고 파도가 물러나면 배는 결국 멈출 것이나, 마음도 마찬가지이다. 욕망의 추진력이 완전히 제거되면 마음은 저절로 고요해진다. 그러나 바이라기야만으로 칫타-브릿티를 제거하는 것은 비록 이론적으로는 가능할지 몰라도, 그다지 적합하지도 바람직하지도 않다. 그것은 단순히 연료를 차단하여 자동차를 멈추려는 것과 같다. 왜 브레이크를 사용하여 자동차를 멈추지 않는가? 여기 아비야사의 역할이 있다. 그러므로 아비야사와 바이라기야는 칫타-브릿티-니로다를 위해 함께 활용된다.

비샤야(*Viṣaya*)는 끌림과 그 결과 나타나는 집착의 대상들이다. 비샤야는 두 가지로 나뉘는데 보이는 것, 그리고 전해 들은 것(경전에 기록된 것)이다. 예를 들면, 아누슈라비카(*Ānuśravika*)는 종교인들이 사후에 얻기를 바라는 열락(悅樂)을 가리킨다. 바이라기야의 실천은 이런 두 종류의 즐거움을 제거한다.

요가의 이상은 종교적인 이상과는 전혀 다르다. 정통 종교에서는 특정한 삶과 행위가 정해져있고, 해당 종교의 교리를 따르면 육체가 소멸된 후 초물질적 세계에서 모든 종류의 즐거움과 행복을 누리며 살게 될 것을 기대한다. 특정한 삶의 방식, 특정 계율과 규범을 따르는 것이 내세의 행복을 보장한다는 것이다.

요가철학은 천국과 지옥의 존재를 부정하지 않지만, 수행자에게 천국보다 더 이상적인 성취의 경지를 제안한다. 왜냐하면 천국의 삶 역시 일시적인 환영일 뿐이기 때문이다. 천국에서의 즐거움은 요기의 의식이 더 높은 차원으로 넘어갈 때 경험하는 지복과 힘에 비하면 아무것도 아니다. 요기는 궁극적인 목표를 향해 나아가는 과정에서, 이러한 지복과 힘마저도 버려야 한다. 프라크리티와의 접촉으로부터 생겨난 모든 힘과 즐거움, 영혼에 속하지 않고 따라서 요기의 자족을 막는 것들은 모두 경전에 나오는 집착의 대상들일 뿐이다.

여기서 주목할 부분은 집착의 대상과 접촉할 때의 즐거움 그 자체가 갈망을 낳는 것은 아니라는 점이다. 감각의 대상과 접촉할 때, 어떤 대상은 필연적으로 즐거운 감각을 일으킨다. 또한 의식이 더 높은 차원에서 작용할 때, 지복감은 자연스럽고 필연적으로 따라온다. 하지만 즐거움이나 지복감 자체가 라가는 아니다. 속박의 원인이자 바이라기야가 파괴해야 할 것은, 바로 끌림과 그 결과로 따라오는 집착이다.

또한 기억해야 할 점은, 아무것도 시도하지 않음으로써 끌림을 발생시키지 않는 것이 바이라기야는 아니라는 사실이다. 나이가 든 사람은 일시적으로 성욕을 잃을 수 있다. 야망을 추구하는 정치인은 잠시 동안 즐거움에 무관심해질 수 있다. 그러나 대상에 대한 일시적 무관심 혹은 무의욕은 바이라기야와는 관련이 없다. 끌림은 조건이 무르익기만 하면 언제든 튀어나올 준비가 되어있으며, 잠시 쉬고 있을 뿐이다. 바이라기야의 수련에 진정으로 필요한 것은 모든 끌림과 집착을 의식적으로 파괴하고, 욕망을 통제하는 것이다. 바이라기야의 본질은 욕망의 통제와 통제에서 오는 지배력을 자각하는 것이다. 이러한 지배력을 얻기 위해서는 모든 종류의 유혹에 접해봐야 하고, 모든 종류의 시련을 이겨낼 뿐 아니라 조금의 끌림조차 느끼지 않고 통과해야 한다. 만약 끌림을 느낀다면, 아직 욕망을 완전히 정복하지 못한 것이기 때문이다.

따라서 진정한 바이라기야의 수련에 있어서 세상으로부터의 고립이나 유혹으로부터의 도피는 도움이 되지 않는다. 비록 아주 초기단계에서는 그런 훈련이 필요할 수도 있다. 우리는 즐거움과 유혹에서 교훈을 얻고 스스로를 시험해야 한다. 물론 유혹에 굴복하거나 즐거움을 탐닉함으로써가 아니라, 그런 쾌락을 둘러싼 환영을 꿰뚫어 보려고 노력함으로써 말이다. 진정한 바이라기야는 욕망과 격렬하게 싸워서 얻어지는 것이 아니다. 그것은 비베카(*Viveka*)라고 불리는 분별력을 발휘할 때 가장 자연스럽고 효과적이다. 환영은 라가 또는 집착을 만드는 데 매우 큰 역할을 한다. 때로 이성과 상식이 결합된 지적 분석은 우리를 많은 불합리와 집착에서 자유롭게 할 수 있다. 하지만 진정한 바이라기야를 얻는 데 사용해야 할 진짜 무기는 비베카로 표현되는 붓디(*Buddhi*, 영적 직관)의 더 통찰력 있는 빛이다. 우리들이 정화되고 더 거친 욕망에서 자유로워짐에 따라, 붓디의 빛은 점점 더 밝게 빛나며 집착의 기반인 환영을 드러낸다. 사실 비베카와 바이라기야는 한편으로는 분별력의 행사를 통해, 다른 한편으로는 놓아버림을 통해 환영을 소멸시키는 동일한 과정의 두 가지 측면이다. 이 과정이 더 깊은 수준에 도달함에 따라, 그것은 점점 더 영적 지혜와 통합되어 구분할 수 없게 된다.

16

Tat paraṃ puruṣa-khyāter guṇavaitṛṣṇyam.

탓 파람 푸루샤-키야테르 구나바이트리슈냠

탓 그것	**파라** 최상의, 궁극의
푸루샤-키야테르 영혼에 대한 인식에 의해	**구나바이트리슈냠** 구나에 대한 욕망으로부터의 해방

That is the highest Vairāgya in which, on account of the awareness of the Puruṣa, there is cessation of the least desire for the Guṇas.

푸루샤(순수의식)를 깨달음으로써 현현에 대한 최소한의 욕망조차 없어지는 것, 그것이 최고의 바이라기야이다.

이전 수트라에서 분별력과 비집착은 서로를 강화시키며, 점진적으로 속박의 근본원인이 되는 환영과 집착을 파괴한다는 점이 명시되었다. 이로 인해 의식은 낮은 차원의 속박으로부터 해방되며, 이 전체 과정은 나중에 우리가 보게 될 요가의 최종목표인 카이발야(*Kaivalya*, 해방)에서 절정에 이른다. 그 상태에서 푸루샤는 자신의 진정한 본성을 깨닫고 물질의 멍에를 떨쳐냈기에, 존재의 가장 높은 차원에서 경험되는 가장 섬세한 지복에 대해서조차 아무런 끌림을 느끼지 않는다. 그는 완전히 자족적이며 물질화로 이끄는 모든 끌림을 넘어서 있다. 아비디야(*Avidyā*, 무지)의 파괴와, 모든 것이 푸루샤 안에 포함되어 있고 푸루샤가 모든 것의 근원이라는 깨달음에 기반한 이 바이라기야는 최상의 바이라기야이며, 파라-바이라기야로 불린다. 푸루샤의 특징인 이 파라-바이라기야는 카이발야에 도달해야만 나타날 수 있다.

완전한 바이라기야가 푸루샤-키야티(*Puruṣa-Khyāti*, 푸루샤에 대한 인식)에 도달해야만 발현된다는 사실은, 비록 낮은 수준에서는 적극적인 집착이 없을지라도 여전히 집착의 씨앗이 남아있음을 의미한다. 이는 푸루샤-키야티에 도달하기 전에는 집착이 다시 생길 가능성이 있지만, 도달한 후에는 그러한 가능성이 존재하지 않는다는 것을 뜻한다. 이 사실은《바가바드 기타》의 유명한 슐로카(*Śloka*, 시구, 2장 59절)에도 매우 잘 표현되어 있다. "감각의 대상은 절제하는 이에게서 물러나지만, 그것에 대한 미련은 사라지지 않는다. 그러나 지고의 것을 본 후에는 그 미련마저도 사라진다."

17

Vitarka-vicārānandāsmitānugamāt saṃprajñātaḥ.

비타르카-비차라아난다아스미타아누가마트 삼프라갸타

비타르카 추론	비차라 성찰	아난다 지복
아스미타 순수한 존재감	아누가마트 연결된	삼프라갸타 반야지 삼매

Samprajñāta Samādhi is that which is accompanied by reasoning, reflection, bliss and sense of pure being.

삼프라갸타 사마디는 추론, 성찰, 지복, 그리고 순수한 존재감을 동반한다.

I-17과 I-18은 삼프라갸타와 아삼프라갸타로 불리는 두 가지 사마디를 다룬다. 이 두 가지 중요한 수트라를 논의하기에 앞서, 사마디의 본질을 살펴보고 여러 단계와 종류가 있는 사마디 사이의 관계에 대해 다루어보겠다. 사마디라는 주제는 올바른 관점에서 보려는 노력 없이, 종종 마구잡이식의 단절된 방식으로 연구되고 있다.

《요가수트라》에서 사마디라는 주제가 다루어지는 방식은 독자들이 보기에 다소 이상할 수 있다. 그러나 독자는 이 수트라들이 요가의 고급 수행자들을 위해, 모든 필수적인 지식을 가장 압축된 형태로 제공하고 있음을 이해하기 바란다. 사마디에 관한 수트라들은 초보자를 위한 입문용은 아니다. 그렇기 때문에 파탄잘리는 1권에서 사마디의 더 난해한 논의 속으로 바로 뛰어들고, 3권에서는 사마디로 나아가는 여러 집중의 단계를 다룬다. 어려운 주제에 이렇게 접근하는 방식은 뭐든 최대한 쉽게 배우려는 현대인들에게는 매우 혼란스러워 보일 것이다. 따라서 이 주제를 처음 접하는 대부분의 사람들은, 아마도 다음과 같은 순서로 사마디에 관한 수트라를 공부하는 편이 더 좋을 것이다:

사마디

(1) 사마디까지 이어지는 명상의 세 단계: III-1, 2, 3, 4

(2) 삼프라갸타와 아삼프라갸타 사마디: I-17, 18

(3) 사비자 사마디에 수반되는 필수적인 과정: I-41

(4) 사비자 사마디의 여러 측면들: I-42, 43, 44, 45, 46, 47, 48, 49, 50

(5) 니르비자 사마디의 기법: I-51, III-8, IV-26, 27, 28, 29

(6) 사마디에 수반되는 세 가지 전변(轉變): III-9, 10, 11, 12

사마디는 칫타를 통해 기능하는 의식의 다양한 층으로 차츰 들어가는 과정을 뜻한다. 그렇다면 의식이란 무엇인가? 궁극적 실재가 현현(manifestation)한 하나의 모습이다. 의식은 칫타의 특정한 단계에 따라 다양하게 표현된다. 표현되는 매개체(코샤, *Kośa*)가 거칠수록 표현은 제한된다. 의식이 자신을 표현하기 위해 물질계로 점점 말려들어감(involution)으로써 스스로를 제한하듯이, 반대로 진화(evolution)의 과정은 점진적으로 의식을 해방시킨다. 사마디가 다양한 이유는 의식이 점차 해방되는 과정을 나타내기 때문이며, 궁극의 사마디라 할 카이발야는 의식이 원래의 자유 속에서 표현되는 상태이다.

의식이 매개체 또는 코샤로 불리는 다양한 메커니즘을 통해 칫타의 다양한 차원에서 기능함에 따라 점차 해방되는 것을 또 다른 관점에서 바라볼 수 있다. 그것은 의식이 하나의 매개체에서 점점 더 미세한 매개체로 철수(withdrawal)하는 것이다. 각각의 체는 각기 기능과 제한을 가지고 있지만, 구성 물질이 정제됨에 따라 기능은 확장되고 제한은 축소된다.

파탄잘리는 이 수트라에서 제일 먼저 **삼프라갸타 사마디**와 **아삼프라갸타 사마디**를 구별한다. 두 종류의 **사마디**에 관해서는 많은 오해가 있고, 많은 수행자들이 그것들을 **사비자 사마디**와 **니르비자 사마디**로 혼동한다. 사실 그동안 주석가들은 **사마디**의 다양한 종류와 단계에 대해서 매우 무질서한 어휘들을 사용했다. 따라서 **사마디**마다의 미묘한 차이점들이 자주 간과되었다. 독자들은 이 **수트라**의 각 어휘들이 구체적이고 명확한 의미를 가지며, 동일한 개념에 대해 다른 어휘를 사용할 가능성이 거의 없다는 점을 염두에 두어야 한다. 파탄잘리가 **삼프라갸타**와 **아삼프라갸타**를, **사비자**와 **니르비자**를 두루 사용할 때, 그는 전혀 다른 개념이나 주제를 다루고 있는 것이다. 혹여 이 두 쌍의 단어를 마치 같은 의미처럼 받아들이게 된다면, 독자의 이해력을 의심해야 한다.

산스크리트어에서 특정한 단어의 의미에 대한 실마리는 어원적 구조에 달려있다. **삼프라갸타 사마디**는 '**프라갸**(*Prajñā*, 반야지)를 수반하는 **사마디**'이다. 산스크리트어에서 접두사 A는 '아니다(Not)'를 의미하므로 **아삼프라갸타 사마디**는 '**프라갸**를 수반하는 **사마디**(**삼프라갸타**)가 아님'을 뜻한다*. 산스크리트어에서 **프라갸**는 모든 단계의 **칫타**를 관통하는 높은 의식을 나타낸다. 그것은 '높다'는 의미의 Pra와 '알다'를 의미하는 jñā로부터 파생되었

* 아삼프라갸타 사마디를 프라갸가 없는 사마디로 오해하지 않아야 한다. 삼프라갸타 사마디가 아니라는 의미에서의 아'삼프라갸타 사마디'이다.

다. 이 드높은 의식의 독특한 특징은 사마디에서 펼쳐지는데 마음은 물질계와 완전히 단절되고, 의식은 하위 멘탈체(lower mental body)에서부터 아트마체(Ātmic vehicle)까지 일련의 체들 중 하나에 집중된다. 따라서 의식은 육체의 부담과 간섭에서 자유롭다.

만약 삼프라갸타 사마디와 아삼프라갸타 사마디 모두가 프라갸와 관계있다면, 두 사마디의 차이는 무엇인가? 그 차이는 프라티아야에 있다. 그렇다면 프라티아야는 또 무엇인가. 프라티아야는 어느 순간 특정한 칫타의 상태에 담기는 의식의 내용을 뜻하는 요가의 전문용어다. 아이가 가지는 천진난만한 호기심, 수학자의 공리와 명제, 요기의 생명에 대한 포괄적 비전, 모두 프라티아야이다. 다만 종류가 다르고 차원이 다를 뿐이다.

삼프라갸타 사마디에서는 칫타의 모든 영역에 프라티아야가 가득하고 칫타는 그것에 완전히 집중된다. 따라서 칫타는 중심에서 바깥쪽으로 관심을 둔다. 아삼프라갸타 사마디에서는 프라티아야가 없으므로 의식을 바깥쪽으로 끌어당겨 붙들어둘 것도 없다. 그래서 프라티아야(P)가 버려지거나 억제되자마자 칫타는 자동적으로 그 중심인 O로 물러나기 시작하고, 이 라야의 중심(Laya centre, I-18*) Ȯ를 잠시 지나간다. 이 과정이 완료되면 다음 상위

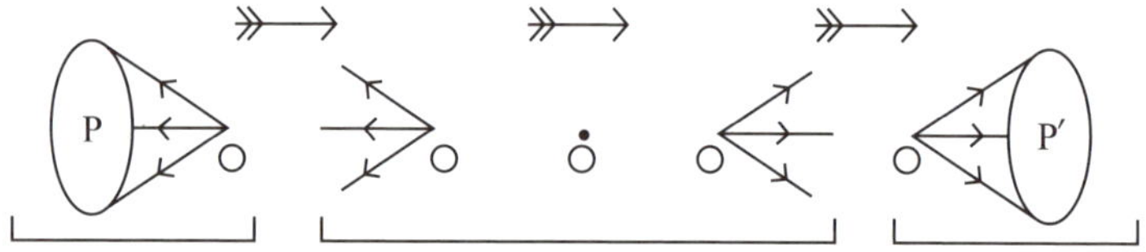

그림 1

* 라야는 융합이라는 뜻이며, 라야의 중심을 통해 명상자는 궁극의 실재 속으로 녹아들 수 있다.

차원에서의 프라티아야(P')가 나타나고 의식의 방향은 다시 중심에서 바깥쪽으로 향하게 된다. 이는 그림 1로 설명된다.

프라티아야 P가 억제된 시점부터 다음 차원의 프라티아야 P'가 나타날 때까지, 요기는 아삼프라갸타 사마디의 단계에 있다. 그동안 그는 완전히 깨어 있는 상태이며, 그의 의지는 매우 섬세하게 이 모든 정신적 과정을 지휘한다. 마음은 의심의 여지없이 공백의 상태이다. 하지만, 그것은 사마디의 공백이지 깊은 잠 속이나 혼수상태와는 다르다. 칫타는 여전히 외부와 완전히 단절되어 있고, 완벽하게 집중되어 있으며, 의지의 완전한 통제 아래 있다. 그러므로 아삼프라갸타 사마디는 칫타의 매우 역동적인 상태를 나타낸다. 다만 프라티아야만이 부재한다. 집중의 강도, 마음의 기민함 모두 삼프라갸타 사마디와 동등하다. 삼프라갸타 사마디에 접두사 A를 붙여서 아삼프라갸타 사마디를 표시하는 이유이다. 정리하면, 아삼프라갸타 사마디는 프라티아야가 없을 뿐이지, 프라갸(반야지)가 없는 멍한 상태나 잠든 상태가 아니다. 따라서 아삼프라갸타 사마디는 삼프라갸타 사마디의 반대가 아니다. 이 둘은 다른 종류의 사마디 상태이다.

아삼프라갸타 사마디의 공백을 요가 용어로 '구름(cloud)'이라고 부른다. 이때 요기의 경험은 구름층을 통과하는 비행기 조종사와 비견된다. 선명했던 풍경은 갑자기 가려지고 방향 감각조차 잃어버린 듯하다. 하지만 그는 안다. 계속 앞으로 나아가면 반드시 청명한 하늘이 다시 나타나게 될 것임을. 특정 단계의 프라티아야가 사라지면 요기는 자신이 구름(공백) 속에 있음을 발견하게 되고, 자동적으로 새로운 프라티아야가 나타날 때까지 그 속에 머물러야 한다. 이제 요기는 인내심을 가지고 마음을 집중한 채, 그러나 기민하게 어둠이 흩어지고 더 큰 빛이 비쳐지기를 기다려야 한다. 고급 요기의 경우에는 이 경험이 반복적으로 일어날 수 있고, 그는 한 차원에서 다른 차원으로 옮겨가다가 결국 가장 미세한 차원(아트마 차원)에서 실재 그 자체, 즉 푸루샤의 의식으로 뛰어들게 된다. 이때 그가 들어가는 '구름'은 IV-29를 다룰 때 논의된다. 이를 다르마 메가(*Dharma Megha*)라고 부른다. 위대한 요기가 이 신성한 '구름'에서 나올 때, 그는 이미 프라크리티의 영역을 뒤로하고 자신의 스바루파(순수한 존재성) 안에 있다.

칫타의 여러 차원과 사이사이의 '구름(공백)'을 통과하는 데 걸리는 시간은 요기가 진보한 정도에 따라 다르다. 초보 요기는 수년에 걸쳐 하위 차원들만을 오가는 반면, 진보한 요기는 번개처럼 빠르게 하위 차원에서 고급 차원으로 이동할 수 있다. 카이발야에 도달한 아데프트(Adept)*의 경우, 위아래 차원으로의 통과가 너무나 빠르고 쉬워서 모든 차원이 하나로 통합되며, 다만 필요에 따라 하나의 매개체에 집중할 뿐이다. 요기가 여전히 사마디의 기법을 배우고 있을 때, 그는 특정 차원에서 상당한 시간을 보내며 해당 차원의 현상과 법칙을 면밀히 연구해야만 한다. 그의 진보는 현재의 노력뿐만 아니라, 관성과 이전 생들에서 따라온 삼스카라에 달려있다. 요가의 과학은 한 생에서 마스터할 수 없다. 오직 요가의 이상에만 전념, 헌신하는 연속된 생들을 통해서만 가능하다. 인내심이 없어서 장기적 관점을 지닐 수 없는 사람들은 아직 길에 들어설 자격이 없다.

아누가마트(*Anugamāt*)라는 단어는 '~와 관련된' 또는 '~을 수반하는'의 뜻이다. 이는 삼프라갸타 사마디의 네 가지 연속적인 국면 또는 단계마다 각각 비타르카(*Vitarka*, 추론), 비차라(*Vicāra*, 성찰), 아난다(*Ānanda*, 지복), 아스미

* 초인, 인간으로서의 영적 여정에서 마지막 단계에 들어선 대스승.

타(*Asmitā*, 순수한 존재감)의 상태가 따라온다는 의미다. 베단타적 분류나 현대 신지학적(Theosophical)* 분류에 익숙한 독자라면 누구나, 삼프라갸타 사마디의 네 단계가 얼마나 그들 분류에 상응하는지 쉽게 알 수 있을 것이다. 한편, 상키야와 요가철학에 따르면 이러한 분류는 전적으로 기능적인 것이다. 이러한 단계들을 매개체의 이름을 통해 구조적으로 표현하는 것과 비교했을 때, 기능적으로 표현하는 것이 가지는 장점이 있다. 신비주의의 길을 따르고 자신이 영적으로 사랑하는 이(Beloved)를 찾는 데 열중하는 요기는 복잡한 구조적 표현에는 그리 흥미가 없다. 또한 이들은 자신이 주관적으로 느끼는 차원을 객관적으로 연구하는 것을 선호하지 않는다.

다음 도표는 삼프라갸타와 아삼프라갸타 사마디의 다양한 단계뿐만 아니라, 그 단계들이 우리의 다양한 매개체들과 어떻게 상응하고 있는지를 보여준다. 여기에서 삼프라갸타 사마디는 다라나와 디야나를 거친 후, 의식이 외부로부터 완전히 단절될 때 시작된다는 것을 알 수 있다. 삼프라갸타 사마디의 첫 단계에서 칫타는 하위 멘탈 차원에 집중되어 있고 마노마야 코샤를 통해 기능한다.

이 단계에서 칫타의 본질적인 기능은 비타르카라는 단어로 표시된다. 칫타가 육체를 떠나 아스트랄체나 하위 멘탈체로 불리는 더 미세한 체들에서 기능할 때, 그것이 반드시 사마디 상태에 있는 것은 아니다. 우리는 이 점에 유의해야 한다. 아무리 육체가 비활성화된 상태일지라도 말이다. 그는 단지 더 미세한 체들 안에서 기능하면서 투시 능력을 발휘하고, 그때 얻은 지식을 육체두뇌로 가져오는 것뿐이다. 투시 등을 할 수 있는 상태는 III-3에 설

* '신성한 지혜에 대한 학문'이라는 의미로, 모든 종교, 철학, 과학, 예술 등을 포괄하는 보편적 진리를 추구하며 '영원의 지혜', '오컬티즘' 등으로도 불린다.

사마디의 단계

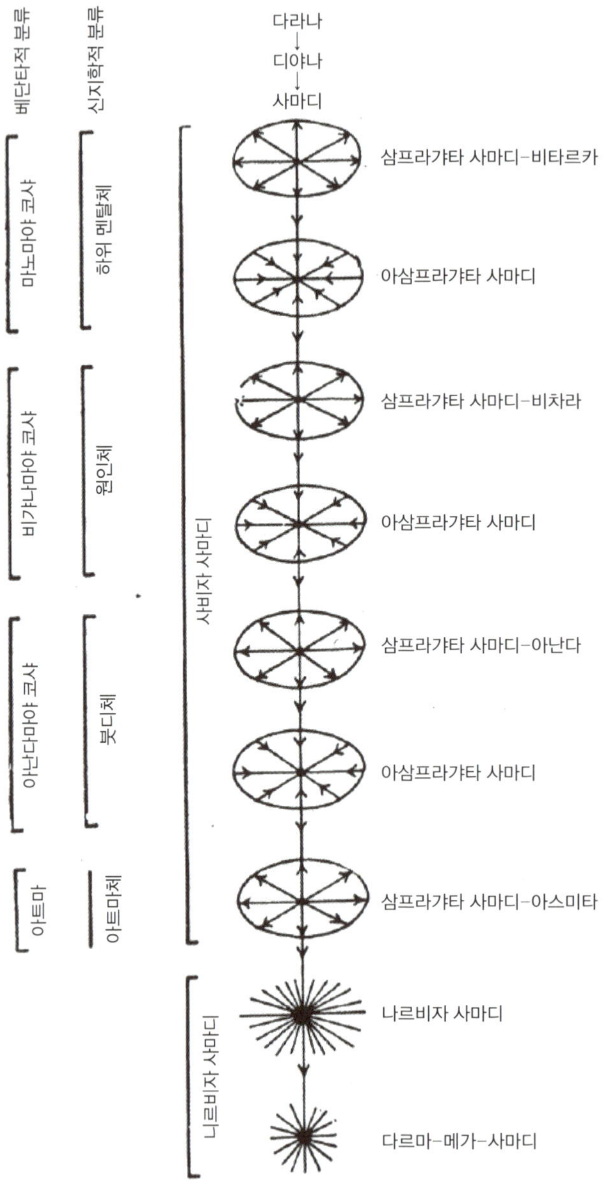
베단타적 분류
신지학적 분류
다라나
디야나
사마디
마노마야 코샤
하위 멘탈체
비갸나마야 코샤
원인체
아난다마야 코샤
붓디체
아트마
아트마체
사비자 사마디
니르비자 사마디
삼프라갸타 사마디-비타르카
아삼프라갸타 사마디
삼프라갸타 사마디-비차라
아삼프라갸타 사마디
삼프라갸타 사마디-아난다
아삼프라갸타 사마디
삼프라갸타 사마디-아스미타
나르비자 사마디
다르마-메가-사마디

명된 칫타의 독특한 상태가 아니므로, 사마디와는 본질적으로 다르다. 칫타는 연속적으로 다양한 대상들로 쉼 없이 나아가며, 한 대상에 고착되지 않는다.

사비타르카(*Savitarka*, I-42)와 니르비타르카(*Nirvitarka*, I-43) 단계의 기법을 습득한 후, 요기는 아삼프라갸타 사마디를 수련하고, 아삼프라갸타 사마디에 수반되는 '구름'을 통과하여 칫타를 다음의 상위 차원으로 이끌어 올린다. 그러면 요기의 칫타는 상위 멘탈계에서 비갸나마야 코샤(*Vijñānamaya Kośa*), 즉 원인체(causal body)라는 매개체를 통해 기능한다. 이때 이 매개체를 통해 기능하는 칫타의 상태를 비차라라고 부른다. 이제 요기는 이 차원에서 사마디를 수련하기 시작하고, 서서히 사비차라(*Savicāra*, I-44)와 니르비차라(*Nirvicāra*, I-44)의 기법을 터득하고, 다시 아삼프라갸타 사마디를 통하여 자신의 칫타를 상위 멘탈계로부터 해방시킨다. 이때 요기의 칫타는 아난다마야 코샤(*Ānandamaya Kośa*)와 아트마(*Ātmā*)라고 부르는 극도로 미세하고 거의 이해하기 힘든 매개체에 머문다. 이로부터 칫타를 해방시키려면 전체 과정을 계속 반복해야 한다. 아난다마야 코샤와 아트마의 본질적인 기능을 아난다와 아스미타로 부른다. 비타르카, 비차라, 아난다, 아스미타라는 단어의 의미는 II-19에서 구나의 네 단계를 다룰 때 설명되며, 이와 관련하여 독자들은 그 수트라를 참조해야 한다.

또한 우리의 내면이 아무리 상위 차원 속으로 진입할지라도, 칫타에는 항상 무언가가 존재한다는 점에 주목해야 한다. 아삼프라갸타 사마디 동안에는 프라티야야가 아니라 '구름' 또는 공백만 있다 하였지만, 실상 '구름' 또는 공백 역시 순수의식의 덮개일 뿐이다. '구름' 또는 공백은 단지 칫타가 연속적인 두 차원 사이를 통과할 때 생성되는 흐릿한 인상일 뿐이다. 이 단계는 액체와 기체 사이의 경계선과 같아서, 액체라고도 기체라고도 할 수 없다. 따라서 삼프라갸타 사마디의 모든 단계에서 특징적으로 나타나는 프라티야야는, 칫타가 오직 자신이 바라보는 대상의 본질만을 알 수 있다는 의미다. 칫타는 진정한 자신의 본질을 알 수 없다. 어두운 방 안에 빛을 통과시키고 그 빛의 경로에 다양한 물체를 놓으면, 빛은 즉시 그 대상들을 비춘다. 빛의 도움으로 대상들은 보이지만 빛 자체를 볼 수는 없다. 만약 빛의 경로에서 모든 대상이 사라진다면 방은 완전히 어두워질 것이다. 그렇다면 빛 자체를 볼 수 있는 방법은 없는가? 빛이 비추는 대상과 별도로, 물리적인 빛을 볼 수 있는 방법은 없다. 그러나 삼프라갸타 사마디의 모든 단계를 지나고 니르비자 사마디를 행하여 푸루샤를 가리고 있는 최종적이고 가장 미세한 덮개를 제거한 후에는, 칫타 자체의 빛을 볼 수 있다.

우리는 계속 프라티야야를 언급해왔고, 독자는 이 프라티야야가 무엇인지 궁금할 것이다. 모든 시대의 신비주의자들과 오컬티스트들이 더 높은 차원에서 영광스럽고 생생한 프라티야야를 묘사하려고 노력해왔음에도 불구하고, 우리는 그들의 노력이 실패했다는 것을 알 수 있다. 묘사하려고 하는 차원이 높을수록 실패는 더욱 완벽해진다. 사실 이러한 상위 차원에 대해 어떠한 개념을 가지는 것은 불가능하다. 각각의 세계는 칫타가 그 세계에서 사용하는 매개체를 통해서만 알 수 있다. 칫타가 하위세계로 하강하는 것은 밝은 빛이 여러 덮개에 의해 점진적으로 어두워지는 것과 꼭 같지는 않다. 각 단계마다 연속적인 하강은 시공의 차원 수를 감소시킨다.

이어지는 수트라에서는 다양한 종류의 사마디의 본질이 더 상세하게 설명된다. 그러나 어디에서도 상위 차원에서의 경험을 묘사하려는 시도는 하지 않는다. 이 수트라들이 우리에게 주는 지식은 한 나라의 지도를 연구함으로써 그 나라에 대해 얻는 지식과 같다. 지도는 우리에게 한 나라의 풍경, 경치 등에 대한 어떤 개념도 주지 않는다. 그것은 단지 그 나라의 다양한 지역의 등고선과 상대적인 위치에 대한 정보를 제시할 수 있을 뿐이다. 만약 우리가 정말로 그 나라를 알고 싶다면, 우리는 그 나라를 직접 경험해야 한다. 마찬가지로, 우리가 상위 차원들의 본질을 알고 싶다면, 사마디를 수련하고 각각의 매개체를 통해 그 차원들과 직접 접촉해야 한다. 그러나 우리 스스로 그 차원들을 목도했을 때조차도, 그에 대해 어떠한 개념도 전달할 수 없다. 그러한 지식은 항상 직접적이다. 타인에게 전달할 수 있는 성질의 것이 아니다.

18

Virāma-pratyayābhyāsa-pūrvaḥ saṃskāra-śeṣo'nyaḥ.

비라마-프라티야야아비야사-푸르바 삼스카라-셰쇼냐(셰샤안야)

비라마 중단, 사라짐	프라티야야 칫타의 내용	아비야사 수련
푸르바 ~보다 앞서	삼스카라 인상	셰샤 나머지
안야 다른		

The remnant impression left in the mind on the dropping of the Pratyaya after previous practice is the other (i.e., Asamprajñāta Samādhi).

삼프라갸타 사마디 수련을 통해 프라티야야가 사라진 후에, 남은 인상(공백)의 상태가 아삼프라갸타 사마디이다.

아삼프라갸타 사마디의 본질이 이 수트라에서 정의된다. 비라마-프라티야야(*Virāma-Pratyaya*)는 '프라티야야의 중단'을 의미한다. 이것은 삼프라갸타 사마디에서의 프라티야야가 아삼프라갸타 사마디 동안 사라지는 것을 가리킨다. 프라티야야에 대해 명상하는 요기는 마음의 공백 상태를 만들어내면서 그것을 사라지게 할 수는 있지만, 프라티야야의 중단에 대해서 명상할 수는 없다. 사마디 중에 한 생각에서 완전히 다른 생각으로 전환하는 것은 불가능하다.

아비야사 푸르바(*Abhyāsa Pūrvaḥ*)는 '수련이 선행됨'을 의미한다. 무슨 수련일까? 삼프라갸타 사마디의 프라티야야를 꽉 붙잡고 있는 수련이다. 따라서 이 구절은 아삼프라갸타 사마디가 삼프라갸타 사마디를 장기간 수련한 후에 만 가능하다는 사실을 암시한다. 아삼프라갸타 사마디에서 칫타가 라야의 중심을 통과하는 과정은, 삼프라갸타 사마디의 상태를 잘 유지하려는 수행자의 의지에 달려있다. 프라티야야가 사라지는 것을 제외하면 칫타의 상태에는 변화가 없다. 의지의 힘은 삼프라갸타 사마디에서 먼저 작용되어야 한다. 과녁을 꿰뚫기 위한 화살이 발사되기 전에, 활이 먼저 당겨져야 하듯.

삼스카라 세샤(*Saṃskāra Śeṣaḥ*)는 '남아있는 인상'을 의미한다. 한 차원의 프라티야야가 사라진 후, 다음 차원의 프라티야야가 나타나기 전까지 남아있는 인상은 공백일 수밖에 없다. 그러나 이 공백은 정적인 상태가 아니다. 비록 요기가 공백을 통과할 때 그렇게 느낄 수 있겠지만 말이다. 그림 1에서 볼 수 있듯이 의식은 천천히 또는 빠르게 한 차원에서 다른 차원으로 이동하기 때문에, 매우 역동적인 상태이다. 칫타는 무한정 공백 속에 떠있을 수 없다. 라야 중심의 양쪽 가운데 어느 한쪽에서 출현해야 한다. 만약 더 고급의 기법이 충분히 숙달되지 않았다면 칫타는 방금 떠나왔던 차원으로 되돌아갈 수 있고, 그러면 사라졌던 프라티야야들이 다시 나타날 것이다. 그러나 니로다 상태에서 칫타가 충분히 머물 수 있다면, 조만간 다음의 상위 차원에서 칫타는 분명 나타날 것이다.

아삼프라갸디 시마디의 주제를 마무리하기 전에 논의할 수 있는 두 가지 흥미로운 사항이 있다. 하나는 의식이 한 차원에서 다른 차원으로 통과하는 점 Ȯ(그림 1)의 본질이다. 라야의 중심이라고 불리는 이 점은 지바트마의 모든 매개체들이 그곳에 중심을 두고 있다고 할 수 있는 공통의 중심이다. 산스크리트어로 빈두(*Bindu*)라고 불리는 그러한 중심을 통해서만 한 차원에서 다른 차원으로 의식의 전이가 일어날 수 있다.

오직 중심은 실재에만 있을 뿐이며, 그 중심은 여러 동심원의 체들로 둘러싸여 있다. 칫타가 조명하는 어떤 매개체든 실재의 중심으로부터 빛을 얻는다. 칫타가 항구적으로 아트마 차원에 중심을 두는 아데프트는 특정한 매개체에 일시적으로 주의를 집중할 수 있다. 그러는 동안 그 매개체와 관련된 대상들이 그의 내면 속으로 들어온다. 따라서 그의 중심이 아트마 차원을 벗어난 것 같겠지만 실제로는 그렇지 않다. 시공을 초월하는 실재의 중심은 어느 한 곳에서 다른 곳으로 움직이지 않는다. 다만 사마디에서 칫타가 하나의 체에서 다른 체로 계속 이동하는 것은, 마치 아데프트의 의식처럼 특별한 경우일 뿐이다.

다음으로 주목할 점은 실재의 중심이 모든 차원, 모든 매개체들이 만나는 곳이기 때문에 칫타가 다른 매개체로 이동하는 동안, 항상 한 번씩 이곳을 들러야 한다는 것이다. 마치 길을 가던 사람이 다른 길로 가려면 반드시 교차로로 돌아와야 하는 것과 같다. 따라서 아삼프라갸타 사마디란 칫타가 다른 차원에서 기능할 수 있기 전, 라야 중심으로 돌아가는 것에 불과함을 알 수 있다. 만약 고도로 진보한 아데프트의 경우처럼 칫타가 실재의 중심에 영구적으로 확립되어 있다면, 실재의 중심으로 돌아갈 필요는 없다. 이렇게 아데프트는 모든 하위 차원을 포괄하며 지휘하고, 자신이 원하는 어떤 차원에서든 즉시 기능할 수 있다.

만약 이 모든 매개체들의 공통적인 중심이 요기 내면에 자리한 실재의 중심이기도 하다면, 왜 그는 한 차원에서 다른 차원으로 이동하면서 실재의 한 순간을 일별하지 못하는가? 라야 중심의 독특한 본질 때문에 그러한 순간의 가능성은 분명 존재한다. 그렇다면 요기가 아삼프라갸타 사마디를 행할 때마다 실재를 접하지 못하게 막는 것은 무엇인가? 이 질문에 대한 답은 4권 후반부에 나오는 몇 개의 수트라에 들어있다. 요기의 칫타를 차지하고 있는 삼스카라가 여전히 그의 시야를 가리고 실재의 한 순간을 얻지 못하게 막는 것이다. 요기가 언제 어디서든 실재의 영역을 통과하기 위해서는 삼스카라가 완전히 파괴되어야 한다. 비록 요기가 여전히 삼스카라의 짐을 지고 있어 실재를 명확히 볼 수는 없다고 해도, 자신의 목표를 향해 나아가면서 삼스카라가 가벼워짐에 따라 그는 점점 더 실재를 느낄 수 있게 된다. 이런 관점에서 보면 모든 연속적인 아삼프라갸타 사마디는 실재의 명확한 비전을 제공하는 니르비자 사마디의 전조이다.

19

Bhava-pratyayo videha-prakṛtilayānām.

바바-프라티야요 비데하-프라크리티라야남

바바 출생	**프라티야요** ~로 인한
비데하 몸이 없는	**프라크리티라야남** 프라크리티에 융합된

Of those who are Videhas and Prakṛtilayas birth is the cause.

비데하와 프라크리티라야에게 있어서는 출생이 (유사 사마디의) 원인이다.

이 수트라와 다음 수트라는 두 종류의 요기들을 구별하기 위한 것이다. 첫 번째 종류의 요기들은 비데하(*Videha*)와 프라크리티라야(*Prakṛtilaya*)로 불리는데, 이들의 트랜스 상태(trance, 황홀경)는 《요가수트라》에서 기술된 자기훈련의 결과가 아니다. 그들은 특이한 신체적, 정신적 특성을 타고나서 어떤 노력 없이도 자연스럽게 트랜스 상태에 들어갈 수 있다. 두 번째 종류의 요기들은 신념, 불굴의 의지 등 고귀한 성품을 바탕으로 한 규칙적인 요가수련의 결과로 사마디에 이른다. 그 요기들을 다룬 I-20의 의미는 매우 명확한 반면, 이 수트라는 서로 다른 주석가들의 해석에 의해 혼란스러워졌다. 그러므로 우리는 경험과 상식에 기반한 합리적인 해석을 찾아보도록 하자.

우선 I-20에서 다루는 요기들의 특징을 먼저 알아볼 필요가 있다. 이들이 사마디에 이르기 위해서는 신념, 불굴의 의지, 기억, 그리고 높은 지성이 필요하다. 다시 말해, 1-20의 사마디는 요기의 고결한 노력과 인격적 특질에 좌우된다. 이들 진정한 요기들은《요가수트라》에 제시된 길을 따라 차근차근 그들의 목표를 성취한다. 이와 달리, 이 수트라에 언급된 요기들은, 그들이 어떤 요가적 능력과 힘을 지니고 있든지 간에 그것을 보편적인 방법을 통해 얻지 않았음을 알 수 있다. 이 수트라의 요기들이 가진 능력과 힘은 올바르지 않은 방식으로 주어진다. 이것이 이 수트라의 의미에 대한 단서다.

보편적인 방법을 택하지 않고서도 요가적 능력과 힘을 우연히 소유하게 된 요기들이란 누구인가? 이번 생에서의 요가적 수련의 결과가 전혀 아닌, 특별한 노력 없이 자연스럽게 그런 힘과 능력을 타고난 경우이다. 이는 IV-1에서도 입증되는데, 이 수트라에서는 '출생'을 싯디(*Siddhi*, 초자연적 능력)를 획득하는 주요 수단 중 하나로 언급하고 있다. 산스크리트어 바바(*Bhava*)는 '우연히 일어나다'라는 의미도 가지고 있다. 물론 모든 우주적 현상은 자연의 법칙에 의해 지배된다. 실제로 우연한 것은 아무것도 없다. 모든 현상은 알려졌거나 알려지지 않은 원인들의 결과이며, 요가 능력의 우연한 출현도 예외는 아니다(IV-1 참조).

명백한 원인 없이 이러한 요가적 능력이 나타나는 비데하와 프라크리티라야, 이 두 부류의 사람들은 누구인가? 비데하는 문자 그대로 '몸이 없는'을 의미하고, 프라크리티라야는 '프라크리티에 융합된'을 의미한다. 비데하는 아마도 자연적으로 영매적 성향을 지닌, 전 세계에 흩어져있는 수많은 심령능력자들을 지칭할 것이다. 영매는 특이한 신체적 구성을 가진 사람으로, 육체가 에텔복체(etheric double) 또는 프라나마야 코샤(*Prāṇāmaya Kośa*)와 부분적으로 분리되기 쉽다. 영매로 하여금 트랜스 상태에 빠지고 일종의 심령능력을 행사할 수 있게 해주는 것이 바로 이런 특이성이다. 비데하라는 단어는 아마 '육체를 이탈'할 수 있는 특이성으로부터 유래한 것 같은데, 그것은 가짜 심령능력의 행사와 함께 나타난다.

마찬가지로 프라크리티라야도 목샤(*Mokṣa*, 해방)를 성취한 고급의 요기들이 아니다. 겉으로는 사마디와 비슷해 보이지만 진정한 사마디를 성취하지 못한 가짜 요기들이다. 그들은 수동적인 상태나 트랜스에 쉽게 들어갈 수 있다. 그러한 유사 사마디를 자다 사마디(*Jaḍa Samādhi*, 무의식적 삼매)라고 부른다. 진정한 사마디에서 요기의 의식은 우주심(Universal Mind) 속에, 다음으로 차이탄야(*Caitanya*)라 부르는 더 큰 우주적 의식 속으로 점점 더 통합된다. 어떻게 무의식적으로 프라크리티에 융합된 자들이 고급 요기일 수 있겠는가? 그러한 가짜 요기들은 상당수 존재하며, 그들은 매개체에 상위의식을 반영할 수 있는 어느 정도의 능력을 분명히 가지고 있다. 하지만 그들은 소유한 힘을 통제할 수 없다. 그들이 받아들이는 우주적 의식이라야 흐릿하여, 기껏 그들에게 평화, 힘의 느낌, 내면의 신비에 대한 희미한 그림만을 보여줄 뿐이다. 의심할 여지없이, 이는 전생에서 요가를 수련했지만 더 이상의 진보를 막아버린 모종의 삼스카라 때문일 것이다. 이러한 삼스카라들은 그들에게 하위 매개체들의 특이한 구성은 제공하였다. 하지만 요가의 정규 경로를 걸어갈 수 있는 자격 요건은 다음 수트라에 언급된 진정한 요기들에게만 존재한다.

지금까지 이 수트라에 대한 해석은 적어도 상식과 경험적 사실에 기반하였다. 가짜 요기들은 정규 경로를 걸어가는 요기들보다 분명 열등하다. 파탄잘리는 아마도 초심자들이 이 주제에 대해 혼란을 겪지 않도록 돕기 위해, 이런 구분을 지어놓았을 것이다.

20

Śraddhā-vīrya-smṛti-samādhi-prajñāpūrvaka itareṣām.

슈랏다-비르야-스므리티-사마디-프라갸푸르바카 이타레샴

슈랏다 신념	비르야 불굴의 의지	스므리티 기억
사마디-프라갸 삼매를 위한 지성	푸르바카 ~를 전제로	이타레샴 다른 이들의

(In the case) of others (Upāya-Pratyaya Yogis) it is preceded by faith, energy, memory and high intelligence necessary for Samādhi.

우파야 프라티아야 요기들의 경우, 사마디를 위해 신념, 불굴의 의지, 기억, 그리고 높은 지성이 요구된다.

앞의 I-19 수트라에서 언급된 가짜 요기들과는 대조적으로 진정한 요기들의 경우, 사마디에 도달하기 전에 높은 영적 이상을 성취하는 데 필수적인 인격적 특성들이 나타난다. 파탄잘리가 강조하려는 핵심이자 독자가 주목해야 할 점은, 진정한 요가의 성취란 다름 아닌 우리의 내적 힘과 능력을 펼치기 위한 오랜 동안의 임격한 인격 형성과 훈련 과정이라는 사실이다. 이는 우연이나 곡예, 누군가의 호의로 주어지는, 혹은 되는 대로 따라 하는 싸구려 수련법의 결과가 아니다. 꼭 필요한 훈련과 수련 없이 요가의 열매를 얻고자 하는 많은 열망자들에게 이러한 경고는 반드시 필요하다. 많은 열망자들이 참된 요가의 길을 선택하고 그에 필요한 자격을 갖추는 대신, 항상 손쉬운 방법과 새로운 스승을 찾아다닌다. 그리고 그 스승들이 자기에게 마치 선심 쓰듯 초자연적 능력(싯디)을 베풀어주기를 기대한다.

파탄잘리가 제시한 참된 요기의 네 가지 자격요건은 신념, 불굴의 의지, 기억, 그리고 예리한 지성이다. 신념이란 우리가 추구하는 진리가 내면에 존재한다는 것, 요가수련을 통해 목표에 도달할 수 있다는 확신이다. 이러한 신념은 반대되는 주장이나 거듭된 실패에 의해 흔들릴 수 있는 평이한 믿음이 아니다. 청정하게 정화된 마음이 붓디, 즉 영적 직관의 빛으로 환히 밝혀질 때 드러나는 내적 확신의 상태이다. 이러한 신념 없이는 보통의 열망자가 요가의 목적을 달성하는 데 필요한 많은 생 동안의 인내를 발휘할 수 없다.

산스크리트어 단어 비르야(*Vīrya*)는 영어의 어떤 단어로도 번역할 수 없다. 그것은 에너지, 결단력, 용기, 궁극적으로는 모든 장애를 극복하게 하는 불굴의 의지, 그리고 목표로 나아가게 하는 모든 통합된 힘을 의미한다. 비르야 없이는 그 누구도 요가 훈련을 끝까지 해내는 데 필요한 초인적인 노력을 쏟기가 불가능하다.

스므리티(*Smṛti*)라는 단어는 일반적으로 사용하는 기억이라는 단순한 의미가 아니다. 스므리티는 요가에서 보다 특별한 의미로 사용되곤 한다. 많은 열망자들이 길 위에서 얻은 숱한 경험의 교훈을 거듭거듭 잊는다. 때문에 동일한 경험들이 끝없이 반복되고 엄청난 시간과 노력이 헛것이 된다. 요기는 경험이 주는 교훈에 주목하고 그것을 미래의 지침으로 삼기 위해, 그 교훈을 칫타 속에 각인할 수 있는 능력을 습득해야 한다. 우리는 생에서 생으로, 모든 종류의 비참함을 겪으며 유전(流轉)해왔다. 노년의 비참함, 사랑하는 이들과 이별하는 아픔, 충족되지 못한 욕구, 그럼에도 불구하고 또다시 고개를 드는 욕망으로 인해 이런 비참함에 수시로 빠져든다. 왜 그러한가? 모든 비참함의 교훈이 우리들 칫타 속에 영구적인 자국을 새기는 데 실패하기 때문이다. 궁극의 해방을 열망하는 자들은 모든 경험에서 신속하게 배울 수 있는 능력을 갖추어야 한다. 영겁의 경험들, 그리고 그 교훈들을 기억하지 못하여 같은 경험을 세세생생 반복하는 것이 가장 비참한 인간의 운명이다. 칫타 속에 영겁의 교훈을 간직할 수 있는 능력은 우리의 여정에서 모든 단계마다 궁극의 의미를 부여하고, 거듭해서 뒤로 미끄러지는 일을 막아준다.

다음, 사마디-프라갸(*Samādhi-prajñā*)는 사마디에 필수적인 칫타의 독특한 상태이다. 이때 칫타는 관성적으로 내면을 향하고, 거기 숨겨진 실재를 추구하는 데에 몰입한다. 그렇게 되면 바깥세상의 이슈에 깊이 개입되더라도, 그것이 삶의 중심이 되지는 않는다.

만약 사마디가 우파야-프라티야야(*Upāya-Pratyaya*, 깨달음에 이르는 방법적 조건), 즉 위의 네 가지 방법에 따라 성취되었다면 그것이야말로 진정한 사마디이다. 그렇게 되면 요기는 초물질적 차원의 실재를 생생하게 인식하고 육체로 돌아올 수 있다. 일상에서는 경험할 수 없는 지고한 차원의 지식과 함께 말이다. 진정한 사마디에서 요기는 항상 자신의 매개체(코샤)들을 통제하고 있으며, 어떤 내면의 상실도 겪지 않고 한 차원에서 다른 차원으로 계속 나아갈 수 있다. 반면 사마디가 단지 출생의 결과(*Bhava-pratyaya*, 바바-프라티야야)라면, 앞서 지적했듯 그것은 진정한 사마디가 아니다. 가짜 사마디에서는 기껏해야 높은 차원을 우연히 일별할 수 있을 뿐이다. 그것은 신뢰할 수 없고 의지의 통제하에 있지도 않으며, 심지어는 나타난 것만큼이나 갑작스레 사라질 수 있다.

21

Tīvra-saṃvegānām āsannaḥ.

티브라-삼베가남 아산나

•

티브라-삼베가남 강렬하게 바라는 자들에게	아산나 아주 가까운

It (Samādhi) is nearest to those whose desire (for Samadhi) is intensely strong.

진정한 사마디는 사마디에 대한 열망이 강렬한 이들에게 가장 가까이 있다.

이 수트라와 다음 수트라는 요가의 길에서 성취 속도를 결정한다. 첫 번째 요인은 절실함의 정도이다. 탐구대상에 이르고자 하는 열망이 강렬할수록, 진보는 더 빨라진다. 세상 어떤 분야에서든 진보와 발전은 절실함에 의해 결정된다. 강렬한 열망은 모든 정신적인 기능과 힘을 한데 모은다. 요가에서의 진보는 바로 이 때문에 열망자의 절실함에 달려있다. 외부세계에서 진보와 발전은 외부세계의 조건에 달려있다. 요가에서는 모든 변화가 요기의 내면에서 일어나며, 모든 장애 또한 그의 매개체들 안에서 발생한다. 권력을 얻고자 하는 야심가는 수백만 명을 다뤄야 하지만, 요기는 오직 하나, 자신의 내면만을 다루면 된다. 그리고 그것이 절실하기만 하다면, 다른 이들의 내면보다 자신의 내면을 다루는 것이 훨씬 더 쉽다. 요기와 요가의 완성 사이에는 쉽고 빠르게 제거할 수 있는 자신만의 욕망과 약점 외에는 실제로 아무것도 존재하지 않는다. 그것들은 대부분 정신적이고 주관적인 성질을 띠고 있다. 단지 필요한 것은 요기 자신만의 욕망과 약점에 대한 이해, 그리고 태도의 변화뿐이다.

'당신들은 스스로로 인해 고통받는다.
어느 누구도 강요하지 않으며,
어느 누구도 당신들이 살고 죽는 것을 붙잡지 않는다.
고통의 바퀴 위에서 회전하며
그 바퀴의 살을 끌어안고 입맞추는 것도 당신들 자신일지니.'

–《아시아의 등불》(*The Light of Asia*)* 중에서

어느 위대한 현자는 아트마(*Ātmā*, 참자아)를 아는 것이 꽃을 따는 것보다 더 쉽다고 말했다. 꽃을 따기 위해서는 손을 뻗어야 하지만, 아트마를 알기 위해서는 내면을 들여다보기만 하면 되기 때문이다.

독자들은 요가수련에서 우리가 다루고 있는 것이 물질적 변화가 아니라, 내면의 발견임을 이해할 필요가 있다. 이 길은 오랜 시간을 들여 '쌓아올린' 것을 '놓아버리는' 것이다. 사마디의 수단 가운데 하나인 이슈바라 프라니다나(*Īśvara-praṇidhāna*, 신에 대한 귀의)는 성숙한 영혼이 전심전력으로 이슈바라에게 자신을 내맡길 때 비상한 속도를 낸다. 그것은 세속적인 삶에 대한 우리의 집착을 '놓아버리는' 과정이며, 이때 비로소 진보는 극적으로 일어난다. 요기가 절실하기만 하다면 모든 과정이 순간적으로 완성될 수도 있다. 사실 완성은 빠를 뿐 아니라, 정말로 쉽다. '붙잡는 것'은 힘과 노력을 필요

* 에드윈 아놀드 저, 붓다의 생애와 가르침에 관한 책.

로 하지만 '놓아버리는 것'은 단지 태도의 변화만으로도 이루어질 수 있다. 그러나 여기에는 분명한 순서가 있다. 내적인 변화가 우선이며, 외적인 변화는 그에 따라올 것이다.

많은 열망자들이 겪는 진짜 문제는 절실함의 정도가 매우 약하며, 앞길에 놓인 모든 방해와 어려움을 극복할 만큼 충분한 의지도 추진력도 없다는 점이다. 대부분의 오해와 달리, 욕망의 강도는 내면의 진보에 따라 점차 증가한다. 이는 '빛이 커질수록 어둠도 깊어진다'는 오랜 경구와 상응한다. 열망자가 거의 목표에 다다를 무렵에서야, 비로소 필요한 힘도 속도도 얻을 수 있게 된다.

하지만 자신의 영혼(Self)을 찾고자 하는 이 욕망은 일반적인 의미의 욕망이 아니며, 우리의 생각을 표현할 더 나은 용어가 없어서 같은 단어를 이런 식으로 사용하는 것이다. 그것은 불굴의 의지, 즉 모든 장애와 어려움을 점차 사라지게 하는, 목표에 대한 강렬한 집중에 더 가깝다. 이 무묵슈트바(*Mumukṣutva*)는 때로 우리 내면의 감정적 영역에 반영된다. 그로 인해 우리는 목표를 실현하고자 하는 강렬한 열망을 가질 수 있다.

22

Mṛdu-madhyādhimātratvāt tato'pi viśeṣaḥ.

므리두-마디야아디마트라트바트 타토피 비셰샤

므리두 순한, 부드러운	마디야 중간의	아디마트라트바트 강력함으로 인해
타토피 또한, 더욱		비셰샤 차이

A further differentiation (arises) **by reason of the mild, medium and intense** (nature of means employed).

요기의 태도가 온화한가, 적당한가, 강렬한가에 따라 요가의 성취는 크게 달라진다.

요기의 성취 정도를 결정하는 또 다른 요인은 목표에 도달하게 만드는 수단의 특성이다. 파탄잘리의 아슈탕가 요가는 인간을 무지에서 해방시키고 깨달음을 얻기 위해 따라야 할 일반적 기법과 포괄적 원리만을 제시한다. 이 기법들은 열망자가 개인적 필요, 기질, 편의에 맞게 조정할 수 있을 만큼 충분히 유연하다. 서로 다른 시대를 살며 다양한 잠재력과 능력을 지닌 각기 나른 개인들의 영직 필요에 부응하기 위한 체계가 지나치게 엄격하고 획일적이라면 결코 유용하지 못할 것이며, 시간의 침식을 견딜 수 없을 것이다. 따라서 파탄잘리의 요가체계는 명확한 기법을 따를 때의 모든 장점은 가지고 있으면서도, 경직된 체계 안에 갇히게 만들 약점은 제공하지 않는다.

비록 파탄잘리의 요가체계가 그 수단에 있어서 유연하기는 하지만, 여전히 아슈탕가는 과학적 체계인 만큼 잘 정의된 기법을 따라야 한다. 기법을 사용할 때는 수단의 특성이 중요하다. 만약 우리가 멀리 떨어진 곳으로 이동하고 싶다면, 그곳에 도달하고자 하는 열망이 아무리 간절하더라도 우리가 전진하는 정도는 황소가 끄는 수레, 자동차, 비행기 중 어떤 것을 이용하느냐에 달려있을 것이다. 물론 명확한 기법을 수반하지 않는 과정들도 있다. 그런 경우에는 수단의 문제를 전혀 고려할 필요가 없다. 예를 들어 화가 나있는 사람이 진정하고 싶다면, 그는 자신의 태도를 조정함으로써 즉각 고요해질 수 있다. 또 정교한 기법을 동원하지 않는 특정한 **요가**체계들도 있다. 개성의 포기(self-surrender)만으로 가능한 길이 다음 **수트라**에 제시되어 있다. 그런 길을 가는 데는 실제로 어떤 기법도 없으며, 열망자는 **자파**(*Japa*, 반복 암송)와 같은 보조 수단의 도움을 받거나, 내면의 힘을 통해 근본적인 태도나 심리적인 발달 과정을 무한히 강화시킬 수 있다.

이제 정도의 문제로 돌아가서 파탄잘리가 이런 '수단'들을 어떻게 분류했는지 살펴보자. 그는 힌두철학의 고전적 분류법에 따라 그 수단들을 온화함, 적당함, 강렬함이라는 세 부류로 나누었다. 3단계의 분류법은 단순하고 유연할 뿐만 아니라, 사용된 수단의 상대적인 특성 또한 고려한다. 어떤 단계에 있는 **요기**에게 '강렬하게' 여겨질 수 있는 것이, 더 높이 진보했고 더 강한 열망에 의해 움직이는 다른 **요기**에게는 '적당한' 정도로 보일 수 있다.

23

Īśvara-praṇidhānād vā.

이슈바라–프라니다나드 바

•

이슈바라 신성	프라니다나드 ~에게 자신을 내맡김으로써	바 또는

Or by self-surrender to God.

또는 신에게 자신을 내맡김으로써 사마디에 이를 수 있다.

사마디의 성취는 열망자가 자신의 의지력으로 칫타–브릿티를 의도적으로 억제하지 않고도 가능하다. 또 다른 길에서, 그는 단지 자신을 이슈바라의 뜻에 맡기고, 자신의 모든 열망을 신성한 의지와 통합시킨다. 이슈바라 프라니다나가 무엇이며 어떻게 사마디로 이어질 수 있는지는 II–32, II–45를 다룰 때 자세히 설명된다. 여기에서 이 주제에 대해 깊이 다룰 필요는 없다. 하지만 열망자가 자신을 내맡기게 될 이슈바라에 관해 알기 위해, 그에 대한 일부 개념을 제공하는 나음 몇 개의 수트라를 이해해보도록 하지.

이슈바라에 관한 이 수트라들은 학자들 사이에 꾸준한 논쟁을 불러일으켰다. 상키야 학파는 대개 무신론적 교리로 간주된다. 요가는 상키야에 기반을 두고 있다고 여겨져왔지만, 사실 자세히 들여다보면 상키야와 요가의 관계는 그리 분명하지 않다. 그러나 요가철학과 상키야 철학이 무척 밀접하게 얽혀있는 것은 사실이다. 요가가 때로 세슈바라 상키야(*Seśvara Sāṃkhya*, 유신론적 상키야)로 불릴 정도이니 말이다. 하지만 요가수행자들은 이러한 학술적인 문제로 골몰할 필요가 없다. 요가는 실천적인 과학이고 모든 실천 과학에는 이론적인 기반이 있는데, 이것이 실천 과학의 전제들과 정확히 일치할 수도 있고, 그렇지 않을 수도 있다. 파탄잘리의 요가체계는 본질적으로 과학적 체계이기 때문에, 가장 과학적이고 포괄적인 관점의 철학 체계를 이론적 기반으로 채택하는 것은 당연했다. 이 목적을 위해 파탄잘리는 상키야 철학을 선택하였고, 이는 아주 자연스러운 일이었다. 그러나 이 사실이 반드시 요가가 상키야에 기반을 두고 있다거나, 상키야를 전적으로 따른다는 것을 의미하지는 않는다. 요가가 이슈바라라는 가장 근본적인 주제에 있어 상키야와 다르며, 이슈바라 프라니다나를 통해 사마디에 이르는 방법을 제시했다는 사실 자체가, 이 두 체계의 유사성을 너무 진지하게 받아들여서는 안 된다는 것을 보여준다. 상키야가 이론적 문제들을 매우 상세히 다루면서도 아비디야(무지)의 속박에서 벗어나는 실천적 방법에 관해서는 거의 침묵하고 있다는 사실 역시 큰 의미가 있다. 이는 상키야 체계가 순수하게 이론적인 철학 이상을 넘어서지 않는다는 사실을 보여준다. 존재의 진정한 진리는 《요가수트라》에 제시된 것과 같은 실천 과학적인 체계를 따름으로써, 각 열망자가 직접 발견해야 했던 것이다.

24

Kleśa-karma-vipākāśayair aparāmṛṣṭaḥ puruṣa-viśeṣa Īśvaraḥ.

클레샤-카르마-비파카아샤야이르 아파라므리슈타 푸루샤-비셰샤 이슈바라

•

클레샤 고통, 고통의 원인	**카르마** 행위
비파카 결실	**아샤야이르** 욕망이 잠자고 있는 씨앗 또는 인상들에 의해
아파라므리슈타 훼손되지 않은	**푸루샤** 신성한 의식의 중심 또는 개별 단위
비셰샤 특별한	**이슈바라** 태양계의 지배자 또는 주재하는 신성

Īśvara is a particular Puruṣa who is untouched by the afflictions of life, actions and the results and impressions produced by these actions.

이슈바라는 삶에서의 고통과 행위, 그 행위가 낳은 결과와 인상에 의해 물들지 않은 특별한 푸루샤이다.

이 수트라에서 파탄잘리는 이슈바라에 관한 두 가지 개념을 제시했다. 첫째는 이슈바라가 다른 푸루샤들처럼, 신성한 의식의 개별적 단위인 푸루샤라는 것이다. 둘째는 이슈바라가 여전히 진화의 주기와 관련된 다른 푸루샤들과는 달리, 클레샤, 카르마 등에 얽매이지 않는다는 것이다. 후에(IV-30) 언급되는 바와 같이, 푸루샤는 카이발야에 도달함으로써 클레샤와 카르마에서 자유로워지며, 그 경우에는 카르마가 작용하는 매개체인 카르마샤야(*Karmāśaya*)가 파괴된다. 그렇다면 이슈바라는 카이발야에 도달하여 해방을

성취한 다른 묵타(*Mukta*) 푸루샤들과 어떤 점에서 다른가? 그가 진화의 과정을 거치지 않았고 언제나 자유로우며 어느 때라도 고통에 영향을 받지 않은 특별한 종류의 푸루샤라는 설명은 그다지 설득력이 없으며, 오컬트 과학에서 알려진 사실들에도 어긋난다.

위에서 지적한 불일치에 대한 설명은 카이발야의 성취 후에도 진화 또는 전개의 과정이 끝나는 것이 아니라, 해방된 푸루샤 앞에 새로운 성취와 일에 대한 전망이 다시 열린다는 사실에 있다. 우리는 이런 과정의 본질이나 그에 수반되는 작업을 거의 이해할 수 없지만, 카이발야 너머에도 더 높은 단계들이 존재한다는 것은 오컬트 과학에서 당연시되고 있다. 카이발야를 넘어선 진화의 진행 과정에서 일어나는 의식의 추가적인 전개는 많은 단계를 거치며, 궁극적으로는 푸루샤가 태양계를 주재하는 신(presiding Deity)이 되는 엄청나게 높고 영광스러운 단계에서 절정에 이른다. 이전 단계들에서 그는 태양계의 다양한 활동을 다스리고 인도하는 하이어라키(Hierarchies)* 에서 점점 더 높은 직위를 맡아왔다. 붓다, 마누 등 여러 등급의 아디카리 푸루샤(*Adhikāri Puruṣa*, 자격 있는 푸루샤)들의 직위는 일종의 사다리 같은 구조를 형성하는데, 그 사다리의 아래쪽 끝은 카이발야의 바위에 기대어있고 다른 쪽 끝은 신성한 의식의 상상할 수 없는 영광과 찬란함 속으로 사라진다. 이슈바라의 직위는 이 사다리에서 가장 높은 단계들 중의 하나이다. 그는 태양계 또는 브라만다(*Brahmāṇḍa*)의 최고 통치자이다. 태양계는 그의 의식 안에서 살고 움직이며 존재한다. 태양계의 다양한 차원은 그의 몸이며, 태양계의 기능을 작동시키는 힘은 그의 힘이다. 간단히 말하자면, 그는 우리

* 계층구조라는 의미이며, 우주에서 진화하는 존재들의 광범위함과 체계성을 나타내기 위해 신지학에서 사용하는 개념.

가 일반적으로 신이라고 부르는 실재(Reality)이다.

이 단계와 베단타에서 파라브라만(*Parabrahman*)이라고 부르는 미분화된(undifferentiated) 궁극적 실재 사이에, 의식 전개의 얼마나 많은 더 높은 단계들이 존재하는지 우리는 알지 못한다. 그런 단계들이 존재한다는 것은 이치적으로 당연하며, 태양들이 고정된 위치를 차지하는 것이 아니라 아마도 다른 별들 주위를 공전하며, 태양계들이 은하계라고 불리는 더 큰 단위의 일부이고, 이들이 다시 우주라고 불리는 더 큰 단위의 일부라는 사실에 의해 뒷받침된다. 태양계, 은하계, 우주(cosmos), 그리고 전체로서의 우주(Cosmos) 사이에 존재하는 관계가 무엇이든, 그리고 그들 각각의 주재신들 사이의 관계가 무엇이든 간에(천문학은 이 매혹적인 질문을 점점 더 밝혀내고 있다), 우주가 무수한 태양계들로 가득 차있고 각각의 태양계는 이슈바라에 의해 주재된다는 관념 그 자체가 대단히 웅장한 아이디어이다. 그리고 그 진리는 단순한 시적 상상력이 아닌, 아데프트들의 명확한 지식에 기반하고 있다. 그리고 이러한 태양계 각각을 주재하는 신이 우리 모두와 마찬가지로 진화의 주기를 거쳐 상상할 수 없을 만큼의 높은 경지에 도달한 푸루샤 비세샤(*Puruṣa-Viśeṣa*, 특별한 푸루샤)라고 생각하는 것은, 인간 진화의 개념에 새로운 의미를 부여하고 그것을 완전히 새로운 기반 위에 놓는다. 그러나 우리가 나음 수트라를 고려하기 전에 분명히 해두는 것이 좋을 한 가지 사항이 있다.

태양계의 이슈바라와, 카이발야 이전의 진화과정을 겪고 있거나 해방에 도달한 후에도 여전히 태양계와 관련되어 있는 무수한 푸루샤들 사이에는 어떤 관계가 존재하는가? 상키야에 따르면 각각의 푸루샤는 분리되고 독립된 의식 단위이며, 영원히 그러하다. 그러므로 이 철학에 따르면, 태양계 진화 계획의 일부인 **푸루샤**들은 태양계의 주재신인 **푸루샤 비셰샤**와 완전히 분리되고 독립적이어야 한다. 그러나 비록 서로 다른 **푸루샤**들이 분리, 독립된 의식 단위들이지만, 그럼에도 모종의 방식으로 공통의 생명과 의식을 공유한다. **이슈바라**의 의식은 태양계 내의 다른 **푸루샤**들의 의식이 기능하고 전개될 수 있는 장을 제공한다. 그들은 **이슈바라**의 생명에 의해 길러지고 단계에서 단계로 진화하여, 궁극적으로는 새롭게 창조된 다른 태양계들의 **이슈바라**가 될 자격을 스스로 갖추게 된다. 그래서 그들이 **이슈바라**의 태양계 안에 있는 동안에는 **이슈바라** 안에 존재하며 가장 친밀한 방식으로 **이슈바라**와 하나가 되지만, 그럼에도 그들은 끝까지 독립적인 중심과 개별적인 독특함을 유지한다. 이러한 일체성(Oneness)과 분리성(Separateness)의 공존은 지성만으로는 결코 이해할 수 없고, 오직 우리의 진정한 본성을 깨달아야만 해결할 수 있는 내면적 삶의 역설 중 하나이다.

지금까지의 내용으로 미루어볼 때, **이슈바라**의 개념은 편의를 위해 인위적으로 **상키야** 철학의 기본 체계에 접목된 것이 아니라, 끊임없이 이어져 내려온 아데프트들과 신비주의자들의 직접적인 경험에 기반을 둔 동양의 보다 광범위한 철학의 필수불가결한 부분이며, **상키야** 철학은 단지 그중의 한 측면만을 보여줄 뿐이다. **《요가수트라》**는 요가의 기법을 제시하는 전문적인 성격의 책이며, 그 기법을 제대로 습득하려면 이런 기본적인 철학의 핵심 가르침을 이해해야 한다. **《요가수트라》**에 언급되지 않은 내용이 있다고 해서, 그것이 반드시 이 책의 기반이 되는 **요가**철학과 일치하지 않는다는 의미는 아니다. **《요가수트라》**의 개념들은 전체적인 동양 철학의 배경에서 연구되어야 하며, 마치 그것들이 **상키야**나 별개의 독립된 철학에 기초한 것인 양, 분리해서 연구할 아무런 정당성도 없다.

25

Tatra niratiśayaṃ Sarvajña-bījam.

타트라 니라티샤얌 사르바갸-비잠

타트라 그에게	니라티샤얌 지고의, 능가할 것이 없는
사르바갸 전지	비잠 씨앗

In Him is the highest limit of Omniscience.

이슈바라 안에 최상의 전지(全知)가 있지만, 상대적인 것이며 한계가 있다.

이 수트라는 태양계의 주재신인 **이슈바라**에 관한 또 다른 개념을 제시한다. **수트라**의 의미는 이해하기 쉽지만 그 진정한 중요성은 대개 간과된다. 그 중요성을 이해하기 위해서는 각각의 태양계가 공간상에서 다른 태양계들과 엄청난 거리로 떨어져있어 고립되고 분리된 것처럼, 하나의 실재(One Reality)도 분리되고 상당 부분 독립적인 현현(manifestation)으로 간주된다는 점을 염두에 둘 필요가 있다. 우리는 우주 전체에 흩어져있는 무수한 태양계들을, 힌두철학에서 **사구나 브라만**(*Saguṇa Brahman*)으로 부르는 현현한 실재의 의식 속에 있는 수많은 중심들로 상상할 수 있다. 그 각각의 중심 주위로, 태양계의 로고스 또는 **이슈바라**의 생명이 나타난다. 이는 **푸루샤**의 생명이 일련의 체들을 통해 자신의 의식의 중심부 주위에 나타나는 것과 거의 같은 방식으로 이루어진다. 이렇게 각 태양계는 거시적 규모로, 그에 앞선 이전 태양계들의 삼스카라를 새로운 현현 속으로 가져오는 일종의 이슈바라의 환생으로 간주될 수 있다.

각각의 태양계는 그것을 주재하는 이슈바라의 의식의 현현이고, 각각의 이슈바라는 상대적인 세계에서 의식의 무한한 전개과정 중 특정 단계를 나타내므로, 이슈바라의 지식이 태양계 내의 다른 푸루샤들에 비해서는 거의 무한하다고 할지라도 궁극적인 실재에 비하면 제한적일 수밖에 없다. 왜냐하면 이슈바라 역시 궁극적인 실재의 부분적인 현현에 불과하기 때문이다. 우리는 현현하는 것이 항상 한계를 포함하며 심지어 이슈바라조차도, 비록 이슈바라의 의식과 니르구나 브라만(*Nīrguṇa Brahman*, 속성 없는 궁극적 참실재)의 의식을 분리하는 환영의 장막이 아무리 얇다 해도, 마야(*Māyā*, 환영)의 영역에 있다는 것을 잊어서는 안 된다. 니르구나 브라만만이 진정한 의미에서 무한한 것으로 간주될 수 있다. 따라서 이슈바라의 전지(Omniscience)는 상대적인 것이며 한계가 있고, 이 수트라에서 언급된 것이 바로 그 한계이다.

특정 태양계 또는 브라만다 안의 모든 푸루샤들은 진화의 과정을 겪고 있으며, 각 푸루샤 안에 있는 전지의 '씨앗(seed)'은 점진적으로 펼쳐지고 있다. 이런 전개는 평범한 진화의 과정에서는 서서히 일어난다. 요가를 수련하고 칫타가 더 미세한 초물질적 차원에서 기능하기 시작할 때 이러한 전개는 놀랄 만큼 가속화되며, 지식의 경계는 사마디의 각 단계마다 갑자기 확장된다. 다르마-메가-사마디(*Dharma-Megha-Samādhi*) 이후에 카이발야에 도달하면, IV-31에서 언급되는 바와 같이 엄청난 의식의 확장이 일어난다. 이미 언급했듯이 카이발야의 성취 이후에도 의식의 전개는 끝나지 않으며, 그러한 전개에는 반드시 그에 상응하는 지식의 확장이 따를 것이다. 태양계 안에서 진화의 과정을 밟고 있으며 그 태양계에서 이슈바라의 일부인 푸

루샤들의 경우에도, 이러한 지식의 확장에는 한계가 있을까? 한계는 반드시 있을 것이고, 그 한계는 당연히 **이슈바라**의 상대적인 전지, 즉 **이슈바라**의 의식 속에 담겨있는 지식일 것이다. 어떤 **푸루샤**도, 그가 태양계의 일부이고 그의 의식이 **이슈바라**의 의식에 기반을 두고 있는 한, 그 한계를 넘어설 수 없다. 그의 지식은 계속 확장될 수 있고 무한해 보일 수 있지만, 분수가 급수원의 용량을 넘어설 수 없는 것처럼, 해당 태양계 **이슈바라**의 무한한 지식을 넘어설 수는 없다.

26

Sa pūrveṣām api guruḥ kālenānavacchedāt.

사 푸르베샴 아피 구루 카레나아나밧체다트

•

사 그	**푸르베샴** 고대인들의, 최초로 온 이들의
아피 ~조차도	**구루** 스승
카레나 시간상으로	**아나밧체다트** 제한되거나 조건 지어지지 않음으로 인해

Being unconditioned by time He is Teacher even of the Ancients.

시간에 의해 제약 받지 않기에, 이슈바라는 고대인들의 스승이기도 하다.

우리는 이전 수트라에서 브라만다의 이슈바라가 자신의 의식 속에 담고 있는 지식이, 아무도 넘어설 수 없는 한계를 설정한다는 내용을 보았다. 지식뿐만 아니라 힘과 같은 측면에서도 그는 태양계에서 표현되는 가장 높은 존재이며, 마누들(*Manus*, 인류의 조상), 붓다들(*Buddhas*, 깨달은 자), 데바타들(*Devatās*, 신적 존재)과 같은 이슈바라보다 낮은 모든 개체들은 그들의 지위가 아무리 높다 하더라도 그들의 힘을 이슈바라에게서 끌어내야 한다. 그래서 그는 이슈바라, 즉 최고의 주님(Lord) 또는 지배자로 불린다. 태양계는 우주에 비하면 미미하지만, 여전히 시간과 공간상의 거대한 현상이다. 그 안에서 많은 행성들이 탄생하고 삶을 살다가 사라지면서, 그들의 존재 기간 동안 태양계의 일부인 무수한 지바트마들이 진화할 수 있는 시공을 제공한다. 수십억 년을 넘어서는 이 엄청난 기간 동안, 거주 가능한 행성들에 나타났다가 사라지는 서로 다른 인류와 인종들을 누가 인도하는가? 인류의 스승과 지도자가 되는 이들에게 영감을 불어넣고 지식을 주는 것은 과연 누구인가? 오직 **이슈바라**만이 이 역할을 할 수 있다. 그만이 이 모든 엄청난 변화를 관통하며 살아남고 지속되기 때문이다.

구루(*Guru*)라는 단어는 스승과 주인 둘 다를 의미하지만, 우리는 지금 요가에 관한 철학적 논고를 다루고 있기 때문에 분명히 전자의 의미가 강조된다. 이는 **이슈바라**가 지고의 스승으로서 높은 경지의 스승들에게 지식을 전해줄 뿐만 아니라, 어두운 세상에 신성한 지혜의 빛을 전하려는 모든 스승들 뒤에 있는 진정한 스승이라는 것을 의미한다. 과학자들과 지식인들은 자신들만의 독창성과 불굴의 의지로 자연의 비밀을 밝혀내고 인간 지식의 경계를 넓히고 있다고 자만할지 모른다. 이런 태도는 완전히 잘못된 것이며, 이는 오직 지적 추구라는 자기중심주의와 환영에서 비롯된 것이다. 인류의 진보 뒤에 있는 신성한 지식과 의지의 압력이 자연스럽게 인간의 경계를 넓히고 있으며, 개별 인간은 단지 지고의 **구루**가 사용하는 도구일 뿐이다. 열린 생각과 경건한 가슴으로 현대과학의 괄목할만한 진보를 지켜본 사람이라면 누구라도, 이러한 발견들 뒤에서 작용하는 보이지 않는 손과 지성을 볼 수 있을 것이다. 현대과학에서는 이러한 경외심이 결여되어 있고, 노골적인 물질주의적 태도가 점점 과학을 잘못된 방향으로 이끌어가고 있다. 지식 또한 질서 있는 발전과 진정한 행복의 도구라기보다 점점 대규모의 파괴와 불행을 초래하는 수단이 되어가고 있다. 지식을 추구하는 데 겸손과 경외심이 없다면, 그것에 매진하는 이들에게 좋지 않은 결과가 예고될 수밖에 없다.

과학의 영역이 어떻든 간에, 신성한 지혜의 영역에서 이슈바라는 모든 지식과 지혜의 원천일 뿐만 아니라 세상에 존재하는 진정하고 유일한 스승으로 간주된다. 모든 위대한 영적 스승들은 위대한 구루의 화신으로 여겨져왔으며 이슈바라의 이름으로, 이슈바라의 힘을 통해 가르쳤다. '길 위의 빛'은 그의 지식의 빛이고, '침묵의 소리'는 그의 목소리이다. 이는 요가의 길을 가는 모든 열망자들이 가슴에 새겨야 할 진리이다.

27

Tasya vācakaḥ praṇavaḥ.

타시야 바차카 프라나바

타시야 그의	**바차카** 지칭하는 것	**프라나바** AUM으로 공명하듯 발성한 'Om'

His designator is 'Om'.

'옴'은 이슈바라를 지칭한다.

앞의 세 수트라에서 이슈바라에 대해 필요한 정보를 제시한 후, 파탄잘리는 다음 세 수트라에서 그와의 직접적인 접촉을 확립하는 명확한 방법을 언급한다. 이 세 수트라를 다루기에 앞서, 만트라(*mantra*) 요가에 대해 간단히 설명하겠다.

만트라 요가는 '소리'라는 매개를 통해 생명체에 의미있는 변화를 일으키고자 하는 요가의 한 분야이다. 여기서 소리는 현대과학에서 사용하는 의미가 아니라, 보다 특별한 의미로 사용된다. 만트라 요가의 가르침에 따르면, 궁극적 실재(Ultimate Reality)의 최초의 현현은 샵다(*Śabda*)라고 불리는 독특하고 미세한 진동에 의해 일어난다. 샵다는 소리 또는 말을 의미한다. 세계는 이 샵다에 의해 창조되었을 뿐만 아니라 유지되고 있는데, 샵다는 현상계를 이루는 무수히 다양한 형태의 진동으로 분화된다.

자연의 모든 현상이 어떻게 진동 또는 에너지의 독특한 표현에 기반할 수 있는지 이해해보자. 물리학에서 물질은 원자와 분자로 구성되어 있고, 이들은 다시 전자 등과 같은 더 작은 입자들의 다양한 조합이라는 것이 밝혀졌다. 과학은 아직까지 물질의 궁극적 구성에 대해 명확한 그림을 얻지 못했지만, 물질과 에너지가 상호 전환된다는 사실은 입증되었다. 바로 상대성 이론이 그것이다. 이 이론은 질량과 에너지가 서로 다르지 않으며 하나라는 것을 보여주었고, 이 둘 사이의 관계는 아인슈타인의 유명한 방정식 $E=mc^2$으로 알 수 있다.

물질은 에너지의 표현일 뿐 아니라, 물질적 현상 또한 진동에 의존한다는 사실은 널리 알려져있다. 현대심리학은 여태 정신적 현상의 본질을 조사하거나 이해하지 못했지만, 오컬트 과학에 의한 연구들은 대상에 대한 인식이 물리적인 것보다 더 미세한 진동에 의존한다는 사실을 분명히 보여주었다. 현대심리학자들에게 잘 알려진 사고 전이(thought-transference)*와 같은 일부 현상들은 이러한 견해를 뒷받침한다.

따라서 이 세계의 기반이 엄청나게 복잡하고 광대한 진동의 집합체라는 가르침에는 본질적으로 불합리한 점이 없음을 알 수 있다. 이런 결론은 놀랍지만 오컬트 과학의 훨씬 더 신비한 가르침에 비하면 아무것도 아니다. 그 가르침에 따르면 무수히 다양하고 무한히 복잡한 모든 진동은 단일한 진동의 표현이며, 이 단일한 진동은 현현된 세계가 태양계이든 우주든 혹은 우주 전체이든 간에, 그 세계를 주재하는 신(Presiding Deity)의 의지에 의해 생성된다. 최초의 거대하게 통합된 진동을 **샵다-브라만**(*Śabda-Brahman*)이라고 부르는데, 이는 '소리'의 궁극적 실재를 의미하고, 그로부터 현현 속의 모

* 한 사람의 생각이나 정신적 이미지가 다른 사람에게 전달되는 현상.

든 진동이 파생된다. 여기에서 '소리'는 가장 포괄적이고 다소 신비로운 의미를 갖는 '소리'이다.

특정한 파장을 가지고 있는 빛의 특정한 진동은 그에 상응하는 색채 지각을 만들어낸다. 소리의 진동은 또한 음의 지각을 만들어낸다. 과학이 아직까지 모든 감각에 숨겨진 메커니즘을 조사해내지 못했지만 언젠가 맛, 냄새, 촉감의 각 감각이 각기 상응하는 진동과 짝을 이루고 있음이 밝혀질 것이다. 이를 좀 더 확장하자면 특정한 종류의 진동이 특정한 칫타의 상태를 만들어낼 수 있다는 가정도 가능하다. 칫타는 진동에 의해 영향을 받을 수 있고, 거꾸로 칫타 또한 특정한 진동을 일으킬 수 있다. 따라서 진동과 칫타 둘 모두 물질에 영향을 미치고 변화를 가져올 수도 있을 것이다.

이러한 원리들은 만트라 샤스트라(*Mantra-Śastra*, 만트라를 통한 가르침)의 기반을 형성한다. 만트라 샤스트라는 만트라를 사용하여 어떤 구체적인 결과를 가져오는 과학이며, 이 원리들은 만트라의 도움으로 칫타를 통합하고 개화시키는 만트라 요가의 기초가 된다. 만트라 샤스트라와 만트라 요가는 특정한 진동을 만들어내 특정한 힘을 끌어내거나, 특정한 매개체 안에 특정한 내면의 상태를 만들어낼 수 있다. 따라서 각각의 만트라는 특정한 결과를 가져오기 위한 특정한 소리의 조합으로 이루어져있다.

그러므로 만트라의 조합에 활용되는 기본 소리가 무엇인지 알아보는 것은 매우 흥미로운 일이다. 간단히 말하자면, 산스크리트어 글자들이 산스크리트어에서 유래한 모든 만트라의 기본 요소라고 할 수 있다. 각 글자는 기본적이고 영원한 힘의 운반체로 여겨진다. 그 글자들이 만트라에 사용될 때, 마치 다양한 화학원소들이 그로부터 파생된 화합물에 구체적인 특징을 부여하는 것처럼, 각 글자는 만트라의 목적과 효과에 자신만의 고유한 영향력을 더하게 된다.

산스크리트어에는 모두 52개의 글자들이 있다. 만트라는 글자들의 다양한 순서와 조합을 통해 온갖 종류의 효과를 만들어낸다. 이때 각 만트라마다 다양하게 사용할 수 있는 52가지 기본 원소의 힘이 있는 셈이다. 물론 산스크리트어 글자만이 만트라를 구성하는 데 사용될 수 있다는 의미는 아니다. 산스크리트어 글자들이 만들어내는 소리의 영향이 요가철학에서 그동안 계속 연구되고 평가되었기 때문에, 그처럼 사용할 수 있다는 것이다.

I-26에서는 이슈바라가 모두의 진정한 스승이며 요기가 해방의 길을 걷는 데 도움이 되는 내적 빛의 근원이라는 점이 설명되었다. 그 내적 빛이 어떻게 계시되고 드러나야 요기가 자기 안에서 항상 현존하는 확실한 안내자를 만나게 될까? 이 빛은 요가수련에 의해 칫타가 충분히 정화될 때 나타난다. 그러나 요가수련의 초기, 열망자가 반드시 극복해야 할 몇 가지 어려움이 있다. 마음은 끊임없이, 때로는 격렬하게 산만해져서 열망자로 하여금 자기 내면의 깊은 곳으로 물러날 수 없게 만든다. 어떻게 하면 산만함을 극복하고 마음을 충분히 안정시켜서, 요가의 길을 굳건히 걸어갈 수 있을까?

격렬한 산만함을 극복하기 위해 파탄잘리가 제시한 가장 효과적인 수단은 프라나바(*Praṇava*)*의 자파와 그 의미에 대한 명상이다. 그는 프라나바를 이슈바라의 바차카(*Vācaka*)라고 부른다. 바차카란 무엇인가? 바차카의 문자적 의미는 이름 또는 지시어이지만, 만트라 요가에서는 특별한 의미로 쓰인다. 바차카는 본질적으로 만트라여서, 만트라 수행에서 사용할 때 데바타 또는 신성한 존재의 의식을 드러내고 그 힘을 해방시키는 능력이 있다. 특별

* OM 또는 AUM으로 알려진 신성한 음절.

한 존재를 부르는 소리의 조합이기 때문에 바차카는 특별한 존재의 이름과도 같다. 그러나 바차카는 보통의 이름과 달리, 바차(*Vācya*, 지칭되는 존재)와 신비스러운 관계를 맺고 있다. 옴(*Om*)이 바로 그런 바차카이다. 요기들은 옴을 가장 신비롭고 신성하며 강력한 만트라로 여긴다. 그 이유는 옴이 우리 태양계에 관한 한, 가장 위대한 힘이자 지고의 의식인 이슈바라의 바차카이기 때문이다.

보통 사람들에게는 단 세 글자로 된 한 음절*에 엄청난 잠재력이 숨겨져 있으며, 힌두교의 신성한 경전 곳곳에서 그에 관한 언급을 찾아볼 수 있다는 점이 터무니없어 보일 수 있다. 그러나 진리는 엄연히 존재하는 사실이며, 믿지 않는 사람들의 무지와 편견에 전혀 영향을 받지 않는다. 80년 전에 누가 우라늄 원자들 사이를 움직이는 중성자 하나가 도시 전체를 날려버릴 만큼 강력한 폭발을 일으킬 수 있다고 믿었겠는가? 만트라 요가의 이론과, 진동과 칫타 사이의 관계를 이해하는 사람이라면 누구라도 신비로운 음절이 그러한 힘을 가질 수 있음을 알아야 한다.

* AUM.

28

Tajjapas tad-artha-bhāvanam.

탓자파스 탓-아르타-바바남

탓자파스 그것을 계속 반복	**탓-아르타** 그것의 의미	**바바남** 마음속으로 깊이 생각하는

Its constant repetition and meditation on its meaning.

옴을 끊임없이 반복하고 그 의미에 대해 명상하도록 한다.

프라나바와 같은 **만트라**의 힘은 어떻게 계발될 수 있는가? 이 힘은 활성화된 것이 아니라 잠재적이라는 것을 기억해야 한다. 그것은 버튼을 누르기만 하면 사용할 수 있는 전기모터의 힘이 아니라, 필수적인 조건들을 형성함으로써 서서히 움트는 씨앗과도 같은 힘이다. 이것이 바로 많은 사람들이 간과하는 사실이다. 그들은 단지 **만트라**를 몇 번 반복하는 것만으로 원하는 결과를 얻을 수 있다고 생각한다. 그럴 수 없다. 그런 식으로 **만트라**를 사용한다고 해서 **만트라** 본래의 목적을 달성할 수는 없다. 망고 나무의 씨가 허기를 채워줄 수 없는 것과 마찬가지이다. 씨는 깊이 심고 물을 주고 정성껏 보살펴야만, 열매를 맺어 허기를 달랠 수 있다. 마찬가지로 **만트라**에 내재된 잠재력은 **요기**의 영적 진보를 위해 사용되기 전에, 올바른 수련법을 통해 서서히 계발되어야 한다. 이 과정에서 가장 고된 일점집중의 훈련과 실습을 몇 년 동안 거쳐야 하는데, 그럼에도 불구하고 **요기**가 올바른 조건을 갖추지 못했다면 실패할 수도 있다. 만트라의 목표가 높을수록, 내재된 힘을 끌어내고 펼쳐내는 과정은 지난할 수밖에 없다.

이 수트라에는 프라나바에 내재된 힘을 계발하는 두 가지 주요 수단이 제시되어 있는데, 이는 다른 만트라에도 동일하게 적용된다. 첫 번째 수단은 자파이다. 이것은 만트라 요가의 잘 알려진 기법이다. 원하는 결과가 나타날 때까지 규칙적으로 만트라를 계속해서 반복하는 것이다. 처음에는 소리 내어, 그러고는 고요하게, 마지막으로 내면에서. 만트라의 반복은 절대 필요하며, 때때로 요기들은 이를 엄청난 횟수로 반복해야 하기 때문에 인내심과 지구력을 시험받게 된다. 하지만 횟수 자체가 가장 중요한 요소는 아니다. 정신적, 감정적 조건들도 똑같이 중요하다. 자파는 기계적인 반복처럼 시작되지만, 점차 명상의 한 형태로 발전해 나가면서 더 깊은 내면까지 도달해야 한다.

자파의 원리는 대우주(Macrocosm) 안에 존재하는 모든 의식과 힘들의 잠재력이 소우주(microcosm)인 요기 안에도 존재한다는 사실이다. 모든 인간의 내면 속에 있는 대우주의 신성한 불꽃이 활활 타오를 수 있도록, 모든 힘을 끌어내고 활용해야 한다. 만트라 요가의 효과는 단순히 만트라를 반복하는 것이 아니라, 이런 모든 힘들이 합쳐져 활성화된 결과이다. 작은 씨가 커다란 나무로 자라나는 데에 토양, 물, 공기, 햇빛이 필요한 것처럼, 대우주와 소우주의 모든 힘들이 상응하고 통합되고 발화되기 위해서는 반드시 만트라가 있어야 한다. 여기서 구체적인 방식을 다룰 수는 없다. 단지 언급할 수 있는 점은 만트라의 힘이다. 만트라 요가의 효과는 소우주의 매개체들 안에서 얼마나 미세한 진동을 일으킬 수 있는가에 달려있다. 만트라는 소리의 조합이므로, 육체의 귀에서 지각될 수 있는 물리적 진동까지를 포함한다.

그러나 물리적 진동은 만트라의 가장 외적 표현일 뿐이다. 물리적 진동 뒤에는 더욱 미세한 진동들이 숨어있다. 언어의 구조와 단계를 예로 들어보겠다. 바크(*Vāk*), 즉 '말(speech)'의 이러한 단계들을 바이카리(*Vaikharī*, 표현된 언어), 마디아마(*Madhyamā*, 내적 언어), 파샨티(*Paśyantī*, 직관적 언어), 파라(*Parā*, 초월적 단계)라고 각각 부른다. 실제로는 점점 더 미세한 형태의 '소리'를 따라 의식의 전개가 이루어지고 숨겨진 잠재력이 활성화된다. 이러한 힘의 해방은 만트라가 가진 고유의 성질에 따라 일정한 과정을 거친다. 마치 씨앗이 각각의 특성에 따라 각기 특정한 종류의 나무로 자라나는 것처럼.

프라나바에 내재된 힘을 활용하는 다른 수단은 바바나(*bhāvanā*)이다. 이 단어는 문자 그대로 '마음속에 머무르게 함'을 의미한다. 이 수트라에 제시된 이중의 수련법은 이슈바라의 신성한 의식과 접촉하는 것이 목적이다. 자파는 매개체들을 조율하는 효과가 있다. 그러나 신성한 영향력을 끌어당기고 신성한 의식과 접촉하기 위해서는 자파 이상이 필요하다. 전류가 기계장치에 흐르려면 전도력 또는 전기 용량뿐만 아니라, 전압이 필요하다. 마찬가지로 신성한 의식에 더욱 가까이 다가가려면 매개체의 정화와 조율뿐 아니라 전압과 같은 끌어당기는 힘, 즉 인력(magnetic energy)도 필요하다.

지바트마와 파라마트마, 둘을 서로 끌어당기는 이 힘은 다양한 형태를 취할 수 있다. 예를 들면 박티 요가(*bhakti Yoga*)에서 그 힘은 강렬한 헌신이나 사랑으로 드러난다. 만트라 요가에서는 만트라의 의미, 목적에 대한 강렬한 집중인 바바나의 형태를 취한다. 바바나는 단순히 수학 문제를 풀 때와 같은 지적인 과정이 아니다. 그것은 공통의 목표를 추구할 때 우리가 사용하는 모든 능력의 총합이다. 그래서 바바나의 과정에는 지적 탐구, 깊은 갈망뿐 아니라 모든 장애와 장벽을 깨부수고자 하는 강한 의지도 들어있다.

29

Tataḥ pratyak-cetanādhigamo'py antarāyā-bhāvaś ca.

타타 프라티약-체타나아디가모피(아디가마아피) 안타라야-바바슈(아바바슈) 차

타타 그로부터	프라티약 내면으로 향한	체타나 의식
아디가마 달성	아피 또한	안타라야 장애물들
아바바 사라짐	차 그리고	

From it (result) the disappearance of obstacles and turning inward of consciousness.

위와 같은 수련을 통해, 장애들이 사라지고 칫타는 내면을 향하게 된다.

이 수트라에서 파탄잘리는 앞서 제시한 수련의 두 가지 결과를 설명한다. 첫째는 프라티약 체타나(*Pratyak Cetanā*)로 불리는 새로운 종류의 각성이고, 둘째는 '장애'의 점진적인 소멸이다.

먼저 프라티약 체타나가 무엇을 의미하는지 알아보자. 정반대의 성질을 가진 두 종류의 의식이 있다. 프리티약(*Pratyak*)과 파랑가(*Parāṅga*), 즉 내부로 향한 집중의 상태와 외부로 향한 집중의 상태이다. 평범한 사람들의 내면은 완전히 외부로 향해있다. 그들은 항상 외부세계에 몰두해있고, 칫타의 영역에서 끊임없이 지나가는 이미지의 행렬에 사로잡혀있다. 외부를 향한 집중은 빅셰파(*Vikṣepa*)에 의해 발생한다. 빅셰파란 낮은 수준의 칫타가 자신을 끊임없이 외부로 투사하는 것이다. 프라티약 체타나는 내부로 향한 집중 또

는 끝없이 중심으로 향하는 칫타의 상태이다. 아래 그림에서 왼쪽은 프라티약 체타나, 즉 중심을 향한 집중, 오른쪽은 정반대로 파랑가 체타나, 즉 외부로 향한 집중을 나타낸다.

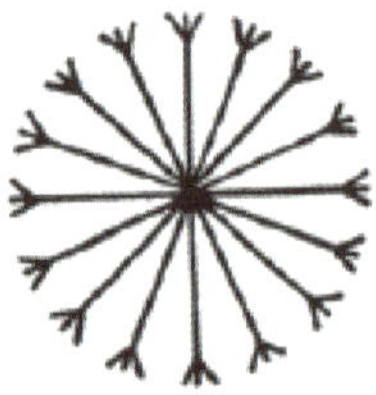

프라티약 체타나

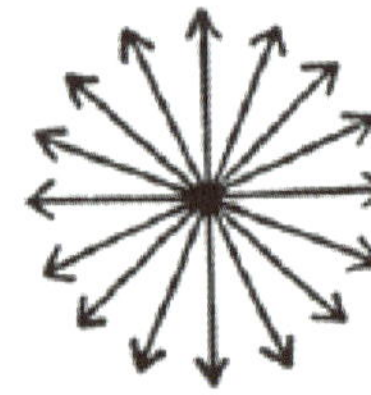

파랑가 체타나

그림 2

요가의 목표는 칫타를 외부에서 내면으로 철수시키는 것에 있다. 왜냐하면 삶의 궁극적 비의(秘義)는 우리들 존재의 핵심에 숨겨져있고, 오직 거기에서만 비의의 열쇠를 발견할 수 있기 때문이다. 그러나 단순히 중심을 향하려는 경향만으로는 프라티약 체타나라고 할 수 없다. 프라티약 체타나의 핵심은 상위 원리들과의 실제적인 접촉이다. 이 상위 원리들(*Ātmā-Buddhi-Manas*, 아트마-붓디-마나스)의 영향에 의해 각자의 개성은 빛을 얻는다. 아트마의 힘, 붓디의 깨달음, 상위 수준의 마나스에서 나온 지식은 점점 더 개성 속에 스며들어 요가에 필요한 안내와 추진력을 제공한다. 상위 원리들과의 직접적인 접촉은 칫타가 점점 더 깊은 중심에 이를 때, 즉 사마디에 이르러서야 가능하다.

프라나바에 대한 명상과 자파의 또 다른 결과는 요가의 장애들이 점차 사라지는 것이다. 요가의 장애들에는 다양한 종류가 있다. 매개체들의 불순물, 부조화, 성격적 약점, 칫타의 부족한 수준 등이다. 프라나바는 우리 존재의 핵심을 건드려서 소우주 안에 잠자고 있는 모든 잠재력과 능력을 끌어낼

만한 진동을 일으킨다. 모든 장애는 프라나바의 역동적인 자극에 굴복한다. 필요한 능력이 커지고 힘이 추가되어 결핍이 보완된다. 드디어 불순물은 씻겨나간다. 매개체들의 부조화는 매끄럽게 해소되고 이들은 서로, 그리고 이슈바라의 지고함과 조화를 이룬다. 이제 개성은 완전히 다시 태어난다.

따라서 이처럼 효과적이고 강력한 명상의 도구들을 함부로 사용할 경우, 요기가 온갖 종류의 어려움과 위험에 빠지게 될 것은 명약관화하다. 따라서 명상에 필요한 조건을 신중하게 고려하고 엄격하게 규제하는 것이 절대적으로 필요하다. 여기서는 순수함, 자기 통제, 신중하고 점진적인 힘의 사용이 필수적인 조건들이라는 사실을 언급하는 것으로 충분하다. 때문에 프라나바에 대한 명상과 자파, 이 두 수련은 야마(*Yama*, 금계)와 니야마(*Niyama*, 권계)를 상당 정도 익힌 후에야 비로소 유용하고 안전하게 시작할 수 있다.

I-23부터 I-29까지 7개의 수트라는 어떤 면에서 상당히 신비주의적 기법을 제시하고 있다. 그 길을 따라 열망자는 자신과 탐구의 대상을 분리시키는 중간 단계들을 연구하고 숙지하지 않아도 직접 궁극의 목표로 향할 수 있다. 이는 상당히 매력적이고 고무적인 경로이다. 이 길에서 유일한 무기는 신에 대한 귀의(self-surrender)이며, 기법으로는 프라나바에 대한 명상과 자파 둘뿐이다.

30

Vyādhi-styāna-saṃśaya-pramādālasyāvirati-bhrānti-darśanālabdhabhūmi-katvānavasthitatvāni citta-vikṣepās te'ntarāyāḥ.

비야디-스티야나-삼샤야-프라마다알라스야아비라티-브란티-다르샤나알랍다부미-카트바아나바스티타트바니 칫타-빅셰파스 텐타라야(테안타라야)

•

비야디 질병	스티야나 무기력	삼샤야 의심
프라마다 부주의함	알라스야 게으름	아비라티 대상을 갈망하는
브란티-다르샤나 망상, 잘못된 견해	알랍다부미-카트바 단계를 밟지 못함, 발디딜 곳을 찾지 못함	
아나바스티타트바니 불안정함	칫타 마음	빅셰파 산만하게 하는 것들
테 그들	안타라야 장애물들	

Disease, languor, doubt, carelessness, laziness, worldly-mindedness, delusion, non-achievement of a stage, instability, these (nine) cause the distraction of the mind and they are the obstacles.

질병, 무기력, 의심, 부주의, 게으름, 지나친 세속성, 망상, 단계를 밟지 못함, 불안정, 이들 아홉 가지는 칫타를 산만하게 하는 원인이며 장애들이다.

칫타가 중심에서 벗어나 모든 방향으로 마구 내달리는 산만한 상태를 빅셰파라고 한다. 이는 요가에 필요한 상태와 정반대이므로, 우리는 빅셰파와 그를 피하는 방법들을 분명히 알고 넘어가야 한다. 대다수 사람들에게는 두 가지 두드러진 특징이 있다. 첫번째 특징은 목적의 부재이다. 그들은 삶의 흐름에 휩쓸려 무기력하게 인생을 떠돈다. 자신의 조건을 변화시키고 스스로 삶의 방향을 설정할 힘이 그들 안에는 없다. 만에 하나, 목표를 정했을지라도 눈앞의 길에 놓인 장애들에 의해 금세 궤도에서 이탈한다. 그들은 목표에 도달할 때까지 반드시 필요한 끈기와 집중력을 기르지 못했다.

대체로 요기라면 세속적 야심도, 세속적 목표도 삶에서 그리 중요하지 않은 이들을 말한다. 그러나 여전히 요기에게는 목표에 대한 집중력이 필요하다. 마치 세속에서 열심히 일하는 야심가들처럼 말이다. 실상 요가의 궁극을 추구하는 것은 어떤 세속적 목표보다 더 강한 집중을 요구한다. 왜냐하면 첫째, 요가의 궁극적 이상을 추구하는 것은 훨씬 거대하고 어려운 일이기 때문이다. 둘째, 그 일은 또한 내면의 영역에 있어서 대부분 잘 알려지지 않았고, 설사 알았다 해도 오랜 수련 없이는 불가해한 영역의 것이기 때문이다. 요기가 쏟아부은 노력의 결과는 오랜 시간 후에나 드러나며, 심지어 그 결과조차 대부분 인간이 갈망하는 어떤 종류의 만족도 가져다주지 않는다. 따라서 어떤 난관에도 요가의 길을 유지할 수 있으려면, 오직 원대한 목표에 대한 비범한 집중력만이 요구된다. 만약 그것이 없다면, 요기는 끝없이 좌절하고 온 존재가 붕괴되는 절체절명의 위기를 수시로 맞이하게 된다.

대다수 사람들의 두 번째 두드러진 특징은 끊임없이 그리고 완벽하게, 모든 관심이 외부로 향해있다는 점이다. 흔히 내성적이고 고요해 보이는 사람들 또한 외부세계 대신 자신이 만든 내부 세계에 몰두하는 것일 뿐이다. 이 또한 진정한 의미의 내면적 집중과는 매우 다르다.

다음 그림을 통해 빅셰파를 보다 잘 이해해보도록 하자.

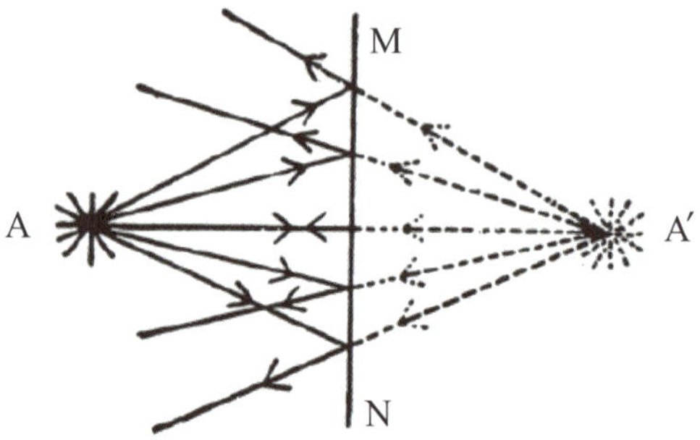

그림 3

A는 물체이고 A'는 거울 MN에 비친 그 물체의 상(像)이다. 물체에서 나와 거울에 부딪히는 모든 광선은 반사된다. 그 반사된 광선을 거꾸로 연장시키면 물체의 상이 보이는 A'에서 만난다. 반사된 광선이 모두 A'에서 나오는 것처럼 보이므로, 물체의 가상 이미지가 A'에서 보이게 되는 것이다. 이 가상의 이미지는 빛의 반사에 의해 만들어진 순수한 환영이다. 여기서 주목해야 할 점은 실제로는 아무것도 존재하지 않는 곳에서도 거울이라는 빛의 매개체를 통하여 물체가 보일 수 있다는 사실이다.

우리가 외부에서 보는 익숙한 형태, 색, 소리 등의 세계, 즉 우리가 살아가는 이 세계는 신비로운 정신적 투사 과정에 의해 만들어졌다. 감각기관을 통해 우리의 뇌로 전달되는 진동은 칫타라는 도구를 통해 우리의 내면에 이미지를 만들어낸다. 이 이미지는 칫타에 의해 다시 외부로 투사된다. 그렇게 투사된 결과가 우리가 믿는 실제의 세계, 거대한 환영들이다. 즉, 우리 외부의 이처럼 익숙하고 견고하며 느끼고 만질 수 있는 모든 세계에 대한 인상은 순수한 환영이다. 따라서 우리가 볼 수 있는 세상의 모든 이미지들은 실제로 그곳에 존재하지 않는다. 거울이라는 빛의 매개체에 비친 가상의 이미지일 뿐이다. 그 이미지들은 감각기관을 건드리는 원자와 분자, 그들의 진동으로 이루어진 외부세계, 그리고 정신적 이미지를 만들어내는 내면의 실재 세계에 기반한다. 칫타는 끊임없이 정신과 물질의 상호작용을 일으키고 아래 그림에서 보이는 것처럼, 이 상호작용의 결과를 가상의 이미지로 외부 세계에 투사한다:

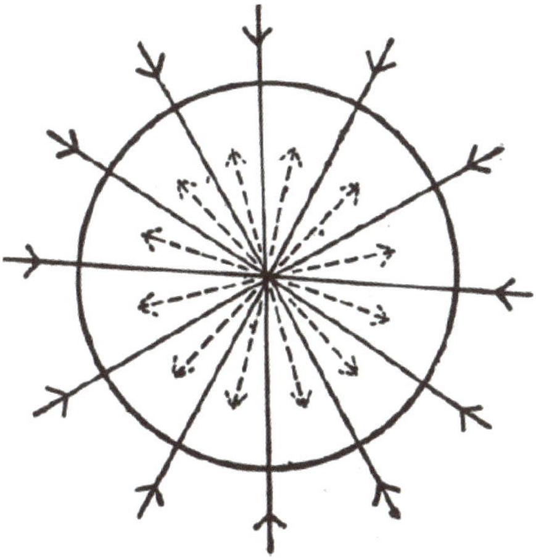

그림 4

우리가 외부에서 보는 세상의 이미지가 환영이라는 사실이 반드시 물리적 세계를 부정하는 것은 아니다. 물리적인 세계는 우리가 보는 세상의 이미지를 만들어내도록 자극하지만, 그 이미지는 우리들 내면의 창조물이다. 그리고 우리들 내면은 모두 실새의 빛이 작용한 결과이다. 이는 현대과학의 성과와 모순되지 않는다. 예컨대, '색'이라는 주제를 살펴보자. 지금까지 과학이 알아낸 것은 특정한 주파수의 진동이 특정한 색깔의 인상을 우리에게 준다는 이론뿐이다. 과학은 모든 현상의 객관적인 결과만을 알 뿐, 왜 특정한 진동의 주파수가 특정한 색깔의 인상을 남기는지에 대해서는 해명할 수 없다. 우리 내면에서 일어나는 정신적 세계는 물질계에 의존하기는 하지만,

사실 별개의 세계이다. 현대과학은 아직 둘 사이의 간극을 메우지 못하고 있으며, 과학이 내면의 중심에 자리한 실재의 세계를 고려하기 전까지는 그 간극을 결코 메울 수 없을 것이다.

파탄잘리는 요가의 길에서 장애로 작용하는 심신의 아홉 가지 상태를 열거했다.

(1) 질병: 이는 분명한 장애가 된다. 질병은 육체의 고통을 통해 요기가 내면으로 계속 집중하는 것을 끊임없이 방해하기 때문이다. 완벽한 신체 건강은 요가의 길에 매우 필요하다. 이는 파탄잘리가 하타요가*의 두 가지 수행법인 아사나(*Āsana*, 자세)와 프라나야마(*Prāṇāyāma*, 호흡 조절)를 자신의 체계에 포함시킨 이유 중 하나임에 틀림없다.

(2) 무기력: 겉보기에는 멀쩡한 육체를 가지고 있지만, 항상 컨디션이 좋지 않고 장기간의 노력에 취약한 사람들이 의외로 많다. 만성피로는 대부분 심리적인 원인이며, 인생에서 추구할 분명한 목표를 찾지 못했기 때문이다. 또는 프라나마야 코샤의 결함으로 인해 신체에 생기력이 충분하지 않기 때문이기도 하다. 그 원인이 무엇이든 무기력은 요가 훈련에 장애로 작용한다.

(3) 의심: 요가에 대한 흔들림 없는 믿음은 성공적인 수행을 위해 필수적이다. 요가의 길에서는 요기의 특수한 조건 때문에 더욱 그러하다. 그가 들어선 이 신성한 모험의 길에서 목표는 외부에 잘 알려져있지 않고, 내면의 진보를 뚜렷이 판단하고 측정할 수 있는 기준 또한 없다. 요기의 마음속에는 따라서 무수한 의심이 고개를 들 수 있다. 내면의 중심에 도달하면 실재

* 힘의 요가 또는 강력한 요가라는 의미로 주로 신체를 완전하게 함으로써 깨닫는 길을 추구하는데, 하타를 하와 타의 두 음절로 볼 때는 태양과 달을 의미하며 이 두 에너지 사이의 조화를 추구하는 요가이기도 하다.

의 빛이 정말로 있는 것인가, 아니면 그저 나는 신기루를 좇고 있는 것인가? 요가의 기법들이 정말 구체적인 효과가 있을까? 있다 해도 나에게 적합한 기법일까? 내게 과연 모든 장애를 뚫고 목표에 도달할 수 있는 능력이 있는가? 이는 특히 모든 열망자들에게 필연적으로 찾아오는 에너지의 저하 상태, 즉 우울의 시기를 지날 때 더욱 그렇다. 바로 이때 슈랏다(*Śraddhā*), 즉 선택한 목표와 방법에 대한 믿음이 필요하다. 만약 그가 우울과 의심을 느끼면서도 과감히 무시할 수 있다면, 그는 그늘에서 벗어나 다시 햇빛 속으로 들어갈 수 있다. 그렇게 되면 요가에 대한 새로운 열정으로 긴 여정을 재개하게 된다. 하지만 사소한 우울과 의심을 방치한다면, 결국 그는 길에서 완전히 벗어나 모든 수련을 포기하게 될 것이다.

(4) 부주의: 부주의는 요가적 삶을 열망하는 많은 사람들의 길을 가로막는 또 다른 장애이다. 부주의는 집중력을 약화시킨다. 어떤 사람들은 타고나기를 부주의하고, 따라서 요가를 수련할 때도 부주의하기 쉽다. 사람들은 부주의로 인해 어떤 분야에서든 뛰어난 성취가 어렵고 자족하기 쉽다. 부주의는 요가수련에서 장애일 뿐만 아니라 큰 위험이며, 부주의한 요기는 다이너마이트를 가지고 놀도록 허락받은 아이와 같다. 그는 조만간 스스로에게 심각한 상처를 입힐 수 있다. 누구든지 부주의한 습관을 극복하고, 삶에서 중요한 것뿐만 아니라 중요하지 않다고 여겨지는 것에도 세심하게 주의를 기울이는 법을 배워야 한다. 그러기 전에는 이 길을 걷겠다고 생각해서는 안 된다.

(5) 게으름: 게으름과 무기력을 구별할 필요가 있다. 게으름은 편안함과 안락함에 대한 사랑, 노력을 회피하려는 경향 등으로 얻어진 심리적 습관이다. 무기력함이 육체적인 결함인 반면, 게으름은 철저히 심리적인 약점이

다. 건강이 회복되면 무기력함은 자동적으로 치유된다. 하지만 게으름을 치유하는 수단은 조금 다르다. 어렵고 힘든 과제의 수행을 통한 장기간 수련만이 그 해결책이다.

(6) 지나친 세속성: 대부분 사람들은 일상적인 삶과 이해관계에 너무 몰두해있어서, 삶의 본질과 진정한 문제에 대해 생각할 여유가 없다. 어떤 사람이 갑작스러운 충격과 각성으로 요가의 길을 선택했다 하자. 그러나 여전히 그의 뒤에는 과거의 관성이 남아있고, 때문에 세속적인 삶을 완벽히 차단하는 것은 그리 쉬운 일이 아니다. 세상에 대한 욕구와 갈망은 여전히 그를 괴롭히고, 그의 내면은 지속적으로 들끓게 된다. 모든 것은 그가 획득한 비베카의 수준에 달려있다. 그의 비베카가 진짜가 아니라 단순히 '생각'의 결과라면, 그를 바깥으로 이끄는 욕망과 내면으로 이끄는 의지 사이에서 끝없는 투쟁이 벌어진다.

(7) 망상: 망상은 일반적으로 지성과 분별력의 부족 때문에 발생한다. 예를 들어, 요가수행자들은 수련의 초기단계에서 여러 종류의 빛을 보고 소리를 듣기 시작할 수 있다. 대부분 이런 경험들은 수련의 길에서 큰 의미가 없는데도, 많은 수행자들이 이에 흥분하며 큰 진보를 이루었다고 착각한다. 어떤 이들은 스스로 높은 의식수준에 도달했다거나, 심지어 신을 만났다고 확신할 만큼 어리석기조차 하다. 우리가 이런 초자연적 경험을 제대로 분별, 판단하지 못하는 무능력함은 기본적으로 영혼의 미성숙함 때문이다. 영적 개화(unfoldment)에 있어서 본질과 비본질을 분별할 수 없는 사람들은, 이처럼 초기에 망상이라는 장애를 만나게 된다.

(8) 단계를 밟지 못함: 요가의 핵심적인 수련법은 초기에는 칫타를 다라나, 디야나, 사마디의 단계에 확고히 정착시키는 것이고, 사마디에 이른 후

에는 더 높은 칫타의 수준으로 꾸준히 밀고 나아가는 것이다. 이 모든 과정에는 한 단계에서 다른 단계로 변화가 수반된다. 이것은 지속적이고 강인한 의지적 노력에 달려있다. 때로는 이런 단계를 통과하기 쉽고, 때로는 막다른 벽에 부딪힌 것처럼 보인다. 때문에 요기는 끝없는 인내심과 내려놓음, 헌신의 능력을 길러야만 한다. 그렇지 않으면 계속 확장되는 단계단계에서 포기하거나 좌절하기 쉽다. 주어진 단계 앞에서 좌절하는 것은 요기의 마음을 들끓게 하고 잠시의 평정조차 얻을 수 없게 만든다.

(9) 불안정: 요기가 가까스로 다음 단계에 올라서기는 했지만 그 상태를 오래 유지할 수 없을 때, 또 다른 어려움이 발생한다. 요기가 이전 단계로 되돌아가게 되면, 다시 발 디딜 곳을 찾는 데에 크나큰 어려움이 따른다. 물론 모든 영적 진화의 과정에서 이런 식의 회귀는 얼마간 불가피하다. 하지만 요기가 아직 완벽하지 않은 상태에서 다음 단계에 들어섰다가 발 디딜 곳을 잃는 것과, 칫타 본래의 가변성 때문에 발 디딜 곳을 찾지 못하는 것은 다르다. 전자의 경우 노력과 인내로 다시 단계를 밟을 수 있는 반면, 후자의 경우 빅셰파가 수시로 발생하고 이럴 때는 보다 집중된 수련이 필요하다.

이 수트라에 열거된 아홉 가지 장애는 특정한 유형, 즉 빅셰파를 유발하여 요기가 다라나, 디야나, 사마디를 단계적으로 수련하는 것에 큰 장애가 된다. 물론 다른 종류의 장애도 많이 있을 수 있다. 먼저 심각한 성격적 결함이 있다. 다음으로 어떤 카르마는 열망자가 한동안 요가수련을 할 수 없게 만든다. 세 번째, 지나친 집착 혹은 애착이 있다. 종종 많은 열망자들이 대상에 대한 애착과 진정한 자애를 혼동한다. 이처럼 다양한 여타 장애들은 앞으로 적절한 곳에서 다뤄질 것이다. 예를 들어, 성격적인 결함은 2권에서

야마-니야마를 다룰 때 언급된다.

파탄잘리가 특별히 이런 종류의 장애들을 상세히 다룬 이유는 1권이 사마디 파다(삼매의 길)이고, 따라서 여기에서 사마디에 필요한 모든 핵심 요소를 다뤄야 하기 때문이다. 그는 이 수트라에서 빅셰파를 일으키는 장애들에 대해 제시하고, 이어 여덟 개의 후속 수트라(I-32~39)에서 극복의 방법들을 다룬다.

31

Duḥkha-daurmanasyāṅgamejayatva-śvāsa-praśvāsā vikṣepa-sahabhuvaḥ.

두카-다우르마나시야안가메자야트바-슈바사-프라슈바사 빅셰파-사하부바

•

두카 고통	**다우르마나시야** 절망
안가메자야트바 몸의 떨림, 신경과민	**슈바사프라슈바사** 들숨과 날숨, 호흡 곤란
빅셰파 산만함	**사하부바** 동반된

(Mental) pain, despair, nervousness and hard breathing are the symptoms of a distracted condition of mind.

고통, 절망, 신경과민, 호흡 곤란은 칫타가 산만할 때의 증상이다.

파탄잘리는 지난 수트라에서 빅셰파를 유발하는 장애들을 열거한 후, 이 수트라에서 빅셰파의 여러 증상들을 구체적으로 제시한다. 첫째는 고통이다. 육체적이든 정신적이든, 고통이란 항상 인간의 다층적 매개체에 심각한 결함이나 부조화를 드러낸다. 육체적 고통은 질병의 징후이고, 정신적 고통은 자연스럽고 건강한 심리 상태가 아님을 분명히 나타낸다. 그럴 때 인간의 심리는 갈등 중이거나 분열되어 있거나 클레샤에 압도된 상태이다. 실상 고통은 일종의 암시이다. 거창하게 말해 우주, 혹은 자연이 그에게 주는 경고이다. 그러나 대부분의 사람들은 육체적 고통에 시달릴 때는 의사에게 달려가지만, 극심한 심리적 고통 앞에서는 속수무책이다. 좀처럼 자신의 내면

을 들여다보거나 다른 이들에게 도움받으려 하지 않는다.

고통이 무력감이나 그로 인한 자괴감과 결합되면 절망으로 이어진다. 절망은 다시 신경과민을 일으킨다. 이것이 바로 절망의 육체적 증상이다. 신경과민은 **프라나**(*Prāṇa*, 생기에너지)의 흐름을 혼란하게 만들기 때문에, 일정 시간이 흐르면 호흡을 방해한다. 따라서 고통, 절망, 신경과민, 호흡곤란, 이 네 가지 증상은 서로 연관되어 있다.

결국 치료는 우리의 모든 본성에 대한 길고 지루한 훈련 과정을 의미한다. 파탄잘리는 2권에서 인간의 전체적인 고통과 불행의 문제를 **클레샤** 이론으로 다룰 것이다. 추후 이 이론을 충분히 이해한 사람이라면 잘 알게 되리라. 누구라도 대환영(Great Illusion)을 극복하는 것 외에는, 인간이 겪는 고통에 대한 적절한 해결책이란 없음을 말이다. 대환영을 극복하지 못하면 고통과 불행은 계속될 수밖에 없으며, 혼란과 산만함, 그로 인한 외적 증상들은 계속 나타나게 될 것이다.

이제부터는 **다라나**, **디야나**, **사마디**의 수련을 방해하는 특정한 조건들을 다루어 나갈 예정이다. 이는 더 제한되고 구체적인 수단에 따라 해결해야 한다. 이 수단들은 다음 여덟 개의 **수트라**에서 다루어진다.

32

Tat-pratiṣedhārtham eka-tattvābhyāsaḥ.

탓-프라티셰다르탐 에카-탓트바아비야사

탓 그것	**프라티셰다르탐** 제거하기 위해	**에카** 하나의
탓트바 진리, 원리	**아비야사** 수련	

For removing these obstacles there (should be) constant practice of one truth or principle.

장애들을 제거하려면, 일관된 진리 혹은 원리를 꾸준히 수련해야 한다.

앞서 언급한 것처럼, 대중들은 목적에 대한 집중력뿐 아니라 주의를 내면에 두는 힘도 부족하다. 목적에 대한 집중력, 내면 지향성 이 두 가지는 요가의 길에 반드시 필요하다. 목적에 대한 집중력이 충분히 계발되면 장애는 자연스럽게 제거된다. 목적 없이 살아온 사람들에게 역동적인 목표가 생기면 그의 힘들은 점점 하나로 집중되고, 순식간에 모든 어려움들이 사라지는 경우가 많다. 그러나, 요기라면 그 목표는 반드시 내면을 향해야 한다. 이 수트라에서 파탄잘리가 권장한 요가수련은 그 두 가지 능력을 동시에 계발하게 해준다.

33

Maitrī-karuṇā-muditopekṣāṇāṃ sukha-duḥkha-puṇyāpuṇya-viṣayāṇāṃ bhāvanātaś citta-prasādanam.

마이트리-카루나-무디토페크샤남(무디타우페크샤남) 수카-두카-푼야아푼야-비샤야남 바바나타슈 칫타-프라사다남

•

마이트리 친절, 호의	카루나 연민	무디타 공감적 기쁨
우페크샤 무심함	수카 기쁨, 행복	두카 슬픔, 고통
푼야 선행	아푼야 악행	비샤야남 대상들에 대한
바바나타 마음속에 깊이 새김으로써	칫타 마음	프라사다남 정화

The mind becomes clarified by cultivating attitudes of friendliness, compassion, gladness and indifference respectively towards happiness, misery, virtue and vice.

행복, 고통, 덕행, 악행에 대해 각각 자애, 연민, 기쁨, 무심함의 태도를 기르면 마음이 청정해진다.

이번 수트라에서 파탄잘리는, 인간관계에서 발생할 수 있는 여러 상황에서 예비요기가 가져야 할 올바른 태도를 정의내린다. 칫타를 산만하게 하는 가장 큰 원인 중의 하나는, 주변 사람들의 행동으로 촉발된 상황에 우리가 드러내는 통제되지 않은 반응이다. 대개는 이러한 반응을 규제할 원칙이 없다. 통제되지 않은 내면의 반응은 격렬한 감정에 의해 끊임없는 혼란을 겪는다. 어떤 사람들은 감정적 반응이 불쾌한 결과를 낳는다는 것을 알

고는 전혀 반응하지 않기로 결정한다. 점차 그의 내면은 냉담하고 무정해지며, 주변 사람들에게 무관심해진다. 이 두 가지 태도는 당연하게도 모두 바람직하지 않다. 더 높은 수준의 삶에 적합한, 차분하고 온화하며 자비로운 성품을 갖출 수 없다. 영적인 삶은 격렬한 감정적 반응과도, 경직된 수행자들이 자신의 추종자들에게 권하는 냉담한 무관심과도 함께 갈 수 없다. 영적인 삶은 균형 잡힌 본성을 요구하며, 그 본성이란 우리의 내적 반응이 고귀한 동기에 의해 올바르게 조절되고 위대한 법칙(Great Law)과 조화를 이루는 것을 말한다. 주목할 점은, 다른 사람들의 행복과 고통에 냉담하고 무감각한 성품을 기르는 것이 내면의 평정을 이루기 위한 적절한 방법은 아니라는 것이다. 자신이 무감각해지도록 내버려두는 **요기**는 좌도(Left-hand path)* 로 빠져들어 자신은 물론 타인들에게 말로 표현할 수 없는 고통을 야기할 수 있다.

파탄잘리는 **요기**가 환경에 대한 반응을 통제하고 조절해야 할 필요성을 제시했을 뿐만 아니라, 이런 통제의 기반이 되어야 할 원칙도 제시했다. 이 원칙은 물론 심리학의 법칙과 실제적 경험을 통해 만들어진 것이다. 이것은 **요기**에게 내면의 평정과 목표를 추구하는 데 필요한 집착으로부터의 자유를 보장한다.

그런데 독자들에게 한 가지 의문이 생길 수 있다. 파탄잘리는 악행에 대해서 무관심할 것을 처방한다. 어떤 사람들에게는 이것이 영적인 이상에 부합하지도 않고, 악인에 대한 적극적 도움과 연민이 무관심보다 나아보일 수 있다. 이러한 반론은 상당히 합리적이다. 위대한 영적 스승과 성자들은 결

---

* 비정통적이고 비관습적인 수행방법을 따르는 것을 의미하며, 통상적인 도덕규범이나 사회적 금기를 초월하여 방탕함으로 이어지는 경우가 많다.

코 악행과 악인들에 무관심하지 않았다. 그러나 우리는 이 수트라가 깨달음을 열망하는 초보 요가수행자들에게 추천되는 규범임을 잊지 말아야 한다. 초보 요기들에게는 극도로 어려운 과제가 하나 있다. 자신의 본성과 성격을 개조하는 일이다. 그에게는 다른 사람을 교화시키기 위해 자신의 에너지를 할애할 여유가 없다. 동양의 가르침에 따르면, 다른 사람의 영적 쇄신을 위한 적극적인 활동은 적어도 그 스스로 어느 정도 깨달음에 이른 후에야 허락된다. 그렇다고 요가의 열망자가 악인들을 못마땅하게 여겨서는 안 된다. 그렇게 되면 요기의 내면에 증오심이 일어나고, 그의 칫타는 자주 빅셰파에 빠지게 될 것이다. 동정심을 보여서도 안 된다. 도리어 악을 조장할 것이기 때문이다. 그래서 초보 요기의 악에 대한 유일한 태도는 무관심인 것이다.

이 수트라에 주어진 규칙을 잘 따라 청정해진 내면 이외에, 필수적인 또 다른 요건은 강인하고 평온한 신경계이다. 이에 관한 설명은 다음 수트라에 제시되어 있다.

34

Pracchardana-vidhāraṇābhyāṃ vā prāṇasya.

프랏챠르다나-비다라나비얌 바 프라나시야

•

프랏챠르다나 날숨	비다라나비얌 보유, 유지를 통해
바 또는	프라나시야 호흡의

Or by the expiration and retention of breath.

날숨과 호흡의 유지를 통해서 칫타는 안정된다.

프라나야마의 주제는 II-49~53에서 본격적으로 다루어진다. 이번 수트라에서 파탄잘리는 '나디(*Nāḍī*) 정화'라는 제한된 목적의 예비 수련 몇 가지만을 언급했다. 나디는 프라나마야 코샤(*Prāṇamaya Kośa*)에서 프라나, 즉 생기가 지나는 통로이다. 만약 이 통로가 완전히 깨끗하지 않고 프라나의 흐름이 부드럽지 않으면, 여러 가지 신경 장애가 발생한다. 이러한 장애들은 수로 빅셰파를 일으키는 심신의 불안정으로 나타난다. 이는 나디 정화(*Nāḍī Śuddhi*, 나디 슛디)를 위해 잘 알려진 호흡법 중 하나를 수련함으로써 제거할 수 있다. 이 호흡법에는 쿰바카(*Kumbhaka*, 호흡 정지)가 포함되지 않으며 어떠한 종류의 긴장도 수반되지 않기 때문에, 신경계에 매우 유익하면서도 전혀 해롭지 않다. 만약 오랜 기간 동안 이를 올바르게 연습하고 동시에 요가의 수련방법을 성실히 따른다면, 육체는 가벼워지고 활력으로 가득 차게 되며 칫타는 차분하고 평온해진다.

이러한 호흡법이 산소 섭취량을 늘리고 건강을 증진시키는 것 이외에 별다른 효과가 없는 심호흡의 하나인 것처럼 여겨져서는 안 된다. 이 호흡법은 프라나를 완전히 제어하고자 하는 프라나야마와 심호흡의 중간쯤에 위치한다. 이 내용은 2권에서 프라나야마를 다룰 때 명확해질 것이다.

파탄잘리는 나디 정화 호흡법과 같은 이런 예비적 기법을 프라나야마로 간주하지 않았다. 우리는 이에 주목해야 한다. 그는 II-49에서 프라나야마를 정의하고 있으며, 그에 따르면 들숨과 날숨의 정지인 쿰바카는 프라나야마에 필수적이다.

35

Viṣayavatī vā pravṛttir utpannā manasaḥ sthiti-nibandhanī.

비샤야바티 바 프라브릿티르 웃판나 마나사 스티티-니반다니

•

비샤야바티 감각적인	바 또는	프라브릿티 추구
웃판나 발생한	마나사 마음의	스티티 안정
니반다니 묶는, 확립하는 데 도움이 되는		

Coming into activity of (higher) senses also becomes helpful in establishing steadiness of the mind.

더 높은 수준의 감각들이 활성화될 때, 칫타는 더욱더 안정된다.

칫타의 안정을 위해 파탄잘리가 제안하는 다음 수단은 초물리적, 초일상적 감각의 계발이다. 예를 들면 칫타를 특정한 활력의 중심*에 집중시키는 것이다. 이의 전형적인 예는 라야 요가(*Laya Yoga*)이며, 라야 요가에서는 매개체 내부의 특정 지점에서 감지할 수 있는 나다(*Nāda*) 또는 초물리적 소리에 칫타를 집중시키도록 한다. 사실 이 방법은 너무나 효과적이어서, 이 원리에 기반한 별도의 요가 분파가 성장했을 정도다.(예 : 나다 요가)

라야 요가의 기초 수행법인 나다의 훈련이 요기들에게 얼마나 많은 결과

* 차크라.

를 가져올 수 있을지 여기서 말하기는 어렵다. 어쩌면 이런 훈련이 독립적으로 요가의 한 분파를 형성했기 때문에, 일부 요기들은 이 길을 따라 상당한 진전을 이룰 수 있었다. 그러나 라야 요가는 다른 많은 소규모 요가체계들과 마찬가지로, 어느 단계에선가 라자 요가(*Rāja Yoga*)* 와 통합되어야 했다. 때문에 수행자들에게 부분적으로 초물리적 현상을 경험하게 함으로써, 칫타를 안정되고 고요하게 만드는 데에서만 유용했을 가능성이 매우 높다. 어쨌든 빅셰파를 극복하고 요가의 고급단계를 위해 칫타를 준비시키는 데 있어서, 이들 방법의 유용성에는 의심의 여지가 없다.

* 왕의 요가라는 의미이며, 《요가수트라》의 아슈탕가에 근거한 요가.

36

Viśokā vā jyotiṣmatī.

비쇼카 바 죠티슈마티

비쇼카 고요한	**바** 또는	**죠티슈마티** 밝은 빛

Also (through) **serene or luminous** (states experienced within).

또한 내면에서만 경험할 수 있는 고요하고도 밝은 빛을 통해서 칫타의 안정을 얻을 수 있다.

라야 요가에서는 칫타를 아나하타 샵다(*Anāhata Śabda*, 내면의 소리)에 몰입시키는 방법으로 안정되게 만든다. 이처럼 칫타를 초물리적 감각이나 초물리적 의식상태와 접촉시킴으로써 같은 목적이 달성될 수 있다. 빛을 경험할 수 있는 방법들 중 일부는 순전히 인공적인 수단에 의존하고, 다른 일부는 만트라의 자파에, 또 다른 일부는 특정한 유형의 명상에 의존한다. 요기가 어떤 방법을 택할지는, 그가 전생에서 가져온 삼스카라와 그에게 예비 수련을 안내하는 교사의 능력과 기질에 달려있다. 적절한 수련의 결과 요기는 특이한 빛을 보기 시작하거나, 완전한 평화와 고요함의 감각을 느낄 수 있다. 이런 경험들은 그 자체로 큰 의미가 없다. 하지만 그 경험들의 매력은 요가 수행자를 사로잡아 점차 더 필요한 칫타의 안정을 열망하게 만든다.

그러나 요기는 다음을 명심해야 한다. 첫째, 빛을 보는 경험에 지나친 중요성과 의미를 부여해서는 안 된다. 즉 빛을 통해 자신이 요가의 길에서 큰 진전을 이루고 있다고 상상해서는 안 된다. 그는 단지 요가과학의 기초를 잘 배우고 있는 것에 불과하다. 둘째, 이런 경험들로 단순히 감정적, 심리적 만족에 머물러서는 안 된다. 많은 사람들이 이런 수련을 일상생활의 스트레스와 긴장에서 벗어나기 위한 도피처나 마약처럼 사용한다. 만약 그런 태도를 취한다면, 이 수련들은 요가의 길에서 오히려 큰 방해가 된다.

37

Vīta-rāga-viṣayaṃ vā cittam.

비타-라가-비샤얌 바 칫탐

비타라가 모든 격정과 집착을 초월한 인간존재	**비샤얌** 대상
바 또는	**칫탐** 마음

Also the mind fixed on those who are free from attachment (acquires steadiness).

또한 비타라가에게 칫타를 고정함으로써 안정을 얻을 수 있다.

비타라가(*Vītarāga*)는 인간의 격정을 정복하고 라가-드베샤를 초월한 위대한 영혼들이다. 그들에 대한 명상은 요기가 자연스럽게 스스로 라가-드베샤를 벗어나고 칫타의 평온과 안정을 기를 수 있도록 도울 것이다. 인간에게 자신을 사로잡는 생각들을 끊임없이 반복, 재현하려는 경향이 있다는 것은 일종의 법칙이다. 그렇다면 우리가 의도적으로 어떤 미덕을 선택하고 그에 대해 끊임없이 명상한다면, 그 효과는 대단히 거질 것이다. 이 법칙의 근거는 III-24에서 논의될 것이다. 그러나 여기서 우리는 파탄잘리가 추상적인 미덕만이 아니라, 인간의 개성으로 구현된 미덕에 대해서도 명상을 권한다는 점에 주목해야 한다. 왜인가? 첫째, 초심자는 추상적인 미덕에 대한 명상에서 많은 유익을 얻기가 어렵다. 인류가 추앙하는 인간이나 초인적인 개성의 특질을 추상적인 미덕과 연관시킬 때, 그 미덕의 매력은 증폭된다. 자연스레 우리는 삶 속에서 그 미덕을 본받아 재현하고 싶어진다. 둘째, 위대한 인물의 개성적 측면에 대한 진지한 명상은 우리를 그 인물과 내적으로 연결시킨다. 그 연결의 힘은 우리의 진보를 가속화한다. 이때 명상의 대상은 자신의 스승이나 위대한 영적 교사, 또는 신성한 화신(아바타)*들 중 하나일 수 있다.

* 초월적 존재가 인간의 몸으로 탄생, 출현하는 것을 의미하는 산스크리트어.

38

Svapna-nidrā-jñānālambanaṃ vā.

스바프나-니드라-갸나알람바남 바

•

스바프나 꿈의 상태	니드라 꿈 없는 잠의 상태	갸나 지식
알람바남 지지하는, 의지하거나 의존하는 대상	바 또한	

Also (the mind) depending upon the knowledge derived from dreams or dreamless sleep (will acquire steadiness).

또한 꿈이나 꿈 없는 잠에서 얻은 지식이 칫타의 안정을 가져다줄 수 있다.

이 수트라에 대한 단서는 스바프나(*Svapna*)와 니드라(*Nidrā*), 두 단어에 있다. 만약 우리가 이 수트라를 문자 그대로 '꿈이나 꿈 없는 잠에서 얻은 지식을 명상함'으로 해석한다면, 그것은 무의미하다. 꿈을 꾸는 동안 두뇌를 스쳐 지나는 혼란스러운 이미지들에 대한 명상이 과연 어떤 유익이 있을 것인가? 만에 하나, 혼란스럽기는 하지만 꿈 속에 어떤 의미 있는 이미지들이 있다손 치더라도 칫타의 공백처럼 여겨지는 꿈 없는 잠에 대해서는 뭐라 말할 수 있을 것인가? 빅셰파로 산만한 요기가 일점지향성을 기르는 데 칫타의 공백 상태가 과연 어떤 도움이 될 수 있겠는가?

사실 스바프나와 니드라는 수면 중 육체두뇌의 상태를 가리키는 것이 아니다. 수면 중 칫타가 단계적으로 진입해 들어가는 더 미세한 매개체들에서의 경험을 가리킨다. 우리가 잠을 자기 시작할 때 지바트마는 육체를 떠나,

다음 단계의 미세한 매개체에서 기능한다. 정상적인 생명 활동을 유지하기 위하여 육체와는 아주 부분적인 접촉만이 유지된다. 하지만 칫타는 점점 더 미세한 매개체에서 활동하게 된다. 영매들은 우리와 달리 깨어있는 상태에서 육체를 벗어나 다음 단계 미세한 차원으로 들어가는 이들이다. 그들에게는 그 미세한 차원에서의 경험을 육체두뇌로 다시 가져올 수 있는 능력이 있다. 평범한 사람들 역시 수면 중에는 영매와 같이 미세한 세계에 머물 수 있다. 하지만 대개는 그 경험 중에 얻은 기억도, 지식도 육체두뇌로 가져올 수 없다. 만약 어떤 칫타의 이미지들이 전달된다면, 대부분 그것들은 왜곡되고 뇌의 자동 반응에 의해 형성된 이미지들과 뒤섞여, 그저 평범하고 혼란스러우며 무의미한 꿈이 만들어지게 된다. 때로는 지바트마가 특정 생각이나 경험을 뇌에 각인시킬 수 있고 결과적으로 의미 있는 꿈이 형성되지만, 이런 경우는 매우 드물다. 이 모두가 스바프나 상태에 포함된다.

스바프나 상태의 기저에는 더 깊은 칫타의 상태가 있는데, 이는 우리가 자는 동안에 빠져들 수 있는 한층 더 깊고 미세한 세계와 접촉한 결과이다. 이는 잠자는 도중, 우리의 칫타가 아스트랄계의 높은 차원, 드물게는 멘탈계의 낮은 차원들과 접촉했다는 의미다. 이럴 때, 육체두뇌는 칫타의 활동과 완전히 단절되고 자연스럽게 공백의 상태가 된다. 이를 니드라라고 부른다. 비록 이때 육체두뇌는 공백이지만, 칫타는 더 높은 차원에서 작동하며 보다 미세한 현상들을 경험하고 있는 것이다.

요기는 특별한 훈련과 연습을 통해, 미세한 세계에서 겪은 경험의 기억을 육체두뇌로 가져올 수 있다. 그렇게 되면 두뇌는 어떤 왜곡도 없이 고차원의 이미지들을 전달할 수 있게 되고, 이렇게 얻은 지식은 신뢰할 수 있다. 이것이 가능해지면, 자는 동안 점점 더 미세한 차원들에서 많은 유용한 정보를 수집하고 유익한 작업을 수행할 수 있게 된다. 깨어있는 삶은 이른바 잠든 상태에서의 삶과 점점 합쳐지고, 수면 중 몸을 떠나거나 수면 후 몸으로 돌아올 때 흔히 일어나는 갑작스러운 단절감도 점차 사라지게 된다. 이 수트라에서 언급하는 것은 분명하다. 수면 중 획득할 수 있는 초물리적 차원에 대한 명확하고 유용한 지식이 존재한다는 사실이다. 그것은 대부분이 경험하는 혼란스러운 꿈이나 공백의 상태(기억나지 않는 꿈)가 아니다. 수면 중 명료하고 유용한 지식을 수집하여 수면 후에까지 가져오는 것은 충분히 몰입할만한 가치가 있다. 잠과 꿈의 조절을 통해서 요기는 점점 더 일점지향적으로 되고 내면의 목표에 몰두하게 된다.

그러나, 스바프나와 니드라의 훈련은 사마디와는 아무 관련이 없다는 점을 새삼 강조하고 싶다. 이 훈련은 어찌 보면 심령술과 유사해 보인다. 하지만 명확한 목표를 지닌 훈련의 결과라는 점에서 심령술과는 근본적인 차이가 있고, 타고난 능력이 아니라 습득한 지식이라는 측면에서 훨씬 더 유용하고 신뢰할 수 있다.

39

Yathābhimata-dhyānād vā.

야타아비마타-디야나드 바

야타 ~대로	아비마타 원하는, 받아들일 수 있는
디야나드 명상에 의해	바 또한

Or by meditation as desired.

또는 각자가 원하는 명상의 길을 통해 칫타의 안정을 얻는다.

끝으로 파탄잘리는 요기가 자신의 선호에 따라 어떤 명상 방법이든 택할 수 있다고 제안하면서, 이 주제를 마무리한다. 이는 파탄잘리가 권장하는 수련법이 단지 목적을 달성하기 위한 수단일 뿐이며, 중요한 것은 목적임을 강조한다. 요기는 칫타를 안정되고 일점지향적으로 만드는 데 도움이 된다면, 어떤 명상의 방법이라도 선택할 수 있다.

이 수트라에 내포된 또 다른 의미는 목적을 위해 선택한 방법이 자신의 기질과 잘 맞아야 한다는 점이다. 자연스러운 끌림에 의해, 일점지향의 수련은 큰 도움을 받는다. 그러므로 투시의 경향이 있는 요기는 I-38에 제시된 방법이 매력적일 뿐만 아니라 도움이 된다는 사실을 알게 될 것이다. 감정적 기질이 강한 요기라면 I-37의 방법을 선호할 것이다. 그런 다양한 성향은 모두 전생에서의 수련과 경험의 결과이며, 일반적으로 각자의 '광선

(ray)'* 또는 그가 속한 근본적인 에너지 유형을 나타낸다.

수련방법을 선택할 때 약간의 도전과 실험은 허용될 수 있다. 하지만 방법들을 계속 바꾸는 것이 습관이 되어서는 안 된다. 그로 인해, 치유하고자 하는 바로 그 지병이 도리어 악화될 것이기 때문이다.

* 영원의 지혜의 가르침은 우주의 근원으로부터 방사되는 일곱 유형의 에너지가 있다고 전하며, 그 에너지를 '광선'이라고 부른다. 일곱 광선은 만물에 스며들어 특정한 자질을 부여하므로, 개별 인간은 광선의 구성에 따라 서로 다른 경향성을 나타낼 수 있다.

40

Paramāṇu-parama-mahattvānto'sya vaśīkāraḥ.

파라마아누-파라마-마하트바안토시아(안타아시아) 바쉬카라

파라마 궁극의	아누 원자	파라마 궁극의
마하트바 무한	안타 ~까지 확장되는	아시아 그의
바쉬카라 지배		

His mastery extends from the finest atom to the greatest infinity.

요기의 지배력은 가장 미세한 원자에서부터 가장 큰 무한의 존재에까지 미친다.

이 수트라에서 파탄잘리는 요가수련을 통해 획득할 수 있는 힘을 요약했다. 그는 사실상 요기의 힘에는 한계가 없다고 말한다. 이것은 현대인에게 터무니없는 주장처럼 보일 수 있다. 현대인은 요가가 수행자들에게 모종의 힘을 부여한다는 점은 인정할 수 있을지 모른다. 그러나 이 수트라가 진실로 의미하듯 요기의 전능함을 주장하는 것은 지나친 과장처럼 여겨질 것이다.

여기서 우리는 파탄잘리가 요가를 통해 획득한 힘, 즉 싯디라는 주제에 이 책의 거의 1/4을 할애했다는 점을 기억해야 한다. 따라서 이 수트라는 3권에서 다루는 싯디에 대한 모든 내용을 염두에 두고 읽을 필요가 있다. 이 수트라의 내용은 3권과 함께 연구해야 하고, 특히 III-16을 다룰 때 상당히 합리적이고 이해할만한 내용으로 보일 것이다.

41

Kṣīṇa-vṛtter abhijātasyeva maṇer grahītṛ-grahaṇa-grāhyeṣu tatstha-tadañjanatā samāpattiḥ.

크쉬나-브릿테르 아비자타시예바(타시야이바) 마네르 그라히트리-그라하나-그라히예슈(그라히야에슈) 탓스타-탓안자나타 사마팟티

크쉬나-브릿테르 마음의 변형이 거의 절멸된 자의	아비자타시야 투명한
이바 ~처럼	마네르 보석, 수정의
그라히트리 인식하는 자	그라하나 인식
그라히예슈 인식의 대상들 중에서	탓스타 그것이 기반을 두는
탓안자나타 그것의 색 또는 형태를 취하는	사마팟티 완성, 통합

In the case of one whose Citta-Vṛttis have been almost annihilated, fusion or entire absorption in one another of the cognizer, cognition and cognized is brought about as in the case of a transparent jewel (resting on a coloured surface).

칫타-브릿티가 거의 절멸된 사람의 경우, 인식하는 주체, 인식하기, 인식하는 대상이 상호 통합되거나 완전히 흡수된다. 이는 투명한 보석이 색색가지 종이 위에 놓인 것과 같다.

이 수트라는 여러 가지 이유로 가장 중요하고 흥미로운 수트라 중의 하나이다. 첫째, 사마디의 본질을 환히 밝혀준다. 둘째, 칫타의 인식방법에 대한 통찰력을 준다. 셋째, 요기의 전능함에 대한 단서를 제공한다.

어떤 수트라든 근본적 의미를 파악하려면, 먼저 그 기반이 되는 철학적

개념을 이해해야 한다. 현현된 우주는 궁극적 실재의 드러남이다. 궁극적 실재의 가시적, 비가시적인 다양한 차원들은 일종의 응축 또는 물현화에 의해 형성된다. 응축의 각 단계에서 덜 응축된 것, 더 응축된 것 사이에 주관-객관의 관계가 성립된다. 덜 응축된 것은 주관적 측면을, 더 응축된 것은 객관적 측면을 맡는다. 현현된 우주의 기반이 되는 궁극적 실재는 유일하게 순수한 주관적 측면이다. 그 이외에 다른 모든 응축된 세계는 주관-객관의 이중적 측면을 가지고 있다. 응축이 진행되는 각 단계마다 주관과 객관이 만날 수 있다. 따라서 현현된 우주는 실제로 이원성이 아니라 삼원성이다. 어떤 수준이나 영역에서든 실재의 모든 현현은 세 측면을 가진다. 주관적 측면, 객관적 측면, 그들 사이에 반드시 존재하는 관계적 측면. 이 세 가지 측면이 현재의 수트라에서 그라히트리(*Grahītṛ*), 그라하나(*Grahaṇa*), 그라히야(*Grāhya*)이다. 이는 아는 자, 앎, 아는 대상 또는 인식하는 주체, 인식하기, 인식의 대상 또는 지각하는 주체, 지각하기, 지각의 대상 등으로 번역할 수 있다. 이 근본적 사실, 즉 궁극적 실재가 셋이 되었다는 것은, 겉으로는 완연히 다른 세 요소 사이에 존재하는 신비로운 동일성이다. 이를 서양의 영적 전통에서는 삼위일체라 부른다. 하나가 셋이 되었기 때문에, 셋 또한 하나로 통합하는 것이 가능하다. 이러한 통합이 바로 사마디의 본질적인 기법이자 비밀이다. 이 통합은 삼프라가타 사마디에서 제시한 비타르카, 비차라, 아난다, 아스미타 네 가지 다른 차원의 칫타의 단계마다 일어날 수 있다. 통합의 근본 원리는 모든 차원, 모든 단계에서 동일하며, 그러므로 결과 또한 동일하다. 즉, 아는 자가 아는 대상에 대한 완전하고 총체적인 앎을 획득하는 것이다.

다양한 차원에서 통합이라는 주제를 본격적으로 다루기 전에, 먼저 파탄잘리가 사마디의 가르침을 위해 사용한 적절한 비유를 살펴보자.

색종이 위에 작은 돌을 올려놓아 보자. 돌은 종이에서 나오는 색채에 전혀 영향받지 않는다. 만약 같은 색종이 위에 무색 투명한 수정을 올려놓는다 치자. 그러면 색종이의 색채에 수정이 다르게 반응하는 것을 즉시 알 수 있다. 수정은 빛의 일부를 흡수하여, 적어도 부분적으로 그 종이와 하나가 된 것처럼 보인다. 흡수의 정도는 수정의 투명도, 구성 물질의 결함 정도에 달려있을 것이다. 내부에 결함이 없고 완벽하게 투명한 수정이라면 종이와 완전하게 동화되어, 그 종이의 빛 속에서 거의 없는 것처럼 보일 것이다. 우리는 수정이 어떤 결함, 특성, 특색에서 자유로울 때만 수정이 놓인 색종이와 혼연일체가 될 수 있다는 점에 주목해야 한다.

명상의 대상에 대해 명상의 주체인 칫타가 작용하는 방식은 색종이에 대한 수정의 반응과 놀라울 정도로 유사하다. 명상의 대상과는 별개로 칫타가 가지고 있는 어떤 인상이나 편견은 명상의 대상과 완전히 하나되는 것을 방해한다. 오직 칫타가 완전히 스스로를 절멸, 즉 니로다시키고 명상의 대상과 동화될 때만, 그 대상 안에 깃든 순수한 진리 그 자체로 빛날 수 있다.

하지만 이러한 합일의 과정을 방해하는 다양한 요인들이 있다. 열망자는 야마, 니야마, 바이라기야의 수련을 통해 이런 모든 요인들을 칫타에서 제거하게 된다. 감각기관을 통해 끊임없이 흐르는 인상들, 즉 삼스카라 또한 서서히 제어된다. 사마디를 행할 때, 삼스카라들은 아사나, 프라나야마, 프라티야하라(*Pratyāhāra*, 감각의 철수) 등에 의해 차단되어야만 한다. 그렇게 되면 요기는 주로 기억 속에 저장된 이미지들만을 활용하게 된다. 그 기억들은 무수한 패턴으로 배열, 재배열되는 힘으로 우리 내면에서 끊임없이 활동한다. 이 활동은 다라나와 디야나 단계에서 통제되어야 한다. 이제 칫타는 한 방향으로 모아지고 오로지 한 통로에서만 작동하게끔 제어된다. 그때 우리가 인식할 수 있는 한, 칫타에는 아무것도 남아있지 않다. **삼야마**(*Saṃyama*)* 의 '씨앗' 또는 명상의 대상 외에는 **칫타** 안에서 일어날 수 있는 것이 없다. 그러나 대부분 사람들의 **칫타**는 명상의 대상과 분리되어 있고, **칫타**가 자신의 주관성을 유지하는 한 서로 하나가 되기 어렵다. 이런 **칫타**의 주관성은 **사마디**에서 제거된다. 아는 자, 앎, 아는 대상의 완전한 합일(요가)을 가져오기 위해 **칫타**의 주관성이 어떻게 해소되는지는, 이어지는 **수트라**의 주제이다.

색종이 위에 놓인 완벽하게 투명한 수정의 비유를 생각할 때, 우리는 여전히 종이에서 발산하는 색채가 수정을 물들인다는 점에 주목해야 한다. 아직 수정은 결함에서 완전히 자유롭지 않다. 비록 지극히 미세한 것이기는 해도, 외부의 영향이 여전히 수정을 변화시키기 때문이다. 수정이 모든 색을 조화롭게 혼합한 흰 종이 위에 놓일 때에만, 비로소 수정은 전체적 진리 또는 궁극적 실재의 상징인 백색광으로 빛날 것이다.

이와 유사하게 **사비자 사마디**(씨앗 있는 삼매)에서는, 비록 **칫타**의 모든 결함들이 제거되었지만 여전히 한 가지 결함이 존재한다. 명상의 '씨앗'이 가진 부분적 진리가 **칫타**에 침투하는 것이다. 모든 것을 통합하는 궁극적 실재에 비하면, '씨앗'의 미세한 진리는 장애로 작용한다. 아무리 미세한 티끌 같은 진리일지라도 **칫타**를 점유하는 한, 궁극의 진리는 빛날 수 없다. 요가철학에 의하면 오직 **푸루샤**의 의식 속에서만 발견되는 전체적 진리를 깨닫기 위해서는, 어떤 진리의 잔상마저도 제거할 필요가 있다. 이는 '씨앗 없는' **사마디** 또는 **니르비자 사마디**에 의해 성취된다. 그제서야 투명하고 완벽

---

* 아슈탕가 요가의 후반부 요가명상의 3단계인 다라나, 디야나, 사마디가 함께 일어나는 상태.

한 수정이 된 칫타가 진리의 순수한 백색광으로 빛날 수 있다. 따라서 사비자 사마디에서는 칫타-브릿티가 순수하지만 부분적인 지식으로 대체된다면, 니르비자 사마디에서는 순수하지만 부분적인 지식이 푸루샤의 실재 또는 전체적 진리로 대체된다는 것을 알 수 있다.

사마디를 수련할 수 있는, 중단 없이 고요한 칫타의 상태를 유지하는 일은 단순히 의지력을 발휘하는 것만으로는 불가능하다. 잠재의식에 의지력을 발휘하는 것은 내면의 긴장을 야기할 수밖에 없다. 비록 그 긴장이 미세할지라도, 긴장은 사마디 수련에 도움이 되지 않는다. 사마디의 전제 조건인 고요함은 비범하면서도 습관화된 안정의 상태이다. 긴장이 있는 곳에는 비범한 안정이란 존재할 수 없다. 열망자들이 어떠한 준비도 없이 명상 수련에 뛰어들었다가 진전이 없는 이유에 대해 초조해하고 의아해하기 때문에, 이런 사실들을 거듭 강조하는 것이다. 고급 수준의 요가수련에는 오랜 기간에 걸쳐 철저하고 전면적인 준비가 필요하다. 초기에는 몇 가지 간단한 수련법으로 시작해도 좋다. 하지만 전체 요가를 위한 준비 과정을 마칠 때까지, 점진적으로 노력의 범위를 확장해야 한다.

크쉬나(*Kṣīṇa*)는 이 수트라에서 주목해야 할 단어다. 그 의미는 '약화된' 또는 '쇠퇴한'이란 의미이지, '절멸된' 또는 완전히 '죽은'을 뜻하지 않는다. 사비자 사마디에서 삼야마를 수련할 때는 항상 칫타 안에 '씨앗'이 존재한다. 따라서, 브릿티가 완전히 니로다된 것은 아니다. 오직 니르비자 사마디를 행할 때에만, 칫타에서 브릿티가 니로다된다. 삼프라갸타 사마디의 비타르카, 비차라, 아난다, 아스미타 단계 각각의 최종적인 국면에서 칫타를 통해 빛나는 부분적 진리는 일반적인 의미의 브릿티라고 말할 수 없다. 그럼에도 불구하고 부분적인 진리의 빛이 여전히 칫타를 물들이고 있기 때문에, 칫타가 변형되지 않은 상태라고는 할 수 없다. 온갖 종류의 변형이 끊임없이 일어나는 대개의 칫타 안에서, 오직 하나의 대상만이 칫타를 계속 점유하는 변형을 III-11에서 사마디 파리나마(*Samādhi Pariṇāma*)라고 부른다. 이 전변(transformation)에서 도달하는 최종적인 상태는 칫타 브릿티의 니로다가 아닌 크쉬나라 할 수 있다. 일부 주석가들이 제안한 것처럼, 크쉬나는 브릿티의 완전한 절멸이나 니로다를 의미하지 않는다. 이 점을 열망자들은 분명히 기억할 필요가 있다.

42

Tatra śabdārtha-jñāna-vikalpaiḥ samkīrṇā savitarkā.

타트라 샵다아르타-갸나-비칼파 삼키르나 사비타르카

•

타트라 그것은	**샵다** 말, 소리
아르타 실제 의미, 대상에 대한 진정한 지식	**갸나** 감각적 인식과 추론에 기반한 평범한 지식
비칼파 의심이나 불확실성으로 인해 여러 대안들 사이를 오가는 것	
삼키르나 뒤섞인	**사비타르카** 비타르카에 의해 특징지어지는 삼매

Savitarkā Samādhi is that in which knowledge based only on words, real knowledge and ordinary knowledge based on sense perception or reasoning are present in a mixed state and the mind alternates between them.

사비타르카 사마디는 오직 언어에 기초한 지식, 진정한 지식, 감각적 인식이나 추론에 기초한 일반적 지식이 혼재된 상태로 존재하고, 칫타가 그들 사이를 오가는 것이다.*

I-41에서는 사마디의 본질적 특성이 논의되있다. 사미디는 칫타의 구체적이거나 제한된 상태를 가리키지 않는다. 이 점에 주목할 필요가 있다. 사마디는 칫타가 카이발야(해방)로 이어지고 종결되는 초의식상태를 지칭한다.

* 독자의 이해를 돕기 위해, 이 수트라에서 상세한 사마디 기법 및 삼야마와 관련된 내용을 대폭 생략하였다. 이는 3권의 내용을 통해 충분한 보충이 이루어질 것이므로, 감수자와 신중한 토의를 거쳐 생략하였다는 점을 밝혀둔다. 그럼에도 불구하고, 원문 전체를 읽고 싶은 독자들은 영문본 《The Science of Yoga》를 참조하시기 바란다.

사마디에 도달해야만 칫타가 더 높은 영역으로 진입하는 것이 가능하다. 사마디는 요기를 높은 영역으로 안내하지만, 그 영역을 조사하고 거기서 작용하는 힘과 능력을 증득하는 것은 요기의 과제이다. 이제부터 시작되는 열 개의 수트라에서는 사마디의 기법에 대한 더 많은 통찰을 제공한다. 그것은 한편으로는 드높은 영역을 탐구하고 정복하는 것과 관련되고, 다른 한편으로는 모든 것 너머의 실재의 깨달음과 관련된다. 전자를 사비자 사마디라 하고, 후자를 니르비자 사마디라 한다.

이제 사비자 사마디와 니르비자 사마디의 구분을 이해하려 노력할 때다. I-17에서 사마디에는 네 단계가 있다고 언급했다. 1-17은 삼프라갸타 사마디에 관한 수트라였다. 네 단계의 사마디에는 네 가지의 뚜렷하고 구별 가능한 차원들이 대응된다. 각 차원마다 칫타는 네 가지의 미세한 매개체를 통해 기능한다. 이는 또한 II-19에 언급될 구나의 네 단계에 상응한다. 사마디 동안 위에 언급된 네 가지 차원에서 작용하는 칫타의 높은 상태는 우리가 아는 일상의식과 매우 다르다. 이러한 칫타의 상태를 프라갸(*Prajñā*, 반야지)로 부른다. 따라서 이런 종류의 사마디를 삼프라갸타라고 부르는 것이다. I-46에서 언급되듯, 삼프라갸타 사마디의 네 단계는 모두 사비자 사마디에 포함된다.

왜 이 네 단계와 관련된 사마디를 사비자 사마디라고 부를까? 이 질문의 단서는 비자(*Bīja*) 또는 씨앗이라는 단어의 의미에 있다. 씨앗의 기본적인 형태는 무엇일까? 그것은 여러 종류의 물질들이 서로 다른 층으로 배열된 집합체이다. 가장 바깥 층은 보호 기능을 하며 가장 중요하지 않은 부분을 형성하고, 가장 안쪽 층 또는 핵심은 전체 씨앗의 실질적인 또는 가장 중요한 부분을 형성한다. 따라서 씨앗의 핵심적인 부분이나 진짜 실체에 도달하기 위해서는, 핵심에 도달할 때까지 여러 다른 층을 하나씩 벗겨내야 한다.

이처럼 씨앗의 비유는 삼프라갸타 유형의 사마디를 왜 사비자 사마디라고 부르는지를 잘 보여준다. 삼프라갸타 사마디를 수행하려면 항상 대상이 필요하고, 그 대상을 우리는 '씨앗'이라고 부른다. 씨앗에는 본질적인 핵심을 덮고 있는 여러 의미의 층들이 있기 때문이다. 우리는 사마디를 통해 내면적으로 마치 '씨앗'의 여러 층을 하나하나 열어젖히듯, 대상의 여러 층과 접촉하게 된다. 사마디의 각 단계는 씨앗의 실재에 대한 서로 다르고 깊은 층을 우리에게 드러낸다. 우리가 이 과정을 계속 수련함으로써, 우리는 최종적으로 대상의 가장 내밀한 실재에 도달하게 된다.

모든 대상의 기저에 있는 궁극적 실재는 신성한 본질 안에 담겨있고, 사비자 사마디에서 삼야마의 목적은 이 실재를 아는 것이다. 때문에 요기가 다라나, 디야나, 사마디를 통합하여 삼야마에서 하는 일은 신성한 본질에 도달할 때까지 자신의 내면 속으로 끝없이 침잠(sink)하는 일임을 알 수 있다. '씨앗'은 단지 칫타의 방향을 결정할 뿐이다. 이것은 그림 5에서 설명할 수 있다.

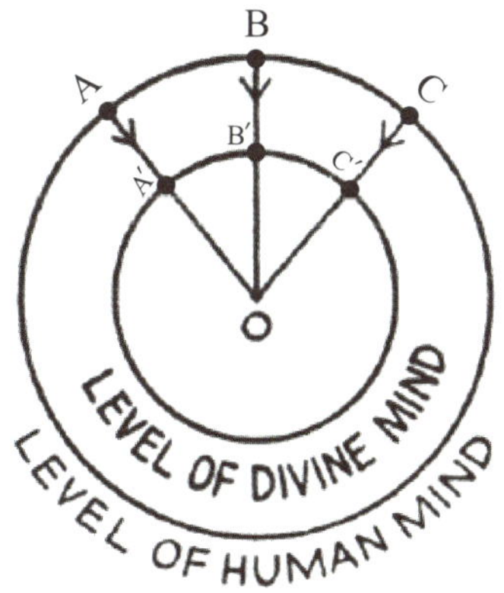

그림 5

A, B, C는 사비자 사마디의 '씨앗'이라 할 서로 다른 대상이다. A', B', C'는 삼야마를 통해 신성한 본질 안에서 발견될 수 있는 실재들이다. O는 신성한 본질의 핵심이다. 모든 경우 과정은 동일하다. 중심의 원에 닿을 때까지 주변부에서 반지름을 따라 핵심으로 들어가는 것이다. 그러나 A, B, C 각각은 중심에 이르기 위해 서로 다른 반지름을 따라 나아가야 한다. 이런 방식으로 칫타는 신성한 본질의 수준에 이르게 되고, 자동적으로 궁극적 실재와 만나게 된다. 그러므로 '씨앗'은 궁극적 실재에 도달하기 위해 칫타의 방향을 결정할 뿐이다.

니르비자 사마디에서 요기의 목표는 그림 5에서 O로 표현된 신성한 본질의 핵심이다. 거기에 이르기 위해서는 반지름을 따라 나아가야 하며, 중간 단계들을 반드시 통과해야 한다. 따라서 니르비자 사마디는 삼프라갸타 사마디의 네 단계를 거친 후에야 닿을 수 있는 것이다.

'사비자' 사마디의 '씨앗'은 어떻게 하면 열어젖힐 수 있을까? 이 수트라는 사마디의 첫 번째 단계와 관련된 내면의 과정을 다루고 있으며, 이름과 형태가 있는 구체적 대상과 관련될 때 가장 잘 이해할 수 있다. 우리는 가장 단순한 대상 속에 숨겨져있는 신비에는 관심을 잘 두지 않는다. 우리가 감각기관을 통해 인식할 수 있는 모든 물리적 대상은 실상 심리적 인상들의 집합체이다. 감각적 인식은 각자 내면의 분석 과정을 통해 분류가 가능하다. 장미와 같은 단순하고 구체적인 대상을 예로 들어보겠다.

(1) 장미는 임의로 선택된 이름을 가지고 있다. 이름은 대상과 별다른 관계가 없다.

(2) 장미는 감각기관을 통해 지각할 수 있는 모양, 색깔, 향기 등을 가지고

있다. 이는 모든 장미에 공통된 필수불가결의 특성이다. 이들이 장미를 장미로 만든다.

(3) 장미는 특정 공간에 특정 방식으로 분포된 특정한 원자와 분자(또는 더 깊은 수준에서는 전자)의 특정한 조합이다. 이처럼 보다 세밀한 과학적 지식을 바탕으로 칫타 속에 형성되는 장미의 이미지는, 모양이나 감각기관을 통해 얻어진 심리적 이미지와는 매우 다르다.

(4) 우리가 아는 장미는 원형적 장미의 특정한 견본이다. 물리적 세계에 존재하는 모든 장미들은 이 원형적 장미를 반영한다.

이렇게 보면, 우리가 매일 접하는 구체적이고 흔한 대상들에 대해서조차 우리의 인식이 얼마나 혼잡한지를 알 수 있을 것이다. 대상에 대한 우리의 진정한 지식은 온갖 종류의 과학적 발견, 심리적·감각적 이미지들과 뒤섞여 있어서 분석이나 추론이라는 일반적 기법으로는 순수한 지식을 번잡한 이미지들에서 분리, 추출해낼 수 없다. 순수한 지식을 얻기 위한 유일한 방법은 명상의 대상에 대해 삼야마를 행하고 칫타를 그 대상과 통합하는 것이다.

'통합에 의한 인식'의 과정에는 두 단계가 있어야 한다. 첫번째 단계에서는 대상에 관한 잡다한 지식들이 하나하나 분리되어야 한다. 이 단계에서는 내적, 외적 지식을 구성하는 모든 요소들이 잡다하게 존재한다. 하지만 미분화되고 혼란스러운 상태는 삼야마를 통해서 점점 더 명확하게 정의되고 구분될 것이다. 두 번째 단계에서는 칫타가 첫 번째 단계에서 분리, 추출된 순수한 지식과 통합된다. 이러한 선택적 통합의 과정에서 기억에 의존하는 다른 모든 요소들은 자동으로 탈락하고, 칫타는 명상대상에 대한 순수한 인식으로만 빛나게 된다. 거기 다른 것은 이제 아무것도 없다. I-42는 첫 번째 단계를, I-43은 두 번째 단계를 다룬다.

여기서 사비타르카 사마디를 지칭하는 타트라(*Tatra*)라는 단어는 분명히 이러한 분리 및 분해의 과정이 사마디에서 진행되는 것이고, 일반적인 정신분석의 과정으로는 성취될 수 없음을 알려준다. 칫타가 외부로부터 완전히 분리되어 디야나에 도달했을 때, 비로소 이러한 분리 및 분해를 성공적으로 다룰 수 있게 된다. 한편, 샵다-아르타-갸나(*Śabda-Artha-Jñāna*)는 평범한 사람의 칫타 속에 불가분하게 뒤섞여있고 사비타르카 사마디에서만 분해될 수 있는 세 가지 범주의 지식을 정의한다. 샵다(*Śabda*)는 단어에만 기반을 두고 있고, 대상과는 어떤 식으로도 연결되지 않은 지식을 말한다. 우리의 내면은 대부분 이렇게 피상적이다. 단순히 단어에 주목할 뿐 대상 자체의 본질에는 관심이 없다. 아르타(*Artha*)는 요기가 원하는 대상에 대한 진정한 지식 또는 대상의 진짜 의미를 가리킨다. 그리고 갸나(*Jñāna*)는 감각기관의 인식과 심리적 추론에 기반한 일반적 지식을 가리킨다. 이런 세 가지 종류의 지식을 명확하게 구별할 수 없는 상태를 비칼파(*Vikalpaiḥ*)라고 한다. 비칼파는 세 가지 종류의 지식이 말하자면 세 개의 독립된 층으로 분리되지 않고, 삼키르나(*Samkīrṇā*)라는 혼합 또는 혼동의 상태로 존재하는 한 불가피한 칫타의 상태이다. 다음과 같이 이 과정을 그림 6으로 이해해보자.

첫 번째 단계에서는 샵다에만 기초한 지식이 다른 두 가지를 포괄하고 있지만, 점진적인 분해의 과정을 거쳐 마지막 단계에서는 세 가지가 완전히 분리된다. 과학도에게는 점진적인 분해와 분리를 이해하는 데 유탁액(emulsion, 乳濁液)의 비유가 도움이 될 것이다. 서로 섞이지 않는 두 액체를 격렬하게 흔들어 섞으면, 두 액체가 실제로는 분리되어 있지만 섞인 상태로 존재하는 것처럼 보인다. 그러나 유탁액을 잠시 동안 그대로 두면 두 액체

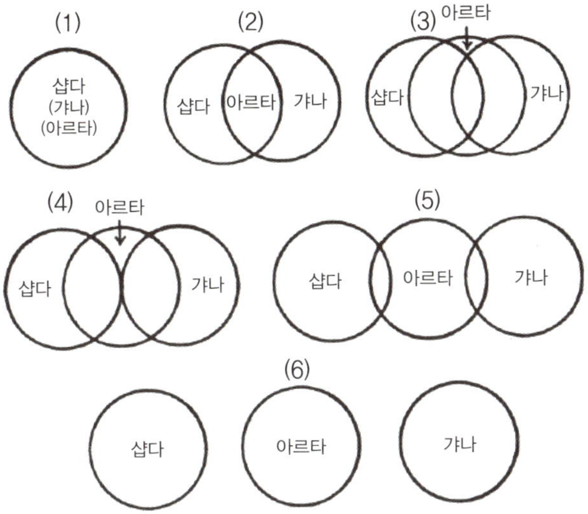

그림 6

는 점차 분리되어 두 개의 분리된 층을 형성할 것이다. 이 비유는 특히 적절한데, 마치 **사비타르카 사마디**에서 극도의 평온함이 서로 다른 종류의 지식을 분리시키는 것처럼, 유탁액에서도 뒤섞는 과정이 없을 때 두 액체 층이 분리되기 때문이다.

서로 다른 내면의 구성요소들이 잘 분리되고 올바른 관계를 보일 때, 그들 사이의 혼동이나 혼선은 있을 수 없다. 그들이 서로 혼동되고 각각의 영역이 정의되지 않았기 때문에, 혼란과 그에 따른 **비타르카**가 있는 것이다(이와 관련하여 III-17도 참조). 내면의 그림이 명확해지고 각각의 구성요소가 진정한 관점에서 드러날 때, **비타르카**는 반드시 끝나게 된다.

43

Smṛti-pariśuddhau svarūpa-śūnyevārtha-mātra-nirbhāsā nirvitarkā.

스므리티-파리슛다우 스바루파-슌예바(슌야이바)아르타-
마트라-니르바사 니르비타르카

스므리티 기억	파리슛다우 정화될 때	스바루파 참된 본성
슌야 비어있는	이바 마치 ~처럼	아르타 실제 의미, 대상에 대한 진정한 지식
마트라 단지	니르바사 빛나는	니르비타르카 비타르카의 부재로 특징 지어지는 삼매

On the clarification of memory, when the mind loses its essential nature (subjectivity), as it were, and the real knowledge of the object alone shines (through the mind) Nirvitarka Samādhi is attained.

기억이 정화되고, 칫타가 자신의 핵심을 잃고 오직 대상 안의 진정한 지식만이 칫타를 통해 빛날 때, 니르비타르카 사마디에 도달한다.

여러 종류의 지식이 뒤섞여있던 칫타의 혼란은 점차 세 종류의 지식이 분리되고 명확히 구별되면서 보다 명료해진다. 이러한 명료화를 이번 수트라에서는 스므리티-파리슛디(*Smṛti-pariśuddhi*)라고 부른다. 세 종류의 지식이 명료해질 때, 이것을 왜 '기억의 정화'라 하는 것일까? 여기에서 독자는 칫타-브릿티가 다섯 가지로 분류되고, 그중 하나가 스므리티(기억)임을 상기해야 한다.(I-6) 그리하면 사비타르카 사마디에서 칫타-브릿티가 스므리티에 속한다는 사실을 즉시 알 수 있을 것이다. 이제 요기의 칫타는 외부와 완전히 단절되어 있다. 때문에 그때의 브릿티를 '올바른 지식'이나 '잘못된 지식'이라 부를 수 없다. 요기가 자고 있지 않으며 완전히 깨어있기 때문에, '수면'이라 부를 수도 없다. 요기는 상상의 산물이 아닌, 실재를 알고자 하는 확실한 명상대상에 대해 삼야마를 행하고 있다. 그러므로, 이때의 브릿티도 '상상'이라 부를 수 없다. 지금의 브릿티는 이전에 경험했던 것을 칫타에서 재생하는 것이기 때문에, 진정으로 '기억'이다. 그래서 파탄잘리는 이 브릿티-니로다의 과정을 '기억의 정화'라 부른다.

기억이 정화되면 칫타는 다음 단계, 자의식을 극도로 줄일 준비태세가 된다. 스바루파 슌야(*Svarūpa-Śūnya*)로 불리는 내면의 과정에서는 두 가지 사실을 주목해야 한다. 첫째, 자의식의 해체는 대상에 관한 혼잡한 인식이 세 가지 구성요소(샵다-아르타-갸나)로 분해된 후에만 올 수 있다는 것이다. 이는 '정화되었을 때'를 의미하는 파리슛다우(*Pariśuddhau*)라는 단어에서 보다 명확해진다. 둘째, 슌야(*Śūnya*) 뒤에 따라오는 이바(*Iva*)라는 단어의 중요성이다. 이바라는 단어는 '마치 ~인 것처럼'을 의미하며, 칫타가 사라지는 것처럼 보이지만 여전히 거기에 있음을 나타내기 위해 쓰인다. '대상'이 칫타 안에서 '빛나고' 있다는 사실 자체가 칫타가 존재함을 가리킨다. 그러므로 대상 속에서 사라진 것은 칫타의 주관성뿐이며, 이는 사마디 상태에 도달하는 데 필요한 주관과 객관의 통합을 가져온다. 샵다와 갸나라는 다른 두 구성요소를 사라지게 하고, 명상대상에 대한 순수한 지식 또는 스바루파만이 칫타를 가득 차게 만드는 것이 바로 이 통합이다. 그러면 대상을 그 적나라한 실재 그대로 보게 된다. 대상에 대한 진정한 지식이 칫타를 가득 채운 것을 묘사하기 위해, '빛나는'을 의미하는 니르바사(*Nirbhāsā*)라는 단어를 사용했다. 칫타는 투명한 보석처럼 칫타 그 자체를 인식할 수는 없지만, 대상에 대한 순수한 지식으로 빛난다. 비타르카가 없는 사마디를 니르비타르카로 부르는 것에도 약간의 설명이 필요하겠다. 이전 수트라에서 사비타르카라는 단어를 사용한 이유는 이 사마디가 비타르카를 동반하기 때문이었다. 그러나 비타르카가 없는 상태에 대해서 굳이 왜 니르비타르카라는 단어를 사용할까? 이는 그 전의 상태를 나타내기 위함이다. 누군가가 자신이 현재 뭔가에 부담이 없다고 말할 때, 그것은 현재 부담이 없을 뿐 예전에는 부담이 있었다는 것을 의미한다. 따라서 이 수트라에서 니르비타르카라는 단어를 사용하는 것은 사비타르카를 거쳐 니르비타르카에 도달했으며, 이는 이전 상태의 완성 또는 정점이라는 것을 의미한다. 칫타가 명상대상에 관하여 그 차원에서 도달할 수 있는 지식의 극한에 이르렀다 하더라도, 칫타는 여전히 같은 차원과 같은 체를 통해 기능하고 있다. 여기서 더 이상의 변화는 불가능하다. 칫타가 다음 매개체로 나아가서 더 높은 차원에서 새로운 브릿티-니로다를 재개할 수 있는 것은 오직 꾸준한 사마디의 수련에 의해서만 가능하다.

자, 이제 흥미로운 질문을 던져보자: 누가 주관과 객관의 통합을 가져오고, 사마디의 단계에서 추가적인 전변을 가져오는가? 비타르카가 존재하는 지점까지는 여전히 칫타의 주관성을 통해 전변이 일어난다고 가정할 수 있다. 그러나 그 칫타의 주관이 대상과 통합된 후에는 누가 지속적인 전변을 추진하는가? 이는 분명하게, 항상 모두의 배경에 존재하고 있는 우리의 참 실재이자 주인인 푸루샤이다. 칫타는 결코 자력으로 행동할 수 없으며, 항상 배경에 상주하는 푸루샤가 인식의 힘뿐만 아니라 변화의 의지 또한 부여한다. 그러므로 칫타는 항상 도구이다. 진정한 드라슈타(*Draṣṭā*, 관찰자)이자 카르타(*Kartā*, 행위자)는 항상 푸루샤이다. 그래서 니르비타르카 사마디에서 낮은 수준의 **칫타**가 대상과 통합될 때에도 실제로 책임을 지는 것은 푸루샤이다. 이어 **사마디**의 더 높은 단계에서 벌어지는 연속적이고 미세한 전변에 궁극적으로 책임이 있는 것 또한 **푸루샤**이다. 사실 **요가수련**에서 일어나는 연속적인 **칫타**의 개화에서 **카이발야**에 이르기까지, 전변과 진화를 이끄는 것 또한 **푸루샤**이다. 이는 **푸루샤**를 단순한 **드라슈타**, 즉 관찰자로 간주하는 **상키야** 철학의 입장과는 분명히 다른 견해이다. **요가수련**의 길은 **상키야**에만 기반하지 않으며, **푸루샤**의 안내자 역할을 가정하지 않고서 **요가**의 전체성을 이해하기란 어렵다.

44

Etayaiva savicārā nirvicārā ca sūkṣma-viṣayā vyākhyātā.

에타야이바(에타야에바) 사비차라 니르비차라 차 숙슈마-비샤야 비야키야타

•

에타야 이것으로	**에바** 그 자체로	**사비차라** 비차라를 수반하는 삼매
니르비차라 비차라를 수반하지 않는 삼매	**차** 그리고	
숙슈마-비샤야 미세한 대상들을 포함하는 삼매	**비야키야타** 묘사 또는 설명된	

By this (what has been said in the two previous Sutras) **Samādhis of Savicāra, Nirvicāra and subtler stages** (I-17) **have also been explained.**

이상으로 앞의 두 수트라에서 언급된 바, 사비차라, 니르비차라와 더 미세한 단계들의 사마디(I-17)도 설명되었다.

우리는 주로 이름과 형태의 세계에 살고 있고 구체적인 칫타의 작용에도 얼마간 익숙하다. 그럼에도 불구하고, 가장 낮은 단계의 사마디인 사비타르카-니르비타르카조차도 이해하기 어렵다. 이것이 파탄잘리가 더 높은 사마디의 단계들을 상세히 다루지 않고, 단 두 수트라로 전체 주제를 정리한 이유다. 이 수트라는 단지 사비차라-니르비차라와 더 높은 단계의 사마디에서 칫타가 통과하는 과정이, 사비타르카-니르비타르카의 과정과 유사하다는 점을 설명할 뿐이다. 즉, 숙슈마-비샤야(*Sūkṣma-Viṣayā*) 또는 미세한 대상과 관련된 사마디는 가장 복잡하고 구체적인 명상대상에 대한 삼야마로 시작하여, 그 대상의 가장 단순한 실재를 경험하는 것으로 끝난다. 한 가지 예를 들겠

다. 물질적 차원에서 바깥 세계를 인식하는 과정은 감각기관의 작용을 필요로 하며, 따라서 각 부타(*Bhūta*)* 와 접촉하기 위한 별도의 감각기관이 존재한다. 그러나 더 미세하고 높은 차원에서의 인식은 프라티바(*Pratibhā*, 직관적 지혜)라고 하며, 이는 다섯 감각기관의 모든 기능을 통합하여 수행한다.

이러한 원리를 이해함으로써, 현현된 우주에 존재하는 모든 명상대상의 더 미세하고 심오한 측면을 드러내는 것이 사마디임이 명확해진다. 사마디를 통해 요기가 영적으로 진화, 또는 개화되면서 명상대상들은 점점 더 미세한 측면을 드러내게 된다. 요기의 입장에서는 자신의 내면 속으로 점점 더 깊이 들어가는 것이다. 아무리 애를 써도 보통의 지성으로는 완전히 이해하기 어려운 것들이, 사마디를 통해 증득한 더 높은 실재의 빛 속에서는 자명해진다.

---

* '존재하는 것'이라는 뜻이지만, 일반적으로는 우주의 기본 구성요소인 흙, 물, 불, 공기, 에테르의 5원소를 지칭.

45

Sūkṣma-viṣayatvaṃ cāliṅga-paryavasānam.

숙슈마-비샤야트밤 차아링가-파리야바사남

•

숙슈마-비샤야트바 미세한 대상들과 관련된 삼매의 상태	차 그리고
아링가 구나의 마지막 단계	파리야바사남 확장되는

The province of Samādhi concerned with subtle objects extends upto the Alinga stage of the Guṇas.

미세한 대상과 관련된 사마디의 영역은 구나의 아링가 단계까지 확장된다.

우리는 미세함의 정도를 어떻게 가늠하고 분류할 수 있을까? 다양한 미세함의 정도와 상태는 그들이 존재하는 차원에 따라 분류하는 편이 좋다. 파탄잘리는 가시적 세계의 현상을 분류하는 데 있어서 형태나 구조가 아닌, 기능적 기준을 채택했다. 그래서 미세함의 정도는 II-19에 제시된 것처럼, 구나의 단계에 따라 분류되었다. 이 주제는 II-19에서 철저히 다루어지기 때문에, 여기서 논의할 필요는 없다. 조금만 덧붙이자면, 상키야에 따르면 모든 대상은 구나의 서로 다른 조합의 결과라는 점을 말할 수 있으며, 따라서 구나의 네 단계에 따라 명상대상을 네 가지 범주로 분류하는 것은 완벽하게 논리적이다. 구나의 마지막 단계를 아링가(*Alinga*, 표징 없음)라고 하며, 따라서 자연스럽게 미세함의 한계는 아링가 단계에 이른다.

46

Tā eva sabījaḥ samādhiḥ.

타 에바 사비자 사마디

타 그것들	에바 단지
사비자 씨앗 있는, 대상을 가진	사마디 삼매

They (stages corresponding to subtle objects) constitute only Samādhi with 'seed'.

미세한 명상대상을 다루는 단계들은 단지 '씨앗'이 있는 사마디에 해당한다.

명상대상이 무엇이든, 그것이 얼마나 미세하든 객관적 대상을 다루는 사마디를 사비자 사마디라고 부른다. 삼야마의 대상은 그것이 거칠든 미세하든 '씨앗'이라 부른다. 그래서 사비자 사마디는 명상의 '대상' 또는 '씨앗'이 없는 니르비자 사마디와 대조적인 객관적 사마디라고 할 수 있다. 니르비자 사마디에서는 관찰자, 명상의 주체, 구하는 자, 그 모두가 탐구의 대상이다. 프라크리티의 영역 내에서 모든 대상을 진정으로 볼 수 있게 된 관찰자는 이제, 그 자신의 진정한 모습을 보고자 한다.

따라서 사비자 사마디와 니르비자 사마디의 차이점은 사비자 사마디에는 프라크리티와 관련된 대상이 있어서 그 대상의 실재를 깨달아야 한다는 것이고, 니르비자 사마디에는 프라크리티와 관련된 그런 대상이 없다는 것이다. 니르비자 사마디에서 프라크리티의 영역을 초월한 푸루샤는 '대상 없는'

객관이다. 그는 탐구자이자 탐구의 대상이다. 물론 **사비자 사마디**에서도 그는 실상 자신을 추구하고 있다. 하지만 아무리 얇아도 모종의 장막이 여전히 그의 시야를 가린다. **니르비자 사마디**에서 그는 자신에 대한 보다 완전한 비전을 얻기 위해 마지막 장막을 벗어버리려 한다. 이것이 바로 진정한 자각(Self-realization)이 의미하는 바이다.

47

Nirvicāra-vaiśāradye'dhyātma-prasādaḥ.

니르비차라-바이샤라디예디야트마(바이샤라디예아디야트마)-프라사다

•

니르비차라 니르비차라 단계의 삼매	**바이샤라디예** 지고의 순수성을 성취한 상태에서
아디야트마 영적인	**프라사다** 광명

On attaining the utmost purity of the Nirvicāra stage (of Samādhi) there is the dawning of the spiritual light.

니르비차라 사마디에서 지고의 순수성에 도달하면 영적인 빛이 밝아온다.

이 수트라는 사마디의 낮은 단계와 높은 단계를 구별하고, 영적인 빛이 반드시 모든 단계마다 떠오르지는 않는다는 것을 알려준다. 우리는 이미 사비자 사마디가 낮은 수준의 칫타에서 시작되어 높은 수준의 차원, 이를테면 아트마의 영역까지 확장된다는 것을 보았다. 이러한 사마디의 연속적인 단계에서 과연 어느 시점에 영적인 빛이 칫타를 밝혀오기 시작할까? 이 질문에 답하기 위해서, 우리는 지성의 문제를 먼저 다루어야 한다. 낮은 수준의 지성은 칫타를 궁극적 실재로부터 분리하고 제한한다. 그 결과 요기의 시야를 왜곡하고 일상적인 삶에서 흔한 환영들을 만들어낸다. 칫타가 낮은 지성의 수준에서만 작동하는 한, 요기는 환영에서 자유로울 수 없다. 지성의 영역에서 머무는 사마디는 삼야마의 대상 뒤에 숨겨진 낮은 실체를 드러내지만, 반드시 궁극적 실재에 대한 인식을 동반하지는 않는다. 예를 들어, 훌륭한

과학자가 사마디를 통해 물질계의 기반이 되는 많은 진리를 발견할 수는 있다. 물론 이것은 제한된 영역의 사마디이다. 그러나, 과학자는 더 심오한 영적 진리에 대해서는 전혀 모를 수 있다. III-28~32에서 다루는 것과 같은 일부 하위 수준의 싯디들은 이런 방식으로 얻을 수 있다. 사실 그림자의 형제들로 불리는 흑마법사들은 모두 낮은 수준의 요가기법에 능숙하고, 의심할 여지없이 수많은 하위 싯디를 보유한 요기들이다. 그들의 작업은 지성의 영역 내에 국한되어 있으며 더 높은 진리에 대해서는 무지하다. 또한 흑마법사들은 이기적이고 사악하기 때문에, 결코 더 높고 심원한 깨달음을 얻을 수 없다.

이 수트라는 요기가 니르비차라 사마디의 마지막 단계에 도달하여 지성 이상으로 더 높은 원리인 붓디 또는 직관의 경계에 도달할 때, 비로소 진정한 깨달음이 가능하다는 점을 설명한다. 이 단계에서 지혜와 영성의 근원인 붓디의 빛이 지성에 그 광채를 비추기 시작한다. 이렇게 밝혀진 지성은 하위자아(개성)의 노예가 되는 것을 그치고, 아트마-붓디-마나스를 통해 작용하는 상위자아(영혼)의 자발적인 도구가 된다. 왜냐하면 낮은 수준의 지성과 관련된 왜곡과 환영은 실제로 상위자아의 원리에 내재된 것이 아니기 때문이다. 그것들은 단지 영적 깨달음의 부재로 인한 것이다. 붓디의 빛으로 밝혀지고 아트마의 통제하에 있는 지성은, 심지어 아데프트들조차 작업에 지속적으로 사용하는 훌륭하고 강력한 도구이다.

48

Ṛtambharā tatra prajñā.

리탐바라 타트라 프라갸

리탐바라 진리를 지닌, 정의를 지닌	**타트라** 거기에	**프라갸** 삼매에서 경험되는 반야지의 상태

There, the consciousness is Truth-and Right-bearing.

영적인 빛이 밝혀질 때, 요기의 내면은 진리와 정의로 가득하다.

이전 수트라에서는 사마디에서 지성이 직관으로 전환되는 과정을 언급했다. 이 수트라는 그 결과 드러나는 새롭고도 중요한 내면의 힘을 제시한다. 이것을 리탐바라(*Ṛtambharā*)라고 한다. 이 단어는 '올바른'을 의미하는 리탐(*Ṛtam*)과 '지니다' 또는 '유지하다'를 의미하는 바라(*Bhara*)라는 두 개의 산스크리트어 어근에서 파생되었다. 따라서 리탐바라는 문자 그대로 올바름을 지닌다는 의미가 된다. 리탐과 사트얌은 힌두 경전에서 매우 심오한 의미를 지니는 두 단어이며, 서로 관련되어 있어서 일반적으로 함께 사용된다. 때로는 동의어로 사용되기도 하지만, 둘 사이에는 미묘한 차이가 있다. 이를 제대로 이해하기 위해서는, 우주가 가시적이든 비가시적이든 모두 신성한 실재 또는 영의 발현이며, 그것이 시공간에서 일어나는 모든 일의 궁극적인 원인이라는 동양의 잘 알려진 가르침을 소환해야 한다. 그 실재는 사트(*Sat*)로 지칭되며 우주에서 사트의 존재는 두 가지 방식으로 나타난다. 첫째, 사트는 모든 것의 진리 또는 본질 자체를 구성한다. 이것이 사트얌(*Satyam*)이다. 둘째, 그것은 물질적 측면과 도덕적 측면 모두에서 질서 있는 흐름을 결정한다. 이것이 리탐이다. 사트얌은 현현할 때, 상대적인 진리로서 만물의 실재를 구성한다. 리탐은 자연적, 도덕적, 영적으로 영원히 거스를 수 없는 모든 법칙을 망라하는 우주적 질서를 말한다. 따라서 사트얌과 리탐은 현현할 때 드러나는 사트의 두 가지 측면, 하나는 정적이고 다른 하나는 동적인 측면으로 볼 수 있다. 그들은 불가분의 관계이며, 현현된 우주의 가장 근본적인 토대를 함께 구성한다. 리탐바라 프라갸(*Ṛtambharā prajñā*)는 현현의 기반이 되는 올바름과 진실에 대한 정확한 인식이다. 이 프라갸의 빛 속에서 지각되는 것은 무엇이든 옳고 진실할 것이다.

지금까지 우리는 붓디의 계발 없이 지성만으로는 궁극의 진리를 인식할 수 없다는 것을 보았다. 지식을 추구하는 과정에서 우리는 언제나 전체로서의 진리를 원하는 경향이 있다. 그러나 지성은 한 번에 하나씩, 즉 진리의 일부만을 볼 수 있다. 따라서 지성을 통해 얻은 지식은 결코 완벽할 수 없다. 이렇게 진리의 단편화를 가져오고 사물을 있는 그대로 보는 것을 방해하는 지성의 방식은, 우리가 사마디에서 지성을 초월하고 지성을 넘어 존재하는 더 높은 영역으로 진입할 때만 깨달을 수 있다. 지성만으로는 동시에 존재하는 다양한 진리들 사이의 관계성을 올바로 보지 못한다. 이로 인해 부분적 진리의 중요성이 지나치게 과장되고 자연의 힘에 관한 얕은 지식은 오용되며, 목적을 위해 수단을 합리화하는 등 많은 폐해가 발생한다. 이것이 지성에 기반을 둔 현대 문명의 무수한 사례들이다. 결론적으로 직관과 분리된, 지성에 기초한 모든 지식과 행동은 전체성의 결여와 관점의 부재를 낳는다.

붓디의 빛이 칫타를 밝힐 때 사마디에서 얻은 지식은 오류와 의심에서 자유로울 뿐 아니라, 현현을 지배하는 근본적인 우주법칙과도 상응한다. 그것은 진리뿐만 아니라 정의(Right)에도 기반을 둔다. 그렇기 때문에 사마디의 높은 단계에서 작용하는 프라갸를 리탐바라라고 부른다. 리탐바라에 기반한 삶과 행동은 반드시 정의로우며, 전체 우주를 지배하는 위대한 법칙에 부합한다.

49

Śrutānumāna-prajñābhyām anya-viṣayā viśeṣārthatvāt.

슈루타아누마나-프라갸비얌 안야-비샤야 비셰샤아르타트바트

슈루타 들은, 증언에 기반한	**아누마나** 추론	**프라갸비얌** 지식, 지혜로부터
안야-비샤야 다른 대상이나 내용을 가지는	**비셰샤아르타트바트** 특정한 대상을 가지기 때문에	

The knowledge based on inference or testimony is different from direct knowledge obtained in the higher states of consciousness (I-48) because it is confined to a particular object (or aspect).

추론이나 증언에 기초한 지식은 특정한 대상 또는 측면에 한정되기 때문에, 요기가 더 높은 차원에서 증득한 직접적 지식(I-48)과는 다르다.

이번 수트라는 순전히 지성적인 지식과 직관적으로 얻은 지식의 차이를 강조한다. I-7에서 언급했듯이, 올바른 지식의 세 가지 원천은 직접적 인식, 추론, 증언이다. 세 가지 모두 지성의 영역에서 이용 가능하다. 그러나 직접적 인식은 지성의 영역에서 매우 제한적이다. 왜냐하면 직접적 인식은 감각기관을 통해 받아들인 정보에 한정되기 때문이다. 감각기관의 정보들은 그 자체로는 올바른 지식이 아닐 수 있으며, 추론과 증언을 통해 지속적으로 확인하고 수정되어야 한다. 우리는 매일 아침 태양이 동쪽에서 떠서 서쪽으로 지는 것을 본다. 그러나 추론을 통해 우리는 이것이 단지 환영이며, 지구가 자전축을 중심으로 회전하기 때문에 마치 태양이 움직이는 것처럼 보인

다는 것을 안다. 같은 방식으로 추론해보자면, 우리가 감각기관을 통해 인식하는 익숙한 형태, 색채 등의 세계는 실상 존재하지 않는다. 그것은 모두 과학적 발견이 알려준 대로, 전자, 원자, 분자, 다양한 에너지들의 작용일 뿐이다. 우리는 일상적 지식을 분석하고 조사하지 않는 한, 추론과 증언이 그동안 우리 삶에서 얼마나 중요했는지 잘 알지 못한다. 지식을 얻고 수정하는 이 두 가지 도구는 매우 지성적이지만, 지성 너머 더 높은 차원과 영역에서는 폐기된다. 완전히 어두운 방에서 물건을 찾아야 하는 사람은 그것들을 더듬어 찾고 신중하게 만져봐야 한다. 그러나 어두운 방에 빛이 들어온다면, 이런 투박한 조사의 방법을 택할 필요가 없다. 그는 그것들을 직접 볼 수 있다. 지성을 넘어서는 영적 차원의 지식은 추론이나 증언에 기초하지 않고 오직 직접적 인식, 직관지에만 기초한다. 그러나 이 직접적 인식은 감각기관을 통한 직접적 인식과 달리, 오류가 없으며 추론과 증언을 통해 수정할 필요도 없다.

비셰샤아르타트바트(*Viśeṣārthatvāt*)라는 구절은 무엇을 의미하는가? 문자 그대로, 그것은 '특정한 대상을 가지기 때문에'를 의미한다. 지성이 한 번에 하나의 것, 즉 하나의 대상이나 대상의 한 측면만을 파악할 수 있다는 점은 이미 설명되었다. 이러한 지식의 파편화, 전체 배경 속에서 대상을 볼 수 없는 이 무능력이 지적 인식의 가장 큰 한계이다. 직관적 인식은 이러한 한계에서 자유롭다. 더 높은 인식의 영역에서는 각 대상이 고립되어 있지 않다. 전체적 진리와 법칙, 원리가 제자리를 차지하고 있다. 지성이 특정한 별에만 초점을 맞출 수 있는 천체 망원경과 같다면, 직관지는 전체 하늘을 동시에, 명료히 볼 수 있는 우주적 눈과 같다.

추론과 증언이 필요한 것은 지식의 불충분성 때문이며, 이 불충분성은 배경이 될만한 전체에 대한 지식이 없어서 발생한다. 직관적 지식이 완벽하지 않고, 지적 지식만큼 정밀하고 상세하지 않을 수 있지만, 오류와 왜곡의 가능성에서는 훨씬 자유롭다. 큰 방에 비치는 희미한 빛은 그 안의 내용물을 명확하게 보여주지 않을 수 있다. 하지만 모든 사물을 적절한 비율과 관점에서 비춰줄 수 있다. 빛이 강해질수록 모든 것이 더 선명하게 보이겠지만, 비율과 관점은 여전히 같다. 반면에 어둠 속에서 더듬거리며 물건 하나씩만을 만져보는 사람은 특정 대상에 대해 완전히 오해할 수 있으며, 언젠가는 자신의 불확실한 결론을 끊임없이, 때로는 급격하게 수정해야 할 것이다.

50

Taj-jaḥ saṃskāro'nya-saṃskāra-pratibandhī.

탓-자 삼스카로냐(삼스카라안야)-삼스카라-프라티반디

탓-자 그것으로부터 나온	삼스카라 인상
안야 다른	프라티반디 방해하는

The impression produced by it (Sabīja Samādhi) stands in the way of other impressions.

사비자 사마디에 의해 생성된 삼스카라(인상)는 다른 삼스카라(인상)들을 막는다.

사비자 사마디에서 칫타는 항상 특정한 패턴에 따라 형성되는데, 이 패턴은 삼야마의 명상대상이 되는 '씨앗'에 의해 결정된다. 이때 의지의 통제력은 완벽에 가까워서, 어떤 일이 있어도 그 '씨앗'이 만든 인상에 아주 작은 변화조차 일으킬 수 없다. 명상대상의 성격은 사마디의 단계에 따라 다를 것이다. 하지만 대상은 항상 있어야 하며, 이것이 칫타의 브릿티들을 방해하고 제거한다. 그러나 칫타가 어떤 계기로 의지의 통제를 벗어나 긴장이 풀어지는 순간, 잠재의식 속의 온갖 억제된 상념들(ideas)이 출현한다. 삼프라갸타 사마디에서 만들어진 인상이 제거되기 전에, 칫타를 어떤 공백 상태에서도 똑같이 기민하고 집중된 상태로 만들 수 없다면, 훨씬 더 깊은 수준에 도달해서도 계속 유사한 일이 벌어질 것이다. 즉 잠시의 공백 속으로 갖가지 산만한 상념들이 갑자기 들어오게 되면, 통제도 어려울 뿐만 아니라 명상도 위험해질 수 있다.

따라서 삼프라갸타 사마디는 프라크리티의 다양한 영역에서 지식과 힘을 얻기 위한 수단일 뿐만 아니라, 궁극적 실재의 자각이라는 최종목표를 위한 수단이기도 하다. 삼프라갸타 사마디를 충분히 수련한 후에야 아삼프라갸타 사마디를 수련할 수 있고, 4단계의 사비자 사마디를 충분히 수련한 후에야 니르비자 사마디를 수련할 수 있다. 이는 일부 과도하게 열정적인 열망자들 사이에 흔한 오해를 불식시키는 데 도움이 될 것이다. 그들은 오랜 기간 지루한 정신적 훈련을 거치지 않고도, 어떤 대상에 대해서도 삼야마를 할 수 있는 능력을 갖추지 않고도, 직접 궁극적 실재 속으로 뛰어들 수 있다고 착각하는 부류들이다. 이는 또한 영적 교사들이 초기단계에서 사구나 우파사나(*Saguṇa Upāsanā*, 신의 형상이나 속성을 통한 명상)를 먼저 제시하고, 니르구나 우파사나(*Nirguṇa Upāsanā*, 특정한 형상이나 속성이 없는 궁극의 실재에 대한 명상)를 만류하는 이유를 잘 설명해준다. 수행자들이 그저 제자리에 앉아 내면을 비우기만 해도 된다면, 영적인 삶과 깨달음의 문제는 너무나 쉬울 것이다.

51

Tasyāpi nirodhe sarva-nirodhān nirbījaḥ samādhiḥ.

타시야아피 니로데 사르바-니로단 니르비자 사마디

타시야 그것의	아피 또한	니로데 억제되었을 때
사르바 모두	니로단 억제에 의해	니르비자 씨앗 없는
사마디 삼매		

On suppression of even that owing to suppression of all (modifications of the mind) 'Seedless' Samādhi (is attained).

사비자 사마디의 인상마저도 억제될 때, 모든 브릿티들이 또한 억제됨으로써 '씨앗 없는' 사마디가 완성된다.

요기가 어떤 명상대상에도 삼야마를 행할 수 있는 능력을 얻고 사비자 사마디의 마지막 단계로 쉽게 들어갈 수 있게 되면, 그는 드디어 마지막 단계, 즉 프라크리티의 영역을 완전히 초월하고 자각(Self-realization)을 달성할 준비가 된 것이다. 이때 요기의 인식은 칫타의 가장 미세한 형태로 기능하며 깨달음은 가장 높은 정도에 이른다. 하지만 요기는 여전히 프라크리티의 영역에 머물러있다. 환영의 장막은 하나씩 제거되었지만 여전히 완전한 자각을 방해하는 마지막 장막이 있으며, 니르비자 사마디의 목적은 이를 제거하는 것이다. 삼프라갸타 사마디의 초기단계에서는 '씨앗'이 사라지면 칫타는 바로 다음의 미세한 차원으로 나아갈 수 있다. 하지만 칫타가 아트마의 차원까지 도달하면, 모두 사라진 줄 알았던 '씨앗'이 칫타를 푸루샤 차원으로 끌어올려, 이제까지 다른 대상을 비추던 빛이 스스로를 비추게 된다. 왜냐하면 빛이 프라크리티의 영역을 넘어섰기 때문이다. 관찰자는 이제 자신의 진정한 자아로서 확립된다(I-3).

영적인 빛이 외부대상들을 비추는 대신 스스로를 비추는 상태를 상상하기란 어렵다. 적어도 독자들은 이 상태를 요기가 막연한 지복과 지식의 바다에 잠겨있는 상태라고 오해해서는 안 된다. 칫타가 개화되는 각각의 연속적인 단계는 내면의 생생함과 명료성을 엄청나게 증가시키고, 지식과 힘의 추가적인 유입을 가져온다. 그러므로 이 개화의 절정을 알리는 거의 마지막 단계에서, 요기가 갑자기 모호하고 막연한 상태로 빠진다고 생각하는 것은 터무니없는 일이다. 우리가 사용하는 매개체들의 한계 때문에, 우리는 이 상태를 제한적으로라도 이해할 수 없다. 소리의 진동이 너무 빨라지면 침묵처럼 느껴진다. 빛의 진동이 너무 미세해지면 어둠처럼 보인다. 이와 유사하게 궁극적 실재의 극도로 미세한 본질은 공백으로 나타난다.

이제 독자들은 니르비자 사마디와 아삼프라갸타 사마디의 관계를 보다 명확하게 이해할 수 있을 것이다. 니르비자 사마디는 아삼프라갸타 사마디의 마지막 단계에 불과하다. 이제 더 깊은 수준의 칫타의 영역으로 물러날 수 없다는 점에서, 이전의 아삼프라갸타 사마디와는 다르다. 좀 더 깊이 물러나기 위해서는 이제 푸루샤 자신 속으로 철수해 들어가야 한다. 요기는 말하자면, 현현된 우주의 끝에 위태롭게 서있는 상태이며, 프라크리티의 영역에서 마지막 발판을 박차고 실재의 대양 속으로 뛰어들어야 한다. 요기는 바다와 맞닿은 높은 절벽 위에 서있는 수영선수와 같다. 그는 한쪽 바위의 돌출부에서 다른 바위로 뛰어내리다가, 마침내 직접 바다로 뛰어들어야 하는 지점에 다다른다. 이제 마지막 도약은 그가 완전히 다른 종류의 환경으로 진입한다는 점에서 이전의 모든 도약과 다르다.

니르비자 사마디는 칫타의 영역에 '씨앗'이 없어서만이 아니라, 새로운 삼스카라가 만들어지지 않기 때문에 그렇게 불린다. '씨앗'의 한 가지 특징, 즉 그것의 복잡하고 다층적인 성질은 이미 I-42에서 언급되었으며, 사마디에서 삼야마의 대상을 '씨앗'이라고 부르는 이유를 제공한다. 그러나 씨앗의 또 다른 특징은 땅에 심기면, 자신을 끊임없이 재생산한다는 것이다. 더구나 유리한 조건 아래서 스스로를 재생산하는 잠재력은 삼프라갸타 사마디의 '씨앗'에도 존재한다. 니르비자 사마디에는 '씨앗'이 없기 때문에 더 이상 삼스카라가 만들어질 수 없다. 뿐만 아니라, 사비자 사마디의 오래된 삼스카라도 푸루샤와의 부분적인 접촉과 파라-바이라기야에 의해 점차 소멸된다 (IV-29). 따라서 요기는 프라크리티의 영역으로 다시 끌려들어가게 하는 삼스카라의 부담 없이, 점점 자유롭게 기능할 수 있게 된다. 그러므로 니르비자 사마디는 카이발야를 성취하기 전에 완전히 절멸되어야 하는 초 미세한 삼스카라까지 소진시키는 수단이기도 하다.

샷다나 파다

II

Sādhana Pāda

수련의 길

1

Tapaḥ-svādhyāyeśvara-praṇidhānāni kriyā-yogaḥ.

타파-스바디야예슈바라(스바디야야이슈바라)-프라니다나니 크리야-요가

타파스 절제	스바디야야 참자아에 대한 연구
이슈바라-프라니다나니 이슈바라에 대한 귀의	크리야-요가 예비 요가

Austerity, self-study and resignation to Iśvara constitute preliminary Yoga.

절제, 참자아에 대한 연구, 그리고 이슈바라에 대한 귀의가 크리야(예비) 요가이다.

다섯 가지 니야마(*Niyama*, 권계) 중에서 세 가지가 이 수트라의 크리야 요가(*kriyā-yoga*, 예비 요가) 안에 들어있다. 이는 다소 이례적인 배치이다. II-32에서 니야마가 제시되고, 2권을 시작하는 이 수트라에서도 니야마가 제시된다. 이러한 반복은 무엇 때문인가? 《요가수트라》 2권에서는 자기수련(Self-culture)이라는 주제가 점진적으로 전개된다. 그러므로 이 수트라에 언급된 세 가지 니야마는 II-32의 니야마보다 더 예비적인 의미이다. 그렇다면 이 수트라의 맥락에서 세 니야마를 제시한 목적을 더 자세히 알아보자.

요가의 목표와 성취를 위해 필요한 수련과 노력을 이해하는 사람이라면 누구나 갑자기 요가의 수련 속으로 뛰어드는 것이 가능하지도, 바람직하지도 않다는 것을 잘 알고 있을 것이다. 특히 그가 세속적인 삶에 몰두해있고 클레샤의 완전한 지배를 받는 경우라면 더욱 그렇다. 그럼에도 요가철학

에 충분한 관심이 있고 그 길을 원한다면, 먼저 매일의 훈련 및 다르마 샤스트라(*Dharma-Śāstra*, 도덕률에 관한 가르침), 특히 요가 샤스트라(*Yoga-Śāstra*, 요가 가르침)에 익숙해져야 하며, 자기중심성과 클레샤의 강도를 줄여야만 한다. 세속적인 사람과 요기의 삶 사이의 격차는 너무도 크다. 갑작스러운 삶의 변화는 누구에게나 불가능하며, 무리하게 변화를 시도한다면 도리어 열망자는 더 큰 힘으로 세속적인 삶으로 회귀해버리기 쉽다. 요가철학과 기법에 점진적으로 동화되고 자기훈련에 익숙해지는 예비 수련과정은 세속적인 삶에서 요가적인 삶으로의 전환을 돕는다. 이 과정은 또한 예비수행자가 요가적 이상을 실현할 수 있을 만큼 충분히 열정적인지를 보여준다.

필요한 열정과 결심이 있더라도, 지속적으로 요가의 이상을 추구하기란 쉽지 않다. 단순한 소망이나 의지만으로는 충분치 않다. 샷다카(*Sādhaka*, 수행자)의 모든 힘과 욕망은 요가의 성취라는 이상에 맞추어져야 한다. 많은 열망자들이 요가의 목표와 기법에 대해 혼란스럽거나 아주 잘못된 견해에 빠져있다. 특히 자신의 열정과 능력에 대해 과대평가하는 경향이 있다. 크리야 요가의 훈련 과정에서 그들의 견해, 열정과 능력은 엄격히 시험받게 된다. 샷다카에게 있어 크리야 요가수련의 결과는 둘로 나뉜다. 첫번째 경우는 열정과 헌신으로 요가의 목표를 끝까지 추구할 수 있는 결의와 능력을 얻게 된다. 나머지는 스스로 요가의 길을 위한 준비가 되지 않았음을 깨닫고, 단순한 지적 탐구의 수준으로 자신의 열망을 조정하게 된다.

크리야 요가수련은 삼중의 속성을 가진다. 타파스는 의지와, 스바디야야는 지성과, 이슈바라-프라니다나는 감정과 관련이 있다. 따라서 크리야 요가수련은 인간 본성의 세 측면을 모두 계발하여, 요가의 이상을 성취하는데 필수적인 개성의 완성을 이끌어낸다.

산스크리트어 크리야의 의미는 두 가지로, 하나는 '예비적(preliminary)', 또 다른 하나는 실천적(practical)'이다. 요가수련의 초기단계에서 시작해야 하므로 예비적이며, 샷다카의 열망과 진지함을 시험하고 확인하는 가운데 요가에 필요한 역량을 기를 수 있으므로 실천적이다.

2

Samādhi-bhāvanārthaḥ kleśa-tanūkaraṇārthaś ca.

사마디-바바나아르타 클레샤-타누카라나르타슈 차

사마디 삼매	**바바나아르타** 유발하기 위해	**클레샤** 고통
타누카라나르타 약화시키기 위해	**차** 그리고	

(Kriyā-yoga) is practised for attenuating Klesas and bringing about Samadhi.

클레샤를 약화시키고 사마디를 성취하기 위해 크리야 요가를 수련한다.

크리야 요가의 세 가지 수련은 열망자의 예비훈련에 큰 도움이 된다. 크리야 요가는 클레샤를 약화시켜 요가적 삶의 토대를 놓을 뿐만 아니라, 삿다카를 요가의 핵심이자 최종적 기법인 사마디에 이르게 한다. 크리야 요가의 중요성과 삿다카가 이를 수 있는 높은 발전 단계는 II-43~45에서 타파스, 스바디아야, 이슈바라-프라니다나를 실천했을 때의 궁극적 결과를 확인해보면 알 것이다.

클레샤가 약화될수록 삿다카의 사마디 수련 능력은 더 커지고 카이발야의 목표에 더 가까워진다. 클레샤가 임계점까지 줄어들면, 그는 카이발야의 문턱인 항구적 사마디(*Sahaja-Samādhi*, 사하자 사마디) 상태에 놓인다.

3

Avidyāsmitā-rāga-dveṣābhiniveśāḥ kleśāḥ.

아비디야아스미타-라가-드베샤아비니베샤 클레샤

아비디야 무지, 인식의 부족, 환영	아스미타 '내가 있다'는 의식	라가 끌림
드베샤 혐오	아비니베샤 상실에 대한 두려움	클레샤 고통, 고통의 원인

The lack of awareness of Reality, the sense of egoism or 'I-am-ness', attractions and repulsions towards objects and the strong desire for life are the great afflictions or causes of all miseries in life.

궁극적 실재에 대한 인식 부족, 자기중심주의 또는 '내가 있다'라는 의식, 대상을 향한 끌림과 혐오, 상실에 대한 두려움, 이것들이 삶의 커다란 고통과 불행의 원인이다.

클레샤의 철학은 파탄잘리 요가체계의 토대가 된다. "우리는 왜 요가를 수련해야 하는가?"라는 질문에 대해 클레샤의 철학은 만족스러운 해답을 제시한다. 때문에 우리는 이 철학을 철저하게 이해할 필요가 있다. 클레샤의 철학은 요가만이 아니라 인도의 모든 형이상학의 기반을 이루고 있지만, 아마도 상키야나 요가 다르샤나에서만큼 명확하고 체계적으로 제시되지는 않은듯하다.

서양의 많은 학자들이 클레샤의 철학을 단지 염세주의의 한 갈래로 여기는 경향이 있다. 클레샤 철학이 인간 삶의 제반 현상에 대한 면밀하고 과학적인 분석에 기초하고 있다는 점을 그들은 간과한다.

학문적인 철학은 항상 사변(思辨)적이었고, 철학자의 핵심적인 임무는 삶과 존재에 대한 그럴듯한 설명을 제공하는 것이었다. 이런 설명들은 논리적이고 독창적인 해설과 예시로 이루어져있지만 이론에 그칠 뿐이고, 감각을 통해 관찰된 현상에 기초하고 있다. 철학의 가치는 합리성과 독창성, 지적 우수성에 있을 뿐, 인간의 삶에 필연적인 불행과 고통을 극복할 수 있는 수단을 제공하는 데 있지 않다. 일반인들이 철학을 재미없고 무익한 것으로 여기며, 경멸까지는 아니더라도 무관심하게 대하는 것은 놀랄 일이 아니다.

반면 동양에서는 때로 독창적이고 순수하게 사변적인 철학도 있었지만, 대부분 철학의 주된 임무는 삶의 실제적이고 심층적인 문제들을 해명하고 해결 방안을 제시하는 것이었다. 인간 삶의 문제들은 너무 긴급하고, 너무 심각하며, 너무 심오하고, 너무 지독해서 단순히 지적, 사변적 이론만으로 해결하기 어렵다. 당신의 집에 불이 났다면 당신은 탈출 방법을 찾을 일이지, 집의 설계도를 뒤적거리고 있을 여유가 없다. 순수하게 사변적인 철학에 만족할 수 있는 사람들은 인간 삶의 위대하고 긴급한 문제와 그 심오한 의미를 진정으로 이해하지 못한 것이다. 만약 그들이 이 문제를 있는 그대로 본다면, 그들은 오직 그 해결을 위한 효과적인 수단을 제공하는 철학에 관심을 가질 것이다.

인간 삶의 본질적 문제를 깊이 인식하기 위해서는 의식의 내적 변화와 영적 능력의 각성이 있어야 한다. 외부에서 주어진 지적인 추론만으로는 불가능하다. 그럼에도 불구하고, 많은 이들이 내적 성찰 없이 현실에 안주하고 있다. 평범한 사람들은 물론, 이른바 사변적인 철학자들에게서도 발견되는 이 놀라운 안주의 태도에 대해 생각해보자.

천문학자들의 연구는 물질 우주가 육안으로 보는 것보다 거의 믿을 수 없을 정도로 더 크다는 것을 보여주었다. 과학에 따르면, 우리가 맨눈으로 볼 수 있는 범위 안에 있는 6,000개의 별들은 모든 방향으로 무한히 뻗어있는 최소 10억 개의 다른 별들의 그룹들 중 하나일 뿐이다. 천문학자들은 요즘 사용되는 고성능 망원경의 범위 내에 있는 별들의 수를 대략 계산했고, 우리 은하계에만 1,000억 개의 별이 있다고 추정했는데, 일부는 우리 태양보다 작고 일부는 훨씬 더 큰 태양들이다. 천문학자들이 이미 확실히 알고 있는 100,000개 중 하나에 불과한 이 은하계는 너무나 광대해서 초당 186,000마일의 속도로 움직이는 빛이 한쪽 끝에서 다른 쪽 끝까지 가는 데 약 100,000년이 걸린다. 행성들의 최대 궤도 직경이 70억 마일인 우리의 태양계조차 이 광대한 '알려진' 우주와 비교해보면 미미할 뿐이다. 우리의 시야를 태양계로 좁혀도, 지구는 극히 미미한 위치를 차지하고 있다. 지구의 직경은 8,000마일로 태양의 865,000마일에 비해 아주 작고, 약 9,300만 마일 거리에서 태양 주위를 천천히 공전하고 있다. 더 나아가 인간의 육체는 그 지구 안에서 미미한 자리를 차지하고 있을 뿐이다.

이것이 과학이 우리에게 제시하는 물질 우주 속의 인간에 대한 무서운 그림이다. 그러나 마야의 환영과 그것이 낳는 자족감이 너무 크기 때문에, 우리는 인간의 운명에 대해 전율을 느끼지 못할 뿐만 아니라, 때로는 자만심에 사로잡힌다. 매일 밤 망원경으로 이 광활한 우주를 살펴보는 과학자들조차도 자신들이 보는 광경의 깊은 의미를 인식하지 못하고 있다.

과학이 극미시적 관점에서 제시하는 그림 또한 당혹스럽기 그지없다. 우리의 육체를 구성하는 물질이 원자와 분자로 이루어져있다는 사실은 꽤 오랫동안 알려져왔다. 이 분야에서 최근 연구는 몇 가지 놀라운 발견을 이끌어냈다. 현대 유물론적 과학의 근간을 이루는 원자들이란, 양전하와 음전하를 띤 두 가지 기본 입자인 양성자와 전자의 다양한 순열과 조합에 불과하다는 사실이 밝혀졌다. 양성자들은 원자의 핵을 형성하고 전자들은 엄청난 속도로 서로 다른 궤도를 그리며 그 주위를 돌고 있어서, 원자는 마치 태양계의 축소판과도 같다. 더욱 놀라운 점은 이 전자들이 물질적 기반이라고는 없는 전기에너지에 불과하다는 사실이다. 왜냐하면 전자들이 고속으로 도는 궤도에서는 질량과 에너지가 구분되지 않기 때문이다. 물질의 에너지로의 전환은 물질이 단지 갇혀있는 에너지의 표현일 뿐임을 보여준다. 실제로 물질이 에너지로 변해 보이지 않게 된다는 이 결론은, 아이러니하게도 물질주의적 편향을 불러일으킨 유물론적 과학의 성과이다. 이 사실이 의미하는 바를 신중히 생각해보기 바란다. 우리가 매 순간 감각기관으로 인지하는 형태, 색, 소리 등의 세계는 양성자와 전자 이상의 것은 아무것도 포함하지 않는 환영의 세계—에너지의 세계—이다. 이러한 사실들은 이제 상식이 되었지만, 이것의 의미를 진정으로 이해하는 이가 몇이나 될까? 자연스럽게 제기되어야 할 "인간이란 무엇인가?"라는 질문을 별과 원자 앞에서 던지는 사람들이 얼마나 있을까?

이제 잠시 시간의 세계를 살펴보자. 무한한 변화의 연속이 과거와 미래 양쪽으로 뻗어있다. 영원할 것 같은 태양이 순간 폭발해서 태양계의 모든 생명이 소멸할 수도 있다. 시간, 이 거대한 환영의 도구는 모든 것을 삼켜버린다. 이 끊임없는 변화의 무서운 파노라마는 인간을 멈추게 하고, 적어도 그로 하여금 깊은 고뇌에 잠기도록 해야 마땅하다. 하지만, 과연 그러한가?

위에서 설명한 시간과 공간 속 인간의 모습은 **요가**철학의 근간을 이루는 **클레샤**의 철학을 고찰하기 위한 발판이었다. **요가**철학은 과학이 제시하는 자연의 현실보다 더 냉엄한, 삶의 가혹한 실재에 기반을 두고 있기 때문이다. 이러한 실재를 모르거나 단지 지적인 측면에서만 피상적으로 알고 있는 사람들은 **요가**의 목표나 기법을 제대로 이해할 수 없다. 어떤 이에게 **요가**는 매우 흥미로운 연구 주제일 것이고, 어떤 면에서는 매혹적이라고 느낄만하다. 하지만 시간과 공간이 만들어낸 환영의 장막을 찢고, 그 뒤에 숨겨진 궁극의 실재와 접촉하기 위해 엄청난 노력과 시련을 견뎌낼 결심은 하기 어렵다.

먼저 산스크리트어 **클레샤**(*Kleśa*)를 보자. 이는 고통, 괴로움 또는 비참함을 의미하지만, 점차 고통, 괴로움 또는 비참함의 원인이라는 뜻으로 자리 잡았다. 따라서 **클레샤**의 철학은 인간의 고통과 비참함의 궁극적인 원인과 그 제거방법에 대한 분석이다. 이 분석은 감각을 통해 관찰한 삶의 피상적인 사실들을 나열하는 것과는 거리가 멀다. 이 철학을 우리에게 전한 **리시**(*Ṛṣi*)* 들은 종교인, 교육자, 과학자, 철학자의 자질을 모두 겸비한 위대한 아데프트들이었다. 이러한 자질들과 종합적인 시각을 가지고 **리시**들은 삶의 위대한 문제에 도전했다. 인간을 거대한 환영에 묶어두는 시간과 공간의 수수께끼를 풀고자 한 것이다. 그들은 단순히 감각의 도움만으로 삶의 현상을 관찰한 것이 아니라, 그 해답은 지성을 넘어선 곳에 있다는 확신을 가지고 있었다. 그들은 자신의 내면 속으로 점점 더 깊이 파고들어 장막을 하나씩 벗겨내며, 마침내 거대한 환영의 궁극적인 원인과 그로 인한 결과인 비참함과 고통을 발견했다. 그들은 이 과정에서 우연히 가시적인 물질 이면에 숨겨진, 매혹적이고 아름다운 또 다른 세계들을 발견했다. 또한, 그들은 자

* 문자 그대로는 '보는 자'를 의미하며, 높은 영적 깨달음을 얻은 현자 또는 성인들을 지칭.

신들 내면에 새로운 능력과 힘이 있음을 알아냈는데, 이것들은 보다 미세한 세계들을 연구하고 더 깊은 내면의 층으로 탐사를 계속하는 데 유용했다. 하지만 그들은 미세한 세계들에 머물지 않았다. 더 충분히 깊은 곳까지 파고들어 삶의 위대한 문제들에 대한 효과적이고 영구적인 해결책을 찾을 때까지 멈추지 않았다. 리시들은 이러한 방식으로 인간의 비참함과 고통의 궁극적인 원인뿐만 아니라, 영구적으로 고통을 제거할 수 있는 유일하고 효과적인 방법도 발견했다.

클레샤의 철학을 포함하여, 그보다 더 큰 **요가**철학의 실험적인 속성을 이해하는 것은 매우 중요하다. 이들은 다른 철학체계들처럼 추측이나 이성적 사고의 결과가 아니다. 필자는 **요가**의 철학이 종교적 헌신에 영감받고, 철학적 탐구 정신에 인도되며, 과학적 실험의 결과에서 도출되었다고 주장한다. 우리는 물론 **요가**라는 과학적인 체계를 일반적인 과학의 방법으로 검증하여 '자, 당신 눈앞에서 증명해 보이겠다'고 회의론자들에게 말할 수는 없다. 순수한 지적 기준을 적용하여 많은 것들을 평가하는 철학자들의 학문적 기준으로 **요가**를 판단할 수도 없다. **요가**를 검증할 수 있는 유일한 방법은 **요가**체계에 개괄된 대로 원래의 발견자들이 걸었던 길을 따라가는 것이다. 회의론자는 검증받기도 전에 먼저 타당성을 받아들이라는 요구가 불편하다고 느낄 수 있다. 하지만 이는 사물의 본질 자체로 인해 어쩔 수 없는 일이다. 삶의 근본적인 문제를 진정한 모습으로 본 사람들은 분명 이 모험이 가치 있다고 여길 것이다. 이것이 거대한 환영에서 벗어날 수 있는 유일한 방법이기 때문이다. 그 밖의 사람들은 **요가**의 가르침을 믿든, 믿지 않든 중요하지 않다. 그들은 아직 신성한 모험을 떠날 준비가 되어있지 않은 것이다.

다음은 **클레샤** 철학의 전체 주제를 표로 분석해 놓은 것이다. 이를 통해 주제의 다양한 측면과 상호관계를 한눈에 볼 수 있을 것이다.

클레샤의 철학-요약

질문	주제	*수트라*
1. *클레샤*란 무엇인가?	*클레샤*의 열거 및 정의	II-3, 4, 5, 6, 7, 8, 9
2. 어떻게 제거할 수 있는가?	*클레샤* 제거의 일반적인 방법들	II-10,11
3. 왜 *클레샤*는 제거되어야 하는가?	우리를 끝없는 생사의 주기와 삶의 고통 속으로 빠뜨림	II-12, 13, 14, 15
4. *클레샤*의 결과(삶의 고통)는 제거될 수 있는가?	미래에 있는 고통들은 제거될 수 있음	II-16
5. 클레샤의 근본적인 원인은 무엇인가?	아는 자의 앎의 대상과의 동일시와 결합	II-17
6. 앎의 대상의 속성은 무엇인가?	*부타*, *인드리야*, *구나*의 상호작용이며, 결국 경험과 해방의 도구임	II-18, 19
7. 아는 자의 속성은 무엇인가?	아는 자는 순수한 의식임	II-20, 21, 22
8. 앎의 대상과 아는 자는 왜 결합되었는가?	*프라크리티*의 진화와 *푸루샤*의 자각을 위해	II-23
9. 어떻게 앎의 대상과 아는 자를 결합시킬 수 있었는가?	*아비디야*에 의해 발생한 환영의 장막을 통해	II-24
10. 어떻게 아는 자와 앎의 대상을 분리시킬 수 있는가?	*아비디야*의 장막을 제거함으로써	II-25
11. *아비디야*의 장막이 어떻게 제거될 수 있는가?	*푸루샤*가 자신의 본성에 대한 인식을 높이도록 이끄는 *비베카*에 의해	II-26,27
12. 어떻게 *비베카*를 발달시킬 수 있는가?	요가수련을 통해	II-28

파탄잘리는 이 수트라에서 다섯 가지 **클레샤**를 제시하며 주제에 대한 서술을 시작한다. 산스크리트어에 대응되는 영어 단어들은 함축된 개념을 정

확하고 완전하게 전달하지 못하기 때문에, 다섯 클레샤의 산스크리트어 이름에 가장 가까운 영어 단어들을 제시하였다. 다섯 가지 클레샤의 보다 근본적인 의미는 후속 수트라들을 다루면서 설명할 것이다.

4

Avidyā kṣetram uttareṣāṃ prasupta-tanu-vicchinnodārāṇām.

아비디야 크셰트람 웃타레샴 프라숩타-타누-빗친노다라남(빗친나우다라남)

아비디야 무지, 실재에 대한 인식의 부족	**크셰트람** 영역, 근원	**웃타레샴** 다음의 것들 중에서
프라숩타 잠자는, 휴면기의	**타누** 약화된	**빗친나** 산발적인, 교차하는
우다라남 확장된, 완전히 작동하는		

Avidyā is the source of those that are mentioned after it, whether they be in the dormant, attenuated, alternating or expanded condition.

아비디야는 클레샤들이 휴면 중이거나, 약화되거나, 교차되거나, 확장 중이거나, 어떤 상태에 있든 모든 클레샤들의 근원이다.

이 수트라는 클레샤에 관한 두 가지 중요한 사실을 제시한다. 첫째는 그들 사이의 상호관계다. 아비디야(*Avidyā*, 무지)는 나머지 네 가지 클레샤의 근본 원인으로, 이 네 가지 클레샤들은 차례로 인간 삶에서 모든 고통을 낳게 된다. 이 네 가지 클레샤의 속성을 더 자세히 살펴보면 이들이 아비디야의 토대 위에서만 자랄 수 있을 뿐 아니라, 다섯 가지 클레샤가 일련의 인과관계로 연결되어 있다는 사실을 알게 된다. 다섯 클레샤 사이의 관계는 나무의 뿌리, 기둥, 가지, 잎, 열매 사이의 관계에 비유될 수 있다.

또한 이 수트라에서는 클레샤가 존재할 수 있는 상태나 조건을 분류한다.

클레샤의 네 가지 상태란 (1) 휴면(dormant), (2) 약화(attenuated), (3) 교차(alternating), (4) 확장(expanded)으로 정의된다. 휴면 상태는 클레샤가 잠재적인 형태로 존재한다. 약화 상태는 클레샤가 매우 미약하거나 희박한 상태로 존재한다. 자극이 가해지면 경미한 정도로 활성화될 수 있다. 확장된 상태에서는 클레샤가 완전히 작동하며 그 활동력이 너무나 뚜렷하다. 마치 폭풍 속 바다 표면의 거친 파도와 같다. 교차 상태는 두 개의 반대되는 경향이 번갈아가며 서로를 압도하는 상태로, 때로는 화를 내고 때로는 애정을 느끼는 두 연인의 경우와 같다. 끌림과 혐오의 감정이 교차되지만, 근본적으로는 애착에 기반한다.

진보한 요기들의 경우에만 클레샤가 휴면 상태이다. 보통 사람들의 경우에는 클레샤가 환경에 따라 나머지 세 가지 상태로 존재한다.

5

Anityāśuci-duḥkhānātmasu nitya-śuci-sukhātmakhyātir avidyā.

아니티야아슈치-두카아나트마수 니티야-슈치-수카아트마키야티르 아비디야

•

아니티야 영원하지 않은	아슈치 불순한	두카 고통, 악한
아나트마수 아트만이 아닌 것	니티야 영원한	슈치 순수한
수카 행복, 선한	아트마 영혼	키야티 지식, 의식
아비디야 무지		

Avidyā is taking the non-eternal, impure, evil and non-Ātman to be eternal, pure, good and Ātman respectively.

아비디야는 영원하지 않은 것을 영원한 것으로, 불순한 것을 순수한 것으로, 악한 것을 선한 것으로, 아트만이 아닌 것을 아트만으로 여기는 것이다.

클레샤의 뿌리인 아비디야의 정의이다. 아비디야는 단순히 지식이 부족하다는 뜻이 아니다. 매우 높은 철학적 함의를 띠고 있다. 이 단어의 의미를 파악하기 위해 궁극적 실재가 물질에 관여하게 되는 최초의 과정을 상기해보자. 궁극의 실재와 물질은 본질적으로 서로 분리되어 있고 완전히 다르다. 그러나 둘은 결합되어야만 한다. 영원히 자유롭고 자족적인 아트만이 어떻게 물질의 제한을 받아들일 수 있었을까? 그것은 아트만으로부터 영원하고 자족적인 본성에 대한 인식을 빼앗음으로써만 가능하다. 이렇게 아트

만이 진정한 본성에 대한 인식을 잃고 진화의 주기에 얽매이게 되는 것을 마야(*Māyā*) 또는 거대한 환영이라 부른다. 이 모두는 궁극적 실재에 내재하는 미스터리한 힘 때문에 발생한다.

물론 이와 같은 초월적 진리에 대한 단순한 진술은 무수한 질문을 불러일으킨다. 예를 들면, "자족적인 아트만이 왜 물질에 관여할 필요가 있는가?", "어떻게 영원한 아트만이 시공간의 제약에 얽매일 수 있는가?" 등과 같은 질문이다. 이런 궁극적이고 철학적인 질문에 대한 진정한 답변은 없다. 비록 여러 학자들이 명백히 터무니없는 답변들을 제시해왔지만 말이다. 궁극적 실재와 직접 대면하고 이 비밀을 알게 된 이들에 따르면, 이 신비를 풀 수 있는 유일한 방법은 현현의 근본이 되는 진리를 아는 것이다. 그런데 그 진리는 언어적 사고로는 다른 이에게 전할 수 없다.

궁극적 실재의 의식이 환영에 빠져든 결과, 의식은 물질과 자신을 동일시하기 시작한다. 동일시는 의식이 물질 속으로 더 깊이 내려감에 따라 점점 더 확고해지다가, 마침내 전환점에 이르러 반대 방향으로 상승이 시작된다. 실재의 의식이 점차 물질로부터 벗어나는 상승진화의 과정은, 진정한 본성에 대한 깨달음을 증가시켜 마침내 카이발야에서 완전한 자각으로 끝에 이른다. 마야의 힘에 의해 초래되고, 진화의 주기와 함께 시작되며, 카이발야에서 해방의 성취로 끝나는, 진정한 본성에 대한 지식을 비디야(*Vidyā*)라고 한다면, 진정한 본성에 대한 지식이 박탈된 상태를 아비디야라고 부른다. 아비디야는 현상세계의 사물들에 대한 지식과는 아무 관련이 없다. 어떤 사람이 위대한 학자, 소위 걸어다니는 백과사전일 수는 있지만, 스스로 창조한 환영에 너무나 깊이 빠져있기 때문에, 거대한 환영들을 부분적으로나마 인식하고 있는 단순한 삿다카보다 그의 칫타는 훨씬 낮은 수준일 수 있다.

진정한 본성에 대한 인식의 부재는 영원하고 순수하며 지복을 느끼는 자아(Self, 아트만)와, 일시적이고 불순하며 고통스러운 비자아를 구별할 수 없도록 한다.

여기에서 '영원'이라는 단어는 시간의 제약을 넘어선 궁극적 실재의 의식 상태를 의미한다. '순수'는 세 가지 구나의 제약에서 벗어나, 물질에 의해 영향을 받거나 변형되지 않은 채 존재하는 순수성을 가리킨다. '지복(blissful)'은 물론 아트만의 아난다(*Ānanda*), 즉 지극한 행복을 말하며, 이는 아트만에 내재되어 있고 어떤 외부의 원천이나 환경에 의존하지 않는다. 실재의 의식이 물질과 동일시될 때 필연적으로 발생하는 수카(*Sukha*, 행복)의 결핍이 바로 두카(*Duḥkha*, 고통)이다. 자아와 비자아를 구분하는 이 세 가지 속성은 단지 예시일 뿐이다. 왜냐하면 우리들 지성의 제한된 개념으로는, 자아의 본질을 정의하고 그것을 비자아와 구별하는 것이 불가능하기 때문이다. 진정으로 파악해야 할 핵심은 순수한 아트만은 자신의 진정한 본성을 완전히 인식하고 있다는 점이다. 물질로의 점진적인 하강(involution)은 자아에 대한 인식을 점진적으로 박탈하고, 이 박탈이 바로 아비디야이다. 이 문제는 지성의 범위를 넘어선 궁극의 실재와 관련된 것이기 때문에, 평범한 지성만으로는 이해할 수 없다.

6

Dṛg-darśana-śaktyor ekātmatevāsmitā.

드릭-다르샤나-샥티요르 에카트마테바스미타(에카아트마타이바아스미타)

•

드릭 푸루샤, 순수의식의 힘	**다르샤나** 붓디, 인식의 힘	**샥티요르 에카아트마타** 뒤섞인 정체성
이바 마치 ~처럼	**아스미타** '내가 있다'는 의식	

Asmitā is the identity or blending together, as it were, of the power of consciousness (Puruṣa) with the power of cognition (Buddhi).

아스미타는 푸루샤(순수의식의 힘)와 붓디(인식의 힘)가 마치 하나로 섞인 것 또는 뒤섞인 정체성을 말한다.

이는 매우 중요하고 흥미로운 수트라로, 우리가 개인의 자의식이라는 한계에서 스스로를 해방시키고자 한다면 아스미타를 철저히 이해해야 한다. 산스크리트어 아스미타는 '나(自我)'라는 뜻의 아스미(*Asmi*)에서 파생되었다. 본디 '나(自我)'는 아트만(*Self*, 자아)에 대한 인식을 나타낸다. 그렇다면 아스미는 아트만이라는 의미가 될 수 있으며, 따라서 아스미는 푸루샤의 바바(*Bhāva*, 표현)라고 할 수 있다. 그런데 푸루샤(순수의식)가 프라크리티(근원물질)에 관여하게 되고, 자기의 진정한 본성에 대한 인식을 점차 잃게 되면, 순수한 아스미(나, 자아)는 '나는 이것이다'로 변질된다. 여기서의 '이것'은 붓디처럼 미세한 매개체일 수도 있고, 가장 조잡한 매개체, 즉 육체일 수도 있다. 진정한 본성에 대한 인식의 상실과 매개체와의 동일시는 동시에 일어난다. 푸루샤가 자신을 붓디와 동일시하는 순간, 바로 아비디야에 구속된다. 혹은 아비디야의 장막이 드리워지는 순간, 매개체와의 동일시가 즉각 일어난다. 그러나 순서적으로는 아비디야가 아스미타에 앞선다.

아비디야와 아스미타는 마야의 가장 얇은 장막이 순수의식을 가장 미세한 매개체에 관여시키는 곳에서 시작된다. 의식과 물질의 연관성이 점점 더 강화됨에 따라, 아비디야와 아스미타의 결합 또한 강화된다. 순수의식이 하나의 매개체에서 다른 매개체로 점차 하강함에 따라 아비디야의 장막은 더 두꺼워지고, 스스로를 매개체와 동일시하려는 경향은 더욱 강해진다. 반대로 역전의 과정이 일어나고 순수의식이 해방되기 시작하면, 아비디야의 장막은 얇아지고 아스미타는 약해진다. 이러한 순수의식의 진화과정은 II-27에서 보다 분명하고 뚜렷하게 일곱 단계로 구분된다.

이제 육체를 통해 의식이 어떻게 표현되는지 살펴보자. 육체를 통해 드러나는 의식은 순수하고 변형되지 않은 의식이 아니다. 순수의식은 이미 여러 번의 하강을 거쳤고, 가장 거친 체를 통해 표현될 때는 무거운 짐을 지고 있는 상태나 마찬가지이다. 그러므로 그때의 순수의식은 모든 중간 매개체들의 한계에 의해 철저히 조건화된 상태다.

이처럼 조건화된 의식과 육체의 연관성은 필연적으로 육체와의 동일시를 낳는다. 우리는 항상 '나는 본다', '나는 듣는다', '나는 긷다', '나는 앉는다', '나는 존재한다.'와 같은 표현을 사용한다. 야만인과 어린아이의 경우, 육체와의 동일시가 너무나 완전해서 이런 말들을 사용하는 데 있어 조금의 불일치도 느끼지 않는다. 그러나 교육을 잘 받은 지적인 사람은 막연하게나마 보고, 듣고, 걷고, 앉는 것이 자신의 전부가 아님을 인식한다. 활동은 육체의 기능이며, 그는 단지 자신의 내면을 통해 그 활동들을 지시, 작동, 목격하고 있을 뿐이다. 그럼에도 불구하고, 습관의 힘과 매사를 더 깊이 살펴보려는 의욕의 부족, 또는 스스로가 이상해 보일 것 같은 두려움 때문에 그는 계속 평이한 표현을 사용하며 살아간다. 이러한 동일시는 너무나 뿌리깊은 것이다. 감각적 인식의 메커니즘에 익숙하고 육체가 단순한 도구에 불과하다는 것을 인식하고 있는 생리학자, 심리학자, 철학자들조차 이를 적극적으로 분별하지 못하고, 자신을 육체와 완전히 동일시할 수 있다. 따라서 단순한 지적 지식만으로는 인간이 자신의 한계인 여러 매개체들에서 스스로를 분리할 수 없다는 점은 분명하다. 수백 구의 시신을 해부하고 육체가 단지 기계적 메커니즘에 불과하다는 것을 아는 의사만큼 육체와 그 기능에 대해 더 상세한 지식을 가진 사람이 있겠는가? 육체의 모든 부분을 속속들이 알고 있는 의사라면, 적어도 자신을 육체와 동일시하는 경향을 초월해있을 것이라고 기대할 수도 있다. 그러나 전혀 그렇지 않다. 이것은 결코 평범한 관찰과 이해의 문제가 아니다.

아스미타의 매개체와의 동일시는 매우 복잡한 과정이며 여러 측면을 가지고 있다. 첫번째 측면은 매개체의 기능, 능력과의 동일시이다. 예를 들어 어떤 사람이 '나는 본다'고 말할 때 실제로 일어나는 일은 육체가 눈을 통해 시각의 기능을 행사하고, 육체에 내재하는 '실체'가 단지 그 결과, 즉 눈앞에 펼쳐진 전경을 인식하는 것이다. 또한 그가 '나는 걷는다'고 말할 때 실제로 일어나는 일은 칫타를 통해 작용하는 의지가 육체를 움직이게 하고, 내재하는 '실체'는 육체의 움직임과 자신을 동일시하여 '나는 걷는다'고 말하는 것이다.

두 번째 측면은 동일시 과정에서 더 미세한 매개체들이 연루되는 것이다. 이를 통해 복합적인 아스미타(이런 표현을 쓸 수 있다면)가 생성된다. 두통을 예로 들어보자. 실제로 일어나는 일은 두뇌에 약간의 문제가 생긴 것이다. 이 문제는 육체 다음으로 미세한 체에 영향을 미쳐서 통증이라는 감각을 만들어낸다. 그러면 내재하는 '실체'는 육체와 감각이 빚어낸 결과와 스스로를 동일시한다. 이제 그는 '나에게 두통이 있어'라고 말하게 된다. 하지만 통증을 겪는 것은 '나'가 아니라 매개체이며, '나'는 단지 그 통증을 인식하고 있을 뿐인 것이다. 이런 메커니즘이 조금 더 높은 차원에서 작용하면 '나는 생각한다', '나는 동의한다'와 같은 반응을 만들어낸다. 실제로 생각하고 동의하는 것은 칫타이다. 두뇌에 반영된 사고의 과정을 인식하는 것은 칫타이다.

세 번째 측면은 환경과 그에 따른 대상들이다. 이 대상들은 생물일 수도 있고 무생물일 수도 있다. 자신의 육체에서 태어난 다른 육체들은 '나의 아이들'이 된다. 자신의 육체가 거주하는 집은 '나의 집'이 된다. 따라서 육체와 결합한 아스미타에 의해 생성된 본영(本影, 완전한 그림자) 주위에는 '나'에게 속하는 모든 대상과 사람들을 포함하는 반영(半影, 부분적 그림자)이 있으며, 이들은 '나의' 것이라는 태도 또는 바바를 만들어낸다.

지성이 발달한 사람이라면 누구나 잠깐의 사유를 통해 자신을 육체에서 분리할 수 있고, 자신의 본질이 살과 뼈, 골수의 집합체가 아니라는 것을 알 수 있다. 그러나 자신을 그 지성에서도 분리하고, 자신이 고수하는 신념, 의견 등이 단지 자신의 칫타가 일시적으로 만들어낸 사고 패턴에 불과하다는 사실을 깨닫는 사람은 거의 없다.

우리가 자신을 다양한 매개체와 동일시하는 이 경향을 점차 약화시킬 수 있는 많은 방법들이 있다. 그러나 완전한 분리는 칫타가 의도적으로, 그리고 의식적으로 해당 매개체를 떠나 더 미세한 매개체에서 기능할 수 있을 때에만 일어난다. 지바트마가 자신의 의지대로 해당 매개체를 떠나 그 체를 자신과 분리된 것으로 '볼' 수 있을 때만, 잘못된 동일시의 감각이 완전히 파괴된다. 우리는 우리 자신을 육체에서 분리하기 위해 수년간 명상을 훈련할 수 있지만, 그 결과는 의식적으로 육체를 떠나 실제로 육체가 우리 '실체'와 분리된 것을 보는 한 번의 경험만큼 큰 효과를 내지는 못할 것이다. 물론 우리는 분리 후, 다시 육체로 돌아와 모든 한계를 다시 받아들여야 하겠지만, 그때 그 육체는 더 이상 이전과 같은 환영적 영향을 우리에게 미칠 수 없다. 우리는 자신이 더 이상 육체만이 아니라는 것을 목격했기 때문이다. 수시로 자신의 육체를 떠나 육체와 독립적으로 기능할 수 있는 고급 요기에게 몸이란 마치 거주하고 있는 집과 같다. 따라서 요가수련은 아스미타를 완전하고 영구적으로 제거하는 가장 효과적인 수단임을 알 수 있다. 요기가 사마디에서 하나의 체를 떠나 다른 체로 옮겨갈 때마다, 그는 점진적으로 자신을 그 매개체들과 동일시하려는 경향을 파괴하고, 차례차례 아스미타를 제거함에 따라 아비디야의 장막은 자동적으로 엷아진다.

7

Sukhānuśayī rāgaḥ.

수카아누샤이 라가

•

수카 즐거움, 행복	아누샤이 동반하는	라가 끌림

That attraction, which accompanies pleasure, is Rāga.

즐거움을 동반하는 끌림을 라가라고 한다.

라가(*Rāga*)는 그 대상이 무엇이든 그로부터 느끼는 즐거움을 동반하는 끌림이다. 그 끌림을 느끼는 것은 자연스럽다. 물질에 속박된 영혼은 내면에서 아난다의 원천을 상실했다. 때문에 아난다 이외의 모든 것에서 아난다를 찾는 형국이다. 따라서 일상적인 행복이나 즐거움, 쾌락 그 어떤 형태든, 아난다의 그림자라도 제공하는 것은 영혼에게 극히 소중하다.

8

Duḥkhānuśayī dveṣaḥ.

두카아누샤이 드베샤

두카 고통	아누샤이 동반하는	드베샤 혐오

That repulsion which accompanies pain is Dveṣa.

고통을 동반하는 혐오감을 드베샤라고 한다.

드베샤(*Dveṣa*)는 고통이나 불행의 원천이 되는 사람이나 사물에 대해 우리가 느끼는 자연스러운 혐오감이다. 영혼(Self)의 본질적인 속성은 '지복'이다. 때문에 고통이나 불행을 가져오는 그 어떤 것들도 우리를 움츠러들게 한다. 드베샤는 부정적인 의미의 라가이다. 이 둘은 함께 얽혀 반대되는 한 쌍을 이루기 때문이다.

라가와 드베샤, 이 두 가지는 다섯 가지 클레샤 가운데 가장 두드러진 부분을 형성한다. 때문에 이들에 대한 몇 가지 사실에 주목할 필요가 있다.

(1) 우리의 삶에서 끌림과 혐오는 믿기 어려울 정도로 삶을 좌지우지한다. 우리는 이처럼 끌림과 혐오라는 굴레에 갇혀 수백 가지의 편견에 따라 살아간다. 엄밀히 말해, 우리의 삶은 한 개인이 자유롭게 행동하고 느끼고 생각할 수 있는 여건이 전혀 아니다.

(2) 끌림과 혐오는 우리를 낮은 차원의 세계에 묶어둔다. 실제로 끌림과

혐오란 낮은 차원의 삶과 관련된 욕망을 낳는 원인이기 때문이다.

(3) 혐오는 끌림만큼이나 우리를 구속한다. 많은 사람들은 끌림이 왜 우리를 구속하는지 희미하게라도 인식한다. 그것은 애착을 낳기 때문이다. 하지만 왜 혐오가 인간을 구속하는지 이해하기란 어렵다. 혐오 또한 상반된 두 요소를 묶어두는 힘이기 때문에, 혐오도 끌림만큼 우리를 구속한다. 어쩌면 우리는 사랑하는 사람보다 미워하는 사람에게 더 단단히 묶여있을지 모른다. 개인적 사랑은 쉽게 개인을 넘어선 사랑으로 변할 수 있어서 구속력을 잃어버리기 때문이다. 하지만 미움의 힘을 변화시키는 것은 그리 쉽지 않고, 증오로 인해 만들어진 독은 제거하기 매우 어렵다. **라가**와 **드베샤**는 한 쌍의 반대 개념을 이루기 때문에, 한쪽을 초월하지 않고서는 다른 한쪽도 초월할 수 없다. 이들은 동전의 양면과 같다. 따라서 **바이라기야**(*Vairāgya*, 비집착)는 **라가**로부터의 자유일 뿐만 아니라 **드베샤**로부터의 자유이기도 하다.

(4) 끌림과 혐오는 실제로는 매개체에 속한 것이다. 하지만 **칫타**가 매개체와 스스로를 동일시할 때, 우리는 우리가 대상에 끌리거나 대상을 밀어낸다고 여긴다. 그것을 자각할 때, 우리는 점차 동일시에서 벗어나 끌림과 혐오를 더 효과적으로 조절하고 해결할 수 있게 된다.

(5) **크리야 요가**를 통해 **클레샤**를 약화시키려고 체계적으로 노력하는 사람들만이, 이 **클레샤**들의 너 미세한 직용과 그것들이 어떻게 우리의 세속적인 삶에 스며들어 마음의 평화를 앗아가는지 알 수 있다.

9

Svarasavāhī viduṣo’pi tathā rūḍho’bhiniveśaḥ.

스바라사바히 비두쇼피(비두샤아피) 타타 루도비니베샤(루다아비니베샤)

스바라사바히 자체의 힘에 의해 유지되는	비두샤 배운 자
아피 ~조차	타타 그와 같이
루다 지배하는	아비니베샤 삶에 대한 강한 욕망, 상실에 대한 두려움

Abhiniveśa is the strong desire for life which dominates even the learned(or the wise).

아비니베샤는 삶에 대한 강한 욕망으로, 이것은 학식 있는 자(혹은 현자)마저도 지배한다.

아비디야의 마지막 파생물은 아비니베샤(*Abhiniveśa*)라고 부른다. 그것은 일반적으로 삶에 대한 욕망 또는 살고자 하는 강한 의지, 그리고 상실에 대한 두려움 등으로 해석된다. 모든 인간존재, 사실 모든 살아있는 생명체가 계속 살기를 원한다는 것은 누구나 동의하는 사실이다. 우리는 때때로 삶에서 얻을 것이 아무것도 없는 사람들을 본다. 그들의 삶은 길고 지루한 고통의 연속이지만, 그럼에도 불구하고 그들이 삶에 대해 지닌 애착은 여전하다. 이런 명백한 모순의 이유는, 아비니베샤를 낳는 다른 네 가지 클레샤가 외적 환경이 좋든 나쁘든 온전히 작동하고 있기 때문이다.

이 수트라에는 두 가지 주목할 지점이 있다. 첫째, 아비니베샤는 학식 있는 자들에게도 확고하다는 점이다. 세상의 모든 철학에 정통하고 삶의 모든 심오한 문제를 알고 있는 철학자도 평범한 사람들만큼이나 삶에 집착한다. 파탄잘리는 아마도 단순한 지적 지식(여기에서 비두샤(*Vidūṣaḥ*)는 현자가 아니라 학자를 의미)만으로는 삶에 대한 애착에서 벗어나기에 불충분하다는 점을 예비요기에게 알리려 한 것 같다. 요가수련의 체계적인 과정을 통해 클레샤가 뿌리까지 파괴되지 않는 한, 우리가 알거나 설파할 수 있는 모든 철학에도 불구하고 삶에 대한 애착은 계속될 것이다. 따라서 예비요기는 이론적 지식에 연연하거나 의존하지 않고 오직 클레샤로부터의 자유를 가져올 수 있는 요가수련의 길을 걷는다.

다음, 스바라사바히(*Svarasavāhī*)라는 구절을 보자. 이는 뭇 생명이 그 자체의 내재적인 힘이나 잠재력에 의해 유지된다는 의미이다. 아비니베샤의 보편성은 어떤 항상적이고 보편적인 힘이 삶 속에 이미 내재되어 있음을 보여준다. 아비니베샤는 진화의 과정에서 파생된 우연의 결과가 아니다. 그것은 마치 진화과정의 본질적인 특징과 같다. 모든 생명체가 마치 거머리처럼 삶에 들러붙게 만드는 이 초유의 힘은 무엇일까? 요가철학에 따르면 이 힘은 만물의 기원 자체에 뿌리를 두고 있으며, 순수의식이 근원물질과 접촉하고 진화의 주기가 시작되는 순간, 작동하기 시작한다. II-4에서 설명한 바와 같이 아비디야는 모든 클레샤의 근원이며, 아비니베샤는 단지 아비니야의 탄생으로 시작된 원인과 결과의 연쇄가 낳은 최종적인 열매일 뿐이다.

앞서 언급했듯이, 다양한 클레샤들은 아비디야로 시작해서 아비니베샤로 끝나는 일종의 연속체를 형성한다. 이러한 견해는 II-10에 의해 뒷받침되는데, 그에 따르면 클레샤의 미세한 형태를 파괴하는 방법은 그것들이 생성되는 과정을 역전시키는 것이다. 이 관점에 따르면 아비니베샤는 클레샤 발달의 최종단계일 뿐이며, 그렇기 때문에 그것은 스바라사바히인 것이다. 최초의 원인이 사라지지 않는 한, 후속 결과들은 끊임없는 흐름 속에서 계속 나타날 수밖에 없다.

클레샤의 연속선상에서 라가와 드베샤는 삶에 대한 애착의 직접적인 원인이다. 개인의 삶에서 끌림과 혐오의 작용이 클수록, 삶에 대한 애착도 더 커질 것이 분명하다. 가장 격렬한 끌림과 혐오에 지배받는 사람들이 가장 삶에 집착한다.

10

Te pratiprasava-heyāḥ sūkṣmāḥ.

테 프라티프라사바-헤야 숙슈마

테 그들	프라티프라사바 재흡수, 각각의 원인이나 근원으로의 환원
헤야 정복, 파괴, 취소할 수 있는	숙슈마 미세한

These, the subtle ones, can be reduced by resolving them backward into their origin.

미세한 클레샤들은 근원으로 거슬러 올라가 해소함으로써, 극복할 수 있다.

II-10과 II-11에서 파탄잘리는 먼저 클레샤를 약화시키고 최종적으로 파괴하는 원리를 제시한다. 클레샤는 활성과 잠재의 두 가지 상태로 존재한다. 활성 상태의 클레샤는 외적으로 표현되고 삿다카의 칫타 속에서 분명히 인식된다. 격분한 사람의 경우, 그에게서 드베샤가 완전히 활동하고 있음을 쉽게 알 수 있다. 같은 사람이 엄격한 자기훈련을 통해 스스로를 평온하게 유지하고 그 누구도 혐오하지 않게 되면, 이 클레샤는 잠재적인 상태로 약화된다. 이때 드베샤는 기능하기를 멈췄지만 그 싹은 여전히 남아있고, 유리한 조건이 주어지면 다시 살아날 수 있다.

완전한 활성 상태에서 완전한 휴면 상태로의 전환은 II-4에 설명된 여러 단계를 거쳐 이루어진다. 따라서 클레샤의 완전한 제거를 위해 우리는 두 가지 문제를 다뤄야 한다. 첫째, 그것들을 비활성 또는 숙슈마(*Sūkṣmā*, 미세한) 상태로 환원시키는 것이다. 둘째, 그것들의 잠재적인 힘마저 파괴하는 것이다. 첫 번째는 클레샤를 '씨앗' 형태로 환원시키는 것을 말한다. 이는 유리한 조건에서 여전히 나무로 자랄 수 있는 힘을 가지고 있다. 두 번째는 '씨앗을 태우는 것'이다. '씨앗'의 외형은 유지하지만 실제로는 발아해서 나무로 자랄 수 없게 만든다.

클레샤를 '씨앗' 상태로 환원시키는 문제는 두 가지 하위 범주로 나눌 수 있다. 완전히 활성화된 형태를 약화된 형태(타누, *Tanu*)로 환원시키는 것과, 이를 다시 쉽게 깨워질 수 없는 극도의 비활성 상태(프라숩타, *Prasupta*)로 환원시키는 것이다. 이 두 가지 문제 중 두 번째 문제가 더 중요하고 근본적이기 때문에, 파탄잘리는 현재 수트라에서 이를 먼저 다루었다. 클레샤의 활성 형태를 부분적인 잠재상태로 환원시키는 첫 번째 문제는 상대적으로 더 쉽기 때문에, II-41에서 다루어진다. 하지만 실제 수련에서는 첫 번째 문제가 두 번째 문제보다 우선한다.

프라티프라사바(*Pratiprasava*)라는 구절은 결과가 원인으로 되돌아가거나 재흡수되는 것을 의미한다. 일련의 물질들이 하나의 근원적인 것으로부터 파생된 경우, 이들은 상승진화(evolution)의 과정을 통해 원래의 것으로 환원될 수 있고, 이를 프라티프라사바라고 한다.

우리는 이미 II-3에 언급된 다섯 가지 클레샤가 서로 독립적이지 않고, 아비디야로 시작해서 아비니베샤로 끝나는 연속체를 형성한다는 것을 보았다. 따라서 이 다섯 가지 연속체의 마지막 요소를 제거하려면, 과정을 뒤집어 각각의 결과가 그 직접적인 원인에 흡수되게 해야만 한다. 그렇게 함으로써 전체의 연속체가 사라지게 된다. 이는 실상 전부를 제거하거나, 아무것도 제거하지 못하거나의 문제이다. 이는 아비니베샤를 라가-드베샤로, 라가-드베샤를 아스미타로, 아스미타를 아비디아로, 아비디아를 깨달음으로 거슬러 올라가야 한다는 것을 의미한다. 이 역추적의 과정은 단순히 지적인 인식이 아니라, 요기의 칫타에 지대한 영향을 미치는 클레샤의 힘을 무효화하는 일이다. 이것은 물질적 차원에서도 얼마간 가능하지만, 요기가 사마디에서 더 높은 차원으로 상승할 수 있을 때 비로소 온전히 성취된다. 따라서 클레샤의 약화와 최종적인 제거에 이르는 지름길은 없다. 요가수련의 전체 기법을 통해서 가능한 일이다.

클레샤의 미세한 형태들이 극도로 약화된 후에도 '씨앗' 형태로 남아있다는 사실은 매우 중요하다. 이는 삿다카가 카이발야의 문턱을 넘어 최종 목표에 도달할 때까지 위험에서 자유롭지 않다는 것을 의미한다. 이 '씨앗'들이 그의 내면에 도사리고 있는 한, 그는 언제 그것들의 희생양이 될지 모른다. 요기들이 깨달음과 힘의 절정에 도달한 후 갑작스럽고 예기치 않게 타락하는 것이 바로 이 태워지지 않은 '씨앗' 때문이다. 이는 영적 여정의 가장 마지막까지 최대한의 분별력을 발휘해야 할 필요성을 보여준다.

클레샤의 잠재적 형태들이 극한까지 약화되어 거의 영점 수준에 이르렀을 때, 다음과 같은 질문이 떠오른다. "어떻게 클레샤의 '씨앗'을 태워서 다시는 발아하지 못하게 할 것인가?" 이는 진보한 요기에게 매우 중요한 질문인데, 이것이 달성되기 전까지는 그의 작업이 완료되지 않기 때문이다. 이 질문에 대한 답은 클레샤의 본질 자체에 있다. 클레샤가 아비디아에 뿌리를 두고 있다면, 아비디아가 제거되기 전까지 사라질 수 없다. 이는 다르마 메가 사마디(*Dharma-Megha-Samādhi*)를 통해 카이발야의 완전한 깨달음에 도달할 때까지, 클레샤의 가장 미세한 형태로부터의 자유는 불가능하다는 것을 의미한다. 이러한 결론은 IV-30에 의해 확인될 것이다.

11

Dhyāna-heyās tad-vṛttayaḥ.

디야나-헤야스 탓-브릿타야

디야나 명상	헤야 막아야 하는	탓-브릿타야 그것의 변형들, 활동들

Their active modifications are to be suppressed by meditation.

활성화된 클레샤의 변형들은 명상에 의해 통제되어야 한다.

이 수트라는 예비단계에서 클레샤를 약화시키는 방법을 제시한다. 그 방법이란 디야나(*Dhyāna*)라는 한 단어로 명시된다. 디야나는 문자 그대로 명상(meditation) 또는 관조(contemplation)를 의미한다. 그러나, 여기에서는 명상을 중심으로 하는 포괄적인 자기훈련을 나타낸다. 활성화된 클레샤에 의해 휘둘리는 삿다카는 이 문제를 여러 방면에서 동시에 다뤄야 한다. 사실 모든 크리야 요가의 기법은 이 목적을 위해 존재한다. 왜냐하면 크리야 요가의 두 가지 목표 중 하나는 클레샤를 약화시키는 것이고, 그 첫 단계가 클레샤를 수동적 상태로 만드는 것이기 때문이다. 따라서 크리야 요가의 세 가지 요소인 타파스, 스바디아야, 이슈바라-프라니다나가 모두 이 작업에 적용되어야 한다.

그러나, 무엇보다 핵심은 디야나이다. 디야나는 삶의 더 깊은 문제를 이해하고 진정한 자아의 실현을 위해 클레샤를 해결하려는 칫타의 강렬한 집중

훈련이다. 타파스조차도 단순히 특정한 자기훈련과 정화의 행법처럼 보이지만, 상당 부분 디야나에 의존한다. 왜냐하면 수련의 결과를 가져오는 것은 내적 목적에 대한 집중과 깨어있는 칫타이기 때문이다. 영혼의 모든 에너지가 궁극의 목적을 달성하기 위해 최대로 집중되지 않는다면, 요가에서의 성취는 불가능하다. 이 수트라의 디야나는 삿다카가 능동적인 클레샤를 수동적으로 약화시키는 데 필요한 모든 정신적 과정과 훈련을 뜻한다. 여기에는 내면의 성찰, 삶의 제반 문제에 대한 숙고, 명상을 통한 사유의 습관과 태도 변화(II-33), 타파스뿐 아니라 포괄적 의미의 명상들 또한 포함된다.

클레샤를 수동적 상태로 약화시키는 것은 단순히 일시적 정지 상태를 의미하지 않는다. 클레샤의 활동(클레샤 브릿티, *Kleśa-Vṛtti*)에서 비롯되는 격렬한 동요는 항존하는 것은 아니며, 우리 모두 클레샤가 잠재된 것 같은 단계를 거친다. 예를 들어 삿다카는 수시로 고독 속으로 물러날 수 있다. 그가 모든 사회적 관계에서 단절되어 있는 동안에는 라가와 드베샤 같은 클레샤가 작용하지 않는다. 그 정도로는 삿다카가 클레샤를 약화시켰다고 볼 수 없다. 단지 라가, 드베샤가 일시적으로 멈춘 것뿐이며 삿다카가 사회적 관계를 재개하는 순간, 이 클레샤들은 평소처럼 수면 위로 올라올 것이다.

주목할 점은 클레샤의 특정한 부분을 공격하는 것이 그리 효과적이지 않다는 사실이다. 초기에는 클레샤를 정복하는 기법을 얻고자 그럴 수 있다. 하지만 클레샤는 무수한 형태로 표현되어 단순히 어느 하나를 억제하면 또 다른 형태로 나타날 것이다. 우리가 다루어야 할 것은 클레샤의 전반적인 경향과 실체이다. 그것을 성공적으로 다룰 수 있을지는 삿다카의 지성과 노력 여부에 달려있다.

12

Kleśa-mūlaḥ karmāśayo dṛṣṭādṛṣṭa-janma-vedanīyaḥ.

클레샤-물라 카르마샤요 드리슈타아드리슈타-잔마-베다니야

•

클레샤-물라 클레샤에 뿌리를 둔	카르마샤야 카르마의 저장소	드리슈타 보이는
아드리슈타 보이지 않는	잔마 생들	베다니야 경험되어야 할

The reservoir of Karmas which are rooted in Kleśa brings all kinds of experiences in the present and future lives.

클레샤에 의해 모든 카르마는 생에서 생으로 축적되며, 현재와 미래의 삶에서 모든 종류의 경험을 가져온다.

수트라 II-12, 13, 14는 카르마와 윤회라는 한 쌍의 법칙이 가진 핵심적인 특징을 매우 간결하고 명료하게 제시한다. 이는 인간 삶의 근간을 이루는 보편적인 도덕법칙과 생사의 순환을 공식화한 잘 알려진 가르침이다. 하지만, 우리는 이 세 수트라에 한정하여 카르마와 윤회의 법칙을 살펴볼 것이다.

우리의 생각, 욕망, 행동으로 빚어지는 모든 카르마의 근본원인은 클레샤이다. 각 인간의 영혼은 일련의 환생을 거치면서 과거 생들의 생각, 욕망, 행동의 결과를 거둬들이고, 그를 바탕으로 이 생이나 미래 생에 열매를 맺을 새로운 원인을 만들어낸다. 모든 인간의 삶은 두 가지 과정이 동시에 작용하는 물의 흐름과 같다. 하나의 흐름은 과거에 만들어진 카르마가 작용하는 과정이다. 다른 하나의 흐름은 미래에 결실을 맺을 새로운 카르마가

생성되는 과정이다. 각각의 생각, 욕망, 감정, 행동은 수학적 정확성으로 그에 상응하는 결과를 만들어내며, 그 결과값은 자동적으로 우리들 삶의 장부에 하나하나 기록된다.

인과관계가 수학적 정확성을 가지고 작용하게끔 만드는 이 메커니즘의 본질은 무엇인가? 이 질문에 대한 답은 이 수트라에서 주어진 단 한 단어, 카르마샤야(*Karmāśaya*)에 담겨있다. 이 단어는 문자 그대로 카르마의 저장소 또는 휴면하는 곳을 의미한다. 카르마샤야는 분명 우리의 내면에서 우리의 생각, 욕망, 감정, 행동에 의해 만들어진 모든 삼스카라의 저장소 역할을 한다. 카르마샤야는 영혼의 긴 진화과정 동안 우리가 생각하고, 느끼고, 행했던 모든 것을 영구적으로 기록하는 매체이며, 일련의 생에서 주요 패턴과 삶의 내용을 제공한다. 기본적인 생리학의 지식을 신봉하는 사람들이라면, 카르마샤야의 개념 또한 쉽게 받아들일 것이다. 물질 차원에서의 경험을 통해 두뇌에 형성되는 인상들이 이와 동일한 원리를 보여주기 때문이다. 우리가 감각기관을 통해 경험한 모든 것은 뇌에 기록되며, 기억의 형태로 복구될 수 있다. 우리는 이런 인상들을 하나하나 육안으로 볼 수는 없지만, 그것들이 엄연히 존재한다는 사실은 알고 있다.

카르마샤야는 베단타에서 말하는 카라나 샤리라(*Kāraṇa Śarīra*), 즉 '원인체(causal body)'와 거의 동일하다. 이는 마노마야 코샤(*Manomaya Kośa*) 너머에 존재하는 미세한 매개체들 중 하나로, 현재와 미래의 생을 결정할 모든 원인의 근원이므로 원인체라 부른다. 카르마샤야는 우리가 하는 모든 행위의 결과가 끊임없이 쏟아져 들어오는 저장소이며, 이번 생과 미래의 생에서 우리가 겪게 될 경험들의 원인이 보존된다.

여기서 주목해야 할 점이 있다. 비록 이 '원인'의 체가 현재와 미래 생의 직접적, 실질적 원인이고, 그로부터 상당 부분 한 생을 구성하는 경험이 흘러나오지만, 그럼에도 이 경험의 진정하고도 궁극적인 원인은 분명 **클레샤**라는 점이다. 왜냐하면 **카르마**의 지속적인 생성에 1차적인 책임이 있는 것은 **클레샤**이고, 원인체는 단지 이 **카르마**의 결과를 조정하는 메커니즘으로 기능하기 때문이다.

13

Sati mūle tad-vipāko jāty-āyur-bhogāḥ.

사티 물레 탓-비파코 자티-아유르-보가

사티 물레 뿌리가 있음으로 인해	탓 그것	비파카 결실, 숙성
자티 계급	아유 수명	보가 경험들

As long as the root is there it must ripen and result in lives of different class, length and experiences.

뿌리가 있는 한 카르마는 반드시 무르익어, 수많은 생에서 다양한 계급, 수명, 경험들을 낳는다.

개인의 삶에서 클레샤가 활동하는 한, 카르마샤야에는 새로운 인상들이 끊임없이 쏟아져 들어오고 원인체는 또한 끊임없이 자라날 것이다. 그러는 동안 일련의 생이 끝날 가능성이란 없다. 뿌리가 고스란히 남아있다면, 원인체는 자연스럽게 계속 무르익게 되고, 불가피하게 고통과 괴로움을 동반하는 생을 하나씩 빚어낼 것이다. 파탄잘리는 인간이 삶에서 겪는 수많은 경험들의 내용을 결정짓는 요소를 세 가지로 분류했다. (1) 계급, (2) 수명, (3) 즐겁거나 불쾌한 경험의 속성.

첫째는 자티(*Jāti*), 즉 계급이다. 이는 환경과 기회와 삶의 유형을 결정한다. 가난하게 태어난 사람은 부유하게 태어난 사람과 같은 기회를 갖지 못한다.

두 번째는 수명이다. 이것은 자연스럽게 한 생에서 전체 경험의 총량을 결정한다. 일찍 끝나게 된 생에서는 상대적으로 적은 경험을 할 수밖에 없다. 물론 개인의 삶이란, 한 생이 아니라 근본적으로 연속적인 생을 의미한다. 따라서 잠시 잠깐 끼어드는 짧은 생은 실제로 큰 의미가 없다. 마치 잠깐 일하고 일찍 잠자리에 들어야만 하는 사람과도 같다.

세 번째는 즐겁거나 불쾌한 경험의 속성이다. 자티도 경험의 성질을 결정하지만, 여기서는 영혼의 성장 기회와 관련하여 경험을 고려한다. 보가(*Bhoga*)는 '경험들'을 뜻하는데 개인에게 고통이나 즐거움을 줄 수 있는 잠재력을 기준으로 경험을 고려한다. 좋은 환경에 태어났지만 어렵게 살아가는 사람들이 있는 반면, 열악한 환경에서 태어났지만 늘 즐거운 삶도 있다. 우리가 감내해야 하는 즐거움과 고통은 전적으로 자티에만 달려있지 않다. 여기에는 개인적인 요인이 관여된다.

14

Te hlāda-paritāpa-phalāḥ puṇyāpuṇya-hetutvāt.

테 흘라다-파리타파-팔라 푼야아푼야-헤투트바트

테 그들	흘라다 기쁨	파리타파 슬픔
팔라 결실	푼야 공덕, 장점	아푼야 부덕, 결점
헤투트바트 ~으로 인해서		

They have joy or sorrow for their fruit according as their cause is virtue or vice.

그 원인이 선인지 악인지에 따라, 기쁨이나 슬픔의 결실을 가지게 된다.

우주의 모든 것은 숨겨진 불변의 법칙에 따라 작용한다. 따라서 우리의 경험 중 일부는 기쁘고 다른 일부는 슬픈 것이 우연일 수는 없다. 그렇다면 경험의 특성을 결정하는 것은 무엇일까? 그것은 원인의 속성이다. '선한(virtuous)' 생각, 감정, 행동은 즐거운 경험을 낳는다. '악한(vicious)' 것들은 당연히 불쾌한 경험을 낳는다. 이것은 단순한 도덕적, 종교적 교훈이 아니다. 우주의 보편적인 법칙이자, 수학적 정확성을 가진 위대한 황금률이며, 원인과 결과가 정확히 상응한다. 만약 우리가 누군가에게 순수하게 육체적인 고통을 주었다면, 그 행동의 결과 우리 또한 육체적 고통을 받을 확률이 높다. 그 경험이 돌연 끔찍한 정신적 고뇌를 유발한다는 것은 합당하지 않다. 카르마의 법칙은 우리가 상상할 수 있는 가장 완벽한 정의의 표현이다. 카르마는 자연의 법칙이고 자연의 법칙은 수학적 정확성을 가지고 작용하기 때문에, 우리는 어느 정도 카르마적 결과를 예측할 수 있다.

카르마의 결과, 즉 일반적으로 '과보(fruit)'라고 불리는 것은 행동과 관련되어 있는데, 이는 마치 사진의 복사본이 필름의 원본과 관련되어 있는 것과 같다. 다만 여러 결과가 하나의 경험에서 나타날 수 있어서, 각각의 결과에 상응하는 원인을 추적하기는 어려울 수 있다. 이러한 원인과 결과의 관계를 고려하지 않고, 보상과 처벌을 제시하는 정통 종교의 천국과 지옥의 개념은 불합리할 수 있다.

15

Pariṇāma-tāpa-saṃskāra-duḥkhair guṇa-vṛtti-virodhāc ca duḥkham eva sarvaṃ vivekinaḥ.

파리나마-타파-삼스카라-두카이르 구나-브릿티-비로닷
차 두캄 에바 사르밤 비베키나

•

파리나마 변화	타파 예리한 고통, 불안	삼스카라 인상
두카이르 고통들	구나 구나	브릿티 변형
비로닷 갈등으로 인해	차 그리고	두캄 고통
에바 단지	사르밤 모든 것	비베키나 분별력을 발달시킨 자들

To the people who have developed discrimination all is misery on account of the pains resulting from change, anxiety and tendencies, as also on account of the conflicts between the functioning of the Guṇas and the Vṛttis (of the mind).

분별력이 발달한 사람들에게는 모든 종류의 변화, 불안, 특정한 경향성 들에서 비롯되는 고뇌, 그리고 구나와 칫타-브릿티의 작용 사이 쉴 새없는 충돌로 인하여 모든 것이 고통이다.

우리가 지속적으로 엄격하게 모든 종류의 악을 제거한다면, 과거의 악업에서 생겨난 삼스카라와 카르마가 소진되는 때가 반드시 올 것이다. 이는 즐겁게 살면서 세상의 멋진 것들에 애착을 가진 열망자들에게 상당히 매력적으로 보일 것이다. 선한 삶을 택하여 끊임없이 즐거운 경험의 연속을 보장

받고 모든 고통스러운 경험을 완전히 제거한다면, 그래서 영속적이고 행복한 삶이 무한히 계속된다면 얼마나 좋겠는가? 그렇다면 불필요하게 가혹하고 비관적으로 보이는 클레샤의 철학보다, 정통 종교의 가르침이 약점과 욕망투성이의 인간에게 한결 적절한 철학일 듯하다.

선업에 의해 영원히 행복한 삶을 보장받으려는 이 견해는 비현실적일 뿐만 아니라, 행복의 본질 자체에 대한 커다란 착각에 기초하고 있다. 이 수트라는 그 이유를 상세히 설명한다. 이 수트라는 아마도 클레샤의 철학과 관련하여 가장 중요한 수트라일 것이며, 클레샤의 철학뿐 아니라 요가철학 전체를 이해하기 위해서도 필요한 내용이다. 열망자가 이른바 행복의 저변에 깔린 환영을 어느 정도 깨닫기 전까지는, 거대한 환영을 초월하여 진정한 깨달음과 평화를 찾을 수 있는 긴요한 과제에 전심전력을 다할 수 없다.

이 수트라의 의미는 한마디로, 영적 통찰력이 깨어나 지혜로운 이들에게는 모든 경험이 현재적으로든 잠재적으로든, 괴로움으로 가득 차있다는 것이다. 끊임없는 변화, 불안, 경향성, 구나와 브릿티의 작용 사이 쉴 새 없는 충돌, 이것이 바로 우리들 삶을 구성하는 주요 요소들이기 때문이다.

파리나마(*Pariṇāma*), 이는 변화를 의미한다. 우리가 알고 있는 모든 삶은 항상 혹독한 변화의 법칙에 지배된다. 먼지부터 태양에 이르기까지 변하지 않는 것은 없다. 마야의 커다란 힘 가운데 하나는 우리를 둘러싼 끊임없는 유동적 상황이나 변화에 대해 우리의 눈과 귀를 가리는 것이다. 삶의 모든 것에 영향을 미치는 이 지속적이고 가차없는 변화에 대한 깨달음이 한 개인에게 다가올 때, 그는 비로소 마야를 자각하게 된다. 이는 매우 선명한 경험이며, 분별의 능력인 비베카(*Viveka*)의 한 측면이다. 평범한 사람들은 자신이 연루된 삶에 너무나 깊이 몰입하고 완전히 동일시되어 있어서, 이 빠르게 움직이는 흐름에서 자신을 분리할 수 없다.

비베카가 밝아올 때, 이러한 깨달음의 첫 번째 결과는 두려움이다. 우리 발 아래의 땅이 사라진 것 같고, 빠르게 흐르는 시간과 물질적 변화의 흐름 속에서 천지간 의지할 곳이 일절 없는 것만 같다. 전체 우주가 마치 다리 밑을 흐르는 물처럼 소용돌이치는 것 같다. 진짜처럼 보였던 주변의 사람들과 사물들이 그저 파노라마 속의 환영에 불과해 보인다. 우리는 마치 허공 속에 떠있는 것 같고, 말로 표현할 수 없는 고독이 엄습하여 두려움이 우리를 집어삼킨다.

이 깨달음이 우리에게 올 때, 우리는 어떻게 하는가? 대개는 화들짝 놀라고 두려워하며 세속적인 삶의 활동과 관심사에 오히려 더욱 격렬하게 뛰어듦으로써, 깨달음을 직시하지 않으려 한다. 그러나 만약 우리가 이 무서운 통찰을 억누르려 하지 않고 정면으로 마주하며 요가에서 제시한 자기수련에 전념한다면, 머지않아 우리는 변화의 공포를 초월하여 우리에게 영원한 발판을 제공하는 무언가를 감지하게 되고, 결국 분별하기 시작한다. 현상은 변하지만 현상의 기반은 변하지 않는다는 것을 깨닫게 된 것이다. 이는 영원에 대한 깨달음의 감각으로, 처음에는 희미하지만 나중에는 우리 안에서 완전하게 자라난다. 그러나 깨달음의 고원에 이르기 전, 우리는 두려움의 골짜기를 지나야만 한다. 궁극의 실재를 볼 수 있기 전, 사람과 사물로 이루어진 견고한 세계가 해체되어 현상의 흐름 속으로 덧없이 사라지는 것을 지켜봐야만 하는 것이다.

우리가 이런 종류의 경험을 겪었을 때에야 비로소 우리는 세속적인 삶의 환영과 비애를 슬픈 눈길로 바라보게 된다. 영적 통찰력이 깨어나 지혜로운 이들, 즉 비베카가 발달한 사람에게 있어 인간이 즐거움, 야망 등을 추구하는 모습은 모두 애처로워 보인다.

타파(*Tāpa*), 이는 불안(anxiety)을 의미한다. 모든 행복은 불안과 연관되어 있다. 즐거움이든 애착이든, 행복은 언제나 외부대상에 의존한다. 외부대상은 끝없이 변하며, 그때 우리는 행복을 잃을지 모른다는 두려움에 사로잡힌다. 이런 두려움과 불안은 끊임없이 우리를 갉아먹는다. 설사 평소에는 눈에 띄지 않을지라도, 불안과 두려움은 항상 잠재의식 속에 존재하며, 은밀하게 우리의 삶을 해치고 있다. 행복할 때, 우리는 그것들을 알아차리기에는 너무 둔감하다. 혹은 잠재의식 속의 불안과 두려움이 우리를 괴롭히도록 용납하기에는 우리가 너무 강할지도 모른다. 어느 쪽이든 **요가**의 길을 따르지 않는다면, 이러한 두려움과 불안을 완전히 초극하기란 어렵다.

삼스카라(*Saṃskāra*)는 인상(impression)을 의미한다. 하지만, 현재의 맥락에서는 습관화(habitutation)라는 단어로 해석하는 편이 적절하다. 우리가 겪는 모든 경험은 우리의 모든 매개체들에 인상을 남긴다. 이것이 자연의 법칙이다. 이렇게 생성된 인상은 그에 상응하는 만큼 힘의 통로를 만들고, 이 통로의 힘은 경험이 반복됨에 따라 점점 증폭된다. 이로 인해 우리는 다양한 습관을 장착하게 되고 다양한 환경, 생활 방식, 즐거움에도 익숙해진다. 동시에 변화의 법칙도 작용한다. 습관화와 변화, 이 두 가지 자연의 힘이 동시에 작용한 결과, 우리는 끊임없이 새로운 습관을 얻고 동시에 그것들로부터 강제로 벗어나게 된다. 우리는 이러한 삶에 지속적으로 적응해야 한다. 이것이 끊임없는 불편함과 고통의 원인이 된다. 자연은 우리에게 거의 숨 쉴 틈도 주지 않고, 우리를 몰아붙인다. 우리가 간신히 얻은 평안 속에 안주하고 싶은 만큼, 우리를 끊임없이 새로운 경험의 세상 속으로 밀어 넣는다.

구나-브릿티-비로다(*Guṇa-Vṛtti-Virodha*), 여기서 브릿티는 때로 구나를 가리키는 것으로 여겨진다. 즉, 구나의 변형 또는 작용이 브릿티라는 것이다. 이에 따르면, 구나-브릿티-비로다는 세 가지 구나 사이의 대립 또는 갈등처럼 보인다. 그러나 구나끼리의 충돌이라기보다는, 그때 우리들의 칫타가 어떠한지를 보다 면밀히 해석해야 한다. 따라서 구나-브릿티-비로다는 한 구나의 우세한 경향과, 끊임없이 변하는 칫타의 상태 사이 충돌과 갈등을 의미한다.

본성 자체에 타마스(*Tamas*, 관성)가 우세한 사람이 있다. 때문에 그는 기질적으로 게으르다. 그는 활동을 싫어하지만 생계를 위해 쉴 새 없이 노력해야 하는 상황에 처해있다. 그는 비참한 일상 중에도 끊임없이 평화롭고 비활동적인 삶을 갈망한다. 평생에 걸친 집요한 바람의 결과, 다음 생에서 그는 비로소 완전히 비활동적인 환경에 놓이게 된다. 그러나 새로운 생에서는 라자스(*Rajas*, 활동성)가 우세할 수 있고, 그는 비활동적인 환경에서 활동적인 환경을 원하는 사람이 된다. 따라서 그는 전생만큼이나 비참하고 불만족스러우며 안절부절한다.

이처럼 자연의 법칙은 우리의 기질과 칫타 사이에 끊임없는 대립을 만들어내며, 이것이 세상 어디에나 불평불만이 가득한 이유다. 누구도 자신의 처지나 환경에 완전히 만족하는 것 같지 않다. 모두가 자신에게 없는 것을 원한다. 이것이 바로 구나-브릿티-비로다가 인간의 주요 불행의 원인 중 하나인 까닭이다. 비베카가 발달한 사람은 이 모든 현상의 불가피성을 직시하고 욕망을 버리며, 자신에게 다가오는 모든 삶의 경험을 묵묵히 받아들인다. 이와 관련하여 기억해야 할 점은, 우리가 처하는 모든 상황은 우리 자신의 욕망의 결과라는 것이다. 비록 특정한 욕망이 결실을 맺을 때쯤에는 그것이 또 다른 욕망으로 대체되었을 수 있지만 말이다. 우리의 욕망은 즉각적으로 충족될 수 없고, 그 실현에는 어느 정도 시차가 있을 수밖에 없다. 그러는 동안 우리의 특성, 기질, 욕망은 상당한 변화를 겪을 수 있다. 따라서 우리가 언젠가 바랐던 욕망이 실현되었을 즈음에는, 본디 그것을 원했다는 사실조차 믿기 어려울지 모른다.

파리나마, 타파, 삼스카라, 구나-브릿티-비로다, 이 네 가지 고통은 **비베카**를 발달시킨 사람이라면 누구라도 일반적인 행복을 도저히 진정한 행복으로 여길 수 없게끔 만든다. 세속적인 사람에게는 이 삶이 즐거움과 고통, 기쁨과 슬픔이 뒤섞인 거대한 직물처럼 보일 수 있다. 그러나, 영적 능력이 깨어난 사람에게는 모든 삶이 고통으로 가득 찬 것처럼 보이고, 찰나의 행복은 단지 고통과 괴로움을 숨긴 당의정(糖衣錠)이라 여길 것이다. **요가**적 삶을 추구하는 열망자가 이 **수트라**에 담긴 진리를 깨닫지 못하는 한, 그는 완전한 자각이라는 길고 어려운 등반을 감히 시도할 자격이 아직은 없는 것이다.

16

Heyaṃ duḥkham anāgatam.

헤얌 두캄 아나가탐

헤얌 피해야 하는	두캄 고통	아나가탐 아직 오지 않은, 미래의

The misery which is not yet come can and is to be avoided.

아직 오지 않은 고통은 피할 수 있고, 피해야 한다.

이제 자연스럽게 다음 질문이 제기된다. 인간의 삶에 필연적으로 내재되어 있는 이 고통을 피하는 것이 가능한지이다. 대부분 신중한 사람들은 '삶은 본질적으로 순수한 고통이다'라는 데에 동의한다. 그들은 죽음의 관문을 통해 벗어나는 것 이외에 출구가 없으므로, 삶을 있는 그대로 받아들이고 최선을 다해야 한다고 말한다. 모든 슬픔과 고통이 사후의 삶에서 어떻게든 보상받을 것이라고 정통 종교인처럼 믿지는 않겠지만, 매사에 감사하고 고통에 무심한 채 그저 버티고 견디는 것 외에 적극적으로 무엇을 할지는 잘 모르는 것 같다.

요가철학이 대부분의 정통 종교와 근본적으로 다른 지점이 바로 이 대목이다. 정통 종교들은 사후의 삶에서 불확실하고 모호한 행복 이상의 것을 제시하지 않는다. 그들은 실상 '사후의 행복을 위해 선하게 살아라, 신을 믿고 최선을 희망하라'고 말한다. 요가철학에 따르면, 죽음은 당신의 영적 문제를 해결해주지 않는다. 만약 당신이 몹시 가난하다면, 잠자리에 들 때 내일이면 이 빈곤이 자동으로 해결되리라 기대하지는 않을 것이다. 당신은 다음 날 일어나 전날 멈춘 곳에서 다시 시작해야만 한다. 마찬가지로 당신이 영적으로 가난하고 온갖 종류의 환영과 한계에 묶여있다면, 그저 죽는 것만으로 다음 생에 깨달음을 얻게 될 것이라고 기대해서는 안 된다. 더욱이 윤회를 믿지 않는다면, 죽음 이후의 모호하고 끝없는 삶에서 깨달음을 얻을 것이라고도 기대할 수 없다.

요가철학에 따르면, 우리가 아직 육체를 가지고 살아있는 동안, '지금 그리고 여기(Here and Now)'의 깨달음을 통해 삶의 환영과 고통을 완전히 초월하여 무한한 지식, 지복, 그리고 힘을 얻는 것이 가능하다. 만약 우리가 살아있는 동안 이런 깨달음을 얻지 못한다면, 우리는 이 정해진 과제를 완수할 때까지 이 세상으로 계속해서 돌아와야만 할 것이다. 따라서 이것은 요가의 길을 선택하거나 거부하는 문제가 아니다. 이는 지금 선택할 것인가, 아니면 미래의 어느 생에서 선택할 것인가의 문제이다. 이는 가능한 빨리 깨달음을 얻어 미래의 고통을 피할 것인가, 아니면 노력을 미룸으로써 피할 수 있었을지도 모르는 고통을 겪을 것인가의 문제이다. 이것이 이 수트라의 의미이다. 이는 불확실한 사후의 행복에 대한 모호한 약속이 아니라, 수세기에 걸쳐 요가의 길을 걸어온 무수한 요기, 성인, 현자 들의 경험으로 입증된 분명한 과학적 주장이다.

17

Draṣṭṛ-dṛśyayoḥ saṃyogo heya-hetuḥ.

드라슈트리-드리샤요 삼요고 헤야-헤투

드라슈트리 보는 자, 푸루샤	**드리샤요** 보이는 것, 프라크리티	**삼요가** 결합, 통합
헤야 피해야 하는 것	**헤투** 원인	

The cause of that which is to be avoided is the union of the Seer and the Seen.

피해야 할 고통의 원인은 보는 자와 보이는 대상의 결합이다.

이제 우리는 방법의 문제에 도달했다. 그렇다고 해서 요가의 기법을 논하려는 것은 아니다. 클레샤로부터의 자유를 이루어내기 위한 보편적인 원칙에 관한 것이다. 주목할 점은 우리의 목표가 일시적이고 부분적인 해결책이 아니라는 것이다. 요가철학이 제시하는 클레샤로부터의 자유는 영구적이고 완전한 해결책이다. 이는 일시적인 통증 완화제가 아닌, 질병을 완전히 뿌리 뽑을 수 있는 치료법이다. 클레샤로 인해 야기된 고통의 원인은 무엇인가? 그 답이 이 수트라에서 제시된다.

이미 아스미타 대목에서 언급했듯이, 이 과정은 순수의식이 마야로 인해 환영에 휩싸이고, 그 결과 무지에 빠져 물질과 결합하는 것으로 시작된다. 이 문제는 만물의 기원과 연결되어 있으며, 실제로 철학의 궁극적인 문제들 중 하나이고, 유사 이래 철학자들이 끊임없이 사색해온 주제이다. 이는 제한된 지성의 범위를 넘어서는 것이며, 일반적인 지성을 통해 이를 해결하려고 노력해봤자 소용이 없다. 이는 오직 깨달음을 통해 비쳐지는 초월적 지식의 빛 속에서만 용해될(dissolve) 수 있다. 그러므로 순수하고 완벽한 **푸루샤**가 왜 **프라크리티**에 결합되어 있는지 애써 답하려 하지 말자. 이 궁극적인 질문에 대한 적확한 답을 내포하고 있는 실재와 마주할 때까지 기다리자.

비록 우리가 이 근본적인 질문에 답할 수는 없지만, **푸루샤**와 **프라크리티** 사이에 결합이 일어났다는 것과 이 결합이 속박의 원인이라는 것을 이해하는 데에는 그리 어려움이 없다. 결합은 보통의 삶에서조차 항상 속박을 의미한다. **푸루샤**의 경우에도 결합이 속박의 원인이 된다는 점은 충분히 유추할 만하다. 하지만 그 속박의 본질이 무엇인지를 이해하는 것은 불가능하다. 진정한 의미에서 그것을 아는 것은 삶의 궁극적인 신비를 아는 것이며, 이미 깨달음의 단계에 도달한 것이나 다름없기 때문이다. 분명하게 말한다. 그것이 바로 마지막이다. 즉, 열망자가 **요가**를 통해 성취하고자 하는 전부이다.

이 **수트라**에서 속박의 원인, 즉 보는 자와 보이는 대상의 결합 또는 순수의식이 물질에 연루된 것을 설명한 후, 파탄잘리는 보는 자와 보이는 대상의 본질적인 속성을 설명하기 시작한다. 이어지는 두 **수트라**인 II-18과 19에서 그는 현상계와 관련된 모든 핵심적인 사실들을 간결하게 요약하여 제시하고, 이를 통해 보이는 대상에 대한 탁월한 분석을 우리에게 전한다.

18

Prakāśa-kriyā-sthiti-śīlaṃ bhūtendriyātmakaṃ bhogāpavargārthaṃ dṛśyam.

프라카샤-크리야-스티티-실람 부텐드리야아트마캄(부타인드리야아트마캄) 보가아파바르가아르탐 드리샴

프라카샤 빛, 인식	크리야 활동	스티티 안정성
실람 속성들, 자질들	부타 원소들	인드리야 감각기관들
아트마캄 ~의 성질을 가진	보가 경험	아파바르가 해방
아르탐 ~을 위해	드리샴 보이는 것	

The Seen (objective side of manifestation) consists of the elements and sense-organs, is of the nature of cognition, activity and stability (Sattva, Rajas and Tamas) and has for its purpose (providing the Puruṣa with) experience and liberation.

보이는 대상(현현의 객관적 측면)은 원소들과 감각기관들로 구성되고, 인식, 활동, 안정(사트바, 라자스, 타마스)의 세 속성을 가지며, 그 목적은 푸루샤에게 경험과 해방을 제공하는 것이다.

이 수트라에서 우리는 요가의 과학을 꽃피웠던 '내면을 정복한 자(master minds)'들이 어떻게 모든 문제의 핵심으로 들어가 본질적인 것과 비본질적인 것을 구분한 후, 본질적인 사실들을 파악하여 표현할 수 있었는지를 보게 된다. 파탄잘리는 이 하나의 간결한 수트라에서, 현상계의 본질적인 속

성과 그 인식 및 목적에 관한 기본적인 사실들을 분석하여 우리 앞에 제시한다. 먼저 그는 인식의 대상이 되는 모든 현상의 속성을 제시한다. 모든 현상은 실제로 세 가지 구나(*Guṇa*)로 구성되어 있다. 다음, 파탄잘리는 현상계를 인식하는 과정은 부타(*Bhūta*)와 인드리야(*Indriya*), 즉 원소와 감각기관의 상호작용임을 언급한다. 마지막으로 그는 현상계의 목적과 기능이 두 가지임을 설명하는데, 첫째는 마치 현상계에서 진화하는 것처럼 보이는 푸루샤들에게 경험을 제공하는 것이고, 둘째는 이 경험을 통해 푸루샤들을 점진적으로 해방과 깨달음으로 이끄는 것이다.

현상계를 나타내는 데 사용된 단어가 드리샴(*Dṛśyam*)이라는 점에 주목할 필요가 있다. 이는 '보이는' 것 또는 '볼 수 있는' 것을 의미한다. 푸루샤와 프라크리티의 접촉은 자연의 주관적 측면과 객관적 측면이라고 부를 수 있는 이원성의 출현을 초래한다. 이 중 푸루샤는 주관적 측면이며, 프라크리티는 객관적 측면을 뜻한다. 칫타가 점점 미세한 매개체로 물러남에 따라, 주관과 객관을 나누는 경계선은 계속 이동하지만 둘 사이의 관계는 변하지 않는다. 푸루샤와 그로부터 분리되지 않은 모든 매개체들은, 이러한 이원적인 관계에서 주관적인 부분을 구성하며 드라슈타(*Draṣṭṛā*) 또는 보는 자라고 불린다. 이런 방식으로 프라크리티의 일부는 객관적 부분을 구성하며, 드리샴(*Dṛśyam*) 또는 보이는 것이라고 불린다. 따라서 드라슈타와 드리샴 모두 현상계를 구성한다.

먼저 모든 현상의 속성을 살펴보자. 모든 현상은 세 가지 구나가 작용한 결과이다. 구나 이론은 힌두철학의 필수적인 부분이다. 이에 따르면 현현된 우주의 전체 구조는 프라크리티의 이 세 가지 근본적인 특질 또는 속성에 기반을 두고 있다고 한다. 사실 상키야의 가르침에 따르면, 프라크리티 자체도 세 가지 구나의 완벽한 균형상태인 트리구나-삼야바스타(*Triguṇa-Sāmyāvasthā*)일 뿐이다.

구나 이론이 힌두철학의 기본 가르침 중 하나임에도 불구하고, 이에 대한 이해가 매우 부족하다는 점은 실로 놀라울 정도이다. 구나는《바가바드 기타》에서 반복적으로 언급되며, 종교나 철학을 다루는 중요한 산스크리트어 문헌 중 트리구나(*Triguṇa*, 세 가지 구나)라는 단어가 나오지 않는 책은 거의 없다; 그럼에도 불구하고, 세 가지 구나가 실제로 무엇을 의미하는지 아는 사람은 거의 없는 것처럼 보인다. 구나가 속성 혹은 특성과 관련 있다는 막연한 견해들이 있는데, 이는 산스크리트어에서 구나라는 단어가 문자 그대로 특성이나 속성을 의미하기 때문이다.

구나의 본질을 이해하기가 왜 그토록 어려운지는 쉽게 알 수 있다. 구나는 현현된 세계의 핵심 기반에 자리 잡고 있으며, 우리가 그 본질을 이해하려고 사용하는 칫타의 작용조차도 구나들에 의존한다. 칫타를 이용해 구나를 이해하려는 것은, 마치 손이 들고 있는 집게로 그 손을 잡으려는 것과 같다. 요기가 현현의 경계를 넘어 구나의 영역을 초월할 때까지는 구나의 진정한 본질을 깨달을 수 없음이 IV-34에서 언급된다. 그렇다고 구나의 본질을 전혀 이해할 수 없거나, 모호하고 불분명한 개념에 만족해야 한다는 뜻은 아니다. 물질과학 분야에서 이루어진 진보로 인해, 이제 우리는 구나의 핵심적인 속성을 희미하게나마 엿볼 수 있게 되었다.

그렇다면, 우리가 감각기관을 통해 지각하는 현상의 본질적인 속성은 또 무엇인가? 우리가 인식할 수 있는 대상들은 우리의 감각기관을 통해 인지되는 여러 속성들로 구성되어 있다. 그 속성들을 다르마(*Dharma*)*라고 부른다. 우리가 인식할 수 있는 모든 대상들은 단지 다르마들의 집합에 불과하며, 우리의 지식 또한 다르마들의 관찰일 뿐이라는 사실은 잘 알려진 철학적 견해이다.

만약 현대과학의 관점에서 분석한다면, 우리는 물리적 현상의 기저에 세 가지 근본적 속성이 있음을 알게 될 것이다. 모든 현상의 기저에 깔린 이 세 가지 원리는 실상 모두 운동과 관련 있다. 우리는 그것들을 다음과 같이 분류할 수 있다. (1) 리드미컬한 운동 (2) 불규칙한 운동 (3) 관성. 이들은 실제로 운동의 세 가지 근본 속성이다. 각각 열병식장에서 훈련하는 군인들, 군중 속에서 걸어가는 사람들, 독방에 갇힌 죄수들에 비유할 수 있다.

시각적 인식은 빛의 진동에 의존한다. 청각적 인식은 소리의 진동에 의존한다. 촉각적 인식은 움직이는 원자와 분자가 피부에 충돌하면서 발생한다. 미각과 후각은 입천장과 코의 점막에 화학물질이 작용하는 것에 달려있으며, 이때 특정 감각은 그 물질의 특성에 따라 결정된다. 이처럼 우리는 리드미컬한 운동, 불규칙한 운동, 관성, 이 세 가지 속성에 의해 감각적 인식을 얻게 된다.

그렇다면 이 세 가지 속성의 주체는 누구인가? 누가 운동하고 누가 머문다는 것인가? 모든 현상을 결정하는 이 운동의 주체는 모종의 입자들임이 과학에 의해 밝혀졌다. 과학자들은 이 입자들이 양성자, 중성자, 전자의 조합에 불과하다고 말한다. 전자들은 엄청난 속도로 양성자와 중성자로 이루

* '보유하다'라는 어원으로부터 파생되어 현 맥락에서는 '속성'이라는 의미로 쓰이나, 우주적 질서나 법칙, 윤리적 의무, 덕목을 의미하기도 하고, 불교에서는 붓다의 가르침 자체를 다르마라고 부르며, 현대 요가의 해설에서는 My Way 또는 미션, 카르마가 줄어들면 나타나는 내면의 길을 의미한다.

어진 원자핵 주위를 회전하면서 개별 원자의 특성을 결정한다. 질량과 에너지는 결국 하나이며, 상호 전환된다. 이러한 과학상의 발견에 비추어볼 때, 결국 원자핵 또한 에너지의 한 표현이며, 현현된 물리적 우주의 근본 속성은 운동 또는 에너지라는 점이 밝혀질 것이다. 이것이 증명되는 날, 유물론적 과학은 일순 힘을 잃을 것이고, 요가철학의 정당성은 완전히 입증될 것이다.

따라서 우리는 적어도 물리적 우주에 관한 한, 모든 속성이 파동(*Prakāśa*, 프라카샤), 활동(*Kriyā*, 크리야), 위치(*Sthiti*, 스티티)로 환원될 수 있음을 알게 되었다. 이들은 세 구나의 본질과 관련된 개념이기 때문에, 현대과학은 어느 정도 구나 이론을 입증했다고 볼 수 있다. 그런데 구나는 물질계뿐만 아니라, 현현된 우주 전체의 기반이 된다. 따라서 구나의 물질적 현현만을 고려해서는 진정한 본질을 이해할 수 없다. 하지만 물질계에서 구나의 상호작용을 연구함으로써, 독자들은 얼마간 구나의 본질과 IV-13에 내재된 진실을 희미하게나마 엿볼 수 있으리라.

누구나 파동 혹은 진동(vibration)이 이동성(mobility)과 관성(inertia)의 조화로운 결합이라는 것을 알고 있다. 또한 세 가지 구나가 이 세 가지 운동의 측면과 관련되었다면, 사트바는 단지 라자스와 타마스의 조화로운 결합일 뿐, 별개의 것이 아니라는 결론에 이르게 된다. 이 사실은 매우 중요한데, 그것이 푸루샤와 사트바의 관계를 어느 정도 밝혀주기 때문이다. 진화의 주기가 시작될 때 푸루샤가 프라크리티와 접촉하면, 세 구나 사이의 균형은 깨지고 점차 프라크리티의 힘이 작용하게 된다. 이렇게 어지러운 상황 속에서는 푸루샤가 자신의 스바루파(참된 본성)를 볼 수 없는데, 이 스바루파는 오직 사트바 구나를 통해서만 표현되거나 반영될 수 있기 때문이다. 진화의 초기

단계에서는 이 점이 별로 문제되지 않는다. 의식의 매개체들은 서서히 조직되고 프라크리티에 잠재된 힘들 또한 펼쳐져야 하기 때문이다. 그러나 진화가 충분한 단계에 도달하고 자각에 대한 영혼의 욕망이 발아된 후에는, 라자스와 타마스가 점차 사트바로 대체되어야 한다. 그래서이다. 요가의 목적이 라자스와 타마스를 사트바로 조화시키려는 이유가.

이제 다음 질문이 제기된다. '푸루샤가 프라크리티와 접촉하기 전의 트리구나 삼야바스타(*Triguṇa-Sāmyāvasthā*, 세 구나의 완벽한 균형상태)는, 진화의 주기를 거쳐 카이발야에 이르러 성취한 순수한 사트바의 상태와 정확히 동일한 것인가?' 이 질문에 대한 답은 부정적이다. 만약 이 두 상태가 같다면, II-23에 개략적으로 설명될 진화의 전체 목적이 무산될 것이기 때문이다. 이는 실제로 푸루샤가 물질 속으로 하강하여 길고 지루한 진화의 주기를 거친 후, 다시 자신이 시작했던 때의 상태로 되돌아간다고 가정하는 것이나 마찬가지일 수 있다.

두 상태가 동일하지 않다면 그 차이는 무엇인가? 물질의 평형상태에는 편의상 정적 평형과 동적 평형의 두 가지가 있다. 정적 평형에서는 두 가지의 대립물이 결합하여 죽은 조합이 된다. 우리는 이 조합에서 아무것도 얻을 수 없다. 예를 들어 산과 염기, 이 둘을 동일한 양으로 섞으면 중성염이 된다. 이것에는 별다른 유용성이 없다. 반면 동적이고 잠재적인 힘을 가진 두 가지 대립물들의 조화로운 평형을 상정해보자. 축전지를 예로 들겠다. 축전지 안에는 양극과 음극의 전기가 동등하고 조화롭게 결합되어 있다. 겉으로 보기에는 이 축전지도 생명이 없거나 불활성인 것처럼 보인다. 그러나 그것은 겉보기에만 그렇다. 두 전극을 연결하기만 하면 우리는 축전지가 얼마나 유용한지 그 가치를 알게 된다.

사트바의 평형은 축전지의 이런 동적 평형과 유사한 것이다. 이는 필요에 따라 어떤 구나의 조합도 만들어낼 수 있는 잠재적인 힘을 가지면서도, 그 힘이 불필요할 때는 즉시 원래의 상태로 되돌아갈 수 있다. IV-34에서 구나가 그 근원으로 되돌아간다는 서술은 이런 의미다. 구나는 자각하는 푸루샤에게 영원히 작용한다. 그들은 푸루샤가 자신 안으로 완전히 물러날 때 비로소 그 작용을 멈추고, 그가 의식을 바깥으로 투사하는 즉시 다시 작동하기 시작한다. 즉 구나들은 독립성을 잃고 단순히 푸루샤의 도구가 된다.

구나티타(*Guṇātīta*, 구나를 초월한)는 이처럼 진화의 과정에 새로운 의미를 부여할 뿐만 아니라, 오컬티즘과도 일치한다. 진화의 주기를 거쳐 지반묵타(*Jīvanmukta*, 생해탈자)로 출현하는 요가의 위대한 아데프트들은, 신과 합일되어 영원히 자신의 정체성을 잃고 신과 구별할 수 없게 되는 것이 아니다. 그들은 구나의 지배와 프라크리티의 환영으로부터는 자유로워지지만, 동시에 진화를 통해 획득한 모든 지식과 힘을 유지한다. 아마도 힌두철학에 대한 많은 오해들 중에서, 푸루샤가 신과 완전히 합일되면 신 안에서 영원히 사라진다는 개념만큼 불합리한 왜곡은 없을 것이다. 만약 어떤 사람이 집을 짓고 나서 완성되자마자 그것을 허문다면, 우리는 그를 미친 사람이라 여길 것이나. 그런데 우리는 지반묵티(*Jīvanmukti*, 생해탈)에 도달하면 지바트마가 파라마트마와 합일되어 영원히 사라진다고 믿음으로써, 신에게 더 심한 종류의 비합리성을 부여하고 있다.

현상계에서 물질적 기반의 속성을 살펴봤으니, 이제 이 세계의 인식 방식에 대해 알아보도록 보자. 요가철학에 따르면 인식에 관여하는 요소는 오직 두 가지뿐이다. 바로 부타(*Bhūta*)와 인드리야(*Indriya*)이다. 이 부타와 인드리야가 무엇이며, 그것들의 상호작용에 의해 어떻게 푸루샤에게 외부세계에 대한 인식이 생겨나는지는 III-45와 III-48에서 어느 정도 설명될 것이다. 다만 여기서 짚고 넘어가야 할 한 가지 중요한 사실이 있다. **부타**와 **인드리야**라는 단어는 물질적 차원뿐만 아니라, 초물질적 차원까지 포괄한다는 점이다. 모든 의식이 대상을 인식하게 되는 메커니즘은 각 매개체의 차원과 영역마다 다르다. 하지만 작동방식은 동일하다. 즉 **부타**와 **인드리야** 사이의 상호작용이다. 작동방식뿐 아니라, III-45와 III-48에서 언급될 **부타**와 **인드리야**의 다섯 가지 상태도 모든 차원마다 동일하다.

다음은 현상계의 목적에 관한 것이다. 그 목적은 다름 아닌 **푸루샤**에게 경험을 제공하고 궁극적으로 해방을 이루게 하는 것이다. **푸루샤**가 더 완벽해지고 물질에서 자유로워지기 위해서는, 평범한 지성으로는 도무지 이해하기 어려운 모종의 메커니즘으로 하강진화(involution)의 과정을 거치는 것이 필요하다. 현상계는 **푸루샤**에게 필요한 경험들을 제공하는데, 오직 그 경험들을 통해서만 **푸루샤**에 속한 매개체들의 진화와 의식의 발달 및 전개가 일어날 수 있다.

현상계가 개별의식들의 성장과 완성을 위해 존재한다는 **요가**의 입장은 현대과학의 암울하고도 허망한 우주론과는 신선한 대조를 이룬다. 이토록 경이롭고 아름답게 설계된 우리의 우주가 아무런 목적이 없다는 견해는 실로 인간지성에 대한 모욕이다. 만약 당신이 평범한 과학자에게 우주의 생성 목적에 대해 어떻게 생각하는지 묻는다면, 그는 아마 벌컥 짜증을 내며 자신은 모르고, 알고 싶지도 않은 질문이라 답할 것이다. 그는 자신이 전념하는 일에 대한 불편한 의심에 시달리지 않고 '어떻게'에만 전념할 수 있도록 '왜'라는 질문을 매우 편리하게 제쳐놓았다. 우리가 우리를 추격하는 자들을 피하는 가장 편리한 방법은 눈을 감고 그들에 대해 잊어버리는 것이다.

19

Viśeṣāviśeṣa-liṅgamātrāliṅgāni guṇa-parvāṇi.

비셰샤아비셰샤-링가마트라아링가니 구나-파르바니

•

비셰샤 특정한	아비셰샤 보편적인	링가마트라 구별되는 것
아링가니 구별되는 특징이 없는 것	구나 구나의	파르바니 발전 단계들

The stages of the Guṇas are the particular, the universal, the differentiated and the undifferentiated.

구나의 단계들은 특정한 것, 보편적인 것, 구별되는 것, 그리고 구별되지 않는 것이다.

구나는 I-17에 언급된 삼프라갸타 사마디의 네 단계에 상응하는 네 가지 상태 또는 발전 단계를 가지고 있다. 현상계에서 의식과 물질은 섞여있고, 따라서 함께 작동하기 때문에, 의식의 다양한 층위가 표현되기 위해서는 세 구나 또한 더 미세한 표현이 필요할 것이다. 구나의 본질적인 속성은 동일하게 유지된다. 하지만 의식의 더 깊고 정묘한 단계에 맞게 구나도 미세한 과정을 거치게 되며, 그 상태는 물질을 통해 드러난다. 소리는 공기와 같이 비교적 무거운 매질을 통해 전달될 수 있지만, 빛과 같은 섬세한 진동은 에테르(ether)와 같은 미세한 매질을 통해 전달되어야 한다.*

* 현재 물리학에서는 빛이 진공상태에서도 자유롭게 전파되므로 빛의 전파를 위해서는 별도의 매질이 필요하지 않다고 봄으로써, 고전 과학에서 사용했던 에테르라는 매질의 필요성을 폐기한 상태이다. 그러나 오컬트 과학에서는 진

요기가 구나의 지배에서 벗어나기 전에 사마디에서 통과해야 하는 의식 단계가 네 가지이듯, 구나에도 네 단계가 필요하다. 의식의 네 가지 특성, 구나의 단계, 그리고 이에 상응하는 매개체에 대한 내용은 다음 표를 참조하기 바란다.

의식의 특성	구나의 단계	매개체(Vehicle)
비타르카(Vitarka)	비셰샤(Viśeṣa)	마노마야 코샤(Manomaya Kośa)
비차라(Vicāra)	아비셰샤(Aviśeṣa)	비갸나마야 코샤(Vijñānamaya Kośa)
아난다(Ānanda)	링가(Liṅga)	아난다마야 코샤(Ānandamaya Kośa)
아스미타(Asmitā)	아링가(Aliṅga)	아트마(Ātmā)

비셰샤(*Viśeṣa*)라는 단어는 특정한 것을 의미하며, 구나의 비셰샤 단계에서는 모든 대상을 이름과 형태를 가진 특정한 사물로만 본다. 대개의 사람들에게는 모든 대상이 분리되어 있고 독립적인 존재성과 개별적인 정체성을 가진 것처럼 보인다. 심지어 그 대상의 원형, 즉 각자가 속한 신성한 의식에서도 분리되어 있는 것처럼 여긴다. 구나의 이 단계는 비타르카(*Vitarka*) 사마디에 해당한다. 비타르카는 낮은 수준의 칫타가 하나의 특정한 대상을 다른 대상들과 구별하는 기능이자 활동이다. 본조(Bonzo)라는 개를 예로 들어보겠다. 본조는 개과에 속하는 동물이다. 따라서 본조는 무생물, 다음에는 다른 종의 동물과 구별된다. 나아가 본조는 폭스테리어이다. 따라서 본조는 다른 품종의 개와 구별된다. 다음 단계에 이르면, 본조는 완전히 고립되어 모

공 역시 에너지로 가득한 공간이며 그 에너지는 넓은 의미의 에테르로 볼 수 있기 때문에, 위 서술은 여전히 유효하다고 볼 수 있다.

든 대상과 차이 나고 구별되는, 우주 안의 유일무이 특정한 대상으로 존재하게 된다. 특정한 대상의 이러한 분리 또는 구별을 비타르카라고 하며, 이를 통해 우리는 사마디의 첫 번째 단계에 도달한다. 이제 비셰샤라는 단어가 왜 구나의 첫 번째 단계인지 독자들은 조금 이해할 수 있을 것이다.

다음으로 우리는 보편적 또는 비특정적인 것을 의미하는 아비셰샤(*Aviśeṣa*) 단계에 도달한다. 아비셰샤의 기능은 이름과 형태의 세계 밑에 깔린 보편적인 것, 원형, 원리를 다루는 것이다. 우리는 본조가 특정 품종의 특정한 개라는 것을 알았다. 그런데 이 '개'라는 것은 무엇일까? '개'라는 단어는 '본조'라는 단어보다 추상적이다. 수많은 개들을 경험하고 관찰함으로써 우리는 '개다움(doghood)'을 구성하는 모든 특성을 수집하고, '개'라는 대표적인 단어로 표현한다. 모든 보통명사는 이러한 추상화의 산물이다. 이처럼 개별 특질들을 모아 하나의 추상적 개념으로 결합시키는 이 과정을 비차라(*Vicāra*)라고 한다. 이것은 높은 수준의 칫타가 작용한 것이다. 이때 칫타는 보편적 개념을 형성하고 그 내적 의미를 파악한다. 또 비차라의 과정은 특정한 개념, 원형, 법칙 또는 보편적 원리를, I-44에서 언급한 대로 모든 숙슈마 비샤야(*Sūkṣma Viṣaya*, 미세한 대상)로부터 분리하는 것이다. 이 단계는 삼프라갸타 사마디의 비차라 단계와 구나의 아비셰샤 단계에 해당한다.

여기서 주의할 점은 우리의 일반적인 학습이나 사고과정에서 일어나는 단순한 비타르카나 비차라의 과정이 사마디에서 일어나는 해당 과정과 동등하다고 착각해서는 안 된다는 것이다. 사마디에서 칫타는 외부와 완전히 단절되어 있으며, 추상화된 대상과 결합하고 있다. 구체적 사고(비타르카)와 추상적 사고(비차라)는 사마디에서 발생하는 극도로 미세한 내면적 과정의 희미한 반영이자 부분적 표현일 뿐이다. 그럼에도 비타르카나 비차라 같은 단어가 일반적인 추론 과정에 사용되는 이유는, 이런 방식을 통해서만 대중들은 더 미세한 세계와 단계에 대해 얼마간 감이라도 잡을 수 있기 때문이다. 알려진 것에서 알려지지 않은 것으로 나아가는 것이 항상 내면의 세계에서 진보하는 올바른 방법이다.

이제 우리는 구나의 다음 단계인 링가(*Liṅga*)에 이르게 된다. 링가는 표식을 의미하며, 링가-마트라(*Liṅga-mātra*)는 특별한 의식의 상태를 의미한다. 이 단계에서는 특정한 대상, 심지어 보편적 원리조차도 단순한 표시나 기호로만 인식된다. 이런 표시나 기호는 그것들을 다른 대상들과 구별짓는 역할만 할 뿐이다. 구나의 이 단계는 지성을 초월하여, 붓디 또는 직관을 통해 표현되는 초월적 의식에 해당한다. 사마디에서 이에 해당하는 단계는 아난다를 동반한다. 구나의 이 단계에 상응하는 매개체를 베단타에서 아난다마야 코샤(*Ānandamaya Kośa*)로 부르는 이유다.

그런데 왜 구나의 이 단계를 링가라고 부를까? 그 이유는 이 단계에 상응하는 의식에서 모든 대상과 보편적 원리들이 훨씬 더 보편적인 의식의 일부로 흡수되기 때문이다. 이제 그것들은 전체의 한 부분으로서, 단 하나의 의식 속에 포함되어 있는 것처럼 보인다. 그러나 여전히 그것들은 자신들만의 고유한 정체성을 유지하고 있다. 따라서 여전히 구별되고 인식될 수 있는 존재들이다. 각각의 대상은 그 자체로 존재하면서도 전체의 일부이다. 다양성 속의 통일성의 상태이다.

구나의 마지막 단계는 아링가(*Aliṅga*)로 표시도 구별되는 특성도 없는 상태이다. 이 단계에서는 대상과 원리들이 각각의 독립적인 정체성을 잃어버린다. 고차원의 의식이 지배하여 대상과 원리들조차 흐릿해진다. 힌두철학에는 지고한 개념들이 있다. 그중 하나가 모든 대상, 원형, 현현된 우주의 모든 것은 브라마 브릿티(*Brahma-Vṛtti*), 즉 신적 의식의 변형태라는 것이다. 아링가 단계에서는 대상에 대한 인식이 흐릿해지고, 오직 신성한 의식에 대한 인식만이 남게 된다. 그렇게 되면 대상에 대한 인식은 모두 신성한 의식의 변형에 불과하다. 구체적인 예를 들어보겠다. 거실 탁자 위에 금으로 만든 반지, 팔찌, 목걸이 등이 놓여있다. 우리는 그것들을 어린아이가 보는 것처럼 단순히 별개의 물건들로 볼 수 있다. 이는 비셰샤 단계에 해당한다. 다음으로 우리는 그것들을 장신구로 볼 수 있다. 이것이 아비셰샤 단계이다. 이제 우리는 그것들이 장신구이기도 하지만, 금으로 만들어졌다는 사실에도 관심을 가질 수 있다. 즉, 금세공인이 보듯이 공통의 재료와 개별적 정체성을 동시에 볼 수 있는 것이다. 이는 링가 단계이다. 끝으로 우리는 마치 도둑이 된 것처럼 그것들을 바라본다. 도둑에게는 오직 금붙이들만이 보인다. 이는 아링가 단계와 유사하다. 이 단계에서 요기는 주로 신성한 의식을 인식하며, 그의 관점에서 모든 대상들은 브릿티 또는 변형에 불과하다. 요기에게 분리된 개체들은 더 이상 아무런 의미가 없다. 구나의 이 단계는 삼프라갸타 사마디의 마지막 단계에 해당하며, 주된 특징은 아스미타이다. 아스미타로 발현되는 순수 존재에 대한 청정한 의식이 대상에 대한 분별의식을 삼켜버린다.

사마디의 다양한 단계를 거치면서 일어나는 점진적인 내적 확상은 이들 단계가 서로 완전히 분리되어 있고, 높은 단계에서는 낮은 단계들이 순식간에 소멸된다는 것을 뜻하지 않는다. 사람들은 고차원적 의식에 대해 오해가 많다. 예를 들면 그들은 요기가 고급의 차원에 들어서면 오직 추상적 개념, 원형, 원리의 세계에서만 살며, 그에게 익숙했던 이름과 형태를 지닌 대상들은 더 이상 존재하지 않을 것이라 생각한다. 그러나 요기가 이런 순수한 추상의 세계에서 살아간다는 것은 불가능하며, 모든 신비주의자와 오컬티스트들의 경험이 증명하듯이 그런 세계는 어디에도 존재하지 않는다. 항상 상위의 측면은 하위의 측면을 포함하고 풍부하게 만들면서도, 동시에 하위의 측면을 올바르게 조망할 수 있는 관점을 제공한다. 그렇게 되면 그동안 중요하다고 여겼던 것이 더 이상 중요하지 않게 보이고, 무의미하다고 여겼던 것 또한 엄청나게 중요해질 수 있다. 이제 모든 것이 확장된 의식 안에 존재하기 때문에, **요기**는 자신이 낯설고 이해할 수 없는 세계에 들어섰다고 느끼지 않는다. 오히려 의식의 확장은 그의 인식 범위 내에 있는 모든 것에서 더 큰 풍요로움, 아름다움, 중요성을 보게 만든다. 의식의 확장은 더 많은 것을 포함한다는 의미이며 그 어떤 것도 배제하지 않는다는 뜻이다. 이 사실은 III-50, III-55, 그리고 IV-31에서 매우 분명하게 언급된다.

지금까지 우리는 **구나**의 변화가 어떻게 의식의 표현에 영향을 미치는지 알아보았다. 하지만 **구나** 자체의 본질에 대해서는 어떠한 설명도 듣지 못했다. **구나**의 변화가 가져오는 네 단계의 의식이 **구나** 자체의 본질을 밝혀주지는 못하였다. **구나**는 현현된 우주의 맨 기초에 자리 잡고 있고 그 뿌리는 의식의 가장 깊은 층에 박혀있다. 때문에, 그 미세한 본성은 오직 **사마디**(III-45)에서만 깨달을 수 있다.

20

Draṣṭā dṛśimātraḥ śuddho'pi pratyayānupaśyaḥ.

드라슈타 드리쉬마트라 슛도피(슛다아피) 프라티야야아누파샤

•

드라슈타 보는 자, 푸루샤	드리쉬마트라 오직 순수한 의식	슛다 순수한
아피 그렇지만	프라티야야 칫타의 내용	아누파샤 ~를 통해 보는

The Seer is pure consciousness but though pure, appears to see through the mind.

보는 자는 순수한 의식이다. 그러나 순수함에도 불구하고, 칫타를 통해 세상을 본다.

II-18과 19에서 **드리샴** 또는 현상계의 객관적 측면을 다룬 후, 파탄잘리는 이제 현상계의 주관적 측면에 있어 기반이 되는 **드라슈타**(*Draṣṭā*), 즉 보는 자에 대한 개념을 제시한다. 이는 상대적으로 더 어려운 작업이다. **푸루샤**는 현상계의 주관적 측면 뒤에 숨겨진 궁극적 실재이기 때문이다. **푸루샤**는 항상 우리를 피해간다. **푸루샤**는 항상 장막 뒤에 있으며, 주관을 통해 객관을 바라보는 숨겨진 목격자이다. 여기 아주 밝은 조명이 하나 있다. 그것을 반투명의 색깔 있는 구체들로 여러 겹 덮는다고 가정해보자. 하나의 구체는 다른 구체 안에 들어가 있다. 가장 바깥쪽의 구체는 조명의 빛에 의해 어느 정도 밝혀진다. 하지만 우리는 조명 본래의 환한 빛을 있는 그대로 볼 수 없고, 오직 중간 구체들을 통과하며 걸러진 빛만을 볼 수 있다. 가장 바깥쪽부터 차례차례 구체를 제거하면, 점점 더 빛은 강해지고 순수해진다.

하지만 그것이 바로 밝은 조명 자체인가? 그렇지는 않다! 본래의 빛은 여전히 숨겨져있다. 단 하나의 반투명 구체라도 조명을 감싸고 있는 한, 우리는 완전하고 순수한 빛을 볼 수 없다.

푸루샤와 그가 현현하는 다중의 매개체들 사이의 관계도 유사하다. **푸루샤**의 빛은 일련의 매개체들을 통해 흘러나온다. 각 체들은 마치 빛의 일부를 제거하고 그 강도를 감소시키는 것처럼 작용한다. 그리고 마지막 육체에 이르러서는 가장 둔탁하고 가장 많은 수의 제한에 얽매이게 된다. 순수한 의식의 빛을 보는 유일한 방법은 **푸루샤**로부터 모든 체를 분리해내서, 가장 미세한 체에 의한 가려짐도 없이 그 빛을 있는 그대로 보는 것이다. 이것이 바로 **요가**의 목표인 **카이발야**의 성취에 수반되는 순수의식의 독존(isolation)이다.

이 **수트라**에서 가장 주목할 부분은 현상계의 주관적 요소인 보는 자만이 순수의식이라는 것이다. **마트라**(*Mātraḥ*)라는 단어는 '오직'을 의미하며, 더 미세한 체를 통해 보는 자의 의식이 부분적으로 현현한 것을 보는 자 자체로 오해하지 말 것을 강조한다. 단계적인 **사마디**에 의해 **칫타**가 상위 영역에서 기능하기 시작할 때, 그 변화는 너무나 엄청나다. 제한 또한 점진적으로 제거된다. 따라서 힘, 지식, 지복감이 너무나 압도적으로 갑작스럽게 유입되어, 이를 궁극적 실재로 오해하기 쉽다. 하지만 내면의 순수의식은 여전히 물질의 장막으로 가려져있다. 그것은 매우 얇기는 하지만, 여전히 특정한 제한과 환영이 존재하는 장막이다. 최종적 매개체를 초월할 때까지 **푸루샤**는 순수하게 알려질 수 없다. 그것이 바로 **푸루샤**, 진정한 **드라슈타**이다.

주목해야 할 두 번째는 보는 자가 순수의식이며 매개체에 의해 변형된 의식이 아님에도 불구하고, 현현하는 순간 **프라티아야**에 빠져있는 것 같다는 점이다. 마치 거울에 비치는 대상으로 인해 거울의 일부가 그 대상과 하나가 된 것처럼, 순수의식은 **프라티야야**의 형태를 취하고 **프라티야야**와 구별할 수 없는 것처럼 보인다. 물론 **프라티야야**는 순수의식이 어떤 매개체와 접촉할 때 **칫타**의 내용을 의미하며, 내용은 해당 매개체에 따라 달라진다.

프라티야야는 순수의식과 구별도 어렵고 수시로 뒤섞인다. 따라서 매개체들은 마치 **푸루샤**에 의해 기능하는 것처럼 보인다. 그렇다면 고급단계의 **칫타**를 통해 추상적 사고가 이루어질 때, 그 사고의 주체는 **푸루샤**인가? 아니다! 사유는 매개체의 기능이다. 순수의식이 매개체들과 접촉하면, 매개체들은 각각의 기능을 수행할 수 있게 된다. 자석을 코일 모양의 전선에 밀어넣으면 전류가 발생한다. 이 사실을 모르는 사람에게는 자석이 전류를 만드는 것처럼 보인다. 실제로 자석은 전류의 생성과 밀접하기는 하지만 직접적으로 전류를 만들지는 않는다. 전류의 생성을 위한 전제 조건이 제공되면, 그때서야 자석이 전류를 만들 수 있다. **푸루샤**와 **프라크리티**의 단순한 접촉이 어떻게 **프라크리티**에 생명을 불어넣고, 고도로 지성적인 기능을 수행하게 하는지를 놓고 논쟁이 있다. **요기**들에게 이 질문은 그리 중요하지 않다. 그는 이런 모든 이론적인 질문들은 오직 직접적인 지식을 통해서만 해결될 수 있다는 것을 안다.

21

Tad-artha eva dṛśyasyātmā.

탓-아르타 에바 드리샤시야아트마

탓-아르타 그것을 위해	에바 단지
드리샤시야 보이는 것의	아트마 본질, 존재

The very being of the Seen is for his sake (i.e. Prakṛti exists only for his sake).

프라크리티는 오직 푸루샤를 위해서만 존재한다.

이전 수트라에서는 보는 자와 보이는 대상의 본질적인 속성이 언급되었고, 그들이 유탁액(emulsion) 속의 기름과 물처럼 완전히 섞여있는 것처럼 보일 때조차도, 실제로는 서로 완전히 구별되고 분리되어 있음이 밝혀졌다. 이 수트라는 푸루샤와 프라크리티의 이처럼 긴밀한 관계에서, 프라크리티가 단순히 푸루샤를 섬기는 종속적 역할을 한다는 점을 설명한다. 보이는 대상의 목적은 이미 II-18에서 제시되었듯이 푸루샤에게 경험과 해방의 수단을 제공하는 것이다. 지금 논의 중인 이 수트라는 그 점을 더 명확히 하고 프라크리티가 푸루샤의 목적을 위해서만 존재함을 강조한다. 프라크리티는 그 자체의 목적을 가지지 않는다. 창조와 진화의 드라마 전체는 이 공연에 관여된 푸루샤들의 성장과 자각을 위한 경험의 장일 뿐이다.

22

kṛtārthaṃ prati naṣṭam apy anaṣṭaṃ tad-anya-sādhāraṇatvāt.

크리타아르탐 프라티 나슈탐 아피 아나슈탐 탓–안야–사다라나트바트

•

크리타아르탐 목적을 달성한 자	프라티 ~을 위해	나슈탐 사라진
아피 그렇지만	아나슈탐 사라지지 않은, 존재하는	탓 그것
안야 다른 이들	사다라나트바트 공통적이기 때문에	

Although it becomes non-existent for him whose purpose has been fulfilled it continues to exist for others on account of being common to others (besides him).

궁극의 목적을 달성한 이에게 프라크리티는 존재를 멈춘다. 하지만 그렇지 못한 이들의 깨달음을 위해서 프라크리티는 계속 존재한다.

만약 **프라크리티**가 목적을 달성한 **푸루샤**에게만 존재하지 않게 된다면, **프라크리티**는 본질적으로 순수하게 주관적인 것일까, 아니면 그 자체로 독립적인 존재성을 가지고 있는 것일까? 이에 대한 답변은 다양한 사상, 다양한 학파에 따라 다르다. **베단타**에 따르면, 현상계의 기반인 **프라크리티**조차 순수하게 주관적인 것이며 **마야**의 산물이다. 반면 **상키야**에 따르면, **프라크리티**는 그 자체로 독립적인 실체이다. **푸루샤**와 **프라크리티**는 두 가지 궁극적이고 영원하며 독립적인 원리들이다. **푸루샤**는 많고 **프라크리티**는 하나이다. **푸루샤**는 물질에 연루되어 **프라크리티**의 양육 아래 진화의 주

기를 겪고 자각에 도달한 후, **프라크리티**의 환영에서 완전히 벗어난다. 그러나 **프라크리티**는 항상 동일하게 남아있다. 독자들은 이 두 가지 대조적인 관점에 실제로는 모순이 없음을 알 수 있어야 한다. **베단타**는 단지 이상화(idealization)의 과정을 더욱더 높은 단계로 끌어올린다. 그리고 그 단계만이 유일한 궁극적 실재라고 여긴다. 이 과정에서 **베단타**는 한편으로는 **푸루샤**의 다수성을, 다른 한편으로는 **푸루샤**와 **프라크리티**의 이원성을, 궁극의 실재라는 더 높은 개념 안에서 통합시킨다.

아무리 고상하고 진실해 보이는 철학이라 할지라도, 초월적인 진리를 있는 그대로 그려낼 수는 없다. 철학은 지성을 매개로 작용하고, 지성에는 본질적인 한계가 뚜렷하기 때문이다. 따라서 우리의 지성으로 궁극적 실재를 해석하려고 할 때, 모순과 역설, 불일치는 불가피하다. 하지만 아무리 지성이 빈약하고 불완전할지라도, 이 도구를 버릴 필요는 없다. 지성은 자각을 향한 우리의 노력에 최소한의 도움이 된다. 혹여 철학을 진정한 진리라 여기고 만족하는 사람들은 어리석은 실수를 범하는 것이다. 철학을 완전히 무시하는 사람들도 마찬가지이다. 왜냐하면 그들은 궁극의 진리를 찾는 데에 유용한 도구를 쓰지도 않고 버리는 것이기 때문이다. 현명한 수행자들은 다양한 철학과 종교의 교리들을 진리에 대한 잠정적인 설명과 해석으로 가볍게 받아들인다. 그리고 이것들을 스스로가 직접 발견해야 하는 진리를 위해 최대한 활용한다. **요가**는 본질적으로 실용적인 과학이다. **요가**가 다루는 진리와 경험들은 특정 철학에 의존하지 않는다. **요가**에 이론적 배경을 제공하는 일부 철학의 불완전성은 **요가**의 실천을 통해 얻을 수 있는 결과에 실질적인 영향을 미치지 않는다. **요가**의 실용적이고 과학적인 특성과, **요가** 연구에서 활용할 철학적 이론들을 혼동하지 말자.

23

sva-svāmi-śaktyoḥ svarūpopalabdhi-hetuḥ saṃyogaḥ.

스바-스바미-샥티요 스바루포팔랍디(스바루파우팔랍디)-헤투 삼요가

•

스바 자신의, 프라크리티의	**스바미** 주인의, 푸루샤의	**샥티요** 두 가지 힘들의
스바루파 진정한 본성	**우팔랍디** 경험하는, 지식	**헤투** 원인, 목적
삼요가 합일		

The purpose of the coming together of the Puruṣa and Prakṛti is gaining by the Puruṣa of the awareness of his true nature and the unfoldment of powers inherent in him and Prakṛti.

푸루샤와 프라크리티가 결합하는 목적은 푸루샤가 자신의 진정한 본성에 대한 인식을 얻고, 자신과 프라크리티에 내재된 힘을 펼치는 것이다.

일반적으로 진화는 현대 문명에서 과학이 이룩한 쾌거이다. 다윈은 진화의 아버지로 간주될 정도이다. 하지만 태양 아래 새로운 것은 없다. 진화는 고대에서부터 여러 형태로 전승되어 왔다. 과거에 내면을 정복한 이들, 삶의 궁극적 실재에 대해 놀라운 통찰을 보였던 이들이 이처럼 중요하고 모든 것을 아우르는 생명의 법칙을 놓쳤을 리 없다. 다만 이 법칙이 현재 우리가 알고 있는 것처럼 상세한 형태로 연구되고 설명되지 않았을 수는 있다. 고대의 현자들은 비본질적인 세부사항을 아는 데 필요한 에너지를 위대한 신비 그 자체를 풀어내는 데 주로 사용했다. 위대한 신비가 풀리면 삶의 모든

문제들도 자동적으로 한 번에 해결될 것이며, 이는 지적 분석과 추론의 과정으로는 결코 얻을 수 없을 것이라 확신했다.

고대의 아데프트들은 현상계의 비본질적인 세부사항에 집중하는 것을 그리 가치 있게 여기지 않았지만, 우주의 근본 원리에 대해서는 놀랍도록 완전하고 진실한 그림을 얻으려 노력했고, 또 그렇게 할 수 있었다. 그들은 근본 원리와 법칙에 대한 명확하고 확고한 이해에 도달했다. 그 결과 현대의 작가라면 한 장(chapter) 또는 한 권의 책으로 전달할 내용을 단 하나의 **수트라**로 절묘하게 응축시켰다. 《**요가수트라**》에는 이처럼 응축된 지식의 많은 예가 들어있으며, 이제 우리가 살펴볼 II-23은 이러한 성격이 두드러진 수트라이다. 파탄잘리는 단 하나의 **수트라**에 진화론의 본질적인 개념을 모두 담았을 뿐 아니라, 안타깝게도 현대과학 이론에서는 빠져있는 진화의 가장 중요한 측면을 일반화시켰다. 현대과학자들은 대부분 세부 사항에 지나치게 몰두하고 자신들의 업적에 도취되어 있으며, 물질주의에 사로잡혀 종종 자신들의 연구에서 가장 중요한 지점들을 놓치곤 한다.

생명과 형태는 항상 함께 존재한다. 형태는 분명 진화하는 것으로 밝혀졌다. 그렇다면 생명은 어떠한가? 현대과학은 이에 대해 무지하며, 더 놀라운 것은 알려고 애쓰지도 않는다는 점이다. 생명이 형태와 나란히 진화한다는 개념은, 과학이 발전시켜 온 형태의 진화 개념을 실제적으로 보완한다. 생명의 진화를 형태의 진화와 결합시킴으로써 진화론의 의미는 더욱 명료해지고, 그 아름다움과 중요성 또한 드러난다. 형태는 진화하는 생명에 더 나은 매개체를 제공하기 위해 진화한다. 모든 자연적 현상이 지성과 설계에 의해 인도되는 것으로 보이는 이 놀라운 우주에서, 단지 형태만의 진화는 무의미해 보인다.

이 수트라는 "왜 푸루샤가 프라크리티와 접촉하게 되는가?"라는 질문에 답한다. 그 답은 다음과 같다: 프라크리티와 자신 안에 잠재된 힘을 펼치고 자각을 성취하기 위해서이다. 먼저 이 수트라에서 언급된 푸루샤와 프라크리티의 힘이 무엇인지 살펴보자. 의식의 전개가 너무 기초적이어서 거의 인지할 수 없는 광물계를 제외하고, 식물계, 동물계, 인간계를 연구해보면, 한 계(kingdom)에서 다른 계로 넘어갈 때마다 의식의 전개 정도가 놀랍도록 증강한다는 사실을 알 수 있다. 더불어 그 매개체 또한 점점 더 복잡해지고 효율적으로 되어간다는 것을 발견할 수 있다. 우리는 한 계에서 다른 계로 넘어갈 때, 생명과 형태의 이런 평행적인 진화가 놀랍도록 증가하는 것을 발견할 수 있다. 뿐만 아니라, 어느 한 계만을 떼어놓고 보더라도 마찬가지다. 한 단계에서 다른 단계로의 꾸준한 진화의 흔적을 추적할 수 있다. 따라서 우리는 우리가 볼 수 있는 한계 안에서, 광물계부터 문명화된 인간계에 이르기까지 거의 모든 단계가 빠짐없이 이어져있는 전체생명의 웅장한 사다리를 볼 수 있다.

프라크리티와 푸루샤의 힘은 일반적으로 함께 작용하지만, 이 둘을 구별할 필요가 있다. 프라크리티의 힘은 분명히 의식의 요구에 반응하는 매개체에 작용한다. 의식의 매개체는 특정 차원에서 다양한 힘에 의해 통합되고 결합된 물실들의 특징한 조합이다. 매개체의 효율성은 의식의 힘에 얼마나 잘 반응할 수 있느냐에 달렸다. 백치의 뇌와 고도로 지적인 사람의 뇌는 비록 같은 물질로 만들어져있지만, 자극과 진동에 반응하는 능력에는 엄청난 차이가 있다. 매개체가 점점 독특해지고 복잡해질수록, 의식에 더 잘 반응하고 효율적으로 작동할 수 있게 된다. 이것이 바로 매개체의 진화가 실제로 의미하는 바이다.

만약 의식에 대한 반응이 매개체에서의 진화를 결정한다면, 순수의식 또는 **푸루샤**의 힘은 어떻게 전개될 것인가? **요가철학**에 따르면, 의식 자체는 진화하지 않는다. 그것은 우리들 지성으로는 결코 이해할 수 없는 방식으로 완벽하고, 완전하며, 영원하다. 따라서 우리가 **푸루샤**의 힘을 언급할 때, 그것은 매개체를 통해, 매개체와 협력하여, 매개체에 작용하는 의식의 힘을 말한다. **푸루샤**는 순수의식이고 의식은 영원하다. 때문에 그의 힘이 진화할 수는 없다. 다만 우리는 **푸루샤**가 다양한 차원의 물질 및 매개체들과 관련하여 그 힘들을 적절히 사용할 수 있는 능력을 획득하는 것이라고 가정할 수 있다. 진화가 진행됨에 따라 **푸루샤**는 점점 더 완전하게 자신을 표현할 수 있게 되고, 자유롭고 효율적으로 자신의 매개체들을 조작하고 제어할 수 있게 된다. 이 과업이 얼마나 대단한 것인지는 자연의 긴 진화과정과 인간의 매개체들을 자세히 연구할 때만 파악할 수 있다. 하지만 뭐니뭐니해도 가장 장엄한 결과를 만들어내고, **푸루샤**의 힘이 제대로 표현되는 곳은 내면의 진화과정이다.

위대한 음악을 연주할 수 있는 조건은 세 가지이다. 음악가의 능력, 악기의 품질과 효율성, 그리고 이 둘의 조화이다. **푸루샤**가 잠재적으로는 모든 능력을 가지고 있다 하더라도 효율적인 매개체들이 제공되지 않고, **푸루샤**가 이 매개체들을 제어하고 사용하는 법을 배우지 않는다면, **푸루샤**는 자신의 주변에서 펼쳐지는 무대 위 드라마에서 배우가 아니라 관객으로 남을 수 밖에 없다.

현현의 모든 차원에서 매개체들을 동시에 발전시키고 그것들을 사용할 수 있는 능력을 갖추는 것만이 **푸루샤**와 **프라크리티** 결합의 유일한 목적은 아니다. **푸루샤**는 이들을 지배할 뿐만 아니라 초월해야 한다. 왜냐하면 거기 이르기 전까지는 제한된 차원 안에 머물며 그 차원의 환영에 종속될 것이기 때문이다. **푸루샤**는 이러한 차원들의 한계와 환영을 초월하면서도, 동시에 그 차원들의 주인이 되도록 운명지어져 있다. 이것이 바로 **스바루포팔랍디**(*Svarūpopalabdhi*), 즉, 자각이 이루고자 하는 것이다. 이 두 가지를 별개의 목표로 여겨서는 안 된다. 하위 차원들의 완전한 정복과 그것들의 초월은 실제로 같은 문제의 두 가지 측면이다. 왜냐하면 **푸루샤**가 **프라크리티**의 통제에서 벗어나기 전까지는 이러한 차원들에 대해 완전한 정복이 불가능하기 때문이다.

24

Tasya hetur avidyā.

타시아 헤투르 아비디아

타시아 그것의	**헤투** 원인	**아비디아** 무지, 진정한 본성에 대한 인식 부족

Its cause is the lack of awareness of his Real nature.

결합의 원인은 푸루샤가 진정한 본성을 온전히 인식하지 못하기 때문이다.

파탄잘리는 이 수트라에서 결합의 실질적 원인 또는 결합이 이루어지는 수단을 제시한다. 헤투(*Hetuḥ*)라는 단어는 이 수트라에서 실질적 원인이라는 의미다. 사실 **푸루샤**는 그 본성상 영원하고 전지적이며 자유롭다. 그런데 그가 엄청난 제약을 수반하는 물질에 연루되는 것은 진정한 본성에 대한 인식을 잃어버리기 때문이다. **푸루샤**의 진정한 본성에 대한 인식을 빼앗는 힘을 마야, 즉 환영이라고 한다. 그 결과를 아비디아, 즉 무지라고 한다. 진정한 의미에서 마야와 아비디아를 이해하는 것은 삶의 위대한 신비를 해결하고 자유로워지는 것이다.

거대한 우주의 작용 뒤에는 웅장한 목적이 숨겨져있는 것처럼 보인다. 하지만, 그것이 무엇인지는 우리의 이해를 넘어설 수 있다. 우리가 그나마 이해할 수 있는 이 목적의 일부는, **푸루샤**의 완성과 해방으로 생명의 진화가 절정에 이른다는 점이다. 우리는 이 세계의 경험을 통해 그러한 완성에 도달할 수 있도록 낮은 차원의 세계로 보내졌다. 그것은 엄청나게 길고 지루한 훈련이지만, 그 완성이 무엇을 의미하는지 이해하고 완성이 구현된 이들을 잠시나마 접촉한 사람이라면 누구나 그 가치를 알 수 있을 것이다. 결국 마야와 아비디야의 굴레에서 벗어나는 가장 좋은 방법은 가능한 한 빨리 완성에 이르는 것이다. 그러면 이 길고 지루한 학교에 더 이상 강제로 머물 필요가 없다.

한편 우리의 굴레와 속박의 의미에 대해 주목할 필요가 있다. 인도에는 특히 자신들이 처한 구속의 원인과 본질에 대해 엉뚱한 생각을 가진 열망자들이 많다. 그들은 하위 차원에서의 삶을 그들이 다녀야 할 학교로 여기지 않고, 최대한 빨리 탈출해야 할 감옥으로만 여긴다. 그들은 심지어 신이 자신의 소중한 자녀들을 고통과 괴로움에 밀어넣고, 그것을 재미있게 구경만 하고 있다고 여긴다. 만약 하위 차원에서의 삶을 학교로 여긴다면, 우리는 이토록 엄격한 훈련에 대해 불만을 느낄 수 없다. 차라리 이 끝없는 불행과 고통에서 벗어나기 위해 올바른 수단을 찾아나설 것이다. 그렇다면 올바른 수단은 무엇일까? 장기적으로 보아, 탈출하려 애쓰는 대신 필요한 과정을 가능한 철저하고 신속하게 배우는 것이다. 이렇게 보면 요가수련이란 우리가 자유롭고 독립적인 삶을 살 수 있기 전, 우리에게 필요한 교육을 완성하고 마무리하는 마지막 훈련인 것이다.

25

Tad-abhāvāt saṃyogābhāvo hānaṃ tad dṛśeḥ kaivalyam.

탓-아바바트 삼요가아바보 하남 탓 드리셰 카이발얌

•

탓 그것	아바바트 부재 또는 제거됨으로써	삼요가 합일
아바바 사라짐	하남 방지, 해법	
드리셰 보는 자의	카이발얌 분리, 해방	

The dissociation of Puruṣa and Prakṛti brought about by the dispersion of Avidyā is the real remedy and that is the Liberation of the Seer.

아비디야의 소멸에 의한 푸루샤와 프라크리티의 분리가 진정한 해결책이며, 그것이 보는 자의 해방이다.

만약 푸루샤와 프라크리티의 결합이 마야와 아비디야에 의해 이루어졌고, 그것이 클레샤를 통해 삶의 불행과 고통으로 이어진다면, 이를 해결하는 방법은 오직 아비디야의 파괴로 푸루샤와 프라크리티의 결합이 해체되는 것뿐이다. 결합은 구속의 유일한 원인이다. 따라서 그것을 해체하는 것이 보는 자의 카이발야를 위한 유일한 수단일 것이다. 구속은 푸루샤가 아트마 차원에서부터 물질 차원에 이르기까지, 자신의 체들과 자신을 동일시함으로써 유지된다. 해방은 푸루샤가 의식 속에서 자신의 체들로부터 하나씩 벗어나, 그것들을 단순한 도구로 사용하면서도 그것들로부터 완전히 자유로워지는 때에 비로소 오게 된다.

의식을 특정 매개체에서 분리하는 과정은 단순한 추론, 지적 분석을 통해 이해하는 데서 끝나지 않는다. 비록 그러한 노력은 우리의 하위 매개체들과 관련해서는 얼마간 도움이 될 수 있겠지만 말이다. 마야는 요기가 사마디 상태에서 자신의 의지대로 체를 떠나 더 높은 차원에서 그것을 굽어볼 수 있을 때에만, 완전히 그리고 진정한 의미에서 파괴된다. 그때 요기는 자신이 그 특정한 매개체가 아니라는 사실을 확연히 깨닫게 되고, 그러한 경험 이후에는 II-6에서 설명한 바와 같이 결코 그 매개체와 자신을 더 이상 동일시할 수 없게 된다. 체를 분리하여 그로부터 의식을 해방하는 과정은 초물질적 차원에서도 반복적으로 이루어지며, 니르비자 사마디에서 마지막 매개체인 아트마를 초월될 때까지 계속된다. 그렇게 되면 푸루샤는 자신만의 형태로(*Svarūpa avasthānam*, 스바루파 아바스타남) 자유롭게 서게 된다. 이처럼 사마디의 수련을 통해, 가능한 미세한 차원에서 의식의 연속적인 매개체들을 하나하나 버리는 것이 아스미타와 아비디야를 파괴하는 유일한 방법이다. '나는 브라만이다'(*Ahaṃ Brahmāsmi*, 아함 브라마스미)와 같은 공식을 단순히 반복하거나, 자신을 매개체에서 분리된 것으로 상상함으로써 깨달음을 얻을 수 있다고 생각하는 사람들은 자신들이 성취하려는 목표의 본질을 제대로 알지 못하는 것이다. 사람들이 깨달음의 목표와 과제를 얼마나 단순하게 여기고, 자신들의 평범한 경험들을 얼마나 과대평가하는지를 보면 정말 놀라울 따름이다.

26

Viveka-khyātir aviplavā hānopāyaḥ.

비베카-키야티르 아비플라바 하노파야

비베카-키야티 분별지, 실재에 대한 인식	**아비플라바** 끊임없이
하노파야 방지의 수단, 해결책, 흩뜨리는 수단	

The uninterrupted practice of the awareness of the Real is the means of dispersion (of Avidyā).

무엇이 궁극의 실재인지, 분별지를 끊임없이 수련하는 것이 아비디야를 해체하는 길이다.

파탄잘리는 이 수트라에서 아비디야의 파괴를 위한 실제적인 방법을 제시한다. 그 방법은 끊임없는 비베카-키야티(*Viveka-Khyāti*)의 훈련이다. 비베카 키야티란 무엇일까? 비베카(*Viveka*)는 실재와 비실재 사이의 분별을 의미한다. 키야티(*Khyāti*)는 흔히 지식이나 의식으로 번역된다. 그래서 비베카 키야티는 실재와 비실재를 분별하는 지식을 뜻한다.

아비베카(*Aviveka*, 비베카가 결여된)의 상태에서 우리는 모든 일상적인 삶을 당연하게 받아들인다. 반면 삶의 위대한 과제들은 우리에게 존재하지 않거나, 있다 해도 몇몇 사람들의 관심사에 불과할 뿐이다. 당연한 삶에 의문을 제기하거나 평범한 삶 너머를 보고자 하는 열망, 진정으로 가치 있고 영원한 것과 일시적인 흥미와 관심 사이를 구별하려는 의지가 대부분의 사람들에게는 없다. 비베카의 빛이 내면을 비추게 되면 모든 것이 변한다. 우리는 삶의 근본적인 문제들에 매우 민감해지고 일상적인 생각과 욕망의 흐름에서 벗어나게 되며, 무엇보다도 현상의 흐름 뒤에 숨겨진 실재를 찾고자 한다. 이것은 단순한 생각의 흐름이 아니라 칫타가 깨어난(illuminated) 상태이다. 그 상태는 삶에서 갑작스런 충격의 결과로 일시적으로 올 수도 있고, 자연스럽게 태동하여 우리들 칫타의 항구적인 특성이 될 수도 있다.

비베카가 우리 삶의 일반적인 특징이 될 때, 그것은 정말로 앞으로 올 영적 발전의 전조이다. 하지만 이런 종류의 비베카는 단지 낮은 수준의 칫타에 반영된 것일 뿐이며, 우리 안에 숨겨진 실재를 어렴풋하게 감지하는 것에 불과하다. 이는 실재에 대한 실제적인 인식이 아니다. 비베카 키야티는 실재에 대한 실제적인 인식, 가장 내면의 영적인 의식과의 직접적이고 즉각적인 접촉, 실재에 대한 프라티약샤(직접적 인식)이다. 촉각과 시각과의 관계는 비베카와 비베카 키야티의 관계와 같다. 전자의 경우, 우리는 단지 우리 안의 실재를 다소 흐릿하게 감지할 뿐이다. 후자의 경우, 비록 정도의 차이는 있지만 우리는 실재와 직접적인 접촉을 하게 된다.

실재에 대한 인식인 비베카 키야티는 아비디야, 즉 실재에 대한 인식의 부재와 반대되며, 이 둘은 빛과 어둠처럼 서로 연관되어 있다. 푸루샤가 실재를 완전히 인식할 때, 그는 아비디야의 지배에서 벗어난다. 푸루샤가 이 인식을 잃으면 그는 아비디야와 다른 클레샤로 다시 빠져든다. 실재와 비실재 사이의 진정한 분별은 우리가 실재를 경험하고 실재와 비실재 양쪽 모두를 알 때에만 가능하다는 것을 알 수 있다. 초심자에게 실재와 비실재를 구별하라고 할 때, 그것이 실제로 의미하는 바는 삶에서 영원한 가치가 있는 것과 일시적인 것을 구별하는 법을 배우라는 의미이다.

아비플라바(*Aviplavā*, 끊임없이)라는 단어의 의미도 명백하다. 분별지는 지속적이고 방해받지 않아야 한다. 그래야만 카이발야가 성취된 것으로 볼 수 있다. 실재를 단순히 엿본 것만으로는 카이발야를 성취했다고 할 수 없지만, 그것은 확실히 목표가 가까워졌음을 보여준다.

27

Tasya saptadhā prānta-bhūmiḥ prajñā.

타시야 삽타다 프란타-부미 프라갸

타시야 그의	**삽타다** 일곱 단계
프란타-부미 뚜렷한 단계, 마지막 단계	**프라갸** 지혜

In his case the highest stage of Enlightenment is reached by seven stages.

가장 높은 단계의 깨달음에 이르려면 일곱 단계를 통과해야 한다.

요기가 비베카 키야티를 통해 실재에 대한 첫번째 통찰을 얻은 후 카이발야의 최종 목표에 도달하려면, 깊은 인식의 일곱 단계를 거쳐야 한다. 프란타 부미(*Prānta-Bhūmiḥ*)는 깨달음이 갑작스러운 도약으로 이루어지는 것이 아니라, 마치 일곱 개의 인접한 지역으로 나누어진 나라를 횡단하는 것처럼, 점진적 이행을 통해 이루어진다는 점을 나타낸다.

이 수트라에 대하여 일부 주석가들은 상당히 장황한 설명을 하곤 했다. 완전한 깨달음에 이르는 과정이 점진적이고 단계적으로 이루어지는 것은 매우 자연스러운 일이다. 그러나 일부 주석가들의 견해처럼, 의식의 변화를 일반적인 사고과정과 동일시해서는 안 된다. 이것은 단순한 사고과정만으로는 해석할 수 없는 초월적 경험의 문제이기 때문이다.

28

Yogāṅgānuṣṭhānād aśuddhi-kṣaye jñāna-dīptir ā viveka-khyāteḥ.

요가앙가아누슈타나드 아슛디-크샤예 갸나-딥티르 아 비베카-키야테

요가앙가 요가의 구성요소들	아누슈타나드 수련함으로써	아슛디 불순함
크샤예 파괴될 때	갸나 영적 지식	딥티 광휘
아 ~까지	비베카-키야테 실재에 대한 인식	

From the practice of the component exercises of Yoga, on the destruction of impurity, arises spiritual illumination which develops into awareness of Reality.

요가의 구성요소들을 수련함으로써 불순함이 파괴된다. 그러면 영적 깨달음(찬란한 빛)이 발아되고, 이는 궁극적 실재에 대한 인식으로 발전한다.

만약 요기의 비베카가 진실하다면, 그는 요가의 길을 택하고 그 수련을 전적으로 받아들일 만큼 충분히 강한 충동을 일으키게 된다. 하지만 그 정도로는 미지의 신비로운 영역에서 필요한 안내를 제공받기에는 충분하지 않다. 요가의 길에서 적절한 안내는 내면에서 온다. 직관과 비슷하지만 그 작용이 좀 더 명확하다. 이러한 영적 의식의 빛은 요가수련을 실천한 결과, 요기의 불순함이 상당히 제거되었을 때만 드러난다. 이러한 내면의 빛은 '침묵의 소리', '길 위의 빛' 등 여러 아름답고도 암시적인 이름으로 불려왔다.

아마도 그 빛의 본질과 드러남에 대한 가장 생생하고 명확한 설명은 마벨 콜린스의 책 《길 위의 빛(*Light on the Path*)》에서 찾을 수 있을 것이다.

샷다카는 이 빛, 즉 갸나-딥티(*Jñāna-dīpti*)와 관련하여 두 가지 사항에 주목해야 한다. 첫째는 이 빛이 내면으로부터 온다는 점이다. 그렇게 되면 샷다카는 더 이상 외부세계에 의존하지 않게 된다. 우리는 더 깊은 의식의 차원으로 들어갈수록 자신의 내적 자원에 더욱 의지해야만 한다. 이제 외부의 어떤 대상도 그를 도울 수 없다. 샷다카는 이 지혜의 빛이 그의 내면에 드러난 후에야 비로소 진정한 요가의 길을 걸을 수 있게 된다. 그러므로 초기 단계에서 그를 돕는 모든 요가교사들의 주요 목표는 그가 자신의 힘으로 설 수 있도록 하는 것이다.

두 번째는 이 내면의 지혜의 빛이 샷다카가 비베카 키야티의 단계에 완전히 이를 때까지 계속해서 확장되며 그를 이끈다는 것이다. 이것이 바로 비베카 키야티 앞에 쓰인 'Ā'(~까지)라는 단어의 의미이다. 샷다카가 요가의 길에서 진보하고 목표에 가까워짐에 따라 빛은 점점 더 크고 강해지며, 이는 그가 실재에 대한 첫 경험을 얻을 때까지 계속된다. 그 후에는 그가 내적 깨달음의 근원, 즉 실재 자체의 깨달음 속에 머물기 때문에 영적 지혜의 빛은 더 이상 필요하지 않다. 일반적인 비베카, 갸나-딥티, 비베카-키야티는 모두 카이발야에서 가장 충만하고 끊임없는 광채로 빛나는 동일한 빛의 다양한 표현임을 알 수 있다. 비베카는 샷다카가 요가의 길에 들어설 수 있게 하고, 갸나-딥티는 그가 안전하고 꾸준하게 그 길을 걸을 수 있게 하며, 비베카-키야티는 그에게 실재의 경험을 제공하고, 카이발야는 그를 영구적으로 그 실재 속에 확립시킨다.

파탄잘리가 2권의 전반부에서 탁월한 방식으로 설명한 클레샤의 철학은 인간 삶의 위대한 문제들을 완전하고 효과적으로 다룬다. 이 철학은 인간의 속박과 고통의 근본원인을 파고들어 영구적인 해결책을 제시한다. 따라서 클레샤의 철학은 요가철학의 필수적인 부분이며, 오직 이를 기반으로만 요가적 삶의 확고한 구조를 만들 수 있다. 단순한 호기심으로 요가에 접근하는 사람들은 끊임없는 긴장과 개성에 대한 무자비한 성찰을 견디지 못하고, 머지않아 중도에 포기하게 된다. 일부는 저속한 야망과 자기 과시의 유혹에 이끌려 요가의 길에 들어서게 된다. 그들의 여정은 어떤 식으로든 중단되어야 한다. 그렇지 않다면 재앙으로 끝나거나 더 나쁜 경우 좌도의 길로 이어진다. 극히 소수만이 요가가 인간의 한계와 환영에서 벗어날 수 있는 유일한 수단임을 깨닫고 요가의 길에 들어선다. 그들은 클레샤의 철학을 이해했으며, 심지어 싯디나 요가적 삶의 다른 매력조차도 그들을 붙잡거나 마야 속에 머물게 할 힘이 없다. 이런 사람들만이 요가의 길을 걸을 진정한 자격을 갖춘 자들이다.

29

Yama-niyamāsana-prāṇāyāma-pratyāhāra-dhāraṇā-dhyāna-samādhayo'ṣṭāv aṅgāni.

야마-니야마아사나-프라나야마-프라티야하라-다라나-
디야나-사마다요슈타브 앙가니(사마다야아슈타브 앙가니)

야마 자기 통제의 서약	니야마 적극적으로 실천해야 하는 계율	아사나 자세
프라나야마 호흡의 조절	프라티야하라 감각의 철수	다라나 집중
디야나 명상, 관조	사마다야 삼매	아슈타브 여덟
앙가니 가지들, 구성 부분들		

Self-restraints, fixed observances, posture, regulation of breath, abstraction, concentration, contemplation, trance are the eight parts (of the self-discipline of Yoga).

야마, 니야마, 아사나, 프라나야마, 프라티야하라, 다라나, 디야나, 사마디는 스스로 요가를 훈련할 수 있는 여덟 가지 요가의 길이다.*

파탄잘리가 제시한 요가체계는 여덟 부분으로 구성되어 있어 아슈탕가 요가(*Aṣṭāṅga Yoga*)라 불린다. 이 수트라에서 고려할 점은 여덟 앙가를 독립적인 단계로 볼 것인지, 아니면 연속적인 단계로 볼 것인지의 문제다. 파탄잘리는 본문에서 이들 앙가 사이에 특정한 순차적 관계가 있음을 보여준다. 이

* 사마디에 상응하는 영어 표현이 부재하기 때문에 어쩔 수 없이 trance라는 단어를 사용한 것으로 보이나, 사마디는 trance가 의미하는 무아지경과는 전혀 다른 초의식의 상태이며, 이 점은 I-19 수트라에서 이미 언급되었다.

앙가들을 주의 깊게 살펴본 사람이라면 누구나 그것들이 서로 연관되어 있고, 위에 제시된 순서대로 자연스럽게 하나하나 이어진다는 것을 알 수 있다. 따라서 고급요가의 체계적인 수련에서는 그것들을 단계의 의미로 받아들여 가능한 주어진 순서를 따르는 편이 좋다. 그렇다 해도 삿다카는 여덟 앙가 중 어떤 것이든 수련을 위해 택할 수 있으므로, 각 부분들은 어느 정도 독립적인 것으로 볼 수 있다.

30

Ahiṃsā-satyāsteya-brahmacaryāparigrahā yamāḥ.

아힘사-사트야아스테야-브라마차리야아파리그라하 야마

아힘사 무해함	사트야 진실함	아스테야 정직함, 훔치지 않음
브라마차리야 성적 절제	아파리그라하 무소유	야마 자기 통제의 서약

Vows of self-restraint comprise abstention from violence, falsehood, theft, incontinence and acquisitiveness.

야마의 서약은 무해함, 진실함, 훔치지 않음, 성적 절제, 탐내지 않음으로 구성된다.

요가의 첫 번째와 두 번째 앙가인 야마와 니야마는 요가수련의 적절한 도덕적 기초를 제공하기 위한 것이다. 야마와 니야마에 내포된 도덕적 특질을 다루기 전에, 요가적 삶에서 도덕성이 차지하는 위치를 알아볼 필요가 있다.

믿기 어려울 수 있지만, 요가수련을 위해 항상 높은 수준의 도덕성이 필요한 것은 아니다. 요가에는 두 종류가 있다- 낮은 수준과 높은 수준. 낮은 수준의 요가는 특정한 심령(psychic) 능력과 초능력의 계발을 목적으로 하는데, 이를 위해서는 야마-니야마에 내포된 고급의 도덕성이 전혀 필요하지 않다. 사실 고급의 도덕성은 내적 갈등을 일으키고 요기가 개인적인 힘과 야심을 추구하는 데에 방해만 될 뿐이다. 인도, 티베트, 기타 인접 국가 전역에 흩어져있는 많은 요기들은 의심할 바 없이 초자연적인 힘과 능력을 가지고 있다. 그러나 도덕적 또는 영적 성품 면에서 평범한 사람들과 구별되지 않는다. 이들은 선한 사람도 있고, 일부는 자기중심적이거나 허영심이 있지만 남에게 해를 끼치지는 않는다. 또 다른 부류는 결코 무해하거나 순수하다고 볼 수 없다. 그들은 의심스러운 활동에 참여하기 쉽고, 흥분하면 자신을 가로막는 사람들에게 해를 끼칠 수 있다. 마지막 부류의 요기들은 분명히 좌도를 따라 걷고 있으며, 그림자의 형제들로 불린다. 그들은 다양한 종류의 힘을 고도로 발전시켰고 비도덕적이며 위험하지만, 겉으로는 경건해 보인다. 직관이 발달한 사람이라면 누구나 이들을 알아볼 수 있다. 좌도를 따르는 자들은 잔인하고 비도덕적이고 자만심이 강하다. 그들은 정도(right-hand path)를 따르는 요기들과 뚜렷이 구별된다.

《요가수트라》와 관계 깊은 높은 수준의 요가에서는 자기 과시, 자만심의 충족을 추구하지 않는다. 높은 수준의 요가는 깨달음과 마야로부터의 자유를 목적으로 한다. 하지만 깨달음과 자유를 얻는 과정에서 샷다카는 좌도 요기들이 택하는 특정한 육체적, 정신적 수련을 거쳐야 한다. 때문에 좌도와 우도가 어느 단계까지는 엇비슷해 보인다. 그러나 이미 초기단계에서 이 두 길은 급격히 갈라진다. 좌도는 개인개인에게 점점 더 힘이 집중되도록 하여 그를 전체생명(One Life)으로부터 고립시킨다. 반면 우도는 분리된 개별의식이 하나의 전체의식에 점차 통합되면서 완전한 자유를 얻게 한다. 전자는 매우 제한되고 기껏해야 지성의 영역에 국한되는 반면, 후자에서 요기가 이룰 수 있는 성취에는 한계가 없다.

요가에서 말하는 높은 수준의 도덕성이란 관습적이거나 종교적인 유형을 뜻하지 않는다. 그것은 우주 및 자연의 상위법칙에 기초하며, 개인을 환영과 무지의 속박에서 해방시키기 위한 초월적 도덕성이다. 왜 초월적 도덕성인가? 이 도덕의 목적은 낮은 차원의 삶에서 추구하는 제한된 행복을 위한 것이 아니라, 모든 종류의 환영을 초월함으로써 진정한 행복과 평화를 영원히 얻는 것이기 때문이다. 요가의 도덕성은 요가철학을 공부하는 많은 학생들에게 명확하게 이해될 필요가 있다. 얼핏 보아 요가의 도덕성은 불필요할 정도로 금하는 것이 많고 엄혹해 보이기 때문이다. 학생들은 세속적인 삶에서 합당한 즐거움과 더불어 높은 수준의 평화와 지식을 동시에 얻는 것이 왜 가능하지 않은지 이해하지 못한다. 일부에 따르면, 브라마차리야(*Brahmacarya*, 성적 절제)는 적당한 성적 방종과 양립할 수 있어야 하고, 아힘사(*Ahiṃsā*, 무해함)는 타인의 공격에 대해 자신을 방어할 수 있도록 허용되어야 한다. 그러나 요가철학을 신중하게 연구하는 사람이라면 누구나, 동시에 두 길을 걸으려는 시도는 완전히 무의미함을 알 수 있게 된다. 완전한 내려놓음 없이는 요가를 수련할 수 없다는 뜻은 아니다. 하지만 샷다카가 수시로 이러한 타협을 시도한다면 그의 진보는 언젠가 반드시 멈출 수밖에 없다.

요가의 도덕성과 관련하여 또 다른 중요한 점은, 이 덕목들이 겉으로 보이는 것보다 훨씬 더 넓은 범위와 깊은 의미를 가지고 있다는 것이다. 예를 들어, 야마의 덕목들은 높은 수준의 완성도로 실천되어야 한다. 하지만 야마에 포함된 살생, 도둑질, 거짓말 등의 금지는 일반적으로도 매우 높은 수준의 도덕성을 나타내는 것 같지는 않다. 품위 있고 선한 사람이라면 누구나 그러한 반사회적 행동을 삼갈 것으로 기대되기 때문이다. 그렇다면 높은 수준의 요가에서 요구하는 고급의 도덕성은 무엇일까? 아힘사는 단순히 살인을 금지하는 것뿐만 아니라, 말, 생각 또는 행동으로 어떤 생명체에게도 의도적으로 상처, 고통 또는 아픔을 주지 않는 것이다. 아힘사는 이처럼 성인과 현자들에게서만 발견되는 최고 수준의 무해함을 나타낸다. 이를 일상에서 진지하게 실천하려는 평범한 사람은 완벽한 무해함이 실현 불가능한 이상임을 곧바로 느끼게 될 것이다. 다른 덕목들의 경우도 마찬가지이다.

따라서 야마-니야마가 요구하는 도덕성은 겉보기에는 단순하지만 실제로는 매우 엄격한 윤리규정을 나타낸다. 이는 높은 수준의 요가적 삶을 위해 충분히 강력한 기반이 된다. 우리는 그곳에 요가적 삶의 기초를 쌓는다. 그리고 장차 요기는 그 기반을 통해 엄청난 무게의 마천루를 견딜 수 있게 될 것이다.

이 혹독한 윤리규정의 주요 목적은 평범한 인간의 삶을 특징짓는 모든 심신의 혼란을 완전히 제거하는 것이다. 칫타-브릿티를 이해하는 사람이라면, 야마-니야마에서 다루는 인간의 성향들이 뿌리 뽑히거나 최소한 통제되기 전까지는 내외적 혼란으로부터 자유롭기란 불가능하다는 데 쉽게 동의할 것이다. 이러한 혼란이 계속해서 칫타에 영향을 미치는 한, 보다 체계적이고 높은 수준의 요가수련을 시도하는 것은 무의미한 일이다.

아힘사(*Ahiṃsā*, 무해함): 아힘사는 실제로 전체생명을 향한 태도와 행동방식을 나타내며, 전체생명이 근본적으로 하나라는 인식에 기반한다. 아힘사를 실천하기 위해 진지하게 노력하지 않으면서, 아힘사에 대한 학술적인 논의에 빠지는 사람들이 많다. 삶에서의 각 상황은 고유하며, 새롭고 활기찬 접근을 필요로 한다. 모든 상황에서 올바른 행동에 대한 정확한 통찰은 발달되고 정화된 붓디 또는 분별력의 결과이며, 이런 붓디의 기능은 어떤 대가를 치르더라도 옳은 일을 해내는 장기간의 훈련 후에만 가능하다. 옳은 일을 하는 것을 통해서만, 우리는 미래에 옳은 일을 할 수 있는 더 많은 힘을 얻고, 또한 무엇이 옳은지 볼 수 있는 능력을 얻는다. 다른 방법은 없다. 그래서 아힘사의 실천을 완성하고자 하는 삿다카는 모든 학문적인 고려사항을 제쳐두고 자신의 내면, 감정, 말, 행동을 엄격히 감시하며, 자신의 이상에 따라 그것들을 통제하기 시작한다. 서서히 그가 자신의 이상을 실천에 옮기는 데 성공함에 따라, 그의 생각, 행동, 말에 내재되어 있던 잔인함과 불의가 점차 드러나고, 그의 시야는 뚜렷해지며 직관적으로 모든 상황에서 가장 올바른 행동의 과정을 알게 될 것이다. 그리고 점차 겉보기에는 수동적인 무해함의 개념이, 결국 모든 생명을 향한 연민과 능동적인 봉사의 삶으로 변모할 것이다.

사트야(*Satya*, 진실함): **사트야**는 모든 과장, 모호한 표현, 가식이나 그와 유사한 결함들이 실제로 진실과 엄밀하게 일치하지 않기 때문에, 그것들을 엄격히 피하는 것이다. 노골적인 거짓말은 물론, 그리 비난받지 않는 아부, 빈말 등은 부정직함의 여러 변형일 수 있다. 따라서 **삿다카**의 삶에서 완전히 제거되어야 한다.

요가적 삶에서 **사트야**가 왜 필수적인가? 거짓과 거짓을 유지하려는 불필요한 노력들은 잠재의식에 특별한 긴장을 야기하며, 온갖 종류의 감정적 혼란에 토양을 제공한다. 물론 상습적인 거짓말쟁이들은 이러한 것들을 잘 알아차릴 수 없다. 그가 진실함을 실천하기 시작할 때에야 비로소 더 미세한 형태의 부정직함들이 그의 눈에 드러나기 시작한다. 악덕을 제거하면 제거할수록, 더 미세한 악덕들을 인식하게 되는 것은 자연의 법칙이다.

삿디키는 **사트야**를 실천함으로써 **붓디**의 개화를 필연적으로 촉진한다. 모든 형태의 부정직함만큼 직관을 흐리게 하는 것도 없다. **사트야**의 미덕을 온전히 갖추지 않고 **요가**를 수련하려는 사람은 칠흑 같은 밤에 정글을 탐험하는 것과 같다. **요기**는 먼저 생각과 말과 행동에서 완벽한 진실함의 갑옷을 입어야 한다. 그러면 어떤 환영도 그 갑옷을 뚫을 수 없을 것이다.

궁극적 실재의 본질은 무엇인가? 모든 것을 정복하는 사랑과 진실이라는 위대한 근본법칙들이다. 따라서 이 실재를 추구하는 **요기**의 외적, 내적 삶은 이 근본법칙들을 엄격하게 따라야만 한다. 사랑의 법칙을 위반하면, 우리는 결국 많은 고통을 치르고 늦든 빠르든 다시 이 법칙으로 끌려오게 된다—**아힘사**의 필요성이다. 마찬가지로 부정직함은 진실함이라는 근본법칙과의 조화에서 벗어나게 하고, 우리에게 일종의 정신적, 감정적 긴장을 만들어낸다.

아스테야(*Asteya*, 훔치지 않음): **아스테야**는 문자 그대로 도둑질을 삼가는 것을 의미한다. 여기에서도 우리는 이 단어를 매우 포괄적인 의미로 이해해야 하며, 단순히 형법의 관점에서 해석해서는 안 된다. 어느 정도 도덕의식이 발달한 사람들 중에 실제로 도둑질을 할 사람은 거의 없겠지만, 도덕적 기준을 엄격하게 적용할 때 완전히 죄가 없다 할 사람도 매우 드물다. 우리의 관습적인 삶에서는 간접적이고 미세한 형태의 부정과 유용이 묵인되고 있다. 우리의 무감각한 양심이 이런 의심스러운 거래에 크게 동요하지 않기 때문이다. 이른바 문명인이라면 공개적인 만찬에서 탐나는 물건을 슬쩍 하지는 않겠지만, 뇌물을 주고받는 문제에 있어서는 양심의 가책을 별로 느끼지 않을 수 있다.

아스테야는 단순히 도둑질을 삼가는 것이 아니라, 모든 종류의 남용을 삼가는 것으로 해석되어야 한다. **요기**가 되고자 하는 사람은 자신에게 정당하게 속하지 않은 것을 가져서는 안 된다. 이는 돈이나 물건뿐만 아니라 자신이 하지 않은 일에 대한 공로나 자신에게 정당하게 속하지 않은 특권과 같은, 무형이지만 매우 가치 있는 것들에도 해당된다. 높은 수준의 **요가**를 열망하는 **샷다카**는 이런 덕목들을 마치 고차원의 예술작업을 하듯 실천해야 하며, 일상생활의 도덕적 문제들에 있어서도 점점 더 정교하고 섬세해져야 한다.

브라마차리야(*Brahmacarya*, 성적 절제): 야마-니야마에서 요구되는 모든 덕목들 중에서 브라마차리야가 가장 금욕적으로 보이며, 진지한 학생들은 요가의 길에서 성적 탐닉의 즐거움을 버려야 할까 두려워, 이의 적용을 꺼린다. 많은 서양의 저자들은 브라마차리야에 대해 자유로운 해석을 통해 이 문제를 해결하려 했고, 이를 완전한 금욕이 아닌 합법적 결혼 안에서의 절제된 성생활로 해석했다. 동양의 저자들은 이런 실수를 하지 않는다. 그들은 진정한 요가적 삶이 성생활의 즐거움에 수반되는 자기 방종과 생명력의 낭비와 양립할 수 없으며, 둘 중 하나를 선택해야 한다는 것을 잘 알고 있다. 물론 성생활을 단번에 버려야 할 필요는 없다. 하지만 단순한 이론적 연구나 예비 요가수련과 구별되는 최고급의 요가수련을 진지하게 시작하려면 이조차 완전히 버려야 한다.

세속적인 삶의 즐거움에 고차원적 삶의 평화와 초월적 지식을 결합하려는 무리한 욕구는 다소 애처로워 보인다. 이것은 요가적 삶의 실재에 대한 인식이 부족하며, 따라서 요가적 삶을 살아가기에 적합하지 않음을 보여주기 때문이다. 요기가 추구하는 고차원적 삶의 평화와 지복을 감각적인 즐거움과 동등하게 여기거나, 심지어 비교 가능하다고 생각하여 결과적으로 후자를 버리기를 망설이는 사람들은 강한 직관을 발달시켜야 한다. 그 직관이 그들에게 단호하게 말해줄 것이다. 그들이 실재를 위해 단순한 그림자를, 삶의 가장 위대한 선물을 위해 일시적인 감각을 희생해야만 한다고 말이다.

최고급의 요가를 열망한다면 브라마차리야의 적용은 더욱 확대된다. 우리는 일시적 행복을 위해 감각적 즐거움에 지나치게 의존한다. 값비싼 향수와 미식에 대한 탐닉, 모피 착용 및 이와 유사한 감각적 즐거움들은 너무 흔하다. 이러한 행위가 많은 생명체들에게 어떤 고통을 수반하는지 숙고해야 한다. 평범한 사람에게는 다른 생명체에게 직접적 고통을 주지 않는 적당한 즐거움은 별 문제가 되지 않는다. 그것들은 그의 진화 단계에서 정상적인 삶의 일부이다. 그러나 위대한 **요기**가 되려는 사람에게는 이조차 해로운 것이다. 그것들을 죄악시해서가 아니다. 그것들이 지속적으로 정신적, 감정적 혼란을 야기하기 때문이다.

그렇다면 **요기**는 모든 즐거운 감각을 차단해야 하는가? 전혀 그렇지 않다! 완전히 자연스럽고 그 자체로는 무해한 감각을 느끼는 것은 잘못이 아니다. 문제는 그 경험을 수없이 반복하고자 욕망하는 데 있다. **칫타**를 혼란스럽게 하고 **삼스카라**를 만들어내는 것은 실제 감각이 아니라 욕망(*Kāma*, 카마)이기 때문이다. **요기**는 이를 경계하고 뿌리 뽑아야 한다. **요기**는 모든 종류의 감각적 대상들 속에서 살아가지만, 그 대상을 집착하거나 혐오하지 않는다. 중요한 것은 이런 대상들의 존재나 부재에 어떤 영향도 받지 않는 것이다. 대상과의 접촉은 언제나 특정한 감각을 만들지만, 그것으로 끝날 뿐이다.

이러한 비집착의 상태는 매우 오랜 기간의 엄격한 자기훈련 끝에야 도달할 수 있다. 다만 과거 생에서 강력한 **삼스카라**를 가져온 일부 예외적인 **샷다카**들의 경우, 손쉽게 비집착의 상태를 맞이한다. 또한 계속해서 감각적 즐거움에 탐닉하면서도 스스로는 그것에 집착하지 않는다는 사람들이 있다. 이들은 자기기만의 상태에 빠져있는 것이다. 사실 평범한 **샷다카**는 감각적 즐거움을 버리는 것을 통해서만, 그것에 대한 무관심을 발전시키고 시험해볼 수 있다. 따라서 금욕의 훈련은 **요가**에서 필수적인 부분이다. 세속적인 사람들은 종종 **요기**가 정말로 무엇을 위해 사는지 의아해한다. 하지만 요기에게 집착으로부터의 자유는 무어라 형용할 수 없는 내면의 평화와 힘을 가져다주며, 감각적 즐거움은 이에 비교할 수 없는 것으로 여겨진다.

아파리그라하(*Aparigraha*, 탐내지 않음): 아파리그라하는 때로 탐욕의 부재로 번역되지만, 무소유가 그 근본적인 의미를 더 잘 전달할 것이다. 물론 우리가 물질세계에 사는 한, 몇 가지 물건들은 필수적이다. 하지만 우리는 삶의 필수품에 만족하지 않는다. 이른바 사치품들은 육체와 영혼을 유지하는 데 꼭 필요한 것은 아니지만, 안락한 삶을 제공한다. 그런데 우리는 여기에서조차 멈추지 않는다. 모든 편안함과 즐거움을 보장하는 온갖 수단을 가지고 있을 때조차 계속해서 무언가를 축적한다.

샷다카라면 끝없는 축적을 절대적으로 제거할 필요가 있다. 왜인가? 첫째, 당신은 정말로 필요하지 않은 것들을 축적하는 데 시간과 에너지를 써야 한다. 또한 축적한 것들을 유지하고 지키는 데 시간과 에너지를 써야 한다. 걱정과 불안은 축적물의 증가에 비례한다. 게다가 그것들을 잃을 수 있다는 지속적인 두려움, 실제로 그 일부를 잃는 데서 오는 고통과 괴로움, 결국 이 세상을 떠날 때 애지중지하던 축적물들을 뒤에 남겨두고 가야 하는 비통함을 떠올려보라. 삶의 더 깊은 문제들을 천착하는 데 조금이라도 진지한 사람이라면, 이런 식으로 제한된 자원을 낭비할 여유가 없다. 따라서 요기들은 자신의 소유물과 필요한 것들을 최소한으로 줄이고, 에너지를 낭비하고 지속적인 혼란의 원천이 되는 불필요한 축적과 활동들을 제거해야 한다. 이제 그는 카르마의 법칙이 허용하는 한, 자연스럽게 자신에게 주어지는 것에 오롯이 만족한다.

이제 아파리그라하의 적용에 있어 정말로 중요한 것은 물건의 양이 아니라, 그것들에 대한 우리의 태도라는 점을 강조해야겠다. 소유물의 개수가 얼마 되지 않더라도 소유욕은 매우 강할 수 있다. 반면, 풍족하게 살면서도 소유의 감각에서 자유로울 수 있다. 힌두의 경전에는 이와 관련된 흥미로운 이야기들이 많다. 궁전에 살았던 자나카 왕과 오두막에 살았던 은자의 이야기는 유명하다.* 가장 호화로운 환경에 살면서도 소유의식 없이, 그리고 조금의 망설임도 없이 모든 것을 버릴 준비가 되어있을 수 있다. 하지만 집착에서 자유로운 칫타의 상태를 부단히 훈련, 확립하기 위해서는 아파리그라하가 필수라는 점을 분명히 이해해야 한다.

* 부유하고 현명한 왕이었던 자나카가 오두막에 사는 은자에게 찾아갔을 때, 은자가 자나카에게 '당신의 왕국이 불타고 있다는 소식을 들어도 당신의 평화가 흔들리지 않는다면, 그때 당신은 진정으로 깨달은 것'이라고 전한 이야기.

31

Jāti-deśa-kāla-samayānavacchinnāḥ sārvabhaumā mahā-vratam.

자티-데샤-칼라-사마야아나밧친나 사르바바우마 마하-브라탐

•

자티 계급, 출신 계층	데샤 장소	칼라 시간	
사마야 경우, 상황, 조건		아나밧친나 한정되지 않는	
사르바바우마 모든 단계에 확장 또는 적용되는		마하-브라탐 위대한 서약	

These (the five vows), not conditioned by class, place, time or occasion and extending to all stages constitute the Great Vow.

다섯 가지 서약은 계급, 장소, 시간 또는 상황에 구애받지 않고 계속 확장되며, 위대한 서약을 구성한다.

어떤 덕목을 실천할 때, 특정한 상황에서 그 특정한 덕목을 실천하는 것이 바람직한지 의문이 생길 때가 있다. 계급, 장소, 시간 또는 상황 들을 고려할 때, 삿다카는 무엇을 해야 할지 설정하기 어려울 수 있다. 예를 들어 보겠다. 당신이 알기로는 무고한 친구가 교수형에 처해질 예정이다. 당신이 거짓말을 하면 그를 구할 수 있다. 그 거짓말을 해야 할까? (상황). 힌두의 바르나슈라마 다르마(*Varṇāśrama Dharma*, 사회계급과 삶의 단계별 의무)에 따르면 부의 축적과 적절한 분배는 바이샤(*Vaiśya*, 상인계급)의 다르마이다. 그렇다면 요기가 되고자 하는 바이샤는 아파리그라하에 대한 서약을 완화하

고 계속해서 부를 축적해야 할까? (계급). 당신의 국가가 다른 나라와 전쟁 중이다. 당신은 군대에 입대하여 명령대로 적국의 국민을 죽여야 할까? (시간). 당신은 식량을 위해 동물을 죽여야 하는 북극에 가게 되었다. 당신이 처한 특수한 상황에서 아힘사에 대한 서약을 수정할 수 있을까? (장소). 삿다카의 삶에서는 이처럼 수백 가지 질문이 생길 수밖에 없으며, 그는 때로 다섯 가지 서약을 엄격히 실천해야 하는지, 아니면 특별한 상황에서 예외를 둘 수 있는지 의문이 들 수 있다. 그런데 이 수트라는 다섯 가지 서약을 통칭하여 위대한 서약이라고 부르면서, 그 실천에 있어서는 어떤 예외도 허용될 수 없음을 명확히 함으로써 모든 의문을 불식시킨다. 그는 이 서약을 지키는 데 큰 불편을 겪거나 큰 대가—심지어 죽음이라는 극단적인 대가까지도—를 치를 수 있다. 그러나 어떤 조건에서도 이 서약들 중 어느 것도 어겨서는 안 된다. 설령 서약을 지키다가 목숨을 잃는다 하더라도, 이러한 상황에서 반드시 일어날 영적 힘의 엄청난 유입이 한 생명의 손실을 훨씬 능가할 것이라는 확고한 믿음으로 그 시련을 기꺼이 견뎌내야 한다. 삶의 궁극적인 신비를 풀고자 하는 사람은 많은 경우에 옳은 일을 하기 위해 자신의 인생까지도 걸어야 하며, 그가 달성하고자 하는 것의 엄청난 본질을 고려할 때, 한두 번의 생을 잃는 것은 문제가 되지 않는다. 게다가 그는 법칙에 의해 지배되고 정의에 기반한 우주에서는, 옳은 일을 하려는 사람에게 진정한 해악이 올 수 없다는 점을 알아야 한다. 이러한 상황에서 그가 고통을 겪어야 할 때, 그것은 대개 과거의 카르마 때문이므로 불쾌한 경험을 겪고 카르마의 의무를 영원히 끝내는 편이 더 낫다. 발생하는 문제들은 대개 우리를 극한까지 시험하기 위한 것일 뿐이며, 우리가 어떤 대가를 치르더라도 옳은 일을 하겠다는 결심을 보일 때 그것들은 가장 예상치 못한 방식으로 해결된다.

한편으로 이처럼 타협 없는 원칙의 고수는 우리의 삶과 행동의 문제를 크게 단순화시킨다. 서약의 보편성은 그를 유혹하여 도망치게 할 수 있는 어떠한 여지도 남기지 않으며, 따라서 대부분의 경우 그의 행동 방향은 매우 분명할 것이다. 그는 자신에게 열려있는 다른 길이 없다는 것을 알고 주저 없이 올바른 길을 따를 수 있고, 따라야 한다.

그러나 무엇이 옳은지에 대한 해석은 항상 각자의 재량에 맡겨진다는 점을 잊지 말아야 한다. 그는 다른 사람들이 말하는 것이 아니라 자신이 옳다고 생각하는 것을 해야 한다. 만약 그가 자신이 옳다고 생각하면서 어떤 잘못된 일을 한다면, 자연은 고통을 통해 그를 가르칠 것이다. 하지만 어떤 대가를 치르더라도 옳은 일을 하려는 의지는 점진적으로 그의 시야를 맑게 하여, 결국 그가 오류 없이 옳은 것을 볼 수 있는 단계로 이끌 것이다. 옳은 것을 보는 것은, 옳은 것을 행함에 달려있다. 따라서 요기의 삶에서 정의로움은 대단히 중요하다.

32

Śauca-saṃtoṣa-tapaḥ-svādhyāyeśvara-praṇidhānāni niyamāḥ.

샤우차-산토샤-타파-스바디야예슈바라(스바디야야이슈바라)-프라니다나니 니야마

샤우차 순수, 청결	**산토샤** 자족	**타파스** 절제
스바디야야 참자아에 대한 연구	**이슈바라-프라니다나** 신에 대한 귀의	**니야마** 적극적 계율

Purity, contentment, austerity, self-study and self-surrender constitute observances.

순수, 자족, 절제, 참자아에 대한 연구, 신에 대한 귀의가 적극적으로 실천해야 할 계율들을 구성한다.

이제 요가 훈련의 두 번째 앙가인 니야마에 대해 이야기하겠다. 먼저 야마와 니야마의 차이점을 고려할 필요가 있다. 표면적으로는 야마와 니야마 모두 공통된 목적을 가진 것처럼 보인다—공통된 목적이란 낮은 수준의 본성을 변화시켜, 요가의 길에 적절한 매개체들로 만드는 것이다. 그러나 두 범주에 포함된 요소들을 자세히 살펴보면, 야마에 포함된 수련은 일반적으로 도덕적이고 금지하는 것들인 반면, 니야마의 수련은 건설적이고 훈육과 관련된 것들이다. 야마는 요가적 삶의 윤리적인 기반을 다지는 것을 목표로 하고, 니야마는 이에 뒤따르는 엄격한 요가수련을 위해 삿다카의 삶을 원천

적으로 재조직하는 것을 목표로 한다.

야마와 관련된 위대한 서약을 지키기 위해 삿다카는 특별히 무언가를 할 필요가 없다. 날마다 그는 자신의 삶에서 일어나는 사건과 상황에 잘 정의된 방식으로 반응하도록 요구받지만, 다섯 가지 덕목을 실천할 필요가 있는 경우의 수와 특성은 자연스럽게 그의 환경에 따라 달라진다. 예를 들어 그가 고행자로서 혼자 정글에 가서 산다면 이러한 덕목들을 수련할 기회가 거의 생기지 않을 것이다. 위대한 서약은 항상 그를 구속하겠지만, 말하자면 수련의 기회가 없어 작동하지 않은 채로 남아있을 것이다.

니야마의 경우는 그렇지 않다. 니야마는 삿다카가 처한 상황이 어떻든, 날마다 정기적으로 해야 하는 수련을 포함한다. 그가 모든 사회적 관계에서 완전히 고립되어 있다 하더라도, 이 수련은 사람들로 붐비는 곳에서 머물 때와 마찬가지로 여전히 중요하다.

샤우차(*Śauca*, 순수): 니야마의 첫 번째 요소는 샤우차, 즉 순수성이다. 순수란 무엇인가? 요가철학에 따르면, 보이거나 보이지 않는 우주 전체는 신성한 생명의 현현이며 신성한 의식으로 가득 차있다. 신성한 비전을 가진 깨달은 현자나 성인에게는 원자에서부터 브라만다(*Brahmāṇḍa*, 태양계)의 이슈바라까지, 모든 것이 신성한 생명의 매개체이므로 순수하고 신성하다. 이러한 관점에서 보면, 절대적인 의미에서 불순하다고 여길 수 있는 것은 없다. 따라서 순수와 불순이라는 단어를 사용할 때, 우리는 분명히 그것들을 상대적인 의미로 사용하고 있다. 매개체와 관련하여 순수하다는 것은, 해당 매개체가 신성한 생명의 도구로서 신성한 생명이 효율적으로 기능하게 하거나 돕는 경우를 말한다. 만약 그 매개체가 생명의 완전한 표현을 방해하거나, 체의 기능 수행에 장애를 일으킨다면 불순한 것이다. 따라서 이때의 순수성은 절대적인 것이 아니다. 생명이 도달하고자 하는 다음 진화의 단계와 관련된 기능적 특성일 뿐이다. 그러므로 순수의 훈련이란, 개인의 여러 매개체들이 적절한 기능을 수행하고 목표를 달성할 수 있도록 불필요한 모든 요소와 조건을 제거하는 것이다. 요기에게 이 목표는 개인의 의식을 지고의(Supreme) 의식과 합일시키거나, 《요가수트라》의 용어로 카이발야 달성을 통한 자각이다. 따라서 요기에게 순수란, 이러한 통합을 점진적으로 이루어 낼 수 있도록 매개체를 유지하고 변형시키는 것이다.

순수성은 특정한 매개체를 구성하는 물질의 특성에 크게 의존한다. 다양한 의식상태에 반응하는 매개체의 능력은 체를 구성하는 물질, 진화의 단계, 그리고 체의 민감도에 달려있다. 체를 구성하는 물질이 체의 진동 능력을 얼마간 결정하는 이유는, 물질의 특성과 진동의 능력이 불가분하게 연결되어 있기 때문이다. 모든 물질은 해당 범위의 진동에 반응한다. 따라서 우리가 심층의식에 해당하는 높고 미세한 진동을 하위 매개체들에 담아내려면, 그에 적절하고 상응하는 물질을 제공해야 한다.

지바트마의 모든 하위 매개체들은 끊임없이 변화하고 있으며, 순수를 위한 정화는 체를 구성하는 거친 물질을 더 정제된 유형의 물질로 대체함으로써 이루어진다. 육체라는 매개체의 경우, 정화는 비교적 단순한 문제이다. 육체에 적절한 음식과 음료를 공급함으로써 가능하다. 힌두의 요가 수행체계에 따르면, 음식과 음료는 타마스한 것, 라자스한 것, 사트바한 것의 세 가지로 분류되며, 순수하고 정제된 육체를 만드는 요기에게는 사트바로 간주되는 것들만이 허용된다. 현대 식단의 많은 인공 첨가물들은 육체를 요가적 삶에 쓸모없게 만들며, 샷다카는 육체를 충분히 정화하기 위해 장기간 철저한 식이요법을 거쳐야 할 것이다.

더 미세한 매개체들의 정화는 훨씬 더 어려운 과정을 통해 이루어진다. 모든 바람직하지 않은 생각과 감정을 배제하고, 이를 지속적이고 끈기 있게 더 높고 미세한 성질의 생각과 감정으로 대체해야 한다. 그리하여 진동이 변화함에 따라 매개체를 구성하는 물질도 동시에 변화하며, 오랜 기간 충분한 노력이 지속된다면 점진적이고 체계적으로 체들은 순수해진다. 순수한 내면은 순수한 생각을 하고 순수한 감정을 느끼며, 더 이상 바람직하지 않은 생각과 감정을 품기 어렵게 된다.

힌두의 영적 수행체계에서 더 미세한 체들을 정화하기 위한 또 다른 방법은 **만트라**와 기도를 통한 지속적 수련이다. 이들은 체들이 매우 높은 진동수(frequency)로 자주 진동하게 하고, 상위 차원에서 영적 힘의 유입을 가져오며, 이렇게 날마다 체들을 뒤흔드는(agitation) 것이 여러 체들에서 모든 바람직하지 않은 요소들을 점점 씻어내는 것과 같은 효과를 낸다. 따라서 **샤우차**는 능동적인 수련임을 알 수 있다. 이는 저절로 일어나지 않는다. 오랜 기간 매일 정화하는 연습을 해야 한다.

산토샤(*Saṃtoṣa*, 자족): **삿다카**는 최고 수준의 자족감을 훈련해야 한다. **산토샤**가 없다면, **삿다카**가 평형상태를 유지하는 것이 불가능하다. 세속을 살아가는 평범한 사람은 하루 종일 습관, 편견, 훈련 또는 순간순간의 기분에 흔들린다. 크고 작은 영향에 대한 반응들은 대부분 마음의 동요를 일으키는데, 그때 **칫타**의 산란을 동반하지 않는 반응은 거의 없다. 하나의 동요가 가라앉을 새도 없이, 또 다른 동요가 **칫타**를 다시 뒤흔든다. 때로 사람들은 분명 평온해 보이지만, 이 평온함은 단지 표면적일 뿐이다. 이런 상태가 반드시 불쾌한 것은 아니며, 대부분의 사람들에게는 지극히 자연스러운 일이다. 하지만 **삿다카**에게는 일점집중에 전혀 도움이 되지 않는다. 이러한 상태가 지속되는 한 **빅셰파**, 즉 마음이 쉼 없이 외부로 끌려나가는 경향이 생겨날 수밖에 없다. 따라서 **삿다카**는 의도적인 훈련, 명상 및 다른 가능한 수단들을 통해 **빅셰파**를 지속적인 평형과 고요로 바꾸어야 한다. **삿다카**의 목표는 정신적 동요가 발생했을 때 그것을 진정시키는 힘을 얻는 것이 아니라, 더 이상 어떤 동요도 일어나지 않게 하는 더 진귀한 힘을 얻는 것이다.

이러한 평정심은 완벽한 자족감, 즉 **산토샤**의 기반 위에서만 구축될 수 있다. 이는 극도로 능동적이고 역동적인 상태로, 게으름과 나태에 기반한 수동적 상태와는 전혀 관련이 없다. 이 자족감은 모든 개인적인 즐거움, 안락함 등에 대한 완벽한 무관심에 기초한다.

타파스(*Tapas*, 절제): **타파스**는 매우 포괄적인 용어로 정확한 영어의 대응어가 사실상 없다. 이는 정화, 자기훈련, 고행 등 여러 영어 단어의 의미를 하나로 결합시킨 것이다. **타파스**는 낮은 본성을 정화하고 단련시키며, **지바트마**의 매개체들을 강철 같은 의지의 통제 아래 두는 것을 목적으로 하는 다양한 수련들을 대표한다. **타파스**는 아마도 합금된 금을 강한 '열'에 노출시켜 모든 불순물들을 태워버리고 순수한 금만 남기는 과정에서 유래되었을 것이다. 인격 형성의 전체 과학은 어떤 면에서 **타파스**의 수련으로 간주될 수 있다. 그러나 전통적인 의미에서 **타파스**는 특히 육체의 정화와 통제, 그리고 의지력 계발을 위한 몇 가지 특정한 수련을 가리킨다. 여기에는 금식 및 단식, 서약 지키기, **프라나야마** 등의 수련이 포함된다. **타파스**를 잘못 오해한 일부 사람들은 **타파스**를 수련하면서 손을 들어 올려 그 상태를 여러 해 동안 유지하는 등 매우 기이한 서약 행위를 하기도 하는데, 이는 손이 말라 비틀어질 때까지 계속된다. 하지만 이런 어리석은 수련은 비난받아 마땅하다. 올바른 요가학파들은 이를 **아수릭**(*Āsuric*), 즉 악마적인 것이라 부른다.

타파스의 체계적인 수련은 일반적으로 의지력을 요하는 간단하고 쉬운 연습으로 시작하여 점진적으로 더 어려운 연습으로 나아가고, 이러한 연습은 카이발야에 이르기까지 계속된다. 평범한 사람의 경우, 칫타는 특정 매개체들과 대부분 동일시되어 있다. 타파스의 수련은 동일시를 점차 느슨하게 만들어, 아스미타 또는 '나는 이것이다(I am this)'라는 자의식을 약화시킨다.

스바디야야(*Svādhyāya*, 참자아에 대한 연구): 스바디야야라는 단어는 때때로 성스러운 경전의 연구라는 제한적인 의미로 사용된다. 그러나 이는 첫 번째 단계에 불과하다. 학생은 다른 과학을 공부할 때와 마찬가지로, 먼저 요가의 다양한 측면과 관련된 모든 필수적인 문헌을 철저히 숙지해야 한다. 이렇게 함으로써 그는 요가의 이상을 추구하는 데 관련되는 이론적 원리와 실천에 필요한 지식을 습득한다. 또한 그는 다양한 방법들의 상대적인 가치와 요가수련과 관련된 모든 문제에 대한 올바른 관점을 얻게 된다.

이런 공부는 단지 이론적일 뿐이며 삿다카를 끝까지 데려갈 수는 없지만, 그럼에도 불구하고 큰 가치가 있다. 요가의 길에 막 들어선 대부분의 사람들은 매우 모호하고 혼란스러운 지적 배경을 가지고 있으며, 요가와 관련된 다양한 주제들에 대해 충분한 지식이 결핍되어 있다. 따라서 이들은 무엇이든 지나치게 단순화하고, 이론의 기초 없이 불가능한 결과를 기대하기 쉽다. 머지않아 그들은 낙담하고 좌절하거나, 위대한 요기라고 사처하며 온갖 환영적인 것들을 약속하는 비양심적인 사람들의 먹잇감이 된다.

스바디야야의 다음 단계는 문헌 등을 통해 지적으로 탐구한 심오한 문제들을 지속적으로 성찰하고 숙고하는 것이다. 끊임없는 성찰은 내면으로 진정한 지식을 공급받기 위한 준비 단계다. 이는 일종의 흡인작용을 일으키며 직관의 숨결을 내면으로 끌어들인다. 이러한 통찰이 뚜렷해질수록 진정한 해결책, 즉 모든 의심이 완전히 해소되고 영원한 평화를 성취할 수 있는 초월지에 대한 열망은 더욱 불타오른다. 위대하고 근본적인 진리들에 대한 숙고와 성찰은 알아차리기 힘들 정도로 미세하게, 점점 더 일반적 의미의 명상과 유사해진다. 즉 칫타는 점점 더 탐구대상에 몰두하게 된다. 이 대상은 반드시 철학적, 추상적 진리일 필요는 없다. 그 대상은 삿다카가 교감하고 합일되고자 하는 헌신의 대상일 수도 있다. 개인의 기질에 따라 대상의 성격은 다를 수 있다. 하지만 깊은 몰입과 알고자 하는 강렬한 열망의 상태는 거의 동일하다.

이러한 일점집중의 상태를 이끌어내는 데 만트라의 사용은 큰 도움이 된다. 삿다카는 자신의 이슈타-데바타(*Iṣṭa-Devatā*, 선호하는 신성)의 만트라나 가야트리(*Gāyatrī*)*, 프라나바(*Praṇava*)**와 같은 잘 알려진 만트라를 사용할 수 있다. 이러한 만트라들은 하위 매개체들을 조화롭게 변형시키고 더 미세한 진동에 민감하도록 하며, 궁극적으로 칫타와 순수의식의 부분적 통합을 가져온다. 따라서 스바디야야는 대개 지적인 연구로 출발하지만, 삿다카의 노력을 통해 헌신에까지 나아간다. 그 단계 동안 성찰, 명상, 타파스는 필수적이다. 이것이 스바디야야에서 스바(*Sva*, 자신의)의 의미이다. 삿다카는 책, 논문 등과 같은 모든 외적 도움을 떠나, 결국에는 참자아의 탐구에 필요한 모든 것을 위해 자신의 내면 속으로 점점 더 깊이 들어간다.

이슈바라-프라니다나(*Iśvara-praṇidhāna*, 신에 대한 귀의): 이는 일반적으로 이슈바라 또는 신에 대한 귀의로 번역되지만, 이슈바라-프라니다나의 진보된 수련이 사마디를 가져올 수 있다는 사실을 고려할 때, 이 단어가 평범한 종

---

* 태양신에게 바치는 기도문.

** 신성한 음절 OM 또는 AUM.

교인이 신의 의지에 순응하려고 하는 피상적인 노력보다 훨씬 더 깊은 의미로 사용된다는 점은 분명하다. 종교인이 신에게 순응하려고 하는 노력의 진정한 의미는 신이 지배하는 세계에서 신의 의지가 지고하며, 그 노력이 즐거운 것이 아닐지라도 신의 의지에 기꺼이 순응하겠다는 것이다. 이는 왕의 명령에 대한 충성스러운 신하의 태도와 크게 다르지 않다.

종교인의 이런 경건한 태도는 일반적인 정신적 태도보다 우월하며, 평화로운 내면의 상태를 유도한다. 그러나 그 자체로는 사마디로 절정에 이르는 영적 개화와 깨달음의 길에 도달할 수 없다. 반면, 이슈바라-프라니다나의 점진적인 수련은 궁극적으로 사마디로 이어진다. 이는 삿다카의 내면에서 경건한 종교성 이상의 훨씬 더 깊은 변화가 일어남을 암시한다.

요가철학에 따르면, 우리 내면의 궁극적 실재는 우리 삶의 한계와 고통의 원인에서 자유롭다. 푸루샤, 즉 개별영혼은 그 실재의 현현이다. 그런데 어떻게 푸루샤가 거대한 환영과 낮은 차원의 삶 속에서 고통의 대상이 되는가? 그것은 매개체들과 자신을 동일시하는 '나'라는 의식 때문이다. 아스미타 또는 '나'라는 장막이 그의 진정한 본성—스바루파—을 덮고 있는 한, 그는 삶의 한계와 환영에 묶여있게 되며, 그로부터 자유를 되찾을 수 있는 유일한 방법은 이 '나'라는 의식의 장막을 제거하는 것이다. 이것이 요가철학 전체의 기본 개념이며, 모든 요가체계는 직접적 또는 간접적으로, 이 '나'라는 의식을 파괴하는 것을 목표로 한다. 이슈바라-프라니다나의 수련은 그런 방법들 중의 하나이다. 개인의 의지를 이슈바라의 의지에 체계적이고 점진적으로 통합시킴으로써 아스미타를 해체하고, 클레샤의 뿌리를 파괴하는 것을 그 목적으로 한다.

이슈바라-프라니다나의 수련은 '내 뜻이 아니라 당신의 뜻이 이루어지게 하소서'라는 단언으로 시작하지만, 거기에서 끝나지 않는다. '나'라는 의식에서부터 지고의 의식까지, 끊임없이 의식을 뒤로 물러나게 하려는 꾸준한 노력이 따른다. 이 노력은 삿다카의 기질과 누적된 삼스카라에 따라 여러 형태로 나타날 수 있다. 예를 들면 지고의 의지에게 쓰일 의식적인 도구가 되고자 하는 진지한 열망이 있을 수 있다. 이 지고의 의지는 개성의 한계로 인해 방해를 받는데, 삿다카의 자아중심성이 클수록 방해가 더 크다. 이슈바라-프라니다나를 실천하려고 노력하는 삿다카는 니스카마 카르마(*Niṣkāma Karma*, 결과에 대한 집착 없는 행위)를 함으로써 개성의 방해를 제거하려고 노력하여, 그의 개성이 신성한 의지의 기꺼운, 그리고 의식적인 도구가 될 수 있도록 한다. 이 과정은 점진적이며 삿다카는 오랫동안 어둠 속에서 일해야 한다는 점은 두말할 필요도 없다. 그는 신성한 의지에 대한 의식적인 지식 없이도, 자신이 옳다고 생각하는 바를 신중하게 행하려고 노력해야 한다. 개성이 삿다카의 통제 아래 놓일 때까지, 그가 신성한 의지에 대해 반드시 알아야 할 필요는 없다. 왜냐하면 그 의지를 안다 하더라도 변덕스럽고 통제되지 않은 개성이, 신성한 의지가 자유롭고 충분하게 표현되도록 허용하지 않을 것이기 때문이다. 그러나 이상을 실현하려는 노력이 점진적으로 장애물들을 제거하며, 만약 삿다카가 인내심을 가지고 자신의 이상을 끝까지 추구한다면, 그는 신성의 의식적인 대리인이 되는 데 성공하게 된다. 이제 그의 거짓된 '나'는 사라지고, 신성한 의지가 그의 '나' 없는 중심을 통해 자유롭게 작용할 수 있다. 이것을 진정한 카르마 요가(*Karma Yoga*, 행위의 요가)라 부른다.

이슈바라-프라니다나의 수련은 삿다카가 매우 감성적인 기질의 사람이고 박티(*Bhakti*, 신에 대한 사랑과 헌신)의 길을 걷고 있다면, 다른 형태를 취한다. 여기서는 개인의 의지를 신성한 의지에 통합하는 것에 중점을 두는 것이 아니라, 사랑을 통해 사랑하는 이와 하나가 되는 것에 중점을 둔다. 그러나 사랑은 자연스럽게 자기부정(self-abnegation)과 사랑하는 이(The Beloved)의 의지에 자신을 종속시키는 것으로 표현되기 때문에, 박티의 길 역시 간접적으로 '나' 또는 아스미타의 해체로 이어진다. 여기서는 사랑이 원동력이 되어 이기심의 파괴와 신성한 의식과의 통합을 가져오며, 사마디는 그 결과이다.

주의 깊은 학생이라면 이슈바라-프라니다나에서 박티요가의 정수를 볼 수 있을 것이다. 《요가수트라》에는 박티를 위한 부분이 확실히 많지 않다. 하지만 이슈바라-프라니다나는 박티요가의 필수 기법을 간략히 담고 있다. 실천적 박티요가인 나바다-박티(*Navadhā-Bhakti*)*는 단지 예비적인 성격을 지니며, 삿다카가 주(Lord)의 의지에 온전히 자신을 맡김으로써, 자신의 주에게 전적으로 의지할 수 있도록 이끈다. 이를 통해 사마디에서 사랑하는 이와 궁극적으로 합일하는 것은 이슈바라-프라니다나 그 자체이다.

* 신에 대한 사랑과 헌신을 표현하는 아홉 가지 방식으로, 신의 이야기나 이름을 듣는 것, 신을 계속 기억하고 명상하는 것 등이 있다.

33

Vitarka-bādhane-pratipakṣa-bhāvanam.

비타르카-바다네-프라티팍샤-바바남

비타르카 부적절한 생각	바다네 ~에 의해 방해받을 때
프라티팍샤 반대의	바바남 마음에 새기며, 곰곰이 계속 생각하며

When the mind is disturbed by improper thoughts constant pondering over the opposites (is the remedy).

부적절한 생각으로 혼란스러울 때, 그것과 반대되는 생각을 지속하는 것이 해결책이다.

삿다카는 전생에서 온갖 종류의 추진력을 가져오며, 단호한 결심에도 불구하고 바람직하지 않은 습관과 경향에 휘둘린다. 이런 상황에서 그는 어떻게 해야 하는가? 삿다카는 바람직하지 않은 경향이 자신을 괴롭힐 때, 그와 반대되는 것들을 지속적으로 숙고, 명상해야 한다. 이는 현대심리학이 자기수련의 문제를 다룰 때 권장하는 법칙이기도 하다.

잘 알려져있듯이, 바람직하지 않은 습관은 정확히 반대 종류의 습관으로—즉 증오는 사랑으로, 부정직함은 정직함으로—대체함으로써 변화될 수 있다. 새로운 생각들로 새롭고 바람직한 정신적 통로들이 구축된다. 이를 통해 바람직한 에너지가 점점 더 많이 흐르기 시작하여, 부정적인 사고, 습관과 그로부터 파생된 잘못된 태도들을 고갈시키고 점진적으로 대체한다.

34

Vitarkā hiṃsādayaḥ kṛta-kāritānumoditā lobha-krodha-moha-pūrvakā mṛdumadhyādhimātrā duḥkhājñānānantaphalā iti pratipakṣa-bhāvanam.

비타르카 힘사다야 크리타-카리타아누모디타 로바-크로다-모하-푸르바카 므리두 마디야아디마트라 두카아갸나아난타팔라 이티 프라티팍샤-바바남

•

비타르카 부적절한 생각	힘사다야 폭력성 등	크리타 자신이 행하는
카리타 다른 이들이 행하는	아누모디타 승인한	로바 탐욕
크로다 분노	모하 혼란, 착각	푸르바카 ~에 선행하는
므리두 약간	마디야 중간	아디마트라 강렬한
두카 고통	아갸나 무지	아난타 끝없는
팔라 결실, 결과	이티 따라서	프라티팍샤 반대
바바남 숙고하는		

As improper thoughts, emotions (and actions) such as those of violence etc., whether they are done (indulged in), caused to be done or abetted, whether caused by greed, anger or delusion, whether present in mild, medium or intense degree, result in endless pain and ignorance; so there is the necessity of pondering over the opposites.

폭력 등과 같은 부적절한 생각, 감정, 행동은 그것들을 행했거나, 하도록 시키거나 승인한 것이든, 탐욕, 분노 또는 미혹에서 비롯되었든, 약한 정도, 중간 정도 또는 강한 정도로 존재하든 간에 끝없는 고통과 무지를 초래한다. 그러므로 그 반대되는 것들을 숙고할 필요가 있다.

야마-니야마를 통해 극복하고자 하는 악한 경향들은 다음 네 가지로 숙고해 볼 수 있다.

악행의 방법(instrumentality): (a) 직접 행할 수 있고, (b) 대신 행할 수 있고 (c) 묵인, 또는 승인할 수 있다. 요가의 윤리에 따르면, 이 세 가지 유형의 악한 행동 모두가 비난의 대상이다. 도둑이 어떤 집에 침입하는 것을 보고도 아무것도 하지 않는 사람이나, 대량의 염소를 도살하는 것에는 가책을 느끼지만, 염소고기를 먹는 것에 대해서는 아무런 책임이 없다고 스스로를 설득하는 사람의 모습은 인간존재의 엄청난 자기기만을 보여준다.

그러나 더 주목해야 할 부분은 악행에 참여하는 세 번째 방식이다. 우리는 때로 냉담함 때문에, 혹은 곤란을 피하고 싶은 욕구로 인해, 범죄 앞에서 아무런 일도 하지 않거나 심지어 묵인할 수 있다. 그때 사람들은 자신이 범죄 앞에서 어떤 역할도 하지 않았기 때문에 카르마에서 완전히 자유롭다고 생각한다. 그렇지 않다. 요가의 더 엄격한 도덕규칙에 의하면, 일반적으로 사람이라면 묵과할 수 없는 범죄가 면전에서 벌어지고 있는데, 이를 묵인하거나 이에 무관심한 사람에게는 그 범죄의 책임이 있다. 부처의 말씀대로 '자비를 베풀어야 할 때 행동하지 않는 것은 치명적인 죄를 저지르는 것과 같다'. 물론, 이는 잘못된 것을 바로잡겠다는 목적으로 다른 사람들의 삶에 끊임없이 간섭해야 한다는 것을 의미하지 않는다. 요가적 삶이란 이성과 상식에 작별을 고한다는 의미가 아니다.

악행의 원인(Cause): 파탄잘리는 세 가지 원인을 제시했다—탐욕, 분노, 미혹. 이 세 가지가 잘못된 생각, 감정, 행동에 앞서 나타나는 칫타의 상태라는 점에 주목해야 한다. 이는 푸르바카(*Pūrvaka*, ~에 선행하는)라는 단어로 설명된다. 로바(*Lobha*)는 우리 자신을 위해 물건을 움켜쥐고 싶은 욕망의 상태이다. 크로다(*Krodha*)는 어떤 사람이나 사물이 우리의 욕망을 충족시키는 데 있어 방해가 될 때 생기는 칫타의 동요이다. 모하(*Moha*)는 우리가 어떤 사람이나 사물에 집착할 때 나타나는 칫타의 상태이다. 이 모든 상태는 붓디를 흐리게 하여 옳고 그름을 판단할 수 없게 만든다. 그래서 이전 수트라에서 반대되는 것들을 숙고하여 혼란을 해소하라는 해결책이 제시되었던 것이다. 우리가 기억해야 할 것은 악의 뿌리로 가서 그것을 다뤄야 한다는 점이다.

악행의 정도(degree): 비타르카(*Vitarka*, 부적절한 생각)와 관련하여 다음으로 고려해야 할 문제는 정도에 관한 것이다. 힌두철학 체계에서 정도나 강도는 약한 정도, 중간 정도, 강한 정도의 세 가지 큰 하위 범주로 나누어 고려하는 것이 일반적이다. 비타르카의 정도나 강도를 세분화하는 목적은 과학적인 분류방법을 제공하는 데 있지 않다. 세분화의 진정한 의미는 간과하거나 무시하기 쉬운 생각과 행동의 사소한 결점들에 주의를 기울이라는 것이다. 삿다카는 자신의 생각, 감정, 행동에 대한 높은 수준의 세심함을 발달시켜야 한다. 사실 우리의 내적, 외적 삶에서 이런 세심한 주의가 도덕적 완벽함을 만들어내고, II-35부터 시작되는 11개의 수트라에서 언급되는 결과들을 가져온다.

악한 영향의 더 미세한 형태들은 더 거친 형태들이 제거되기 전까지는 우리에게 드러나지 않는다. 따라서 특정한 종류의 비타르카를 완전히 제거하는 일은 계속해서 멀어지는 것처럼 보일 수 있고, 열망자가 추구하는 완벽함을 결코 얻지 못할 것처럼 느낄 수 있다. 하지만 요가의 길을 걷는 사람에게는 치명적이라고 할 수 있는 자기만족감보다는, 이런 완성되지 않는듯한 느낌이 훨씬 낫다.

악행의 결과(Result): 훈련되지 않고 옳지 못한 삶의 두 가지 불가피한 결과는 두카(*Duḥkha*)와 아갸나(*Ajñāna*), 즉 고통과 무지이다—두 단어 모두 일상적인 의미뿐만 아니라 더 포괄적인 철학적 의미로도 사용된다. 두카라는 단어는 요가철학에서 악한 생각과 행동의 카르마적 결과인 일반적인 고통과 괴로움뿐만 아니라 더 포괄적인 불행까지도 의미한다. 아갸나에는 인간 삶에서 구속과 고통의 원인이 되는 신성한 본성에 대한 지식이 결여되었다는 의미도 있다.

따라서 두카와 아갸나는 야마-니야마에 따라 만들어지지 않은 삶의 일반적이고 불가피한 두 가지 결과이다. 우리 인격의 모든 바람직하지 않은 경향과 추진력은 영혼을 구속하고 그 결과 괴로움을 초래하는 끝없는 인과관계의 연속을 만들어낸다. 이러한 악순환의 인과관계에서 벗어날 수 있는 유일한 방법은 먼저 야마-니야마의 이상에 따라 자신의 하위본성을 훈련시키고, 그 다음 요가의 추가적인 단계를 밟아 깨달음을 얻는 것뿐이다.

또한 우리는 인간 본성의 근본적인 통일성을 잊어서는 안 된다. 우리의 본성은 다양한 측면을 가진 것처럼 보이지만 본질적으로 하나이다. 따라서 우리는 삶을 물 샐 틈 없는 칸막이로 나눌 수 없으며, 마치 각각이 독립적인 존재성을 가지고 있는 것처럼 야마-니야마의 요소들을 하나씩 따로 실천할 수는 없다. 우리가 이러한 자질들 중 하나를 얼마나 발전시킬 수 있는지는 우리 삶의 전반적인 기조에 달려있을 것이다. 예를 들어, 야마-니야마의 다른 요소들을 소홀히 한다면, 아무리 최선을 다해도 아힘사를 실천할 수 없다. 우리 본성의 한 부분은 다른 부분들과 너무나 밀접하게 연결되어 있기 때문이다. 우리는 대부분의 경우, 전체적으로 성장하거나 전체적으로 퇴보한다. 다이아몬드의 가치는 한 면의 광택이 아니라 그 보석의 전체적인 질에 달려있다. 완성된 보석을 만들기 위해서는 여러 다른 면들을 하나씩 고루 다루어야 한다.

한편, 야마-니야마의 실천에 있어서 배제되어야 하는 부적절한 생각들에 대해 왜 비타르카라는 단어를 사용하는지 살펴보는 것도 흥미롭다. 비타르카라는 단어는 I-42에서 다룬 바와 같이, 칫타가 하나의 주제에서 다른 주제로 옮겨가는 상태를 나타낸다. 이는 한 사람이 이상에 따라 살려고 노력할 때, 초기단계에서도 나타난다. 그때는 항상 주저함과 분투가 있으며 칫타는 두 가지 길 사이를 방황한다. 삿다카가 모든 상황에서 옳은 일을 함으로써 정의로움을 확립했을 때에만 비타르카는 멈추고, 그는 늘 주저 없이 옳은 일을 하게 된다. 이러한 맥락에서 비타르카라는 단어가 이 수트라에서 적절히 사용되었음을 알 수 있다.

35

Ahiṃsā-pratiṣṭhāyāṃ tat-saṃnidhau vaira-tyāgaḥ.

아힘사-프라티슈타얌 탓-산니다우 바이라-티야가

아힘사 비폭력	프라티슈타얌 확립될 때	탓-산니다우 그의 주변에
바이라 적대감	티야가 포기	

On being firmly established in non-violence there is abandonment of hostility in (his) presence.

비폭력이 확고히 정립되면, 그의 존재 앞에서는 모든 적의가 사라진다.

이 수트라와 이어지는 10개의 수트라에서 파탄잘리는 야마-니야마를 수련한 구체적인 결과를 제시한다. 야마-니야마 수련의 정점을 나타내는 이러한 성취들을 언급하는 목적은 두 가지이다. 첫째, 수련이 높은 수준의 완벽함에 이르러야 한다는 점을 강조한다. 너무 많은 사람들이 아직 초기단계에 있으면서도 특정한 미덕의 계발에 있어 자신이 완벽함을 획득했다고 상상하기 시작한다. 둘째, 삿다카에게 측정의 도구를 제공하여, 삿다카가 자신의 진보를 판단하고 특정 과제를 성공적으로 완수했을 때를 확실히 알 수 있게 한다. 이는 셀 수 없이 많은 요기와 성인들에 의해 검증된 엄격한 과학적 법칙에 기반하고 있다. 물론, 모든 과학적 실험과 마찬가지로 원하는 결과를 얻으려면 올바른 조건이 제공되어야 한다.

요가철학을 공부하는 학생은 야마-니야마를 수련함으로써 일어나는 이러한 비범한 발전들을 통해, 삶에서 겉보기에는 단순한 것들 속에 숨겨진 엄청난 가능성을 보게 될 것이다. 삶에서 가장 거친 현현의 측면을 다루는 물질과학은 이러한 신비의 가장자리를 건드릴 뿐이지만, 그것이 달성한 결과는 기적에 가깝다. 그렇다면 훨씬 더 미세한 내면의 현상들 속으로 뛰어드는 요기가 더욱 깊은 신비와 비범한 능력들을 발견할 것이라는 사실에는 의심의 여지가 없다. 이 점은 우리가 싯디의 문제를 다룰 때 더 분명해질 것이다.

이 수트라는 아힘사를 발달시켰을 때 나타나는 구체적인 결과를 제시한다. 이는 아힘사가 단순하게 해를 끼치지 않는 수동적인 태도가 아니라, 보편적 사랑의 능동적이고 역동적인 자질이라 할 때 예상되는 바이다. 아힘사를 발달시킨 개인은 사랑과 연민으로 가득 찬 보이지 않는 기운(aura)을 지니고 다닌다. 또한 하나의 생명(One Life)에서 분리된 모든 조각들을 하나로 묶는 사랑의 힘으로 충만한 개인은 모든 생명체와 조화를 이루며, 자동적으로 그들에게 신뢰와 사랑을 불러일으킨다. 이것이 바로 요기에게 다가오는 폭력적이고 증오에 찬 사람들의 진동이, 요기에게서 발산되는 훨씬 더 강한 사랑과 친절의 진동에 의해 일시적으로 압도되고, 심지어 맹수들도 일시적으로 온순해지는 방식이다. 물론 생명체가 요기의 직접적인 영향권에서 벗어나면 본래의 본성이 다시 나타날 수밖에 없지만, 극히 짧은 접촉조차도 그 생명체에 영구적인 흔적을 남기고, 존재의 의식을 고양시킬 가능성이 있다.

36

Satya-pratiṣṭhāyāṃ kriyā-phalāśrayatvam.

사트야-프라티슈타얌 크리야-팔라아슈라야트밤

•

사트야 진실함	프라티슈타얌 굳게 확립될 때	크리야 행동
팔라 결실, 결과	아슈라야트밤 토대가 되는 상태	

On being firmly established in truthfulness fruit (of action) rests on action(of the Yogi) only.

진실함이 확고히 정립되면, 요기의 언행은 곧 결과가 된다.

이 수트라의 표면적 의미는 이 미덕을 완벽하게 익힌 요기의 경우, 그가 하는 어떤 행동의 결과도 반드시 따라온다는 것이다. 예를 들어, 그가 미래에 대해 무언가를 말한다면, 그가 예측한 사건은 반드시 그의 말대로 일어나게 된다. 이 내용은 많은 주석가들에 의해 다소 터무니없는 방식으로 해석되어 왔으며, 그 경우 요기의 명령을 지지하기 위해 모든 대자연의 법칙이 위반될 수도 있다고 여긴다. 예를 들어 그가 저녁에 태양이 지지 않을 것이라고 말한다면, 지구의 움직임이 멈춰서 그의 말을 유효하게 만들 것이라는 식이다. 대부분 단순한 우화에 불과한 이야기들이 문자 그대로 받아들여져서 이런 견해를 지지하고 있다.

그러나, 그렇지 않다. 평범한 사람이 어떤 특정한 결과를 얻기 위해 무언가를 말하거나 행동할 때는, 그가 목표한 것이 실현될 수도 있고 그렇지 않을 수도 있다. 물론 지성적인 사람은 결과를 상당 부분 예측할 수 있지만, 뜻밖의 상황들도 벌어질 수 있기 때문에 누구도 결과를 완전히 확신할 수 없다. 오직 과거, 현재, 미래를 볼 수 있고, 우주심(Universal Mind)을 반영할 만큼 충분히 발달되고 정화된 붓디를 가진 사람만이 확실하게 결과를 예측할 수 있다. 사트야의 수련은 붓디를 발달시키고 정화시키며, 이 미덕을 완벽히 익힌 사람의 칫타는 우주심을 반영하는 거울처럼 변한다. 그는 마치 진리의 거울처럼 되어, 그가 말하거나 행하는 모든 것이 그 진리를 반영한다. 당연히 그런 사람이 말하는 것은 모두 실현될 것이고, 그가 시도하는 모든 것은 성취될 것이다. 그런 사람의 경우 '언행이 곧 결과가 되는' 이유는, 그의 말과 결심을 실현시키기 위해 신이 사건의 흐름을 바꾸고 자연법칙의 위반을 허용하기 때문이 아니라, 그의 말과 행동이 단지 신의 의지의 반영일 뿐이고, 따라서 미래에 일어날 일을 예측할 수 있기 때문이다. 이런 관점에서 보면 이 수트라의 의미를 이해하기 쉽다. 완벽하게 진실한 사람의 변덕과 결정으로 우주의 신성한 질서가 뒤집힐 수도 있다는 터무니없는 가정을 피할 수 있다. 그런 사람이 실수로라도 무언가를 입 밖에 내면 우주가 어떤 대가를 치르더라도 실현되어야 한다는 주장은, 그런 사람이 세상의 평범한 이들처럼 부주의하고 무책임할 수 있다는 가정에 기반한다. 드높은 수준으로 사트야를 완성시킨 사람이라면, 입에서 나오는 모든 말을 신중히 고려하고, 의도적으로 계획된 목적에 따라 말하는 능력을 이미 획득했음에 틀림없다.

37

Asteya-pratiṣṭhāyāṃ sarva-ratnopasthānam.

아스테야-프라티슈타얌 사르바-라트노파스타남(라트나우파스타남)

아스테야 정직함, 훔치지 않음	프라티슈타얌 굳게 확립될 때	사르바 모든
라트나 보석들, 진귀한 것들	우파스타남 스스로 드러냄	

On being firmly established in honesty all kinds of gems present themselves (before the Yogi).

요기가 완벽하게 정직할 때, 모든 종류의 보석들이 요기 앞에 주어진다.

'모든 종류의 보석들이 주어진다'는 것은 보석들이 공중을 날아다니며 그의 발 앞에 떨어진다는 의미가 아니다. 이는 요기가 주변에 있는 모든 귀한 것들을 인식하게 된다는 뜻이다. 예를 들어, 한 요기가 정글을 지나간다 치자. 그는 주변에 묻혀있는 보물이나 지하의 광맥을 인식할 수 있다. 그의 인식은 투시력일 수도 있고, 수맥을 찾는 사람들이 지닌 단순한 예지력일 수도 있다.

우리에게 속하지 않은 것들을 유용하거나 거머쥐려는 경향이 남아있는 한, 우리는 일반적인 자연의 법칙에 지배된다. 우리가 이러한 경향을 완전히 초월하여 값비싼 보물이 손에 들어온다 해도 그것을 취하려는 생각조차 하지 않을 때, 우리는 카르마의 법칙을 넘어서게 된다. 그러면 사람들은 자신들의 전 재산을 우리 앞에 바치게 되고, 우리는 신비롭게도 땅 속 깊은 곳 모든 보물들과 모든 보석들의 근원지까지 알 수 있게 된다. 하지만 이제 이 모든 것은 요기에게 무익하다. 자기 자신을 위해 요기는 그 어떤 것도 임의로 취할 수 없다. 우리가 일반적인 욕망에 묶여있을 때, 우리는 일반적인 수단을 사용하여 그것을 얻어야 한다. 우리가 그러한 욕망들을 정복했을 때, 일반적인 법칙들은 더 이상 우리를 구속할 수 없다.

38

Brahmacarya-pratiṣṭhāyāṃ vīrya-lābhaḥ.

브라마차리야-프라티슈타얌 비르야-라바

브라마차리야 성적 절제	프라티슈타얌 굳게 확립될 때
비르야 활력, 에너지	라바 얻다

On being firmly established in sexual continence vigour (is) gained.

성적 절제를 확고하게 실천하면 활력을 얻는다.

비르야(*Vīrya*)는 활력으로 번역된다. 이는 단순히 성적 에너지의 보존으로 얻어지는 육체적 활력만을 뜻하지 않는다. 비르야는 우리의 모든 부분을 활기차게 만드는 생명력이다. 비르야로 인해 모든 약점, 방종, 부적절함이 사라지고, 그 대신 특별한 회복력, 힘, 에너지가 들어온다. 마치 상위 차원에서 엄청난 생명력이 유입되어, 모든 매개체에 활력과 힘이 솟구치는 것처럼 보인다.

브라마차리야의 성적 에너지 보존과 관련하여 흥미로운 사실을 언급할 필요가 있다. 성적 에너지와 요가수련의 목표인 정신적, 도덕적, 영적 재생에 필요한 에너지 사이에는 매우 밀접한 관계가 있다. 성생활이 계속되는 한, 매개체에서 이용 가능한 미세한 에너지 중 많은 부분이 소모된다. 그러나 샷다카가 브라마차리야를 잘 실천하게 되면 특별하고 미세한 에너지를 활용할 수 있는 가능성이 높아진다. 이런 에너지의 승화와 변환은 단순히 성적 본능을 일정 기간 동안 절제한 사람이 아니라, 완전히 통제한 사람들에게만 가능하다. 이 에너지를 지속적으로 보존하고 변성시켜 대뇌로 향하게 할 수 있는 사람들을 **우르드바-레타스**(*Ūrdhva-Retas*)라고 부르는데, **우르드바**는 '위쪽으로'를, **레타스**는 '성적 에너지'를 의미한다.

성적 에너지에 대한 완전한 통제는 단순히 성행위를 자제하는 것으로만 얻어지지 않는다. 성에 대한 잘못된 생각과 욕망을 매우 엄격하고 강력하게 통제해야 한다. 심지어 **삿다카***는 성과 관련되거나 성을 암시하는 극히 사소한 생각이나 욕망조차 차단해야 한다. 오직 그럴 때만, 거친 에너지들이 승화되어 더 높은 영혼의 목적을 위해 쓰일 수 있다. 이런 자기훈련은 일찍 시작할수록 좋다.

* 여기서 삿다카는 오늘날 출가수행자의 경우를 말한다. 대중적인 방식의 요가수련자나 재가수행자를 말하는 것이 아니다.

39

Aparigraha-sthairye janma-kathaṃtā-saṃbodhaḥ.

아파리그라하-스타이르예 잔마-카탐타-삼보다

아파리그라하 무소유	**스타이르예** 안정적으로 될 때	**잔마** 탄생
카탐타 어떻게, 무엇 때문에	**삼보다** 지식	

Non-possessiveness being confirmed there arises knowledge of the 'how' and 'wherefore' of existence.

무소유를 완벽히 실천하면 존재의 이유를 알게 된다.

요기가 아파리그라하를 완전히 달성하면, 탄생과 죽음의 '사정과 이유'를 알 수 있는 능력을 획득한다. 이 수트라의 문자적 의미에는 모호함이 없고, 여기서 잔마-카탐타(*Janma-Kathaṃtā*)는 전생에 대한 지식을 의미한다고 여겨지지만, 그렇다 해도 이 수트라의 근본적인 의미를 이해하기는 어렵다. 소유욕을 정복한 요기에게 왜 탄생과 죽음, 즉 전생에 대한 지식이 생겨나는 것일까? 이 수수께끼를 이해하기 위해서는 매 생마다 새롭게 형성되는 일시적인 개성(personality)과, 모든 개성의 근원이며 연속된 환생을 통해 지속되는 영구적인 개별성(individuality) 사이의 관계를 상기해야 한다. 개성은 연속되는 각각의 환생에서 형성되는 새로운 매개체들로, 가장 낮은 차원의 삼계*에서 작용한다. 개성이 사용한 체들은 각 환생마다 소멸된다. 개성은 이전 생의 경험이 없기 때문에 전생의 경험들과 관련된 인상(*Saṃskāra*, 삼스카라)도 없으며, 개성의 기억은 현생의 경험과 관련된 인상으로 가득하다. 개성에게는 수많은 생을 거쳐 이어지는 긴 과거 전체가 완전한 공백인 것이다. 하지만 개별성(individuality)은 모든 생의 경험들을 거쳐왔다. 따라서 그에 상응하는 '불멸의' 체들을 입고 있고, 그 체들 안에는 여러 생의 인상들이 가득하다. 따라서 미세한 매개체들 안에 영구적인 기록을 가지고 있는 개별성, 즉 지바트마는 모든 경험에 대한 상세한 기억을 가지고 있다.

만약 어떻게든 지바트마와 접촉해서 그의 기억들을 현재 개성의 매개체들로 가져올 수 있다면, 우리들 개성은 전생의 지식을 사용할 수 있으리라. 이것이 아파리그라하가 완벽하게 실현될 때 일어나는 일이다. 무소유의 달성은 하위 매개체들과 자신을 동일시하는 습관에서 우리를 해방시킨다. 그 결과 우리 내면의 중심은 점차 지바트마의 상위 체들로 이동한다. 이제 상위 체들에 존재하는 고급의 지식들이 점점 더 하위 매개체들에 전달된다. 이처럼 개성(personality)과 개별성(individuality)이 점진적으로 통합되면서, 상위 지식의 일부가 하위 체들로 스며들어, 개성은 존재의 사정과 이유를 알게 된다. 이것이 아파리그라하의 수련이 요기로 하여금 전생에 관한 지식을 갖도록 하는 방식이다.

아파리그라하의 집중적인 수련을 통해 이런 비범한 능력이 발달한다는 점은 전심을 다한 수련의 중요성을 보여준다. 삶에 숨겨진 신비로운 사실들을 발견하는 비밀은 그 노력의 강도에 있는 것처럼 보인다. 우리는 무엇이

* 개성이 주로 활동하는 물질계, 감정(아스트랄)계, 정신(멘탈)계의 세 가지 차원.

든 피상적으로 생각하고 행동하기 때문에, 평범한 경험 이상의 것을 얻지 못한다. 그러나 무언가를 강렬하게 추구하고 삶의 더 깊은 근원을 파고들려고 혼신의 힘을 다하는 순간, 우리는 가장 비범한 결과와 경험들을 마주하게 된다.

40

Śaucāt svāṅga-jugupsā parair asaṃsargaḥ.

샤우차트 스반가-주굽사 파라이르 아삼사르가

•

샤우차트 순수성으로 인해	**스반가** 자신의 몸	**주굽사** 혐오
파라이르 다른 이들과	**아삼사르가** 비접촉, 비교류	

From physical purity (arises) disgust for one's own body and disinclination to come in physical contact with others.

육체가 순수함을 달성하면, 자신의 몸에 대한 혐오 및 다른 이들과의 신체적 접촉에 대한 거부감이 생긴다.

순수함을 완성시킨 결과는 이 수트라와 다음 수트라에서 주어지는데, 하나는 육체의 순수함에 관한 것이고, 다른 하나는 정신적 순수함에 관한 것이다.

육체는 본질적으로 더러운 대상이다. 이는 생리학에 대한 약간의 상식만 있어도 누구나 납득할 수 있다. 육체적 아름다움은 껍질에 국한되어 있는 것이고, 이 껍질 아래에는 살과 뼈, 그리고 온갖 분비물과 노폐물의 덩어리밖에 없다. 우리는 자신을 육체와 완전히 동일시하고 있어서, 육체의 내용물에 대해 전혀 혐오감을 느끼지 않을 뿐 아니라, 오히려 그것을 가장 사랑하는 소유물로 여긴다. 현재 우리들 대부분은, 심지어 자신이 곧 육체라고 생각하는 데까지 이르렀다.

육체의 정화를 통해 우리는 더 섬세해지고, 사물을 있는 그대로 보기 시작한다. 이로 인해 발달하는 자신의 몸에 대한 혐오감은 우리가 사물을 있는 그대로 볼 만큼 충분히 민감해졌다는 의미이다. 물론 여기서 말하는 순수함은 목욕이나 네티(*Neti*), 다우티(*Dhauti*) 등의 요가 크리야(*Kriyā*)*처럼 주로 외적 청결과 관련된다. 더 근본적인 성격의 순수함은 타파스에 의해 발달하며 II-43에서 설명될 것이다.

자신의 몸에 대해 혐오감을 느끼는 사람은 상대적으로 덜 깨끗한 다른 사람들의 몸에 대해서도 혐오감을 느낄 가능성이 높다. 따라서 그런 사람들과 육체적 접촉을 꺼리는 것은 자연스럽다. 이것이 아마도 고도로 진보한 요기들이 은둔을 추구하고 세상과의 접촉을 피하는 이유 중의 하나일 것이다. 그러나 이것이 타인에 대한 무조건적인 혐오감을 의미하는 것은 아니다. 그것은 오히려 비난받아 마땅하며, 사랑의 근본법칙에도 위배된다. 이 두 가지를 구별할 능력이 있는 요기에게는 매개체의 소유자인 지바트마에 대한 완전한 사랑과, 하위 매개체 자체에 대한 혐오감이 충분히 공존할 수 있다.

* 요가의 신체 정화기법을 의미하며, 네티는 비강 세정과, 다우티는 소화기와 내부 장기 정화법과 관련된다. II -1수트라에서 언급된 크리야 요가와는 다른 개념이다.

41

Sattvaśuddhi-saumanasyaikāgryendriyajayātma-darśana-yogyatvāni ca.

사트바슛디-사우마나샤이카그리엔드리야(사우마나샤에카그리야인드리야)
자야아트마-다르샤나-요기야트바니 차

•

사트바슛디 사트바의 순수성	사우마나샤 명랑한 마음	에카그리야 일점지향성
인드리야-자야 감각의 제어	아트마-다르샤나 영혼의 비전	요기야트바니 ~하기에 적합한
차 그리고		

From mental purity (arises) purity of Sattva, cheerful-mindedness, one-pointedness, control of the senses and fitness for the vision of the Self.

사트바의 순수함, 명랑함, 일점지향, 감각을 제어하고 영혼의 비전을 볼 수 있는 상태는 정신적 순수함에서 나온다.

이 수트라는 내적 순수함의 결과를 제시한다. 현현계의 모든 다채로운 현상들은 사트바, 라자스, 타마스라는 세 가지 기본적인 구나에 기반한다. 요기의 목표는 라자스와 타마스를 제거하고 사트바를 가능한 한 우세하게 만들어, 그의 칫타가 최대한 푸루샤를 반영할 수 있게 하는 것이다. 따라서 순수함을 달성하는 것은 푸루샤의 자각과 관련된 근본적인 문제이다. 내적 순수함은 다양한 수준에서 작용하고 있는 칫타에게서 라자스 구나와 타마스 구나를 점점 제거하는 과정이다. 물론 이러한 제거는 상대적인 것이다. 라자스와 타마스를 영점까지 줄이는 것은 세 구나를 완벽한 균형상태로 만들고, 푸루샤를 현현에서 완전히 벗어나게 한다. 따라서 사트바-숫디란 라자스와 타마스가 줄어들고 사트바가 증가함에 따른 구나의 정화를 말한다. 사트바-숫디는 내적인 정화와 관련된 근본적인 변화이며, 이 변화의 결과로 다른 세 가지(명랑함, 일점지향, 감각을 제어하고 영혼의 비전을 볼 수 있는 상태)가 자연스레 뒤따르게 된다.

42

Saṃtoṣād anuttamaḥ sukha-lābhaḥ.

산토샤드 아누타마 수카-라바

•

산토샤드 자족으로부터	아누타마 더 뛰어난 것이 없는
수카 행복	라바 얻다

Superlative happiness from contentment.

자족함으로써 지고의 행복이 찾아온다.

주어진 모든 것에 완벽하게 감사하고 자족하는 사람들은 최상의 행복을 누릴 수 있다. 우리의 지속적인 불행의 주된 원인은 온갖 종류의 욕망으로 인한 끊임없는 동요이다. 특정한 욕망이 충족되면 이러한 불행은 일시적으로 중단되는데, 우리는 이를 전과 비교해서 행복이라 느끼지만, 곧이어 잠재된 다른 욕망들이 출몰하게 되고 우리는 다시 불행해진다. 반면 때로 완전히 욕망이 없는 것처럼 느낄 때도 있다. 그러나 이런 느낌 또한 환영이다. 잠시 욕망이 사라졌다 해서 잠재적 욕망조차 없어졌다고 볼 수는 없다. 우리의 잠재의식 속에는 해결되지 않은 무수히 많은 욕망들이 자리한다. 이것들은 강한 욕망이 없는 순간에도 우리 내면에 총체적인 불만족감을 만들어낸다. 진정하고 완벽한 만족은 불행의 근원이 되는 개인적인 욕망들을 하나둘 제거하면서 찾아온다.

이러한 욕망들이 제거되고 내면이 완벽히 고요해질 때만, 우리는 진정한 행복이 무엇인지 알게 된다. 수카(*Sukha*)라고 불리는 이 미세하고 지속적인 기쁨은 철저히 내면에서부터 오며, 실제로는 영혼의 세 가지 근본적 특질(사트-치트-아난다) 중의 하나인 아난다가 작용하는 것이다.

43

Kāyendriya-siddhir aśuddhi-kṣayāt tapasaḥ.

카옌드리야(카야인드리야)-싯디르 아슛디-크샤야트 타파사

●

카야 몸	인드리야 감각기관	싯디 초자연적 능력, 완전함
아슛디 불순함	크샤야트 파괴로부터	타파사 절제에 의해

Perfection of the sense-organs and body after destruction of impurity by austerities.

지극히 절제하여 불순함을 파괴하면, 감각기관과 매개체들이 완전해진다.

싯디라는 단어는 두 가지 의미로 사용된다. 그것은 오컬트 능력*과 완전함, 둘 다를 의미한다. 여기서는 명백하게 후자의 의미다. 또한 여기에서 의미하는 완전함은 기능적인 것이다. 즉 요기가 요가의 목적을 위해 매개체로부터 어떤 종류의 저항이나 방해도 받지 않고 매개체를 사용할 수 있는 힘이다.

타파스를 통해서 감각기관의 기능 또한 완벽해진다. 감각기관은 프라나의 흐름에 의존하는데, 요기는 프라나야마의 수련을 통해 프라나를 통제할 수 있기 때문이다. 따라서 프라나야마는 최고의 타파스다. 특별히 민감한 사람들의 경우, 타파스의 수련이 때로 낮은 단계의 싯디의 발달로 이어지기

* 오컬트라는 단어는 '숨겨진'을 뜻하므로, 오컬트 능력은 통상적인 이해를 넘어서는 신비한 능력을 의미한다.

때문에, 이를 보아도 싯디라는 단어가 두 가지 의미 모두로 사용됨을 알 수 있다.

또한 아슛디-크샤야트(*Aśuddhi-kṣayāt*)라는 구절의 의미를 명심해야 한다. 이는 타파스 수련의 주된 목적이 불순함의 제거임을 보여주며, 또한 매개체가 완전히 정화되었을 때만 푸루샤의 도구로서 완벽하게 기능할 수 있음을 나타낸다.

44

Svādhyāyād iṣṭa-devatā-samprayogaḥ.

스바디야야드 이슈타-데바타-삼프라요가

스바디야야드 참자아에 대한 연구로부터	**이슈타-데바타** 원하는 신성	**삼프라요가** 합일 또는 교감

By (or from) self-study union with the desired deity.

참자아에 대한 연구를 통해, 자신이 원하는 신성과의 합일이 이루어진다.

스바디야야는 이슈타-데바타(*Iṣṭa-Devatā*, 자신이 원하는 신성)와의 교감(communion)에서 그 정점에 이르는데, 그것이 스바디야야의 궁극적인 목적이기 때문이다. II-32에서 설명한 바와 같이 스바디야야는 영적인 주제들에 대한 연구로 시작하지만, 그 주된 목적은 삿다카와 그의 탐구대상 사이에 통로를 여는 것이다. 이러한 교감의 속성은 삿다카의 기질과 능력, 그리고 이슈타-데바타의 특성에 따라 다를 것이다. 이러한 교감의 본질적인 요소는 상위의식에서 하위의식으로 지식, 힘, 그리고 안내(guidance)가 자유롭게 흐르는 것이다.

45

Samādhi-siddhir Īśvara-praṇidhānāt.

사마디-싯디르 이슈바라-프라니다나트

•

사마디 삼매	싯디 완성, 성취	이슈바라-프라니다나트 신에 대한 귀의로부터

Accomplishment of Samādhi from resignation to God.

신에 대한 귀의로 사마디가 성취된다.

이슈바라-프라니다나가 궁극적으로 사마디로 이어질 수 있다는 사실은 놀라운 계시이다. 파탄잘리는 I-23에서 이슈바라-프라니다나를 통해 사마디에 도달할 수 있는 가능성을 이미 언급했다. 또한 이슈바라-프라니다나가 아슈탕가 요가를 따라 도달하게 될 목표의 대안적이고 독립적인 길임을 보여주었다. 우리는 이전에 미덕이나 자질의 발전을 극한까지 밀어붙임으로써 비범한 결과를 얻을 수 있다는 사실을 보았는데, 아마도 이슈바라-프라니다나만으로 사마디에 도달하는 것이 그런 성취의 가장 주목할만한 사례일 것이다. 신에 대한 자기 헌신의 태도를 점진적이고 체계적으로 정제하고 강화함으로써 단계적으로 최고의 깨달음에 도달할 수 있다는 사실 앞에서, 우리는 평범한 삶의 표면 아래 숨겨진 놀라운 신비에 경탄하게 된다.

이슈바라 프라니다나로 사마디에 이르는 원리는 다음과 같다. 푸루샤는 칫타-브릿티의 은폐하는 힘을 통해 자기 존재의 신성한 본성을 인식할 수 없게 된다. 만약 칫타의 원동력을 소멸시킬 수 있다면 어떨까? 연료가 차단되었을 때 자동차가 정지되는 것처럼 칫타는 자동적으로 휴면 상태(*Citta-Vṛtti-Nirodha*, 칫타-브릿티-니로다)에 이를 것이다. 끊임없이 칫타-브릿티를 일으키는 그 원동력을 어떻게 하면 절멸시킬 수 있을까? 이는 분명코 '나'(자의식)를 용해시킴으로써 가능하다. 이것이 바로 이슈바라-프라니다나의 수련을 통해 성취하고자 하는 목표이다. 이슈바라-프라니다나는 파라-바이라기야를 발달시키고 개성의 욕망들을 제거하여, 필연적으로 칫타-브릿티-니로다로 우리를 이끄는데, 이는 곧 사마디와 같다.

싯디라는 단어는 완전함과 오컬트 능력이라는 두 가지 의미 외에 성취라는 뜻으로도 사용된다. 이 수트라에서는 성취와 완전함이라는 두 가지 의미로 사용되고 있다. 이슈바라-프라니다나를 통해 사마디에 도달할 수 있을 뿐만 아니라, 사마디를 완성할 수도 있다. 이 사실은 다르마-메가-사마디(*Dharma-Megha-Samādhi*)의 기법이 제시된 IV-29를 통해서 분명히 알게 될 것이다. 그때 학생들은 다르마-메가-사마디를 이슈바라-프라니다나의 최고 단계로 보게 될 것이다.

46

Sthira-sukham āsanam.

스티라-수캄 아사남

스티라 안정된	수캄 편안한	아사남 자세

Posture (should be) steady and comfortable.

요가의 자세는 안정되고 편안해야 한다.

요가를 배우는 학생들은 대부분 아사나 수련에 익숙하다. 그래서 요가에 대해 잘 모르는 사람들은 요가를 육체적인 수련이라고만 여긴다. 그러므로 라자요가에서 아사나의 위치와 목적을 명확히 이해하는 것이 필요하다. 하타요가에서는 아사나라는 주제를 매우 상세히 다루며, 적어도 84개의 아사나에 대한 자세한 설명이 있다. 때로는 매우 구체적이고 과장된 결과를 강조하기도 한다. 많은 아사나들이 내분비선과 프라나 흐름에 영향을 미쳐 몸에 뚜렷한 변화를 가져오고, 올바른 방법으로 충분히 오랜 기간 수련하면 건강을 놀랍게 증진시킨다는 데는 의심의 여지가 없다. 하타요가는 육체에서 특정한 종류의 미세한 힘(*Prāṇa*, 프라나)의 흐름을 일으켜, 내면의 변화를 가져올 수 있다는 원리에 기반하고 있다. 따라서 하타요가의 첫 단계는 육체를 완벽히 건강하게 만들어서, 신성한 힘의 유입과 조절에 적합하도록 하는 것이다. 하타요가의 샷다카는 하타요가 논고들에서 다루는 다양한 육체적 훈련을 거쳐야만 한다.

그러나 라자요가에서는 내면의 변화를 위해, 의지에 의한 통제와 칫타-브릿티의 억제에 주력한다. 그것이 외부적인 요인이든 내부적인 요인이든 라자요가는 칫타-브릿티의 모든 원천을 제거하는 데 수련의 초점을 맞춘다. 중요한 원천 중 하나는 육체다. 따라서 요기는 육체에서 발생하는 방해를 완전히 제거해야 한다. 여기에는 아사나의 수련이 효과적이다. 특정한 자세로 육체를 고정시키고 이를 오랫동안 유지할 수 있게 되면, 육체는 더 이상 칫타를 방해하는 주요 원천이 되지 않는다.

파탄잘리는 아사나와 관련하여 단 세 개의 수트라만을 제시하지만, 그 안에는 모든 필수적인 지식이 압축되어 있다. 이 수트라에서는 아사나 수련의 두 가지 필수 요건을 설명한다. 그것은 안정적이고 편안해야 한다. 요기는 파드마사나(*Padmāsana*, 연꽃자세)나 싯다사나(*Siddhāsana*, 달인의 자세)와 같은 명상 수련에 적합한 아사나 중 하나를 선택한 후, 미동 없이 그 자세를 오래 유지할 수 있을 때까지 연습해야 한다. 그러면 요기는 올바른 자세로 육체를 오래도록 유지할 수 있고, 마침내 육체를 완전히 잊을 수 있게 된다.

'안정된(steady)'이라는 단어의 의미도 철저히 이해할 필요가 있다. 그것은 육체를 한 위치에 고정시키고, 모든 종류의 움직임을 제거할 수 있을 정도의 부동성을 의미한다. 부동성을 유지하려고 노력하면서 초심자는 일정 정도 경직되기 쉽다. 이는 분명 잘못된 것이며 육체 건강에 부정적인 영향을 미친다. 목표는 부동성과 이완의 이상적인 조합이다.

하타요가에 관한 일부 책에서는 삿다카가 4시간 20분 동안 아사나를 유지할 수 있으면, 그 아사나에 통달한 것으로 인정한다. 하지만 이것은 단지 자세를 완전히 익히기 위해 수련에 필요한 대략의 시간을 제시한 것이다.

47

Prayatna-śaithilyānanta-samāpattibhyām.

프라야트나-샤이틸야아난타-사마팟티비얌

프라야트나 노력	**샤이틸야** 이완
아난타 끝없는, 무한한	**사마팟티비얌** 명상을 통해

By relaxation of effort and meditation on the 'Endless' (posture is mastered).

지나치게 노력하지 않으면서 적절히 이완된 가운데, '무한'에 대한 명상을 통해 자세를 완전히 정복한다.

아사나의 숙달을 위해 파탄잘리는 두 가지의 유용한 제안을 한다. 하나는 노력을 점점 느슨하게 하는 것이다. 오랜 시간 육체를 부동으로 유지하는 것은 강한 의지를 필요로 하며, 칫타는 계속해서 육체에 집중해야 한다. 그러나 집중은 얽매임이 아니다. 자칫 요가의 목표와 정반대의 상황이 벌어질 수 있다. 특정한 자세를 유지하는 가운데 육체에 얽매이는 것이 아니라, 육체로부터 자유로워져야 한다. 이렇게 하면 칫타의 초점을 더 미세한 매개체들로 옮기더라도, 육체의 부동에는 어떤 영향도 미치지 않는다.

안정된 아사나를 위해 필요한 또 다른 방법은 힌두 신화에 등장하는 거대한 뱀 아난타(*Ananta*)에 대한 명상이다. 아난타는 지구를 지탱하는 비슈누의 전령이며, 아난타라는 단어의 의미는 무한(infinity)이다. 아난타는 지구의 균형을 유지하고 태양 주위의 궤도에 머물게 하는 힘을 상징적으로 표현한 것이다. 이 힘은 자이로스코프(gyroscope)에서 작용하는 힘과 유사하다. 자이로스코프 원리는 좌우 또는 다른 방향으로 움직일 수 있는 물체를 다룰 때, 그것이 자동으로 평형상태로 돌아오도록 장치를 만들 때 필요하다. 명상을 위해 특정한 아사나로 머물 때도 이와 매우 유사하다. 육체는 항상 고정된 자세에서 벗어나려는 경향이 있기 때문에, 요기는 자동적으로 안정된 자세로 돌아오는 습관과 경향을 획득해야 한다. 따라서 이런 특별한 종류의 힘을 상징하는 아난타 뱀에 대한 명상이 권유된다. 이 힘이 뱀으로 상징되는 이유는 자이로스코프를 본 사람이라면 누구나 알 수 있을 것이다. 자이로스코프는 아래 그림과 같이 머리를 들고 똬리를 튼 뱀을 연상시킨다.

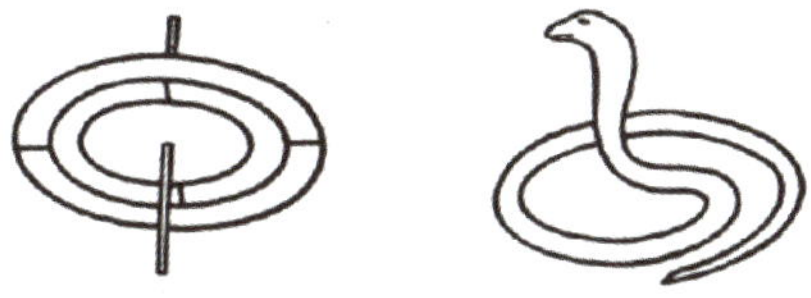

그림 7

아난타에 대한 명상이 어떻게 삿다카가 유지하고자 하는 아사나의 안정성을 획득하는 데 도움이 되는가? 명상대상에 대한 깊은 집중과 숙고는 우리 삶에 그에 상응하는 힘을 점진적으로 가져오는 경향이 있다. 이것은 자연의 법칙이다. 또한 사마핏티비얌(*Samāpattibhyām*)이라는 단어가 사용되었다는 점에 주목해야 하는데, 이는 '칫타를 무언가와 결합시키는 것'을 의미한다. 우리가 어떤 주제에 대해 깊이 숙고하거나 명상할 때, 그리고 그에 상응하는 힘의 통로를 열 때, 실제로 일어나는 일이 바로 이것이다.

48

Tato dvandvānabhighātaḥ.

타토 드반드바아나비가타

타타 그로부터	드반드바 반대쌍들	아나비가타 방해받지 않음

From that no assaults from the pairs of opposites.

아사나의 완성을 통해 이원성의 고통이 사라진다.

아사나에 관한 이 세 번째 수트라는 아사나의 완성을 통해 얻을 수 있는 가장 중요한 결과를 암시한다. 이는 대립되는 쌍들에 대한 저항력이다. 대립되는 쌍을 산스크리트어로 드반드바(*Dvandva*)라고 부른다. 이는 우리의 내외부 환경에서 상존하는 대립된 조건들을 뜻하며, 우리의 삶은 그 사이를 진자처럼 오가고 있다. 이 드반드바에는 여러 종류가 있다. 예를 들어, 더위와 추위는 주로 육체 측면의 드반드바이다. 기쁨과 슬픔은 내면의 드반드바이다. 이 모든 드반드바, 즉 대립쌍들은 끊임없이 빅셰파를 만들어낸다. 삿다카는 아사나를 통해 이 빅셰파들을 극복할 수 있다.

또한, 아사나 수련에서 얻을 수 있는 다른 중요한 이점들도 있다.

(1) 육체를 완벽히 건강하게 만들고 피로와 긴장에 대한 저항력을 갖게 한다.

(2) 육체 내 프라나 흐름의 적절한 조절을 통해 프라나야마 수련을 위한 적합성을 얻는다. 실제로 아사나 수련에 능숙한 사람들은 가장 쉽게 프라나야마 수련을 시작할 수 있게 된다.

(3) 의지력이 발달한다. 육체는 직접적이고 어떤 신비로운 방식으로 영적 힘의 근원인 아트마와 관련되어 있다. 아사나의 완성이 의미하는 바, 육체에 대한 통제력을 얻는 것은 의지력으로 표현되는 영적 힘의 특별한 유입을 가져온다.

49

Tasmin sati śvāsa-praśvāsayor gati-vicchedaḥ prāṇāyāmaḥ.

타스민 사티 슈바사-프라슈바사요르 가티-빗체다 프라나야마

•

타스민 그것에	사티 있을 때, 되었을 때	슈바사-프라슈바사요 들숨과 날숨의
가티 움직임	빗체다 정지	프라나야마 호흡의 조절

This having been (accomplished) Prāṇāyāma which is cessation of inspiration and expiration (follows).

아사나가 완성된 후에 들숨과 날숨의 정지, 프라나야마가 뒤따른다.

요가에서 프라나야마가 중요한 이유는 프라나와 칫타 사이의 밀접한 관계성 때문이다. 현상계에 존재하는 모든 프라나는 한편으로는 물질과 에너지를, 다른 한편으로는 푸루샤와 칫타를 연결하는 고리다. 푸루샤는 프라나라는 매개 없이 칫타 및 물질과 접촉하고 기능할 수 없다. 그래서 모든 차원에서 프라나가 존재하는 것이다. 이러한 중재자로서의 능력은 프라나의 독특한 구성으로 인한 것이다. 프라나는 모종의 신비로운 방식으로 푸루샤와 프라크리티 양자의 속성을 겸비하고 있다. 따라서 푸루샤와 프라크리티 사이에서 작용과 반작용의 도구 역할을 한다.

하타요가에서는 프라나를 통해 칫타-브릿티의 통제와 내적 변화를 추구한다. 라자요가에서는 의지를 통해 칫타-브릿티를 통제하고, 이에 따라 프

라나는 칫타의 도구가 된다. 파탄잘리는 자신의 요가체계를 가능한 포괄적이고 효과적으로 구성하기 위해 두 기법을 모두 포함시켰다. 따라서 프라나야마는 한편으로는 다라나, 디야나, 사마디를 위해 칫타를 준비시키는 데 쓰이고, 다른 한편으로는 삼야마 수련을 통해 싯디를 획득하는 데 활용된다.

많은 사람들이 프라나야마를 단순히 호흡의 조절이라고 생각한다. 그들은 호흡을 조절하는 것만으로 어떻게 프라나야마에 따르는 특별한 결과들을 가져올 수 있을지 숙고하지 않는다. 프라나야마의 본질은 프라나(*Prāṇa*)와 아야마(*Āyāma*, 제어)로 암시된다. 그것은 프라나의 조절을 뜻한다. 하지만 프라나란 무엇인가? 그것은 호흡이 아니라 생명력이다. 생명력은 고도로 전문화된 일종의 복합 에너지로, 흔히 우리가 아는 물질적 에너지들과는 완전히 다른 본질을 가지고 있다. 이 프라나의 매개체는 조밀한(dense) 육체가 아니라 프라나마야 코샤(*Prāṇamaya Kośa*)라는 것으로, 이는 조밀한 육체를 관통하면서 육체와 동시에 작용하는 더 미세한 매개체이다. 이 미세한 체 안에서 프라나는 정해진 통로를 따라 육체의 모든 기관과 부분으로 흘러들어가, 그들을 다양한 방식으로 활성화시킨다. 프라나는 일반적으로 활성화시키는 힘을 말하지만, 육체의 다양한 기관과 부분에서 구체적인 기능도 수행하며 그때는 다양한 이름으로 불린다. 프라나야마의 목표는 프라나의 통제이다. 단순히 육체 호흡을 조절하는 것이 아니다. 호흡은 육체에서 일어나는 프라나의 많은 작용과 기능들 중 하나일 뿐이다.

프라나가 호흡과 다르다는 것은 선풍기의 날개가 움직이는 것과 전류가 다른 것에 비유된다. 그러나 여전히 둘 사이에는 밀접한 관련성이 있다. 우리는 호흡을 조절함으로써 프라나의 흐름을 조절할 수 있다. 다만 호흡을 통해 프라나를 제어하고 조절하는 방법들은 엄격히 보호되는 비밀이다. 단순히 책을 읽고 이런 수련을 시작하는 사람들은 건강을 해치고 심지어 정신 이상이나 죽음의 위험을 무릅쓰게 된다. 따라서 재미삼아, 또는 초자연적 능력을 얻기 위해, 심지어 영적인 진보를 가속화하기 위해 프라나야마를 함부로 다루어서는 안 된다. 많은 사람들이 신뢰할 수 없는 요가문헌에 나오는 호흡수련법을 무모하게 시도하거나, 미숙한 요기들의 조언을 따름으로써 자신의 소중한 삶을 망쳤다. 프라나야마 수련은 분명하게 전체적인 요가 훈련의 일부이다. 그러므로 야마-니야마, 아사나 등과 같은 요가의 앙가들을 통해 충분히 준비한 후에, 그리고 검증된 구루(*Guru*, 영적 스승)의 감독하에서만 안전하고 유익하게 수련할 수 있다.

프라나야마에 필수적인 지식은 다음과 같다.

(1) 깊은 호흡은 프라나야마와 아무 관련이 없으며, 건강증진을 위해 합리적인 범위 내에서 실천할 수 있다. 그 효과는 주로 산소섭취량의 증가와 프라나의 조금 더 많은 유입에 달려있다. 깊은 호흡은 프라나 흐름에 큰 영향을 미치지 않기 때문에 어떠한 위험도 따르지 않는다.

(2) 두 콧구멍을 번갈아가며 호흡하는 것은 어느 정도 프라나 흐름에 즉각적인 영향을 미치기 시작한다. 하여 프라나 통로의 막힘을 제거할 수 있다. 우리가 정상적으로 호흡할 때, 프라나의 흐름은 자연스러운 경로를 따른다. 두 콧구멍을 번갈아가며 호흡할 때, 그 정상적인 흐름은 어떤 방식으로든 교란된다. 그 효과는 파이프 속 물의 흐름에 비유할 수 있다. 물이 한 방향으로 고요히 흐를 때, 침전물들은 바닥에 쌓여 크게 흐트러지지 않는다. 그러나 반대 방향으로 번갈아 물을 강제로 흐르게 하면 즉시 침전물이 휘저어지고, 이 과정이 오래 지속되면 결국 파이프는 깨끗해진다. 이것이 바로 두

콧구멍을 번갈아가며 호흡함으로써 '나디를 정화한다'고 말하는 의미다. 나디의 정화는 준비운동이며, 프라나야마를 실천하려는 모든 사람들은 몇 달 또는 몇 년에 달하는 긴 과정을 거쳐야 한다. 이는 파탄잘리가 I-34에서 제안한 예비운동과 유사하며, 신경계의 흥분을 가라앉히고 평온함을 만들어낸다. 그러나 이 또한 주의와 절제가 필요하며, 전문가의 감독하에 수련하는 것이 좋다.

(3) 진정한 프라나야마는 들숨과 날숨 사이에 호흡을 일정 시간 멈출 때 시작된다. 두 콧구멍을 번갈아가며 호흡하는 동안 자연스럽게 호흡을 일정 시간 멈출 수 있으며, 그 시간을 점진적이고 조심스럽게 늘려나간다. 쿰바카(*Kumbhaka*)라고 불리는 호흡의 보유는 프라나에 매우 뚜렷한 영향을 미치며, 요기가 프라나의 흐름을 점점 더 제어할 수 있게 만든다.

(4) 프라나야마는 오랜 시간 동안 푸라카(*Pūraka*, 들숨), 레차카(*Recaka*, 날숨)와 함께 수련해야 하며, 쿰바카의 시간은 장기간에 걸쳐 서서히 늘려야 한다. 이렇게 푸라카와 레차카를 동반하는 쿰바카를 사히타 쿰바카(*Sahita Kumbhaka*)라고 부른다. 그러나 장기간의 수련 후에는 푸라카와 레차카를 생략하고 쿰바카만 수련하는 것이 가능하다. 케발라 쿰바카(*Kevala Kumbhaka*)로 불리는 이러한 프라나야마는 프라나에 대한 완전한 통제력을 제공한다. 뿐만 아니라 쿤달리니(*Kuṇḍalinī*)*를 각성시켜 다양한 차크라(*Centre*, 에너지 중심)들로 향하게 할 수 있다. 하지만, 이 요가의 생리학은 엄격하게 보호되는 비밀이며, 자격을 갖춘 첼라(*Celā*, 제자)만이 적절한 자격을 갖춘 구루에게 직접 배울 수 있다.

* 모든 유·무기 물질의 근저에 놓인 거대하고 순수한 힘으로, 힘을 계발하는 수행자의 체 속에서 나선형처럼 작용하기 때문에 뱀의 힘이라고 불린다. 계발되기 전에는 척추 기저의 차크라에 똬리를 튼 채 잠자고 있는 뱀처럼 묘사된다.

쿰바카는 실제로 프라나야마의 필수 요소일 뿐만 아니라, 위험의 원천이기도 하다. 특히 비정상적으로 호흡을 보유하는 순간 위험이 시작되며, 필요할 때 이러한 힘의 흐름을 안내하고 바로잡아줄 수 있는 노련하고 유능한 교사가 없다면, 그 위험이 어디까지 이어질지 결코 알 수 없다. 하지만 필요한 조건을 갖추고 유능한 전문 교사의 지도하에 쿰바카를 수련한다면, 예상치 못한 경험과 능력의 문이 활짝 열리게 된다.

타스민 사티(*Tasmin Sati*, 그것이 있을 때)라는 단어의 의미도 매우 중요하다. 이는 프라나야마 수련이 아사나 중 하나를 숙달하기 전에는 시작될 수 없다는 것을 의미한다. 아사나 수련은 분명하지만 천천히, 프라나야마를 위해 몸을 준비시킨다.

사실 프라나야마 수련을 시작하기 위해서는 야마-니야마에서도 높은 수준의 완성이 필요하다. 고급 프라나야마의 수련은 조만간 쿤달리니를 각성시키기 때문에, 성적 욕망을 완전히 통제한 후에만 안전하게 진행될 수 있다. 따라서 삿다카가 오랜 기간 브라마차리야와 야마-니야마를 수련하고 자신의 욕망과 습관 및 성향에 대해 진정한 통제력을 갖추지 않는 한, 프라나야마 수련에 참여하는 것은 그에게 재앙이 될 것이다. 프라나야마 훈련은 세속의 삶을 살면서 외적 즐거움과 동시에 내적 만족을 추구하는 이들의 것이 결코 아니다. 요가의 길에서 진정한 진보를 바라기 전에, 안락한 삶에 대한 갈망의 문을 완전히, 그리고 영원히 닫아야 한다.

50

Bāhyābhyantara-stambha-vṛttir deśakālasaṃkhyābhiḥ paridṛṣṭo dīrghasūkṣmaḥ.

바히야아비얀타라-스탐바-브릿티르 데샤칼라삼키야비히
파리드리슈토 디르가숙슈마

바히야 외부의	아비얀타라 내부의	스탐바-브릿티 억제된 작용
데샤 장소	칼라 시간	삼키야비히 숫자에 의해
파리드리슈타 규제된	디르가 연장된	숙슈마 미세한

(It is in) external, internal or suppressed modification; is regulated by place, time and number, (and becomes progressively) prolonged and subtle.

프라나야마에는 날숨, 들숨, 그리고 숨의 조절이 있다. 프라나야마는 장소, 시기, 횟수에 따라 조절되어야 하며, 점진적으로 길어지고 미세해진다.

프라나야마에는 세 가지 방식이 있다. 날숨 후에 정지되거나, 들숨 후에 정지되거나, 언제든 그냥 정지된다. 프라나야마를 수련하는 장소 또한 중요하다. 프라나야마 수련기간, 음식 및 기타 사항을 결정할 때 장소는 분명히 고려되어야 한다. 열대지방에서 프라나야마를 수련하는 삿다카는 히말라야 고지대에서 수련하는 사람과는 다른 섭생법을 택해야 한다. 다음은 시간이다. 여기서 시간은 푸라카, 레차카, 쿰바카의 상대적인 지속 시간뿐 아니라, 절기도 의미한다. 횟수는 매 수련시의 반복 횟수와 하루 중의 수련 횟수를 가리킨다. 샷다카는 일반적으로 매 수련마다 적은 수의 반복으로 시작하여, 점진적이고 조심스럽게 반복하는 횟수를 늘린다.

이제 파탄잘리는 다음 두 가지 주의점을 제시한다. 첫째, 쿰바카의 시간은 매우 점진적이고 조심스럽게 연장되어야 한다. 다음 수트라에서 언급되는 프라나야마는 샷다카가 상당히 긴 시간 동안 쿰바카를 할 수 있을 때까지 실행할 수 없다. 둘째, 샷다카는 쿰바카의 시간을 늘려가야 할 뿐 아니라, 점진적으로 그 과정을 내면의 보이지 않는 차원으로 옮겨야 한다. 프라나야마는 단순히 육체 호흡의 통제와 조절이 아니니다. 프라나마야 코샤에 흐르는 프라나의 흐름을 통제하고 조절하는 과정으로 이양되어야 한다.

51

Bāhyābhyantara-viṣayākṣepī caturthaḥ.

바히야아비얀타라-비샤약셰피(비샤야악셰피) 차투르타

바히야 외부의	아비얀타라 내부의	비샤야 범위, 영역
악셰피 초월하는	차투르타 네 번째	

That Prāṇāyāma which goes beyond the sphere of internal and external is the fourth (variety).

네 번째 프라나야마(쿰바카)는 내적, 외적 차원을 초월한다.

가장 높은 단계의 프라나야마는 육체적 호흡을 완전히 초월한다. 이제 호흡은 안팎 어디서든 중단된다. 이 단계의 삿다카에게는 어떤 움직임도 활동도 일어나지 않는 것처럼 보인다. 이제 삿다카의 완전한 통제하에 있는 프라나마야 코샤의 프라나는 매개체의 변화를 위해 조절되고 흐른다.

이렇게 섬세하고 중요한 과정을 위해서는 삿다카가 프라나마야 코샤의 메커니즘을 명확히 볼 수 있어야 한다. 또한 프라나의 흐름을 신중하고 정확하게 유도할 수 있어야 한다. 가장 낮은 단계의 투시력을 의미하는 이런 직접적인 시각은 프라나야마 수련과정에서 자연스럽게 발달한다.

이것이 진정한 프라나야마이며, 이전의 모든 수련들은 단지 이를 위한 준비에 불과하다. 파탄잘리는 이 과정에서 구체적으로 무엇이 일어나는지, 프라나의 흐름이 어떻게 쿤달리니를 일으키는지, 쿤달리니가 이 프라나야마를 통해 어떻게 수슘나(*Suṣumṇā*)* 의 차크라들을 활성화시키는지는 언급하지 않는다. 모든 실천적 기법들은 위험한 가능성으로 가득하다. 따라서 모든 구체적인 기법은 구루가 첼라에게 직접 전수해야 한다.

* 신체의 중앙 에너지 채널로, 주요 차크라들을 연결하는 중심축의 역할을 함.

52

Tataḥ kṣīyate prakāśāvaraṇam.

타타 크쉬야테 프라카샤아바라남

•

타타 그로부터	크쉬야테 해체되다, 사라지다
프라카샤 빛	아바라남 덮고 있는 것

From that is dissolved the covering of light.

진정한 프라나야마에 의해 빛을 가리는 덮개가 해체된다.

이제 프라나야마 수련의 두 가지 결과가 제시된다. 첫째는 빛을 가리는 덮개가 사라지는 것이다. 많은 주석가들이 이 수트라의 해석에서 완전히 잘못된 길을 갔는데, 그들은 이 빛을 영혼의 빛으로 오해했다. 이로 인해 그들은 다라나, 디야나, 사마디의 수련에서 거둘 수 있는 상당한 성취를 프라나야마의 결과로 해석했다. 이러한 오해는 다음 수트라를 고려해볼 때 더욱 놀랍다. 만약 프라나야마가 내적 통제의 첫 단계인 다라나를 위해 칫타를 준비시키는 것이라면, 어떻게 그것만으로 영혼의 빛을 가리는 덮개를 제거할 수 있겠는가?

이 수트라에서 언급된 빛은 분명히 내적 통제의 절정인 영혼의 빛을 가리키는 것이 아니다. 그 빛은 물질적 매개체와 연관되어 그것을 관통하는 더 미세한 체들의 빛을 가리킨다. 프라나야마 수련을 통해 프라나 분배에 필요한 변화가 이루어지면, 더 미세한 체들의 메커니즘이 육체두뇌와 더 밀접해진다. 그에 따라 삿다카는 더 미세한 체들과 관련된 특정 광채를 인식하게 된다.

또한, 미세한 체들과의 이러한 접촉은 삿다카에게 추가적인 이점을 주는데, 다라나와 디야나에서 대면하게 될 내적 이미지들이 매우 정확하게 실체화되는 것이다. 평범한 사람이 형성할 수 있는 흐릿하고 모호한 내적 이미지들은, 더 미세한 체들에서 훨씬 선명하고 뚜렷하게 대체된다. 이런 이미지들은 더 쉽게 조절되고 통제된다.

53

Dhāraṇāsu ca yogyatā manasaḥ.

다라나수 차 요기야타 마나사

다라나수 집중에 있어서	차 그리고
요기야타 적합	마나사 마음의

And the fitness of the mind for concentration.

그러고 나면, 칫타는 집중하기에 적합한 상태가 된다.

프라나야마 수련의 두 번째 결과는 다라나, 디야나, 사마디로 이어지는 안타랑가 요가(*Antaraṅga Yoga*, 내적 요가)의 준비가 된다는 것이다. 다라나를 효과적으로 수련하기 위해서는 선명하고 뚜렷한 내적 이미지를 형성하고 그것들을 명확히 볼 수 있는 능력이 필요하다. 명상을 시도하는 모든 사람들이 실제 경험을 통해 알듯이, 우리의 내적 이미지가 흐릿하고 혼란스러운 한 그것들에 집중하거나 조절하기란 쉽지 않다. 칫디는 그것들을 잘 붙잡지도 못하고, 그것들이 쉽게 빠져나간다 해도 어쩔 수가 없는듯하다. 프라나야마를 통해 이런 제한과 어려움을 제거할 수 있다. 프라나야마는 집중을 크게 돕는다.

54

Sva-viṣayāsaṃprayoge citta-svarūpānukāra ivendriyāṇāṃ pratyāhāraḥ.

스바–비샤야아삼프라요게 칫타–스바루파아누카라
이벤드리야남(이바인드리야남) 프라티야하라

•

스바 그들만의	비샤야 대상	아삼프라요게 접촉하지 않음에서
칫타 마음	스바루파 자신만의 형태, 본질	아누카라 ~을 모방하는
이바 마치 ~처럼	인드리야남 감각기관들의	프라티야하라 철수, 물러남

Pratyāhāra or abstraction is, as it were, the imitation by the senses of the mind by withdrawing themselves from their objects.

프라티야하라, 즉 감각의 철수를 통해 감각들은 외부대상으로부터 물러나, 칫타의 상태와 유사해진다.

프라티야하라(*Pratyāhāra*)는 프라나야마 다음의 요가의 앙가이다. 대부분의 삿다카는 프라티야하라의 본질을 정확히 알지 못한다. 파탄잘리는 이 주제를 두 개의 수트라로만 다루었고, 주석들 또한 그리 명료하지 않다. 프라티야하라가 실제로 무엇을 의미하는지 이해하기 위해, 외부대상에 대한 우리의 지각과정이 어떠한지 알아보자.

우리가 인식하려는 대상에서 다양한 종류의 진동이 발산된다. 그 진동이 우리의 감각기관을 자극하고, 그렇게 활성화된 감각기관에 칫타가 연결될

때, 우리는 대상을 지각한다. 이는 다음과 같은 도식으로 표현될 수 있다:

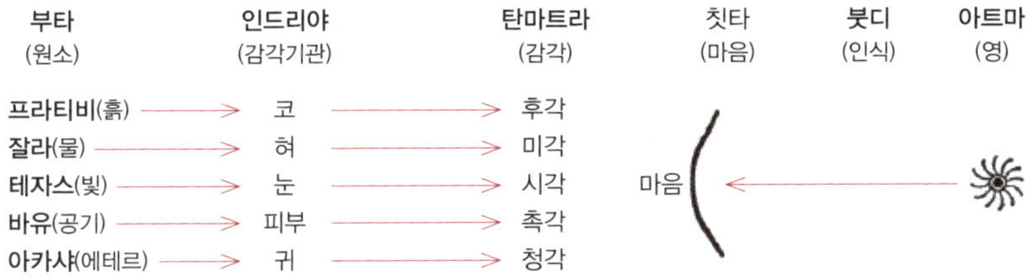

당연한 말이겠지만, 외부대상의 진동이 특정한 감각기관을 계속 자극하더라도 칫타가 그 감각기관에 연결되지 않으면, 그 진동은 인식되지 않는다. 우리가 길을 걸어갈 때, 수백 수천의 물체에서 발산되는 진동이 우리의 시각기관을 자극하지만, 그것이 칫타와 연결되지 않는다면, 우리는 단지 몇 가지만을 알아차릴 수 있을 뿐이다.

이러한 감각의 지각과정에 대한 흥미로운 사실은, 감각기관에 퍼부어지는 대부분의 진동을 칫타의 메커니즘이 자동적으로 무시한다는 점이다. 또한 칫타가 원한다고 해서 모든 진동을 차단할 수도 없다. 몇몇 특정한 진동은 항상 칫타의 주의를 끌며, 그때 칫타는 원치 않는 침입자들의 공격 앞에 무력하다.

라자요가의 올바른 수련을 위해서는 요기가 스스로 칫타를 조절할 수 있도록 필요할 때마다 외부세계를 완전히 차단해야 한다. 평소 우리는 칫타의 내용을 살펴보면, 다음 세 가지 범주로 분류됨을 발견할 것이다: (1) 외부세계가 만들어내는 끊임없이 변화하는 인상들, (2) 내면에 둥둥 떠다니는 과거 경험의 모든 기억들, (3) 미래에 대한 예상과 관련된 내적 이미지들. (2)와 (3)은 전적으로 내적인 것이며, 외부의 객관계에 의존하지 않는 반면, (1)은 외부세계와의 접촉에 의한 직접적인 결과이다. 프라티야하라의 목적은 (1)

을 칫타에서 완전히 제거하여 (2)와 (3)만 남기는 것이며, (2)와 (3)은 그 후 다라나와 디야나를 통해 정복된다. 프라티야하라는 말하자면 감각기관과 칫타 사이에 문을 끼워 넣어, 칫타를 외부세계에서 완전히 격리시킨다.

감각은 말하자면 외부세계에 있는 칫타의 전초기지이며, 칫타의 지휘를 따라야 한다. 칫타가 외부세계와 접촉하고자 할 때, 비로소 감각들은 작동하기 시작해야 한다. 칫타가 외부세계에서 물러나기로 결정할 때, 감각들은 칫타와 함께 철수할 수 있어야 하며, 이로써 외계와의 모든 연결은 끊어진다. 칫타와 감각 사이의 이런 관계는 벌들과 여왕벌 사이의 관계로 비유할 수 있다. 일반 벌들은 여왕벌이 한 장소에서 다른 장소로 날아갈 때 무리를 지어 따라가며, 여왕벌과 따로 움직이지 않는다.

이런 방식으로 외부세계와의 연결을 완전히 차단하는 것이 가능한가? 이는 가능할 뿐만 아니라, 요가의 길에서 더 높은 단계를 밟기 위해 절대적으로 필요하다. 요가수련의 모든 단계와 구성요소들은 서로 깊이 연결되어 있다. 요가수련은 전체적이며 다음 단계로 나가기 전, 선행 단계를 완벽하게 밟아야 한다. 만약 야마와 니야마를 충분히 수련하지 않아서 감정적 혼란을 완전히 제거하지 못했다면, 만약 아사나와 프라나야마를 완성하지 못해 육체를 제대로 통제하지 못했다면, 프라티야하라의 실천은 실패로 끝날 수밖에 없다. 그러나 삿다카의 삶 전체가 요가의 이상에 일치하고 모든 에너지가 궁극적 목표를 달성하는 데 집중된다면, 머지않아 성공은 반드시 찾아올 것이다.

프라티야하라가 칫타에 의한 감각의 제어로 보이지만, 핵심적인 기법은 사실 칫타가 자기 자신 안으로 물러나는 것이라는 점을 기억해야 한다. 이는 감각기관이 제 기능을 멈출 정도로 철저한 철수(abstraction) 작업이다. 소설에 깊이 빠진 학생, 에디슨과 같은 발명가, 이들은 모두 대상에 몰두할 때 외계를 완전히 잊을 수 있다. 그러나 이 경우 감각의 철수는 비자발적이며, 대상 또한 외부에 있다. **프라티야하라**에서의 철수는 자발적이며, **칫타**는 외부에 그 어떤 대상도 두지 않는다. 그의 활동영역은 전적으로 내면에 있으며, 외계는 **라자요가**에서처럼 순수한 의지력에 의해, 또는 **박티요가**에서처럼 지고자에 대한 사랑의 힘에 의해 차단된다.

55

Tataḥ paramā vaśyatendriyāṇām.

타타 파라마 바쉬야텐드리야남(바쉬야타인드리야남)

•

타타 그로부터	파라마 최상의
바쉬야타 통제, 지배	인드리야남 감각기관들의

Then follows the greatest mastery over the senses.

감각에 대한 최고의 통제력은 프라티야하라에서 온다.

프라티야하라의 성공적인 수련은 인드리야에 대한 완전한 통제력을 제공한다. 우리는 더 이상 감각의 노예가 아니라 주인이 된다.

요가의 첫 다섯 가지 앙가가 칫타를 방해하는 근원들을 하나씩 제거하고, 칫타를 준비시키는 과정은 주목할만하다. 야마-니야마를 통해 제거되는 것은 개인의 본성에 있는 도덕적 결함으로 인한 감정적 동요들이다. 아사나의 수련을 통해 제거되는 것은 육체에서 발생하는 방해들이다. 다음으로 프라나 체에서 불규칙하거나 불충분한 생명력의 흐름으로 인한 장애들이 있다. 이 모든 것들이 프라나야마의 수련을 통해 제거된다. 끝으로 프라티야하라의 실천으로 감각기관을 통해 일어나는 산만함이 제거된다. 이렇게 하여 바히랑가(*Bahiraṅga*), 즉 외적 요가가 완성되고, 삿다카는 안타랑가(*Antaraṅga*), 즉 내적 요가의 더 높은 단계를 밟을 수 있게 된다.

비부티 파다

III

Vibhūti Pāda

초능력의 길

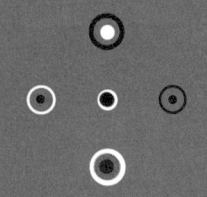

1

Deśa-bandhaś cittasya dhāraṇā.

데샤-반다슈 칫타시야 다라나

데샤 장소, 지점	반다 묶는, 제한하는
칫타시야 마음의	다라나 집중

Concentration is the confining of the mind within a limited mental area (object of concentration).

다라나는 칫타를 제한된 명상대상 안으로 묶어두는 것이다.

요가의 첫 다섯 가지 앙가로 인해 칫타는 외부세계로부터 완전히 고립되고, 삿다카는 외부의 방해 없이 칫타와 직면할 수 있게 된다. 오직 이러한 조건에서만 다라나, 디야나, 사마디를 성공적으로 수련할 수 있다.

요가적 삶을 추구하는 대다수의 열망자들이 해마다 칫타와 씨름하다가 결국 희망 없이 노력을 포기하는 주된 이유는 체계적인 준비 부족 때문이다. 이런 준비 없이는 다라나의 기초적인 수련조차 매우 어렵고, 디야나와 사마디의 더 높은 단계는 말할 것도 없다. 이론적으로는 삿다카가 곧바로 칫타를 다룰 수 있고 어느 정도 명상에 성공할 수도 있지만, 이렇게만으로는 더 이상 멀리 가지 못하고 그의 진보는 조만간 멈추게 된다. 앞에서 언급한 방식으로 하나하나의 앙가를 스스로 준비했을 때에만, 삿다카는 끝까지 꾸준히 나아갈 수 있다. 별 다른 단계 없이 명상에 성공한 드문 경우, 그들은 이미 전생에 필요한 자질들을 충분히 계발했던 까닭이다. 예를 들어 어떤 이들은 높은 수준의 바이라기야를 지니고 태어나서, 어린 시절부터 자신의 매개체를 자유자재로 통제하는 놀라운 능력을 보여준다. 그들은 길고 지루한 훈련을 거칠 필요가 없다.

평범한 사람들의 집중과 요가심리학의 다라나 사이에는 큰 차이가 있다. 현대심리학에 따르면 인간의 마음은 어떤 대상에든 오랜 시간 길게 고정시킬 수는 없다고 한다. 최고 수준의 몰입에 도달했을 때조차 인간의 마음은 끊임없이 움직인다. 현대심리학에서 집중은 제한된 영역 내에서 마음의 통제된 활동을 의미한다. 그러나 요가과학의 기반이 되는 동양의 심리학에 따르면, 집중은 통제된 칫타의 활동이기는 하지만 결국 모든 활동이 정지되는 상태에 도달할 수 있다. 이 최종단계에서 칫타는 집중하는 대상의 본질과 하나가 되어버려, 더 이상 활동할 수 없게 된다.

동양의 심리학은 일반적인 집중이 유용하다고 인정은 하지만, 그런 집중에는 분명한 한계가 있다고 지적한다. 첫째, 아무리 집중하여도 대상의 본질적인 속성을 결코 깨달을 수 없다는 것이다. 일반적 집중으로는 아무리 노력해도 결코 대상의 핵심에 도달할 수 없다. 둘째, 일반적 집중으로는 인간의 내면이 결코 지성의 감옥 밖을 벗어날 수 없다는 점이다. 칫타는 지성의 한계에서 벗어날 수 없고, 따라서 더 미세한 매개체를 통해 더 깊은 수준에서 기능할 수 없다. 미세한 차원에서 또 다른 미세한 차원으로 도약하려면, 먼저 칫타를 비활동의 상태로 만들어야 한다. 이렇게 되면 칫타는 그 대상만으로 온통 '빛나게' 된다.

데샤-반다(*Deśa-bandha*)라는 구절은 제한된 활동성을 의미한다. 칫타는 말하자면 제한된 내적 영역 내에 갇혀있으며 거기서 벗어나면 즉시 돌아와야만 한다. 특정 대상에 집중할 때 칫타의 활동이 '제한적으로 자유로운' 이유는, 모든 대상에는 무수한 측면이 있고 칫타는 그 측면들을 한번에 하나씩만 숙고할 수 있다는 점을 떠올리면 된다. 칫타는 쉴 새 없이 여기서 저기로 움직이고 있다. 하지만 실제로는 제한된 대상에 집중되어 있는 것이다. 또는 집중의 대상이 서로 이치에 맞게 연결되어 통합된 전체를 형성하며, 단계별 추론의 과정을 포함하고 있을 수도 있다. 이 경우에도 칫타는 실제로 집중의 대상을 떠나지 않고 활동하는 것이다. 칫타가 대상과의 접촉을 잃고 명상의 대상과 전혀 관련 없는 요소들이 칫타에 침입할 때에만, 다라나가 깨졌다고 할 수 있다. 따라서 다라나에서의 주된 작업은 칫타를 대상에 대해 지속적으로 몰두하도록 하고, 연결이 끊어지는 즉시 제한된 영역 안으로 되돌아가게 하는 것이다. 삿다카의 목표는 중단의 빈도를 점진적으로 줄이고 궁극적으로는 완전히 제거하는 것이다. 그러나 더 큰 목표는 중단의 제거뿐 아니라, 대상에 대한 완전한 집중이다. 기민하게, 그리고 힘있게 집중함으로써, 모호하고 흐릿한 인상을 선명하게 정의된 이미지로 대체해야 한다. 따라서 칫타의 집중 상태는 중단의 빈도만큼이나 중요하다.

2

Tatra pratyayaikatānatā dhyānam.

타트라 프라티야야이카타나타(프라티야야에카타나타) 디야남

타트라 그곳에	프라티야야 칫타의 내용
에카타나타 끊임없이 하나로 뻗어나가거나 흐르는	디야남 관조, 명상

Uninterrupted flow (of the mind) towards the object (chosen for meditation) is contemplation.

디야나는 칫타가 명상대상을 향해 끊임없이 머무는 것을 말한다.

삿다카가 산만함을 완전히 제거하고 원하는 만큼 오랫동안 대상에 대해 집중하게 되면, 디야나에 도달하게 된다. 따라서 다라나와 디야나의 본질적인 차이는 이따금씩 출몰하는 산만함뿐이다.

먼저 프라티야야를 살펴보도록 하자. 프라티야야는 개념, 내용, 원인 등 다양한 의미를 포괄하지만, 요가에서는 특정 시점에 내면을 차지하고 있는 칫타의 내용을 의미한다. 칫타에는 다양한 대상들이 동시에 담길 수 있다. 따라서 대상들의 특질에 관계없이 전체를 부를 수 있는 용어가 필요하다. 프라티야야가 바로 이것을 뜻하는 전문용어이다. 디야나의 프라티야야는 고정되어 있으면서도 가변적이다. 칫타의 활동영역은 제한된 상태로 계속 유지된다는 점에서, 디야나의 프라티야야는 고정적이다. 또한 이는 제한된 영역 안에서 활동성이 있기 때문에 가변적이다. 과학자가 현미경의 초점을 오

염된 물방울에 맞춘다 하자. 그의 시야는 물방울 안으로 정해지고 제한되며, 그 바깥은 볼 수 없다. 그러나 그 원형의 빛 속에서는 모든 종류의 끊임없는 움직임이 있다. 또는 튼튼한 제방 내에서 흐르는 강을 예로 들어보자. 물이 끊임없이 움직이지만, 이 움직임은 제방 안쪽에 한정된다. 비행기에서 강을 내려다보는 사람은 강이 고정되어 있으면서 동시에 흐르는 것을 보게 된다. 이러한 예시들은 디야나에서 프라티야야의 이중적인 속성과 명상대상의 한계 안에서 칫타가 계속 움직일 수 있는 가능성을 이해하게 해준다.

산스크리트어 타트라(*Tatra*)는 '그 장소에서'를 의미하며, 여기에서 '장소'는 내면의 영역을 지칭한다. 칫타는 다라나에서처럼 프라티야야와 결합된 상태를 유지해야 한다. 깨어있는 상태에서는 누구나 칫타가 프라티야야, 즉 칫타의 내용과 결합되어 있다. 그러나 프라티야야는 계속 변할 뿐 아니라, 칫타 또한 이 주제에서 저 주제로 옮겨 다니기 때문에 내면의 영역도 계속 변하게 된다.

에카타나타(*Ekatānatā*)는 '연속적으로 뻗어나가는'이란 의미다. 이는 다라나에서 출몰하는 산만함, 방해로 인한 칫타의 중단이 디야나에서는 없음을 의미한다. 사실 기법적으로 볼 때, 다라나와 디야나를 구별하는 유일한 기준은 프라티야야의 연속성이다. 이 연속성은 강물의 흐름이나, 한 그릇에서 다른 그릇으로 기름을 붓는 것의 연속성에 비유할 수 있다. 사마디를 수련할 수 있기 전에 이런 연속성을 달성하는 것이 왜 필수적일까? 연속성의 중단은 산만함을 의미하고, 산만함은 집중력과 통제력의 부족을 의미한다. 만약 칫타가 정해진 대상에서 벗어난다면, 그것은 다른 대상이 그 자리를 차지했기 때문이다. 왜냐하면 칫타의 움직임에는 연속성이 있어야 하기 때문이다. 오직 니로다에서만 다른 대상이 칫타를 차지하지 않고 움직임의 연속성이 끊어질 수 있다. 따라서 연속성은 칫타의 통제력과 집중력의 강도를 측정하는 척도가 된다. 디야나 아바스타(*Dhyāna Avasthā*, 디야나 상태)의 달성은 요가의 마지막 단계와 진정한 수련을 위한 칫타의 준비도를 보여준다. 이 조건이 충족되지 않으면 사마디 수련을 시작할 수 없으며, 요가의 진정한 비밀은 삿다카에게 숨겨진 채로 남을 것이다.

3

Tad evārthamātra-nirbhāsaṃ svarūpa-śūnyam iva samādhiḥ.

탓 에바아르타마트라-니르바삼 스바루파-슌얌 이바 사마디

탓에바 동일한	아르타 명상의 대상	마트라 오직
니르바삼 그곳에서 빛나는	스바루파 자신만의 형태	슌얌 빈, 공백
이바 마치 ~처럼	사마디 삼매	

The same (contemplation) when there is consciousness only of the object of meditation and not of itself (the mind) is Samādhi.

칫타가 명상의 대상만을 의식하고 자아개념을 상실할 때, 이를 사마디라 한다.

사마디라는 주제는 1권에서 철저히 다루었다. 그러나 1권에서는 사마디의 일반적이고 심오한 측면들이 주로 고려되었다. 여기서는 다라나, 디야나와 사마디의 관계만을 다룰 것이다.

디야나가 잘 확립되어 어떤 산만함도 없이 명상의 대상을 관조할 수 있게 되면, 대상을 훨씬 더 상세히 알 수 있게 된다. 그러나 대상의 본질에 대한 직접적인 지식은 여전히 얻을 수 없으며, 대상 안에 숨겨진 실재는 마치 요기를 피해가는 것만 같다. 그는 정복해야 할 요새의 문 앞까지 도달했지만, 문이 닫혀있어 들어갈 수 없는 장군과 같다. 그와 그가 알고자 하는 대상의 실재 사이를 무엇이 가로막고 있는가? 이 수트라는 이 질문에 대한 답을 제

공한다. 우리의 칫타 그 자체가 명상대상의 본질을 깨닫는 것을 막고 있다. 모든 방해요소들이 제거되었고, 내면은 명상의 대상에 완전히 집중되어 있다. 그럼에도 어떻게 대상의 본질을 깨달을 수 없는 것일까? 대상의 숨겨진 실재와 요기의 칫타 사이에 여전히 자아개념이 남아있어서이다. 바로 이 자의식 또는 주관성, 순수하고 단순한 그것이 요기를 대상에서 분리시키고 실재를 숨기는 장막의 역할을 한다.

자의식이 어떻게 요기의 진보를 막는 장애물이 될 수 있는지, 자의식이 최고 수준의 지적 작업을 어떻게 방해하는지 알아보자. 위대한 음악가는 작업 속에서 자신을 완전히 잃을 때, 최고의 작품을 만들 수 있다. 발명가는 문제를 풀고 있다는 자의식 없이 가장 큰 문제를 해결한다. 물론 이는 그들이 기초적인 기법을 숙달했고, 내적으로 완전히 대상에 집중한 상태라는 전제 아래 가능하다. 바로 그 순간 이들은 쏟아지는 영감을 얻어, 그들이 찾던 것과 마침내 접촉하게 된다. 어떤 식으로든 자의식의 소멸이, 평소에는 들어갈 수 없는 새로운 세계의 문을 열어젖힌 것이다.

디야나가 사마디로 넘어가고 실재의 세계로 이어지는 문이 열릴 때, 비슷한 일이 훨씬 더 높은 수준에서 일어난다. 파탄잘리는 자의식을 잃는 이 현상을 스바루파 순얌 이바(*Svarūpa śūnyam iva*)라고 부른다. 마치 '자신만의 형태' 또는 본질적인 속성이 사라지는 것과 같다. 스바루파(*Svarūpa*)란 무엇인가? 현현된 모든 것은 두 가지의 형태를 가진다. 표면적이고 비본질적인 속성을 나타내는 외적 형태인 루파(*Rūpa*)와 진정한 본성의 핵심 또는 실체를 구성하는 내적 형태, 스바루파이다. 디야나의 경우, 루파는 프라티야야 또는 명상의 대상이다. 칫타는 루파를 통해 표현된다. 스바루파는 디야나 과정에서 칫타가 자신에 대해 여전히 지니고 있는 자의식을 말하며, 이는 본질적으로 내면의 주관성을 드러낸다. 이는 다라나가 디야나로 넘어가고 디야나에서 집중의 힘이 증가함에 따라 꾸준히 약해진다. 그러나 디야나의 모든 단계에서 여전히 약한 형태로 존재하며, 이것이 완전히 사라질 때에만 사마디로 넘어가게 된다.

슌얌(*Śūnyam*)이라는 단어는 공백 또는 0을 의미하는데, 여기에서는 0으로 해석해야 한다. 왜냐하면 이것은 남은 자의식을 소멸점까지 줄이는 문제이지, 어떤 것을 극한까지 비우는 문제가 아니기 때문이다. 실제로 명상의 대상이 계속해서 칫타를 완전히 채우고 있기 때문에 칫타를 비운다는 것은 불가능하다. 따라서 스바루파 슌얌은 자의식 또는 칫타의 주관성을 최대한도까지 줄이는 것을 의미한다. 파탄잘리는 사마디가 디야나를 대체할 때 스바루파가 실제로 사라진다고 여기지 않도록 이바(*Iva*)라는 단어를 추가했는데, 이바는 '마치 ~인 것처럼'을 의미한다. 스바루파는 단지 사라진 것처럼 보일 뿐, 실제로는 사라지지 않는다. 사마디가 끝나면 즉시 다시 나타나기 때문이다.

스바루파가 사라짐에 따라 지성보다 높은 능력이 작용하기 시작하고, 이 능력을 통해 대상 뒤에 숨겨진 실재에 대한 인식이 일어난다. 인식의 대상과 하나가 됨으로써 인식하게 하는 능력이다. 인식하는 자, 인식의 대상, 그리고 인식 자체가 하나로 통합된다.

자의식이 사라지면 무엇이 남는가? 오직 명상의 대상만이 남는다. 이것이 아르타-마트라-니르바삼(*Artha-mātra-Nirbhāsaṃ*)의 의미이다. 탓 에바(*Tad eva*)라는 구절은 '동일한 것'을 의미하며, 여기에서는 사마디가 단지 디야나의 진전된 단계일 뿐이지, 새로운 기법이 아니라는 사실을 강조하기 위해 사용되었다. 그들 사이의 유일한 차이점은 자의식의 부재인데, 이것이 대상을 새로운 빛 속에서 빛나게 한다.

사마디로 절정에 이르게 되는, 동일한 과정에서의 세 단계 사이의 차이를 다음과 같이 나타낼 수 있다. A가 삼야마를 위해 선택한 대상이고 B, C, D, E 등이 방해요소들이라면, 세 단계에서 연속적인 순간들의 일정한 간격들마다 칫타의 프라티야야를 다음과 같이 나타낼 수 있다. 문자 주위의 원은 자의식을 가리킨다.

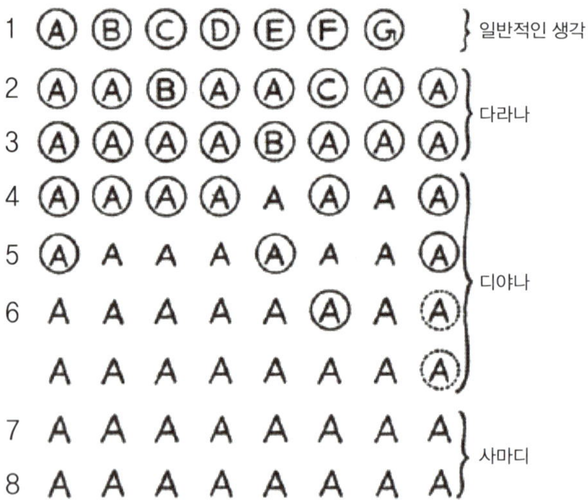

다라나에서는 방해요소들의 빈도가 점차 감소하고, 디야나에서는 방해요소의 빈도와 자의식의 정도가 계속 감소함을 볼 수 있다. 사마디에서는 방해요소와 자의식 모두에서 완전히 자유로워지고, 오직 대상만이 내적 주관성의 영역에 남게 된다.

다라나, 디야나, 사마디에서 일어나는 변형들은 순수하게 내적인 현상이다. 생리적인 기능은 완벽하게 유지되지만, 육체는 외적 또는 내적 세계에 어떠한 반응도 보이지 않는다. 사마디에서 육체가 외부의 자극에 반응하지 않는 이 현상 때문에, 많은 사람들이 일반적인 트랜스 상태를 사마디로 오해한다. 그러나 단순한 트랜스 상태는 사마디 성취의 증거가 될 수 없다. 육체는 수면 중이거나, 마취제 또는 약물의 영향으로도 사마디와 똑같이 반응하지 않는다. 심령능력자(psychic)의 경우 더 미세한 체들이 육체에서 빠져나와 더 미세한 세계에서 기능하기 시작할 때도 육체는 반응하지 않는다. 이러한 모든 경우 육체는 반응하지 않는 상태이지만, 낮은 수준의 칫타는 육체 다음의 더 미세한 체에서 부분적으로 또는 완전히 기능한다. 여기서 칫타는 예전처럼 방해요소들에 완전히 장악되어 있다.

사마디로 이어지는 과정들은 하위 멘탈체에서 시작되며, 낮은 체들의 침묵을 필요로 한다. 따라서 어떤 사람이 진정한 사마디 상태에 있는지의 여부는 오로지 그의 내면에 달려있으며, 육체의 무반응 상태와는 전혀 관련이 없다.

요가철학에 정통하지 않은, 낮은 수준의 심령술(psychism)을 다루는 사람들은 육체의 무반응 상태를 사마디와 혼동하며, 어느 정도 무의식상태를 유지할 수 있는 사람을 위대한 요기로 여긴다. 이처럼 단순한 무반응의 상태는 자다-사마디(*Jaḍa-Samādhi*, 무의식적 사마디)로 불리며, 겉으로는 매우 비슷해 보이지만 실제로는 진정한 사마디와 전혀 관련이 없다. 진정한 사마디에서 나온 사람은 내면에서 얻은 초월적 지식, 지혜, 평화, 그리고 힘을 가져오는 반면, 자다-사마디에서 나온 사람은 잠에서 깬 사람보다 더 현명하지 않다. 그에게 심령적 능력이 있다면, 미세한 차원의 경험들 중 일부 기억을 육체두뇌로 가져올 수 있다. 그것이 명확하든, 혼란스럽든. 하지만 이런 무질서한 경험들에는 특별하거나 신뢰할만한 것이 없다. 이는 진정한 사마디에서 얻는 초월적 지식과는 아무 관계가 없다.

이런 일들에 만연해있는 무지의 정도는 때로 놀랍다. 얼마 전 유명한 힌디어 잡지에 사마디의 여러 단계를 다루는 기사가 실렸다. 이 기사에는 연속적으로 사마디의 다양한 단계에 들어가는듯한 요기의 사진들이 실려있었다. 이 사진들에서 요기의 눈의 초점은 점점 흐려지고 있었다. 그런데 놀라운 점은 사마디의 고급단계로 갈수록, 그의 육체에서 점점 더 많은 빛이 발산되었다는 것이다. 마치 사마디에서 요기의 내면에 떠오르는 빛을 사진으로 찍을 수 있다는 듯이 말이다. 이것이 바로 무지의 힘이다. 삶의 가장 고귀한 진리를 왜곡하고 저속하게 만들며, 모든 것을 대중들이 감지하고 볼 수 있는 오로지 물질적인 관점으로 바라보는 것 말이다.

4

Trayam ekatra saṃyamaḥ.

트라얌 에카트라 삼야마

트라얌 세 가지	에카트라 함께	삼야마 다라나, 디야나, 사마디를 함께 일컫는 말

The three taken together constitute Saṃyama.

다라나, 디야나, 사마디 이 세 가지가 함께 삼야마를 구성한다.

다라나, 디야나, 사마디는 실제로 동일한 과정의 서로 다른 단계임이 분명하다. 다라나에서 시작해 사마디로 끝나는 이 완전한 과정을 요가 용어로 삼야마(*Saṃyama*)라고 한다. 이 기법을 숙달하면 모든 종류의 지식뿐만 아니라, 싯디로 알려진 힘과 초자연적인 성취의 문이 열린다.

삼야마에 대해 두 가지 사실을 염두에 둘 필요가 있다. 첫째, 삼야마는 연속적인 과정이며, 한 단계에서 다음 단계로의 이동이 급격한 변화로 나타나지 않는다. 둘째, 마지막 단계까지 걸리는 시간은 전적으로 요기가 이룬 진보에 달려있다. 초심자는 최종단계에 도달하는 데 몇 시간이나 며칠이 걸릴 수 있지만, 아데프트는 거의 즉각적으로 그 단계로 진입할 수 있다. 사마디는 공간상의 이동이 아니다. 단지 내면의 중심을 향해 깊이 들어가는 것과 같다. 때문에 시간은 이 과정에서 핵심적인 요소가 아니다. 시간이 소요된다는 것은 전적으로 요기가 사마디의 기법을 완전히 숙달하지 못했기 때문이다.

5

Taj-jayāt prajñālokaḥ.

탓-자야트 프라갸알로카

•

탓-자야트 그것을 정복함으로써	프라갸 반야지	알로카 빛

By mastering it (Saṃyama) the light of the higher consciousness.

삼야마를 완성함으로써, 상위 차원의 빛이 나타난다.

삼프라갸타 사마디(I-17)를 다루면서 이미 언급했듯이, 프라갸는 사마디 상태에서 나타나는 고차원적인 의식이다. 그러나 사마디라는 단어가 광범위한 의식상태를 포괄하듯이, 프라갸는 비타르카 단계에서 시작하여 아스미타 단계에서 끝나는 사마디의 모든 의식상태를 대표한다. 프라갸를 미세하게 만드는 데에는 두 가지 중요한 단계가 있다. 그중 하나는 I-47에서 언급된 것으로 영적인 빛이 내면의식을 비추는 단계이다. 다른 하나는 III-36에서 언급되며, 푸루샤의 의식이 요기의 내면을 비추기 시작하는 단계이다. 프라갸의 역할은 IV-29의 언급처럼, 비베카 키야티, 즉 실재에 대한 순수한 인식이 프라갸의 자리를 대신할 때 끝나게 된다.

6

Tasya bhūmiṣu viniyogaḥ.

타시야 부미슈 비니요가

•

타시야 그것의	부미슈 단계적으로	비니요가 적용, 사용

Its (of Saṃyama) use by stages.

삼야마는 단계적으로 이루어진다.

삼야마의 과정은 본질적으로 동일하지만, 적용되는 대상의 속성에 따라 달라진다. 우주의 모든 대상이 똑같이 신비로운 것은 아니다. 그들 뒤에 숨겨진 신비는 그들이 기초하고 있는 실재의 깊이에 달려있다. 돌, 장미, 인간. 그들 형태 뒤에 숨겨진 신비를 풀고자 할 때, 그들 사이에는 얼마나 엄청난 차이가 존재하는가. 장미는 평범한 사람에게조차 돌이 결코 불러일으킬 수 없는 생각과 감정을 일으킨다. 인간의 형태 뒤에 숨겨진 신비는 우주의 영원한 수수께끼 중 하나이다. 그렇다면 이처럼 '대상들' 사이의 차이를 만드는 원인은 무엇인가? 그 차이를 이해하려면 모든 물질적 또는 정신적 대상의 외형은 단지 궁극적 실재의 외피일 뿐이며, 우리가 그 대상에 대해 아는 것이 그 대상의 모든 것은 아니라는 점을 반드시 명심해야 한다. 빙하의 경우에 수면 아래로 잠긴 부분이 보이는 부분보다 훨씬 더 크듯이, 우리가 대상에 대해 아는 것은 보이지 않는 부분의 아주 작은 파편에 불과하다.

모든 대상들의 이런 잠재된 측면들은 오직 요가의 방법으로만 철저히 조사될 수 있으며, 삼야마는 이 숨겨진 세계들의 문을 여는 열쇠이다.

이미 설명했듯이 현현된 우주의 모든 존재는 궁극적 실재의 표현이다. 하지만 서로 다른 존재들의 근원은 영-물질 조합의 서로 다른 차원에 있으며, 이 조합을 통해 실재가 우리에게 현현한다. 이 사실을 다음과 같은 그림으로 나타낼 수 있다. 이 그림에서 동심원의 중심은 궁극적 실재를 나타내며, 연속적인 원들은 밀도가 증가하는 순서에 따라 존재의 다양한 차원들을 나타낸다.

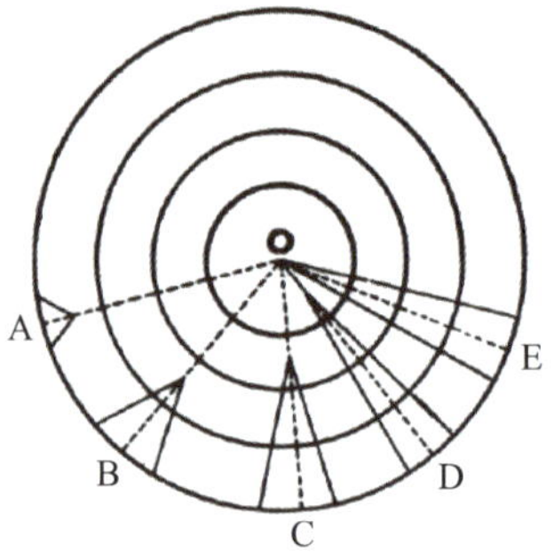

그림 8

가장 바깥쪽 원의 호로 표현된 대상 A, B, C, D 들은 점진적으로 더 미세한 존재의 차원에 근원을 두고 있는 것으로 보이는 한편, 대상 E는 궁극적 실재 그 자체에 근원을 두고 있는 것으로 보일 것이다.

위에서 언급했던 세 가지 대상을 비교해보면, 돌의 경우 그 기저에 의도적인 설계가 없는 단순한 물질의 집합체일 뿐이므로, 그 근원이 별로 깊지 않다는 것을 쉽게 알 수 있다. 장미의 경우에도 여러 종류의 물질이 모인 것이지만, 이 조합은 두 가지 점에서 돌의 조합과 다르다. 첫째, 유기적인 성장과 부패의 능력이 내재되어 있고, 둘째, 그 형태가 원형에 더 근접한다.

피상적인 관찰자에게도 장미가 돌 조각보다 더 깊은 생명의 근원을 가지고 있다는 느낌은 분명할 것이다. 이제 인간의 형태로 오면, 우리는 깊은 신비와 마주하고 있다는 느낌을 피할 수 없다. 인간에게는 더 정교한 물질적 구조가 있을 뿐만 아니라, 인간이라는 형태는 생각, 감정, 그리고 다차원적 내면현상의 매개체가 된다. 인간의 근원이 현현된 우주의 중심부에 얼마나 깊이 침투되어 연결되는지는 여기에서 더 자세히 논의할 필요가 없다. 그러나 요가의 철학에 따르면, 인간이라는 존재는 궁극적 실재의 가장 중심까지 도달한다. 그것이 바로 지바트마와 파라마트마의 동일한 본질에 대한 가르침이 실제로 의미하는 바이다.

삼야마의 기법이 매우 복잡한 과학이며 단계적으로 정복되어야 하는 이유를 이해하려면, 명상대상들의 내적인 구조와 단계에도 엄청난 차이가 있다는 사실을 명심해야 한다. 어떤 대상들은 말하자면 실재의 단순한 표면만을 건드리는 반면, 다른 것들은 매우 깊이 들어간다.

삼야마의 다양한 단계들은, I-17에서 언급된 삼프라갸타 사마디의 네 가지 연속적인 단계와 I-51에서 언급된 니르비자 사마디 단계의 달성을 의미한다. 이는 사실 점점 더 미세한 매개체들을 통해 칫타가 여러 단계에서 기능하고 있다는 것을 보여준다. 근본적인 원리는 모두 동일하다. 다만 다양한 깊이와 차원으로 칫타가 확장되는 것이다.

7

Trayam antaraṅgaṃ pūrvebhyaḥ.

트라얌 안타랑감 푸르베비야

•

트라얌 세 가지	**안타랑감** 내적인	**푸르베비야** 앞선 것들과의 관계에서

The three are internal in relation to the preceding ones.

다라나, 디야나, 사마디 이 세 가지는 앞의 다섯 가지 앙가들에 비해 내면적이다.

다라나, 디야나, 사마디의 세 가지 과정은 요가의 본질을 구성하며, 앞선 다섯 가지 앙가는 단순히 준비 단계로 간주될 수 있다. 삼야마의 전체 과정은 칫타의 영역에서 일어나며, 육체 눈으로 볼 수 있는 어떤 부분도 이에 관여하지 않는다. 그래서 이를 안타랑감(*Antaraṅgam*, 내적인 부분)이라고 부르는 것이다. 그러나 이를 삼야마에 비해 다섯 가지 앙가가 필수적이지 않다는 의미로 받아들여서는 안 된다. 다섯 앙가에 포함된 예비과정 없이는 삼야마의 더 미세하고 어려운 과제에 착수하는 것이 불가능하다.

8

Tad api bahir-aṅgaṃ nirbījasya.

탓 아피 바히르-앙감 니르비자시야

탓 그것	아피 또한	바히르앙감 외적인 부분	니르비자시야 씨앗 없는 삼매의

Even that (Sabīja Samādhi) is external to the Seedless (Nirbīja Samādhi).

심지어 사비자 사마디(씨앗 있는 사마디)라 하더라도, 니르비자 사마디(씨앗 없는 사마디)에 비해서는 외면적이다.

니르비자 사마디의 주제는 I-51에서 이미 다루어졌다. 니르비자 사마디와 연관된 다른 사항들 또한 앞으로 4권에서 논의될 것이다. 이 수트라는 단지 사비자 사마디와 니르비자 사마디 사이의 차이를 강조하고, 자각의 길에서 니르비자 사마디가 사비자 사마디보다 더 진전된 단계임을 알리기 위해 여기 소개되었다. 사비자 사마디는 주로 프라크리티의 영역 내에서 행사되는 지식 및 힘들과 관련된다. 이 사마디를 통해 우리는 카이발야로 이어지는 문까지 당도할 수 있다. 반면 니르비자 사마디는 프라크리티의 영역을 초월한다. 니르비자 사마디는 카이발야에 영구히 거주하는 칫타의 상태를 목표로 한다. 따라서 니르비자 사마디는 당연히 사비자 사마디에 비해 내면적이다. 푸루샤는 먼저 사비자 사마디를 통해 프라크리티의 모든 영역을 정복해야 한다. 그 다음, 그 영역을 초월하는 완전한 자각을 얻어야 한다.

9

Vyutthāna-nirodha-saṃskārayor abhibhava-prādurbhāvau nirodha-kṣaṇa-cittānvayo nirodha-pariṇāmaḥ.

뷰타나-니로다-삼스카라요르 아비바바-

푸라두르바바우 니로다-크샤나-칫타안바요 니로다-파리나마

●

뷰타나 나가는, 사라지는	니로다 들어오는*
삼스카라요 두 인상의	아비바바 제압, 잠재상태로 되어가는
푸라두르바바우 발생	니로다-크샤나 통제의 순간
칫타 마음	안바야 침투
니로다 통제	파리나마 전변

Nirodha Pariṇāma is that transformation of the mind in which it becomes progressively permeated by that condition of Nirodha which intervenes momentarily between an impression which is disappearing and the impression which is taking its place.

니로다 파리나마는 명상 중에 사라지고 있는 인상과 그 자리를 대신하는 인상 사이, 순간적으로 개입하는 니로다의 상태가 점진적으로 칫타에 스며드는 것이다.

명상의 세 단계를 다룬 후, 파탄잘리는 높은 수준의 요가수련에 해당하는

* 여기에서는 뷰타나의 반대의미.

세 가지 기본적인 파리나마(*Pariṇāma*), 즉 전변(transformation)을 다룬다. 이 세 가지 파리나마와 관련하여 가장 중요한 점은 이들이 상태가 아니라 전변(轉變)이라는 것이다. 다시 말해, 이들은 정적인 양상이 아니라 동적인 양상을 가리킨다. 사마디를 통한 점진적 자각의 과정에서, 칫타는 오직 세 가지 전변을 통해서만 한 단계에서 다른 단계로 넘어갈 수 있다. 이 전변들은 차례차례 연관되어 있으며, 실제로는 더 규모가 큰 전체 과정 속에서 세 가지 필수적인 부분이 된다. 이 과정은 칫타가 궁극적 실재의 중심을 향해 단계적으로 나아갈 때, 매개체의 각 차원마다 반복되어야 한다. 보통 칫타의 변형은 연상, 추론, 또는 감각적 자극에 따라 일어난다. 지금 고려하고 있는 세 가지 전변은 특별한 종류이며, 요기가 의지대로 사마디 상태로 들어갈 수 있는 능력을 획득한 후에야 주로 사용된다.

이 수트라는 칫타-브릿티의 통제를 가져오는 니로다 파리나마(*Nirodha Pariṇāma*)를 정의한다. I-2에서 요가를 칫타-브릿티의 통제로 설명한다는 점을 고려하면, 이 수트라를 철저히 이해하는 것이 얼마나 중요한지 알 수 있다. 사실 니로다는 인간이 칫타의 통제를 시작하는 순간, 바로 작용하기 시작한다. 산스크리트어에서 니로다라는 단어는 억제와 통제 모두를 의미하며, 다라나로 시작되는 니로다의 초기 노력은 억제라기보다 통제의 의미다. 그러나 조금만 신중하게 생각해보면 다라나의 예비과정에서도 억제의 의미로서 니로다가 어느 정도 작용하고 있음을 알 수 있다. 예를 들어 다라나를 수련하려 할 때, 의지는 계속해서 방해요소들을 억제하고 그 자리를 명상의 대상으로 대체하려고 노력한다. 이처럼 방해요소를 명상대상으로 대체하려는 노력을 할 때마다, 방해요소도 선택한 명상대상도 사라지는 순간이 온다. 그때에는 실제로 칫타에 그 어떤 프라티야야도 없는 상태이며,

이 상태를 명상과정 동안 반드시 경험하게 된다. 이는 마치 움직이는 물체의 방향이 갑자기 바뀔 때, 그 물체가 움직이지 않고 정지한 순간이 반드시 발생하는 것과 같다. 이렇게 제한적인 의미의 니로다가 칫타의 통제에 처음부터 개입되기 때문에, 파탄잘리는 니로다 파리나마를 가장 먼저 다룬 것이다. 그러나 실제 수련에서 궁극의 니로다 또는 완전한 칫타의 통제는 가장 마지막에 오며, 사마디 파리나마(*Samādhi Pariṇāma*)와 에카그라타 파리나마(*Ekāgratā Pariṇāma*) 이후에 다시 온다는 점에 주목해야 한다.

우리는 칫타를 차지하고 있던 하나의 인상이 다른 인상으로 대체될 때, 그 사이에 순간적으로 드러나는 변형되지 않은 칫타의 상태가 니로다임을 보았다. 칫타를 차지하고 있던 인상을 뷰타나 삼스카라(*Vyutthāna Saṃskāra*)라고 부른다. 뷰타나 삼스카라에 상반되거나 그것을 대체하려고 시도하는 인상을 이 수트라에서는 니로다 삼스카라(*Nirodha Saṃskāra*)라고 부른다. 이렇게 연속된 두 인상 사이에는 칫타에 전혀 인상이 없거나 칫타가 변형되지 않은 채 존재하는 순간이 반드시 있어야 한다. 니로다 파리나마의 목적은 이러한 순간을 의지대로 만들어내고 점진적으로 확장시켜, 칫타가 이러한 상태로 순간이 아니라 상당 기간 머물 수 있도록 만드는 것이다. 반복된 노력을 통한 니룻다(*Niruddha*, 통제된) 상태의 연장은 니로다-크샤나-칫탄바야(*Nirodha-Kṣaṇa-Cittānvaya*)라는 구절로 표현되었다. 이는 '니로다 또는 브릿티를 완전하게 통제하는 순간이 칫타에 스며든 것'을 의미한다. 니로다 파리나마는 '씨앗'의 통제를 위한 첫 노력부터 시작하여 니룻다의 견고한 확립으로 끝나는 전체 과정을 포함한다. 요기는 칫타가 '구름' 또는 공백을 통과하여 다음 차원으로 나아갈 수 있도록, 충분히 오랜 시간 니룻다 상태를 유지할 수 있어야 한다.

사마디의 '씨앗'이 칫타를 차지하고 있는 상태에서 완전한 니로다 상태로 넘어갈 때, 두 가지 상반된 경향 사이에 다툼이 생긴다. 하나는 '씨앗'이 다시 일어나려는 경향이고, 다른 하나는 니로다 상태를 유지하려는 경향이다. 그렇게 되면 어떤 방해요소도 칫타를 차지할 수 없는데, 그런 경향은 사마디 파리나마와 에카그라타 파리나마 두 과정에서 이미 제거되었기 때문이다. 사마디 파리나마에서는 방해요소들이 나타나려는 경향을 제거했고, 에카그라타 파리나마에서는 동일한 인상—'씨앗'—이 중단 없이 지속되려는 경향을 확립했다. 이것이 바로 '씨앗'을 통제하기 위해 의지력을 적용할 때, 오직 그 특정한 씨앗만이 다시 나타날 수 있는 이유이다. 이는 또한 니룻다를 위해 의지력을 적용하기 전, 왜 사마디와 에카그라타를 달성해야 하는지를 보여준다. 만약 이 기법들을 숙달하지 않았다면 모든 노력 후에 새로운 프라티야야 등의 방해요소가 생길 수 있는데, 이는 평범한 사람의 경우에 일어나는 일이다. 이제 독자들은 이제 I-18에서의 아비야사 푸르바(*Abhyāsa-pūrvaḥ*, 수련이 선행된)라는 구절의 중요성을 이해할 수 있을 것이다. 아삼프라갸타 사마디는 니로다의 수련을 통해 프라티야야 또는 '씨앗'이 사라지게 된 상태를 말하는 것이기 때문이다. 이러한 니로다의 상태는 일반적인 내면의 공백 상태가 아니라, 요기가 칫타를 완전히 통제하고 있는 사마디의 상태이다.

심프라갸타 사미디의 '씨앗'을 통제하려는 맨 처음 노력은 단지 순간적인 공백만을 만들어낸다. 에카그라타 수련으로 인해 '씨앗'이 다시 수면 위로 떠오르려는 경향이 너무나 강해서, 씨앗은 다시 칫타를 장악하고 자신의 이미지로 변형시킨다. 그러나 통제의 노력을 반복하면 니룻다 상태를 만들어내고, 그 상태를 조금 더 오래 유지하는 것이 매번 약간씩 더 쉬워진다. 이런 종류의 지속적인 수련은 칫타가 니룻다 상태로 미물려는 경향을 점진적으로 증가시키고, '씨앗'이 다시 나타나려는 경향을 약화시킨다.

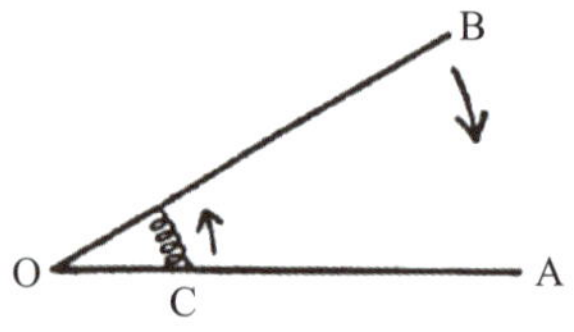

그림 9

다음 그림을 보면, OB는 기둥 OA에 부착된 막대이며, C 지점의 스프링에 의해 OB의 위치에 유지되고 있다.

만약 아이에게 막대 OB를 OA의 위치로 누르라고 하면, 아이는 힘들게 OB를 그 위치로 가져갈 수 있을 것이고 첫 시도에서는 아마 잠시만 OA에 닿을 수 있을 것이다. 그러나 계속 시도할 때마다 막대를 점점 더 OA의 위치로 가져가는 것이 쉬워지고, 더 오래 그 위치에 막대를 유지할 수 있게 될 것이다. 그러다 아이는 충분한 연습을 통해 원하는 만큼 오랫동안 막대를 OA 위치에 유지하는 법을 배울 것이다. 이와 같은 방식으로, 사라진 명상의 '씨앗'이 내면으로 다시 출몰하려는 경향 또한 충분한 노력을 통해 정복될 수 있다. 그렇게 되면 칫타는 라야의 중심을 통과하여 다음의 더 높은 차원으로 나아갈 수 있을 만큼 니룻다를 유지하게 된다.

10

Tasya praśānta-vāhitā saṃskārāt.

타시아 프라샨타-바히타 삼스카라트

타시아 그것의	프라샨타 평화로운, 고요한
바히타 흐름	삼스카라트 인상에 의해

Its flow becomes tranquil by repeated impression.

니로다 파리나마는 반복되는 인상을 통해 고요해진다.

니룻다로 머물려는 경향성은 수련과 함께 증가한다. 결국 이 경향성은 삼스카라의 힘에 의해 매우 강해져서, 아무리 오랫동안이라도 쉽게 그 상태를 유지할 수 있게 된다. 프라샨타 바히타(*Praśānta Vāhitā*)라는 구절의 중요성에 주목해야 한다. 충분한 수련 후에는 이 니룻다의 흐름이 쉽고 평화로워진다. 초기단계에서는 상당한 정도의 내적 갈등이 존재할 수 있다. 그런 갈등은 내면의 불안정한 상태를 만들어내는데, 이는 요가의 목적에 전혀 부합하지 않는다.

여기서 다시 한번 주목할 점은 다양한 전변의 과정에서 계속 겪게 되는 다툼, 갈등, 저항들이 칫타 자체보다는 그 안에 여전히 숨겨진 바사나(*Vāsanā*, 잠재적 성향)의 삼스카라 때문이라는 것이다. 만약 이들이 충분히 제거되었다면, 한 상태에서 다른 상태로의 통과는 큰 저항 없이 일어날 수 있다. 만약 바이라기야가 높은 수준으로 발전되었다면 위대한 영적 스승들의 삶에서 볼 수 있듯이, 꼭 필요한 변화들은 쉽게 일어날 수 있다. 이것이 바로 I-12에서 언급된 대로 요기가 바이라기야와 아비야사의 두 날개로 날아올라야 하는 이유이다. 심지어 카이발야 성취를 위해 다르마-메가-사마디(*Dharma-Megha-Samādhi*)를 수련하는 마지막 단계에서도(IV-29), 극도의 바이라기야 수련이 가장 미세한 바사나의 나머지 삼스카라를 파괴하고 요기의 의식을 해방시켜준다.

11

Sarvārthataikāgratayoḥ kṣayodayau cittasya samādhi-pariṇāmaḥ.

사르바르타타이카그라타요(사르바르타타에카그라타요) 크샤요다야우 칫타시야 사마디-파리나마

사르바르타타 여러 가지에 초점을 맞추는, 정신적 산만함의 상태	에카그라타요 일점집중의
크샤요다야우 쇠퇴하고 일어나는	칫타시야 마음의
사마디 삼매	파리나마 전변

Samādhi transformation is the (gradual) setting of the distractions and simultaneous rising of one-pointedness.

사마디 파리나마는 방해요소들이 점진적으로 가라앉으면서, 그와 동시에 일어나는 일점집중이다.

사마디에 포함된 두 번째 전변은 사마디 파리나마(*Samādhi Pariṇāma*)이다. 이 전변은 실제로 다라나의 수련과 함께 시작되어 에카그라타(*Ekāgratā*, 일점집중)에 도달할 때까지 계속된다. 파탄잘리가 제시한 사마디 파리나마의 정의에서 볼 수 있듯이, 그 본질적인 특성은 모든 방향으로 향한 칫타를 점점 일점으로 집중되도록 수련해나가는 것이다. 대개의 경우 명상을 시작하게 되면, 칫타를 차지하고 있던 일련의 대상들이 하나의 대상, 즉 사마디의 '씨앗'으로 대체된다. 사마디를 위해 선택한 명상대상을 제외한 다른 것들은

'방해요소'이며 디야나가 완성될 때 완전히 제거된다. 그런 다음, 새로운 종류의 움직임이나 전변이 시작되는데, 이는 말하자면 칫타가 더 깊이 움직이기 시작하고 대상의 비본질적 외피들이 벗겨지는 것이다. 그렇게 되면 '씨앗'이 열리고 '씨앗'의 다른 층들이 노출되어 그 대상의 핵심, 즉 스바루파에 도달하게 된다. I-43에서 다뤄진 이 과정이 완료되고 대상이 스바루파로 '빛날' 때, 그 차원에서는 더 이상 진행될 수 있는 것이 없다. 니르비타르카의 달성은 삼프라갸타 사마디의 비타르카 단계에 관한 한, 사마디 파리나마의 완성을 나타낸다. 여기에서 다음 수트라에 나오는 에카그라타 파리나마(*Ekāgratā Pariṇāma*)가 시작된다.

12

Tataḥ punaḥ śāntoditau tulya-pratyayau cittasyaikāgratā-pariṇāmaḥ.

타타 푸나 샨토디타우 툴야-프라티야야우
칫타시야이카그라타(칫타시야에카그라타)-파리나마

타타 그러면	푸나 다시	샨토디타우 가라앉음과 일어남
툴야 동일한	프라티야야우 인식	칫타시야 마음의
에카그라타 일점집중	파리나마 전변	

Then, again, the condition of the mind in which the 'object' (in the mind) which subsides is always exactly similar to the 'object' which rises (in the next moment) is called Ekāgratā Pariṇāma.

에카그라타 파리나마는 칫타 속의 명상대상이 사라지고, 그 다음 이어지는 명상대상이 이미 사라진 대상과 정확히 유사할 때를 말한다.

에카그라타 파리나마(*Ekāgratā Pariṇāma*)는 사마디 파리나마의 완성이다. 이는 칫타에서 정확히 같은 프라티야야가 반복적으로 일어나는 것을 말한다. 그렇게 되면 마치 단일하고 고정된 불변의 프라티야야가 칫타를 온전히 차지하고 있는 것처럼 보인다. 보기에 정지된 것 같은 프라티야야에서 정확히 유사한 이미지들이 연속되는 것은 우주의 현현이 불연속적으로 일어나는 속성 때문이며, IV-33에서 간단히 설명될 것이다. 전체 우주는 교대로 나타났다 사라졌다 하지만, 크샤나(*Kṣaṇa*)라고 불리는 그 간격이 너무 짧아서 연속적인 현상처럼 보인다. 교류 전기로 켜진 전구에서 우리는 연속적인 빛을 보지만, 실제로 그 빛은 불연속적이며 매우 짧은 간격으로 밝음과 어둠의 주기가 교대로 나타난다. 프라티아야에서 이런 불연속성이 나타나는 것은 사마디에서뿐만이 아니다. 이는 낮은 수준의 칫타 차원에서부터 아트마 차원에 이르기까지 모든 인식과 사고과정에 존재한다. 현현이 있는 곳에는 반드시 불연속성 또는 연속성이 있어야 하며, 이를 크라마(*Kramaḥ*)라고 부른다.

스크린에 영사되는 필름의 화면이 세 가지 파리나마 사이의 차이를 설명하는 데 얼마간 도움이 될 수 있다. Ⅳ-33에서 설명되겠지만, 스크린 상의 동영상은 1/10초 미만의 간격으로 서로 다른 장면들이 연속적으로 스크린에 투사됨으로써 만들어진다. 이는 실제로는 투사에 불연속성이 있음에도 불구하고, 연속성의 환영을 만들어낸다. 만약 필름 롤에 있는 모든 장면이 정확히 비슷하게 만들어진다면, 스크린에는 하나의 고정된 이미지가 생성될 것이다. 하지만 우리는 이런 고정되고 변하지 않는 이미지가 환영임을 안다. 우리가 고정된 이미지로 바라보는 것은 사실 엄청나게 빨리 서로의 뒤를 따르는 유사한(*Tulya*, 툴야) 이미지들이다. 만약 영사 속도를 충분히 늦추면 이러한 환영은 사라지고, 우리는 규칙적인 간격으로 영사되는 유사한 이미지들을 볼 수 있게 된다. 마찬가지로 에카그라타 파리나마에서의 프라티아야는 겉보기에는 동일하게 유지되지만, 실제로는 상상할 수 없을 정도로 빠른 속도로 뒤따르는 일련의 유사한 프라티아야들로 구성되어 있다. 이 현상이 정적이지 않고 동적이기 때문에, 아바스타(*Avasthā*, 상태)가 아닌 파리나마(*Pariṇāma*, 전변)라고 불린다.

이제, 하나의 장면에 해당하는 필름의 모든 부분이 완전히 투명해진다고 가정해보자. 스크린에는 영사기에서 나오는 균일한 빛만 투사될 것이다. 그런데 실제 명상과정에서는 그렇지 않다. 니로다를 통해 에카그라타 파리나마의 프라티야야를 제거하거나 통제하는 것은 실재의 빛을 보여주지 않고, 다음의 더 미세한 차원을 보여준다. 그리고 다시 다음의 더 미세한 차원으로 넘어가기 위해서는, 해당 차원에서 세 가지 파리나마의 전체 주기가 반복되어야 한다. 오직 마지막 차원(아트마 차원)의 프라티야야가 제거되거나 통제될 때에만, 실재의 빛 또는 푸루샤의 의식이 밝아온다.

에카그라타 파리나마에 존재하는 '씨앗'이 통제될 때, 다음의 더 미세한 차원의 프라티야야가 출현하는 이유는 삼스카라의 본질로부터 찾아야 한다. 이론적으로 에카그라타 다음에 오는 니로다는 실재와의 직접적인 접촉으로 이어져야 하지만, 이는 실제로 일어나지 않는다.

13

Etena bhūtendriyeṣu dharma-lakṣaṇāvasthā-pariṇāmā vyākhyātāḥ.

에테나 부텐드리예슈(부타인드리예슈) 다르마-락샤나아바스타-파리나마 비야키야타

에테나 이것에 의해	부타 원소	인드리예슈 감각기관들에서
다르마 속성	락샤나 특징	아바스타 상태
파리나마 전변들, 변화들	비야키야타 설명된	

By this (by what has been said in the last four Sutras) the property, character, and condition-transformations in the elements and the sense-organs are also explained.

이상, 지난 네 개의 수트라에 의해 원소들과 감각기관들의 속성, 특징, 그리고 상태의 전변들도 설명된다.

감각기관을 통해 물질의 원소로부터 상념의 원재료를 얻기 때문에, 칫타의 세 가지 파리나마와 유사한 파리나마가 부타와 인드리야에도 존재해야 한다. 이 수트라에서 이런 파리나마들을 언급하는 이유는 첫째, 프라크리티에 존재하는 파리나마의 특성을 강조하기 위함이고, 둘째, 싯디의 작동방식을 쉽게 이해하기 위해서이다. 요가철학에 따르면, 자연계의 모든 변형은 구나의 변화에 기반하며, 따라서 모든 생명들은 근본적으로 동일한 법칙에 지배되고 있음이 틀림없다. 그러므로 요가수련에서 칫타를 제어하고 통

제하는 데 사용되는 세 가지 전변의 법칙이 부타와 인드리야의 영역에서도 유효해야 한다는 것을 이해하기란 쉽다. 매개체의 차이로 인해, 그 작동방식은 유사하지만 동일하지는 않을 것이다. 칫타에서 세 가지 전변의 정복이 요기에게 칫타를 억제하고 통제할 수 있게 하는 것처럼, 부타와 인드리야의 영역에서도 이 전변의 기법을 숙달하면 자연 또한 억제하고 통제할 수 있게 된다. 그러면 삿다카는 이제 특별한 능력을 행사할 수 있는 싯다(*Siddha*, 초자연적 능력자)가 된다.

파탄잘리는 세 가지 전변의 법칙이 부타와 인드리야의 영역에 적용된다는 점만을 언급했을 뿐, 더 자세하게 설명하지는 않았다. 삿다카들이 스스로 유사한 관계를 파악해내기를 기대한 것이다. 이제 우리는 칫타의 기능에 관해 언급된 것을 고려하여, 부타와 인드리야의 전변이 어떻게 가능한지 알아보도록 하자.

먼저 부타, 즉 원소의 영역을 살펴보자. 감각적 인식은 부타가 인드리야에 작용함으로써 이루어진다. 부타의 작용은 분명히 다양한 종류의 물질이 지닌 물리적, 화학적 속성 때문이다. 이러한 속성들이 우리로 하여금 색을 보고, 소리를 듣고, 정신적 삶의 원재료를 형성하도록 수많은 감각을 만들어낸다. 이러한 속성들은 물질에 내재되어 있으며 다양한 조건에서 나타나는데, 인드리야에 작용하여 모든 종류의 감각적인 인식을 만들어낸다. 이러한 속성들의 총체를 다르마(*Dharma*)라고 한다.

요가에서 말하는 물질의 개념에 따르면, 모든 종류의 화학적, 물리적 속성들은 서로 다른 원소와 화합물의 개별적인 속성이 아니다. 그 속성들은 하나의 모체라 할 수 있는 물질에 내재되어 있다. 다양한 원소와 화합물들은 단지 모체 물질에 잠재된 속성들을 나타나게 하는 매개체일 뿐이다. 모든 속성의 이런 기본적인 매개체 또는 저장소를 다음 수트라에서는 다르미(*Dharmi*)라고 부른다.

부타와 관련하여 세 가지 파리나마는 무엇인가? 칫타의 니로다 파리나마에 해당하는 것은 모든 속성이 잠재태가 되는 다르미 상태로 환원되는 것이다. 환원된 다르미는 완전히 고요한 상태로 존재한다. 칫타의 사마디 파리나마에 해당하는 것은 물질의 속성들이 조건에 따라 무작위로 계속 변화하는 대신, 일련의 속성들로 집중됨을 의미한다. 칫타의 에카그라타 파리나마에 해당하는 것은 일련의 속성들이 그 영역을 일시적으로 지배하거나, 또는 다르미가 일정 기간 동안 정확히 같은 상태를 유지하는 것이다.

자연의 힘에 의해 지속적으로 일어나는 물질적 변화는 칫타가 한 대상에서 다른 대상으로 쉼 없이 옮겨가는 자유연상의 상태와 흡사하다. 특정한 방식으로 조건을 통제함으로써 물질에 가져오는 변화는 사마디 파리나마와 유사하다. 이는 과학자가 하는 것처럼 외적 조건을 통제하거나, 요기가 하는 것처럼 모든 속성의 근원으로 가서 그것들을 다룸으로써 가능하다. 요기의 이런 기법에 III-45에서 다룰 부타 자야(*Bhūta Jaya*)와 같은 싯디의 비밀이 있다.

감각기관은 단지 다르미의 속성들을 그에 상응하는 감각으로 변환시킬 뿐이다. 따라서 인드리야 영역의 파리나마는 단지 부타 영역의 파리나마의 대응일 뿐이다. 우리는 단지 다르마, 즉 속성(properties)의 자리를 락샤나(*Lakṣaṇa*), 즉 특징(characteristics)으로 대체하면 된다. 이 영역에서도 삼야마를 행할 수 있는 요기는 감각을 그 궁극적 근원까지 추적할 수 있으며, III-48에서 설명될 감각기관에 대한 완전한 통제력을 획득할 수 있다.

다르마 파리나마(*Dharma Pariṇāma*)와 락샤나 파리나마(*Lakṣaṇa Pariṇāma*)가

무엇인지 이해하기 쉬운 이유는, 이들이 우리의 일상적인 경험의 범위 내에 있기 때문이다. 아바스타 파리나마(*Avasthā Pariṇāma*)는 무엇인가? 아바스타는 상태를 의미하므로 아바스타 파리나마는 상태의 전변을 뜻한다. 이러한 종류의 전변의 의미를 이해하기 위해서는 III-45와 III-48을 참조하라. 부타와 인드리야는 다섯 가지의 상태로 존재하며, 연속적인 상태 각각은 이전의 상태보다 더 미세하다. 한 상태에서 다른 상태로의 변화가 이 수트라에서 아바스타 파리나마로 언급되며, 이는 요기가 속성 및 특징과 관련하여 일으킬 수 있는 세 가지 종류의 파리나마와 유사하다. 이러한 종류의 전변은 일반적인 경험의 범위를 넘어서며 오직 삼야마의 수련을 통해서만 활용될 수 있다.

14

Śāntoditāvyapadeśya-dharmānupātī dharmī.

샨토디타아비야파데샤(샨타우디타아비야파데샤)-다르마아누파티 다르미

•

샨타 잠재된	우디타 떠오른, 현현된	아비야파데샤 현현되지 않은, 미래의
다르마 속성들	아누파티 연관된, 공통적인	다르미 속성들이 내재된 원질

The substratum is that in which the properties—latent, active or unmanifest—inhere.

원질에는 —잠재적이거나 활성화되었거나 미현현된— 속성들이 내재되어 있다.

다양한 원소들의 모든 속성은 현현되었든 현현되지 않았든 다르미(*Dharmi*)라고 불리는 하나의 원질(substratum)에 내재하고, 그로부터 파생된 것으로 간주된다. 모든 속성의 근원인 이 원질은 프라크리티 그 자체이다. 특정한 속성이 사라질 때, 우리는 그것이 프라크리티 안에 잠기게 되었다고 말할 수 있다. 그것이 현현될 때, 우리는 그것이 프라크리티 안에서 활성화된 형태를 취하게 되었다고 말할 수 있다. 따라서 다양한 원소와 화합물을 통해 자연에서 모든 종류의 속성이 나타나고 사라지는 것은 단지 그것들이 현현되었는지, 아니면 현현되지 않았는지의 문제일 뿐이다. 이 모든 것들은 영원히 프라크리티 안에 존재하며, 필요한 조건을 만들어냄으로써 활성화되거나 잠재될 수 있다.

이러한 견해는, 현대과학에 익숙한 사람들에게 공상처럼 느껴질 수도 있

다. 하지만 과학 분야에서 최근 발전상을 접하고 그에 익숙한 사람들은 과학의 발전 방향이 유물론보다는 요가의 가르침에 더 가깝다는 점을 알 수 있을 것이다. 모든 원소가 양성자와 전자 같은 몇 가지 기본 입자들로 구성되어 있다는 사실, 질량과 에너지가 서로 전환 가능하다는 사실, 이 발견들은 실제로 정통 유물론의 기반을 흔들어놓았다. 모든 물질의 속성이 그 물질을 구성하는 전자의 수와 배열에 달려있다는 이론은, 모든 물질의 속성이 하나의 원질로부터 파생되며 그 안에 잠재적 형태로 존재한다는 가르침과 단지 한두 단계의 차이밖에 나지 않는다.

15

Kramānyatvaṃ pariṇāmānyatve hetuḥ.

크라마아니야트밤 파리나마아니야트베 헤투

크라마 연속, 자연법칙	아니야트밤 다양성, 차이	파리나마 전변, 변화
아니야트베 차이에 있어서	헤투 원인	

The cause of the difference in transformation is the difference in the underlying process.

파리나마의 차이는 현상 이면의 차이에 달려있다.

현대과학의 발전은 외적 현상들 이면에 숨겨진 자연법칙이 있다는 것을 보여주었다. 최근에 이루어지고 있는 과학적 작업들은 외적 현상 이면의 내적 과정을 추적하고 제어하고 조작함으로써, 물질계에서 원하는 결과를 가져오는 것이 가장 중요한 목표가 되었다.

산스크리트어 크라마(*Krama*)는 자연법칙 속에 있는 개념을 정확하게 표현하는 단어이다. 자연법칙이란 특정한 상황에서 어떤 현상이 일어나는, 불변의 특정한 순서와 방식에 불과하다. 우리는 특정한 상황에서 왜 어떤 일이 특정한 방식으로 일어나는지 실제로 알지 못한다. 우리는 단지 그것들이 어떻게 일어나는지만 알고 있으며, 이 방식을 정확한 공식으로 나타낸 것이 바로 자연법칙이다. 이것이 크라마라는 단어의 본질적인 개념이다. 이전 수트라에서는 모든 현상이 프라크리티에서 출현하고 소멸하는 것임을 설명했다. 이번 수트라는 이러한 변화들이 수학적 정확성을 지닌 자연법칙에 따라 발생하며, 그 방식과 순서가 정확하게 결정된다는 점을 강조한다.

이 점은 3권의 모든 후속 수트라들이 삼야마의 수련을 통해 얻을 수 있는 다양한 싯디를 다룬다는 점을 떠올리면 이해될 것이다. 싯디의 일부는 매우 비범한 성격을 가지고 있어서, 사람들은 이를 어떤 기적적인 수단을 통해 얻는다고 생각할 수 있다. 이는 싯디의 본질에 대한 잘못된 생각 중 하나이다. 기적을 통한 싯디의 획득은 요기의 능력에 대한 자신감을 약화시킬 뿐이다. 기적에는 항상 불확실성이 수반되기 때문이다. 기적은 일어날 수도 있고 일어나지 않을 수도 있다. 그러나 과학의 과정은 올바른 조건이 제공되면 반드시 원하는 결과를 산출한다. 요가기법의 본질은 이와 동일하다.

현대과학자들은 물질적인 도구를 통해 실험실에서 다룰 수 없는 모든 것들을 불신할 뿐만 아니라, 그것들을 법칙의 영역 밖에 있다고 여긴다. 그들에 의하면 오직 물리적 현상만이 자연법칙에 의해 지배된다. 인류의 영적, 내면적, 심령적 경험과 관련된 모든 현상을 암묵적으로 혼돈의 세계로 여기며, 거기에는 분명하고 정확한 법칙도 없고 따라서 과학적 방식으로 조사할 수도 없다고 본다.

요가철학은 더 합리적이고 과학적인 견해를 취한다. 현현된 우주 전체를 하나의 질서 있는 체계(cosmos)로 본다. 요가철학은 우주 내의 모든 현상—초물질적인 것과 물질적인 것 모두—이 수학적 정확성으로 작용하는 자연법칙의 지배를 받는다고 단호히 선언한다. 또한, 초물질적 현상을 조사하고 근본적인 법칙을 발견할 수 있는 수단을 제공한다.

16

Pariṇāma-traya-saṃyamād atītānāgata-jñānam.

파리나마-트라야-삼야마드 아티타아나가타-갸남

•

파리나마 전변	트라야 세 가지	삼야마드 삼야마를 행함으로써
아티타 과거의	아나가타 미래의	갸남 지식

By performing Saṃyama on the three kinds of transformations (Nirodha, Samādhi and Ekāgratā) knowledge of the past and future.

세 가지 종류의 전변(니로다, 사마디, 에카그라타)에 삼야마를 함으로써, 과거와 미래에 대한 지식을 얻는다.

III-16부터 3권의 나머지 수트라들은 삼야마의 수련을 통해 얻을 수 있는 싯디에 대해 다룬다. 싯디는 일반적으로 요가수련을 통해 획득한 비범한 능력을 가리킨다. 하지만 그 진정한 의미는 초물질적 세계와 관련된 '성취' 또는 '달성'으로 가장 잘 표현된다.

높은 수준의 요가에서 더 중요한 성취들과 구별되는 오컬트 능력에 관해 우선 주목할 사항은 후자가 전자에 비해 중요하지 않다는 점이다. 오컬트 능력들은 싯디에 대해 피상적인 관심을 지닌 초심자에게는 특별하게 여겨지지만, 요가의 철학을 더 깊이 이해할수록 그의 관심은 최종적인 목표로 옮겨간다. 평범한 사람이 요가에 관심을 가지게 될 때, 그는 여전히 욕망의 지배하에 있으며 힘과 명성에 대한 집착도 그중의 하나이다. 그는 실제로 욕망을 의식하지 못할 수 있다. 하지만, 그것은 그의 잠재의식 깊은 곳에 숨어있다가 유리한 조건이 주어지면 나타날 준비를 하고 있다. 이제 요가를 수련하면서 그의 하위자아는 온갖 종류의 비범하고 화려한 능력을 얻을 기회를 엿보게 되며, 이것이 대체로 요가가 여러 사람들에게 그토록 매력적인 이유이다. 하지만 우리가 이 주제를 더 깊이 연구한다면, 요가철학이 클레샤의 철학에 기반을 두고 있으며, 초기에 그를 매혹시켰던 초자연적 능력들도 요가가 초월하고자 하는 환영의 일부임을 깨닫게 된다. 초자연적 능력을 행사하는 것은 그를 환영에서 해방시키지 못한다. 때문에 깨달음과 평화도 가져다줄 수 없다. 오히려 그것은 수행자가 진정한 목표에 집중하지 못하도록 만들며, 예기치 못한 방식으로 그를 몰락시킬 수 있다. 오직 그가 자신의 낮은 본성을 완전히 정복하고 진정한 바이라기야를 획득했을 때에만, 다른 이들을 돕기 위해 이를 행사할 수 있다. 그때까지 초자연적 능력에 대한 관심은 과학적이고 상식적이어야 하며, 삶의 경이로움과 신비를 풀어가는 데 적절한 정도라야 한다. 따라서 수행자에게 이런 능력들이 나타났을 때, 그는 이 능력을 과학적 목적으로만 사용하며 완전한 무관심의 태도를 견지해야 한다.

진정한 요기들은 자신이 가진 초자연적 능력을 발휘하는 데 있어서 조금도 즐거움이나 자부심을 느끼지 않고, '기적'을 보고 싶어 하는 사람들의 흔하고 저속한 욕망에도 굴복하지 않는다. 이것이 아마도 그들이 대중적으로 알려지지 않은 이유일 것이다. 하지만 이 분야의 사람들을 끈질기게 탐색해 본다면, 현재 살아있는 사람들 중에도 초자연적 능력을 행사할 수 있는 이들이 존재한다는 사실에 결국 동의하게 될 것이다. 비록 그들을 찾기가 어렵고, 그런 능력을 지닌 이들은 자신이 신뢰하는 사람들 외에는 그 힘을 보이고자 하지 않겠지만 말이다. 물론 어디에나 순진한 사람들을 자신들의 이기적이고 악랄한 목적을 위해 이용하는 가짜 요기들이 있다. 또한 낮은 수준의 싯디를 획득하여 자신들의 소소한 허영심을 만족시키거나, 돈을 위해 눈이 벌건 요기들도 있다. 그러나 모든 싯디를 행할 수 있는 진정한 요기들과 접촉할 수 있는 유일한 길은 높은 수준의 요가수련과 영적인 삶의 계발뿐이다.

한편, 싯디의 작용 방식은 오직 요가심리학을 기반으로만 설명될 수 있다. 요가과학의 웅대하고 전체를 포괄하는 사실들을 현대심리학의 피상적이고 유물론적인 틀에 맞추려 하는 사람들은 불가능한 과제를 시도하는 것이다. 현대과학은 물리적 분야에서 눈부신 결과를 만들어냄으로써, 삶의 근본적인 문제들에 대해서도 판단할 수 있을 것이라 착각한다. 하지만 현대과학은 내면적인 삶의 실재에 대해 아무것도 모른다. 요가에 대한 현대과학의 평가는 유물론에 매혹되어 우주 또한 순전히 유물론적으로 해석하려는 사람들에게만 가치가 있을 뿐이다. 물질적 세계의 해안을 떠나기를 거부하는 사람들은 제한된 지식과 자원에 만족해야 하며, 먼 바다로 모험을 감행하여 상상할 수 없을 정도의 장관을 경험한 사람들에 대해 섣부른 판단을 내려서는 안 된다.

싯디에 대한 통찰을 얻는 가장 좋은 방법은 지식과 힘을 동일한 실재의 두 가지 측면으로 간주하는 것이다. 어떤 현상들의 내적 작용에 대한 지식을 가진 사람은 그 현상들을 통제할 수 있는 힘 또한 가지게 된다. 이러한 가정은 매우 합리적이다. 현대과학이 물리적 힘을 통제하고 조작할 수 있는 것은 그 힘들의 기저에 있는 물리법칙을 발견하고 따르기 때문이다. 하지만 현대과학은 오직 물리적 지식만을 가지고 있으므로, 물리적 현상만을 통제할 수 있다. 요기는 훨씬 더 미세하고 강력한 내면의 힘에 대한 지식을 얻게 되므로, 내적인 힘들과 연관된 능력을 행사할 수 있다. 모든 물리적 힘의 기저에는 내면의 힘이 있기 때문에, 요기는 물리적 도구를 사용하지 않고도 물리적 현상을 통제할 수 있다.

싯디의 적용에서 자연법칙의 위반은 없으며 있을 수도 없지만, 초물리적 영역의 법칙을 사용하여 물리적 법칙을 위반하는 것처럼 보이는 일은 가능하다. 로켓이 하늘로 솟아오를 때 중력의 법칙이 훼손되었다고 생각하는 사람은 없다. 그렇다면, 누군가 프라나야마의 수련으로 공중에 뜨거나 우리의 시야에서 사라질 때, 그것을 기적이라 여길 필요가 있을까?

현대과학이 이런 능력들을 받아들이거나 설명할 수 없다고 해서 그 능력의 존재를 부정하는 것은, 과학자 스스로도 주장하지 않는 전지(omniscience)함을 의도치 않게 그에게 부여하는 것과 같다. 과학자들은 현대과학의 놀라운 사실과 법칙들을 자신들이 만들어내지 않았다는 점을 기억하는 편이 좋을 것이다. 그들은 단지 그 사실들을 발견했을 뿐이다. 광대한 자연 속에 어떤 사실과 법칙들이 숨겨져있는지 그들이 어떻게 알 수 있겠는가? 내면의 세계에서 더 매혹적인 사실과 무한한 힘들을 발견하는 진정한 요기는 항상 그것들을 자신과 주변 세계에 깃든 신성한 생명으로 귀속시키며, 그 힘들을 사용할 때도 그 생명의 대리인으로서 사용한다. 그가 이 중요한 사실을 잊고 겸손한 대도를 잃는 순간, 그의 몰락은 임박한 것이다.

사실 파탄잘리는 싯디를 철저하게 다루지는 않았다. 그는 단지 몇 가지 잘 알려진 싯디들을 택하여, 그 실행에 근간이 되는 원리들을 암시했을 뿐이다. 싯디들에 각각 이름이 붙여지거나 분류되지는 않았지만, 요가문헌에 익숙한 요기들이라면 대체로 특정 수트라에서 다루어진 싯디를 알아볼 수 있을 것이다. 또한 일부 수트라들은 초자연적 능력이라는 의미에서 싯디를 다루지 않는다. 그것들은 오히려 완전한 해방 또는 카이발야의 마지막 단계로 이어지는 자각의 과정들을 다루고 있다.

파탄잘리는 이 수트라들에서 싯디의 계발을 위한 명확한 기법을 제공하려는 의도 또한 전혀 없다. 그는 각 수트라마다 특정한 결과를 얻을 수 있는 내면의 원리나 작동방식을 단지 암시할 뿐이다. 이는 이미 삼야마의 기법에 통달하여, 특정한 싯디를 계발한 진보한 요기만이 제대로 활용할 수 있다. 보통의 삿다카는 주어진 단서를 실제로 활용할 수도 없고, 그 진정한 의미를 이해할 수도 없다. 삼야마를 단순히 지적으로 이해하는 것만으로는 충분치 않다. 삼야마의 기저에 있는 연속적인 과정은 예를 들어, 자기 집의 이 방에서 저 방으로 이동하는 것처럼 실제적이고 직접적인 경험이라야 한다. 그러니 다양한 수트라를 주의 깊게 연구하고 그 안에 모호하게 암시된 것을 실행함으로써, 싯디를 계발할 수 있을 것이라는 환상을 버려라. 싯디에는 반드시 지불해야 할 대가가 있고 그것은 엄청나다. 자신의 삶을 완전히 재조정하고 요가의 이상에 헌신하며 요가수련을 전체적으로 받아들여서, 목표에 도달할 때까지 여러 생을 거듭하며 계속 노력하겠다는 확고하고 변함없는 결심이 바로 그 대가이다. 여기에서 초자연적 능력이라는 의미로서의 싯디는 매우 부차적인 위치를 차지할 뿐이다. 요기의 목표는 자각을 통해 궁극적인 진리를 찾는 것에 있으며, 싯디는 단지 그 목적을 위한 수단일 뿐이다.

따라서 싯디를 금기시할 필요도, 병적으로 두려워할 필요도 없다. 요가과학에 대한 더 나은 지식과 이해를 위해, 학문적으로 싯디를 연구하는 것에는 해가 없다. 문제는 이러한 능력을 계발하고자 하는 갈망이 초심자를 사로잡고, 그로 인해 요가의 진정한 길에서 벗어날 가능성이 열릴 때 시작된다. 학문적, 지적 연구라 해도 수행자는 늘 자신의 한계를 염두에 두어야 하며, 싯디에 관한 수트라를 신중하고 철저히 연구한다고 해서 너무 많은 것을 기대해서는 안 된다. 싯디 계발의 과정은 매우 내적이고 주관적일 뿐 아니라, 일반적인 상상의 범위를 벗어난다. 따라서 요가심리학조차도 모든 것을 설명할 수 없다. 요가심리학은 요기를 그가 익숙한 영역의 경계까지는 안내할 수 있지만, 요기 주위를 둘러싼 장막을 꿰뚫어 보게는 할 수 없다. 따라서 수트라의 연구를 통해 기대할 수 있는 것은 다양한 싯디를 계발하는데 관련된 일반적인 요가의 원리들을 지식적으로 이해하는 것뿐이다. 때로는 이것마저도 불가능할 수 있다.

일부 수트라가 이해하기 어려운 이유는 시간이 흐르면서 사용된 단어들의 정확한 의미가 모호해졌거나, 여러 주석가들이 수트라들을 다소 기이하게 해석했기 때문이다. 여기에다, 과도하게 야심찬 혹은 어리석은 열망자들이 온갖 수련에 뛰어들어 스스로를 해치는 것을 막기 위해, 파탄잘리는 의도적으로 모호한 표현으로 위험을 예방했다. 따라서 싯디를 다루는 수트라들을 명확하고 만족스럽게 이해하기란 더욱 어려워진 것이 사실이다. 하지만 이 모든 제한에도 불구하고, 독자들은 이 주제가 매혹적이며 충분히 연구할 가치가 있다는 점을 알게 될 것이다.

이번 수트라는 미래에 관한 지식을 다룬다. 이 수트라는 세 가지 전변에 대해 삼야마를 행함으로써, 모든 것의 과거와 미래에 대한 지식을 얻는다고 해석한다. 그러나, 이 해석에 따르면 미래가 정해져있다고 가정해야 하며, 이는 마치 예정론이 현현된 우주를 지배한다고 보는 것과 같다. 이 문제를 해결하기 위해 '과거와 미래에 대한 지식'을 '과거와 미래의 본질에 대한 지식'으로 대체하면 그 의미가 매우 명확해진다. 우리는 미래가 끊임없이 과거가 되는 이 시간의 흐름을 어떻게 인식하는가? 주변의 사물들에서 일어나는 속성, 특징, 상태의 변화를 통해서이다. 만약 이러한 변화들이 갑자기 멈춘다면 시간 또한 흐르기를 멈출 것이다. 따라서 요기는 이 세 가지 전변의 본질에 대해 삼야마를 행함으로써, 시간의 진정한 본질을 깨닫게 된다.

그런데 왜 파탄잘리는 현재에 대해 언급하지 않았을까? 우리 모두가 알듯이 현재에는 실제성이 없다. 그것은 단지 과거와 미래 사이에서 끊임없이 움직이는 경계선일 뿐이다. 속성의 변화로만 인식되는 끊임없는 시간의 흐름 속에서 우리는 이론적으로 어느 순간에나 그 단면을 취할 수 있고, 그것이 바로 현재이다. 실제로 현재는 우리가 그 존재를 인식하기도 전에 이미 과거가 되어버리므로, 항상 우리를 피해간다. 하지만 그 자체로는 실제성이 없음에도 엄청난 중요성을 지닌 것 또한 현재이다. 왜냐하면 과거와 미래 사이의 이 경계선 이면에는 영원한 지금, 즉 시간을 초월하는 실재가 숨어 있기 때문이다.

세 가지 종류의 전변에 대한 삼야마는 요기로 하여금 과거와 미래의 형태로 끊임없이 흐르는 시간의 본질을 깨닫게 한다. 그러나 이것은 요기가 시간을 초월해서 시간 뒤에 숨겨진 영원한 것을 일별하게끔 하지는 않는다. 이는 III-53에서 제시되는 다른 과정을 통해 이루어진다.

17

Śabdārtha-pratyayānām itaretarādhyāsāt saṃkaras tat-pravibhāga-saṃyamāt sarva-bhūta-ruta-jñānam.

샵다아르타-프라티야야남 이타레타라아디야사트 삼카라스
탓-프라비바가-삼야마트 사르바-부타-루타-갸남

•

샵다 말소리	아르타 의미	프라티야야남 칫타의 내용
이타레타라아디야사트 서로 중첩됨으로 인해	삼카라 혼재	탓 그들
프라비바가 분해	삼야마트 삼야마를 행함으로써	사르바 모든
부타 살아있는 존재들	루타 소리	갸남 이해

The sound, the meaning (behind it) and the idea (which is present in the mind at the time) are present together in a confused state. By performing Saṃyama (on the sound) they are resolved and there arises comprehension of the meaning of sounds uttered by any living being.

소리, 그것의 의미, 그리고 칫타의 내용은 대개 뒤섞여 존재한다. 그것에 대해 삼야마를 함으로써 이 사태가 해결되고, 모든 생명체가 발산하는 소리의 의미에 대해 이해하게 된다.

요기가 어떻게 모든 생명체의 소리와 그 의미를 이해할 수 있는지, 예를 들어 짝을 부르는 나이팅게일을 생각해보자. 우리는 그저 소리의 결과만을 들을 수 있지만, 그 소리 안에는 다른 두 요소가 포함되어 있다. 하나는 나이팅게일의 내면에 자리한 짝에 대한 그림이고, 다른 하나는 본능적 욕망이나 의미(*Artha*, 아르타)이다. 이 두 요소 없이는 그 소리가 생성될 수 없다. 만약 누군가가 나이팅게일의 마음속으로 들어간다면, 이 두 요소를 모두 알아차리고 즉시 그 소리의 의미를 이해할 수 있을 것이다. I-42에서 설명하였듯, 여러 인자들이 복합적인 정신적 과정에 함께 존재할 때, 가장 외부적인 대상에 대해 삼야마를 함으로써 그들을 분석하고 분리해낼 수 있다. 소리에서는 이 세 가지 요소(소리 자체, 그 의미, 당시 칫타의 내용)가 함께 '씨앗'을 구성한다. 이는 삼야마를 통해 하나하나 분리시켜 그 의미를 추출할 수 있다. 모든 생명체가 발산하는 소리는 대부분 유사한 과정에 의해 생성되기 때문에, 요기는 삼야마를 통해 항상 그 의미를 알 수 있다.

요기가 이러한 소리의 의미를 알기 위해 반드시 앉아서 명상할 필요는 없다. 일단 삼야마의 기법을 숙달하고 소리로 드러나는 복잡한 과정을 분석할 수 있으면 그는 거의 즉각적으로 이를 행할 수 있어서, 소리를 들음과 동시에 의미를 알 수 있게 된다.

18

Saṃskāra-sākṣātkaraṇāt pūrva-jātijñānam.

삼스카라-삭샷카라나트 푸르바-자티갸남

삼스카라 인상	**삭샷카라나트** 직접 인식에 의해	**푸르바** 이전의
자티 출생	**갸남** 지식	

By direct perceptions of the impressions a knowledge of the previous birth.

삼스카라에 삼야마를 함으로써 전생에 대한 지식을 얻는다.

윤회에 관한 가르침 중 일부는 우리가 삶에서 겪는 모든 경험이 우리의 매개체들에 인상을 남기며, 따라서 적절한 방법을 적용하면 이 인상들을 회복할 수 있다는 것이다. 최면에 대한 실험을 통해, 우리는 한 사람의 축적된 모든 경험들이 그가 기억하지 못할지라도 뇌에 각인된다는 사실을 알게 되었다. 실제로 최면을 더 깊은 수준으로 심화, 유도하면 전생의 인상들도 되살릴 수 있다. 예를 들어 어떤 사람이 최면 상태에서 평소에는 기초조차 모르던 특정 언어를 구사하고, 성격 또한 완전히 새로운 모습을 보이는 경우가 있다. 이는 우리가 겪은 모든 생들의 인상이 우리 내면의 어딘가에 실재하며, 깊은 의식 속으로 충분히 들어가면 그 인상들을 만들어낸 경험들을 회복할 수 있음을 보여준다. 이는 마치 레코드를 재생함으로써, 레코드에 새겨진 소리를 들을 수 있는 것과 같다.

전생의 이런 인상들은 모든 생을 거쳐왔으며, 매 환생 때마다 새롭게 만들어지는 육체 등의 매개체와 달리, 특정 매개체 안에만 존재할 수 있다. 이 매개체를 **카라나 샤리라**(*Kāraṇa Śarīra*) 또는 원인체라 부르며, 이는 II-12에서 **카르마샤야**(*Karmāśaya*)로 언급되었다. **카르마샤야** 안에는 현재와 미래의 삶에서 결실을 맺는 모든 **카르마**의 '씨앗'이 들어있다. 자신의 의식을 원인체로 철수시킬 수 있고, 따라서 이런 인상들과 직접 접촉할 수 있는 높은 수준의 요기들은 이렇게 하여 타인과 자신의 전생에 대한 지식을 얻을 수 있다.

19

Pratyayasya para-citta-jñānam.

프라티야야시야 파라-칫타-갸남

프라티야야시야 칫타의 내용 중에	**파라** 다른 이의
칫타 마음	**갸남** 지식

(By direct perception through Saṃyama) of the image occupying the mind, knowledge of the mind of others.

칫타를 차지하고 있는 이미지에 대해 삼야마를 통한 직접적인 인식을 함으로써, 타인의 칫타에 대한 지식을 얻는다(타인의 마음을 알 수 있다).

프라티야야는 특정한 매개체를 통해 기능하고 있는 칫타의 내용이다. 잠에서 깨어있을 때, 대부분 개인들은 멘탈체를 통해 기능한다. 그럴 경우, 프라티야야는 그의 칫타를 특정한 멘탈 이미지로 채울 것이다. 이 멘탈 이미지를 볼 수 있는 사람은 누구라도 그 사람의 칫타에 대한 지식을 얻을 수 있다. 이는 삼야마를 행하여 서로 다른 두 매개체들 사이에 누시적 접촉을 함으로써 가능하다. 또한 이 수트라가 III-18 바로 다음에 오기 때문에 프라티야야시야(*Pratyayasya*) 뒤에 삭샷카라나트(*sākṣātkaraṇāt*, 직접 인식에 의해)라는 말이 생략된 것으로 이해할 수 있다.

20

Na ca tat sālambanaṃ tasyāviṣayī-bhūtatvāt.

나 차 탓 사알람바남 타시야아비샤이-부타트바트

•

나 아닌	차 그리고	탓 그것
사알람바남 뒷받침하는	타시야 그것의	아비샤이-부타트바트 대상이 아니기 때문에

But not also of other mental factors which support the mental image for that is not the object (of Saṃyama).

그러나 타인의 멘탈 이미지를 뒷받침하는 다른 요소들은 삼야마의 대상이 아니므로 파악할 수 없다.

요기가 다른 사람의 칫타 속에 있는 멘탈 이미지를 인식한다고 해서, 그 뒤에 있는 동기나 목적을 자동으로 알 수는 없다. 이를 위해서는 그 사람의 내면을 더 깊이 들여다봐야 한다. 요기가 다른 사람의 칫타 속에서 태양의 이미지를 봤다고 가정해보자. 이 이미지는 천문학자의 칫타에 들어있는 프라티야야일 수 있다. 혹은 태양의 아름다움에 감동하는 예술가의 프라티야야일 수도 있다. 신성한 생명의 표현으로서 태양을 경배하는 이미지일 수도 있다. 이 모든 경우, 태양이라는 이미지는 같다. 하지만, 그 동기와 목적은 완전히 다르다. 이 수트라는 단순히 멘탈 이미지를 인식하는 것만으로는, 요기가 그 배경이 되며 이미지의 원인이 되는 제반 요소들에 대한 지식을 얻을 수 없다는 점을 설명한다.

21

Kāya-rūpa-saṃyamāt tad-grāhya-śakti-stambhe cakṣuḥ-prakāśāsamprayoge' ntardhānam.

카야-루파-삼야마트 탓-그라히야-샥티-스탐베 차크슈-프라카샤아삼프라요겐타르다남(프라카샤아삼프라요게안타르다남)

•

카야 몸	루파 형태	삼야마트 삼야마를 행함으로써
탓 그것의	그라히야 수용적인, 받아들이는	샥티 힘, 능력
스탐베 정지된	차크슈 눈	프라카샤 빛
아삼프라요게 접촉하지 않을 때	안타르다남 사라짐	

By performing Saṃyama on Rūpa (one of the five Tanmātras), on suspension of the receptive power, the contact between the eye (of the observer) and light (from the body) is broken and the body becomes invisible.

루파에 대해 삼야마를 행하여 감각기관의 작용을 중단함으로써, 요기를 보는 눈과 요기가 내보내는 빛 사이의 접촉이 끊어져, 요기는 사라질 수 있다.

자신을 보이지 않게 만드는 능력은 요가를 통해 얻을 수 있는 싯디 중의 하나이다. 이 싯디를 어떻게 설명할 수 있을까? 현대과학에 따르면, 물체에서 반사된 빛이 관찰자의 눈에 닿을 때, 관찰자에게 그 물체가 보이게 된다. 그렇다면 관찰자의 눈과 물체의 빛 사이 접촉을 막을 수 있다면, 물체는 마치 사라진 것처럼 보이지 않게 될 것이다. 이는 루파 탄마트라(*Rūpa*

Tanmātra)*에 대해 삼야마를 행함으로써 가능하다. 탓트바(*tattva*, III-45)**, 탄마트라(*Tanmātra*), 감각기관 사이의 상호관계와 그들의 상응성은 잘 알려져 있으며, 요가과학의 기초가 되는 심리학의 필수적인 부분을 형성한다. 모든 시각적 현상은 루파라 불리는 탄마트라, 테자스(*Tejas*, 빛)라 불리는 탓트바, 그리고 차크슈(*Cakṣuḥ*, 눈)라 불리는 감각기관 사이의 상호작용에 의존한다. 루파 탄마트라에 대해 삼야마를 행함으로써 요기는 탓트바, 탄마트라, 감각기관을 연결하는 힘에 대한 지식을 얻고, 이 힘을 원하는 대로 통제할 수 있게 된다. 따라서 그는 자신의 몸에서 나오는 빛이 관찰자의 눈에 닿거나 영향을 미치는 것을 막을 수 있어, 스스로를 보이지 않게 만들 수 있다.

* 탄마트라는 부타의 더 미세한 측면으로 소리, 형상, 촉감, 맛, 냄새로 구성되며, 그중 루파는 형상을 의미한다.

** 우주의 기본원리 또는 요소를 나타내며, 물질적 측면의 구성요소를 의미하는 부타의 상위 범주.

22

Etena śabdādy antardhānaṃ uktam.

에테나 샵다아디 안타르다남 욱탐

에테나 이것으로	샵다 소리	아디 ~등의
안타르다남 사라짐	욱탐 설명된	

From the above can be understood the disappearance of sound, etc.

위와 마찬가지로 소리 등의 사라짐을 이해할 수 있다.

이전 수트라에서 시각적 현상과 관련하여 언급된 원리는 다른 네 가지 감각기관에도 적용될 수 있다. 따라서 샵다 탄마트라(*Śabda Tanmātra*)에 대해 삼야마를 행하고, 아카샤(*Ākāśa*, 공간)라 불리는 탓트바, 샵다(*Śabda*, 소리)라 불리는 탄마트라, 그리고 슈로트라(*Śrotra*, 귀)로 불리는 감각기관 사이에 작용하는 힘에 관한 지식을 얻음으로써, 요기는 소리와 관련된 현상을 제어할 수 있다. 만약 어떤 감각기관에 영향을 미치고 그에 상응하는 감각을 만들어내는 진동을 차단할 수 있다면, 그 진동의 근원은 자연스럽게 해당 감각기관으로는 인지할 수 없게 된다. 이 수트라는 일부 텍스트에서는 생략되어 있는데, 이는 이 수트라에서 설명하는 내용을 이전 수트라로부터 명백히 추론할 수 있기 때문이다.

23

Sopakramamaṃ nirupakramamaṃ ca karma tat-saṃyamād aparānta-jñānam ariṣṭebhyo vā.

소파크라맘 니루파크라맘 차 카르마 탓-삼야마드 아파란타-갸남 아리슈테비요 바

소파크라맘 활발한	니루파크라맘 천천히 작용하는, 잠재적인	차 그리고
카르마 행위	탓 그들	삼야마드 삼야마를 행함으로써
아파란타 죽음의, 끝의	갸남 지식	아리슈테비야 전조들로부터
바 또는		

Karma is of two kinds: active and dormant; by performing Saṃyama on them (is gained) knowledge of the time of death; also by (performing Samyama on) portents.

카르마에는 활성업과 잠재업의 두 가지 종류가 있다; 이들에 대해 삼야마를 행함으로써 죽음의 시기에 대한 지식을 얻는다; 또한 죽음의 전조에 대해서도 삼야마를 행함으로써 지식을 얻는다.

카르마의 가르침에 익숙한 사람들은 카르마가 세 종류로 나뉜다는 점을 떠올릴 것이다: 프라랍다(*Prārabdha*), 삼치타(*Saṃcita*), 크리야마나(*Kriyamāṇa*). 삼치타 카르마는 축적된 카르마의 총 저장량으로, 개인이 현재와 이전 생들에서 만들어낸 것이며 해결되어야 할 부분이다. 프라랍다는 총 저장량 중, 현재 생에서 해결되어야 할 부분이다. 프라랍다는 총 저장량 중에서 각각 생의 시작 지점에 선택되며, 특정한 유형의 카르마를 해결할 수

있는 기회를 제공하는 생의 환경에 따라 결정된다. 크리야마나는 날마다 생성되는 카르마이다. 이 중 일부는 즉시 소진되고 나머지는 축적된 저장량을 늘어나게 만든다.

삼스카라의 전체 풍경을 조망할 수 있는 사람이라면, 활성화된 프라랍다 카르마를 휴면 상태의 삼치타 카르마에서 분리할 수 있어야 한다. 만약 이것이 가능하다면 죽음의 시기를 알아내기란 쉬울 것이다. 그것은 프라랍다에 포함된 모든 카르마가 소진되는 순간일 것이기 때문이다. 이것이 삼치타와 프라랍다 카르마에 대한 삼야마의 결과이다. 이 싯디는 또한, 의식을 카라나 샤리라(*Kāraṇa Śarīra*, 원인체)로 상승시킬 수 있는 능력을 의미한다. 이곳은 모든 카르마적 삼스카라의 저장소이며, 요기가 여기서 의식적으로 기능할 수 있을 때에만 모두의 카르마적 잠재성을 알아낼 수 있기 때문이다.

죽음의 시기를 알아낼 수 있는 또 다른 방법은 특정한 조짐을 관찰하고, 그에 대해 삼야마를 행하는 것이다. 유물론적 과학은 전조나 조짐 등을 모두 미신으로 치부한다. 물론 과학의 시대 이전에는 전조나 조짐이 무지한 대중의 미신과 환영으로 둘러싸여 있었다. 그러나 임박한 미래의 사건들에 대한 암시를 조짐이나 전조를 통해 얻는 것이 그렇게 터무니없는 일은 아니다. 실제로 곧 일어날 사건들은 때로 사건의 발생 이전에 크고 긴 그림자를 드리우기 때문이다.

전조는 다가오는 사건의 암시를 제공하는 중요한 신호이다. 전조 그 자체로는 합리적인 연관성이 없을 수 있다. 하지만 자연현상의 이면을 들여다볼 수 있는 사람에게 그러한 전조는 미래에 대한 명확한 암시가 된다. 다만 내면의 눈이 열리고 삼야마를 통해 결과에서 원인을 추적할 수 있는 사람들만이 이러한 전조를 정확하고 올바르게 해석할 수 있다.

24

Maitry-ādiṣu balāni.

마이트리-아디슈 발라니

마이트리-아디슈 자애 등에 대해	발라니 힘들

(By performing Saṃyama) on friendliness, etc. (comes) strength (of the quality).

자애 등에 대해 삼야마를 행함으로써 자애로운 힘이 생겨난다.

우리가 어떤 특질(quality)에 대해 지속적으로 생각하면 그 특질이 점점 더 우리의 일부가 되는 경향이 있다. 이는 잘 알려진 심리학의 법칙이다. 이 효과는 집중적인 명상을 통해 훨씬 강화되며, 특히 다음과 같은 이유로 사마디에서 엄청나게 강화된다. 요기가 어떤 특질에 대해 삼야마를 행할 때, 그는 일시적으로 그 특질과 하나가 된다. 용기, 연민 등과 같은 긍정적인 특질들은 얼핏 모호하고 불분명해 보이지만, 실제로는 진실하고, 생생하며, 역동적이고 무한하다. 이러한 원리들은 낮은 차원의 세계에서는 완전히 발현되지 못한다. 우리가 단순히 어떤 특질에 대해 우연히 떠올릴 때, 그 특질은 희미하게 광채를 발할 뿐이다. 어떤 특질에 대한 생각이 더 깊어지고 지속적으로 되어 칫타와 그 특질이 더욱 조화를 이룰수록, 칫타의 광채는 그 특질로 인해 점점 더 밝아진다. 그렇다면 어떤 특질에 대해 삼야마를 행하고 그것이 칫타와 융합될 때, 그 특질은 무제한적으로 발현될 수 있을 것이다.

삼야마의 과정이 끝나고, 그 특질과 칫타의 일치가 종료될지라도 직접적인 접촉의 효과는 영구적인 인상을 남기고, 평소에도 그 특질을 발현할 수 있는 힘은 엄청나게 증가한다. 삼야마를 반복하면 칫타는 다양하고 가치 있는 특질들과 조화를 이루게 되어, 일상생활에서 그 특질을 완벽하게 표현하기 쉽다.

이것이 바로 진보한 요기가 자신을 사랑, 자비, 용기, 인내 등의 화신으로 만들어나가는 길이다. 따라서 삼야마는 요기에게 인격 형성을 위한 가장 효과적인 기법을 제공한다.

25

Baleṣu hasti-balādīni.

발레슈 하스티-발라아디니

발레슈 힘들에 대한 삼야마를 행함으로써	**하스티-발라아디니** 코끼리 등의 힘

(By performing Saṃyama) on the strengths (of animals) the strength of an elephant, etc.

동물들의 힘에 대해 삼야마를 행함으로써 코끼리와 같은 힘을 얻는다.

이전 수트라에서 인간의 인격적 특징이라고 할 수 있는 부분들에 대해 언급하였다. 이것은 동물들의 현저한 특성인 물리적 힘에도 똑같이 적용된다. 요기가 다양한 동물들의 힘에 대해 삼야마를 하면, 심지어 코끼리와 같은 괴력도 얻을 수 있다. 물론 코끼리의 힘이 요기가 얻을 수 있는 힘의 한계는 아니다. 단지 코끼리는 하나의 비유에 불과하며, 싯디의 한계란 없다.

우리가 주목해야 할 점은 동물의 힘, 속도 등 모든 특질이나 능력들이 단순한 추상적 개념이 아니라는 사실이다. 이것들은 로고스의 의식 속에 그 근원을 가지고 있는, 생생하게 살아있는 원리, 즉 탓트바다. 따라서 이러한 원리들과 직접적으로 접촉한 요기는 무한한 잠재력을 가진 근원과 연결되어 있다.

26

Pravṛtty-āloka-nyāsāt sūkṣma-vyavahita-viprakṛṣṭa-jñānam.

프라브릿티-알로카-니야사트 숙슈마-비야바히타-비프라크리슈타-갸남

프라브릿티 초자연적 능력	알로카 빛	니야사트 향하게 함으로써
숙슈마 미세한	비야바히타 숨겨진	비프라크리슈타 멀리 있는
갸남 지식		

Knowledge of the small, the hidden or the distant by directing the light of superphysical faculty.

초자연적 능력의 빛을 통하여, 미세한 것, 숨겨진 것 또는 먼 곳에 있는 대상에 대한 지식을 얻는다.

파탄잘리는 다양한 차원들에 대해 명확히 언급하거나 분류하지는 않았다. 하지만 그것들의 존재는 의식의 다양한 수준(I-17)과 구나의 단계(II-19)에 대한 그의 가르침에 함축되어 있다. 파탄잘리는 이 수트라에서 상위감각의 활동 또는 초자연적 능력에 대해 언급함으로써, 그가 초물질적 세계의 존재와 그와 관련된 능력의 행사를 당연하게 여겼음을 보여준다.

이 수트라에서 언급된 미세함, 모호함, 원격성은 모두 감각기관의 한계로 인한 것이다. 오늘날 과학은 정교한 물질적 도구를 사용하여 감각기관의 범위를 확장하는 중이다. 망원경이나 현미경의 사용을 예로 들 수 있다. 하지

만 이러한 도구들은 결정적인 한계를 가지고 있다. 첫째, 관찰 영역이 아무리 확장된다 하더라도 그것은 물질계 안에 국한된다. 모든 초물질적인 세계는 그 본질상 아무리 정교한 도구로도 감지될 수 없다. 물질적 세계는 현현된 우주의 가장 바깥쪽 껍질에 불과하다. 필연적으로 물리적 도구를 통해 얻은 우리의 지식은 단편적이고 부분적이다. 둘째, 물리적 도구로는 최종적 진리에 도달하는 것이 불가능하다. 물질과 에너지에 관한 우리의 지식이 놀랍기는 하지만, 이 지식의 많은 부분이 추론적이며 의심과 오류의 여지가 있다는 점을 잊어서는 안 된다. 이는 마음과 의식의 영역에 그 기반을 두고 있는 우주를 오직 물질적 도구와 수학적 분석으로만 계속 연구하는 한 불가피한 일이다.

요가의 방법은 완전히 다르다. 요가는 모든 외부적 도움을 완전히 버리고 내적 인식기관의 계발에 의존한다. 이런 기관들은 모든 진화된 인간들에게 발달된 상태로 존재하며, 단지 요가적 방법을 통한 적절한 훈련으로 그 기관을 사용하기만 하면 된다. 의식의 모든 수준과 물질의 미세함에 상응하는 이러한 기관들의 단계적인 계발은 물질이 의식 속으로 사라지는 마지막 단계까지, 모든 미세한 물질의 영역을 요기에게 자연스럽게 열어준다. 요가적 방법이 극히 개인적이고, 공개적인 시연이 불가능하며, 장기간의 엄격한 자기훈련을 요구하는 것은 사실이다. 하지만 삶의 환영을 볼 수 있고 진리를 알기로 결심한 사람들은 과학적인 방법이 단지 물질적 차원의 표면적인 지식만을 줄 수 있고, 삶의 한계에서 자유롭게 할 어떤 희망도 주지 않는다는 것을 깨달을 때, 필연적으로 요가의 방법에 귀의하게 될 것이다.

27

Bhuvana-jñānaṃ sūrye saṃyamāt.

부바나-갸남 수리예 삼야마트

부바나 태양계의	갸남 지식
수리예 태양에 대해	삼야마트 삼야마를 행함으로써

Knowledge of the Solar system by performing Saṃyama on the Sun.

태양에 삼야마를 함으로써 태양계에 대한 지식을 얻는다.

이 수트라와 다음 두 개의 수트라는 천체에 관한 지식을 얻는 방법을 다룬다. 여기에는 세 가지의 기본적인 질문이 포함되어 있다. 첫 번째는 전체 우주의 기본단위인 태양계의 구조에 관한 것이다. 두 번째는 은하계 등과 같은 다양한 그룹으로 별들이 배열된 방식에 관한 것이다. 세 번째는 천체들의 운동을 지배하는 법칙에 관한 것이다. 이러한 주요 질문들에 대한 답은 이 수트라들에서 언급된 대로 하늘의 세 가지 다른 대상에 대해 삼야마를 행함으로써 얻어진다.

이 수트라는 태양계의 구조에 관한 지식을 획득하는 방법을 다루고 있다. 태양에 대한 일반적인 지식은 태양이 태양계의 심장이라는 것을 확신하게 한다. 요가적인 방법에 기반한 오컬트 연구들은 태양계의 모든 생명이 태양에 집중되어 있는 이러한 현상에 더 크고 깊은 의미를 부여한다. 태양계는 이슈바라 또는 태양 로고스라고 부르는 강력한 존재의 생명과 의식의 표현을 위한 매개체이기 때문이다.

태양계의 다양한 차원들은 서로 유기적으로 연결되어 있고 물질 태양은 이 복잡한 유기체의 중심이다. 때문에 태양에 대한 삼야마는 요기에게 태양계의 전체 패턴을 펼쳐 보이고, 우리 태양계의 구조뿐만 아니라 우주를 구성하는 모든 태양계에 대한 포괄적인 지식을 제공할 수 있다. 이 태양계들은 서로 엄청나게 멀리 떨어져있지만 실제로는 상호의존적이다. 그들은 하나의 궁극적 실재에 뿌리를 두고 있고, 하나의 '공통근원'에서 자신들의 생명을 얻으며, 하나의 패턴에 따라 존재한다.

28

Candre tārā-vyūha-jñānam.

찬드레 타라-뷰하-갸남

찬드레 달에	타라 별
뷰하 상호 연결된 배열	갸남 지식

(By performing Saṃyama) on the moon knowledge concerning the arrangement of stars.

달에 삼야마를 함으로써 별들의 배열에 관한 지식을 얻는다.

이 수트라는 외적인 현상에 대해 삼야마를 함으로써, 그 현상의 기초가 되는 기본법칙이나 원리에 대한 지식을 얻을 수 있다는 예시이다. 천문학적 방법으로 하늘을 연구하는 것은 우리의 시야를 넓히고 인간의 이해를 넘어서는 별들, 은하계, 우주에 대한 지식을 제공했을 뿐만 아니라, 별들의 집단 사이에 존재하는 관계를 엿볼 수 있게 해주었다. 위성들은 행성 주위에 모여서 움직이고, 행성들은 중심의 태양 주위에 모여서 움직이며, 우리가 별로 보는 태양들은 은하계라고 불리는 훨씬 더 큰 집단의 일부를 형성하고, 은하계들은 우주 안에서 함께 모여있다. 이러한 별들의 집단화와 움직임에 관련된 거리와 시간은 너무나 방대해서, 순수하게 물질적인 방법만으로는 전체 우주의 명확하고 종합적인 그림을 얻을 수 없다. 그러나 열린 마음으로 이 주제를 연구해본 사람이라면 누구나, 천문학적 현상 이면에 거대한 설계가 있다는 점을 알아차릴 수 있다.

요기는 어떻게 이 설계에 대한 지식을 얻을 수 있을까? 천체들의 관계와 움직임을 보여주는 천문학적 현상에 대해 삼야마를 함으로써 가능하다. 지구의 주위를 도는 달의 운동은 작은 규모의 천문학적 현상이지만 본질적인 특징은 동일하다. 따라서 이에 대해 삼야마를 하면 우주적 설계의 본질적인 속성을 이해할 수 있다.

29

Dhruve tad-gati-jñānam.

드루베 탓-가티-갸남

•

드루베 북극성에	탓-가티 그들의 움직임	갸남 지식

(By performing Saṃyama) on the pole-star knowledge of their movements.

북극성에 삼야마를 하여 북극성의 운행에 대한 지식을 얻는다.

우리는 고정된 다른 대상과의 관계에서만 운동을 측정할 수 있다. 이것이 다른 모든 운동 법칙의 기초가 된다. 하늘에는 상대적으로 위치가 고정되어 있어서, 고정성의 상징으로 여겨지는 별이 단 하나 있다. 이것을 **드루바**(*Dhruva*) 또는 북극성이라고 부른다. 따라서 이 별은 위에서 언급한 기본적인 운동 법칙의 상징으로 간주될 수 있다. 따라서 **드루바**에 대한 **삼야마**는 그 이름을 가진 물질적인 별에 대한 **삼야마**가 아니라, 그것이 상징하는 운동 법칙에 대한 **삼야마**를 의미한다.

요기는 이 기본법칙에 대해 **삼야마**를 행하여 천체의 운동을 지배하는 모든 운동 법칙에 대한 지식을 얻을 수 있다. 이것은 서로 다른 운동 법칙들이 상호 연관되어 있으며, 이에 대해 **삼야마**를 행함으로써 모든 법칙에 대한 지식을 얻는 것이 가능하다는 사실을 기억하면 보다 명확해질 것이다.

30

Nābhi-cakre kāya-vyūha-jñānam.

나비-차크레 카야-뷰하-갸남

•

나비-차크레 배꼽 중심에	**카야** 몸
뷰하 배열, 구성	**갸남** 지식

(By performing Saṃyama) on the navel centre knowledge of the organization of the body.

배꼽의 중심에 삼야마를 함으로써 몸의 구성에 대한 지식을 얻는다.

육체는 경이로운 유기체이자 의식의 도구로서 물질계에서 놀라운 방식으로 기능한다. 육체의 일부분, 그것도 가장 중요한 부분이 눈에 보이지 않고 현대과학의 범위를 벗어나있다는 것은 사실이다. 예를 들어 프라나마야 코샤를 통해 작용하며, 안나마야 코샤에 생명력을 공급하는 프라나 분배의 전체 시스템은 현대과학에 알려져있지 않다.

모든 인간의 육체는 본질적으로 구조적으로나 기능적으로 유사하다. 모든 인간의 육체가 이렇게 유사성을 띠는 이유는 물론, 모든 육체가 따르는 보편적 원형이 존재하기 때문일 것이다. 인간의 DNA가 같은 패턴으로 구성되어 있음이 좋은 예이다. 그렇기 때문에 다양한 조건에서 태어난 수십억 인간들의 경우에도 육체의 외형과 내부의 작동에서 놀랍게도 동일한 패턴이 반복되는 것이다.

이 보편적 원형과 접촉할 수 있는 사람이라면 누구나 육체의 메커니즘에 대한 완전한 지식을 얻을 수 있다. 이는 배꼽 차크라(*Cakra*)에 대해 삼야마를 행함으로써 가능한데, 이 차크라가 교감신경계를 제어할 수 있기 때문이다. 삼야마를 행할 때 대상이 되는 것은 육체의 보편적 원형이며, 배꼽 차크라는 단지 관문일 뿐이다. 배꼽 차크라는 태양신경총이 아니라, 태양신경총과 연결된 프라나마야 코샤의 차크라 중심인 것이다.

31

Kaṇṭha-kūpe kṣut-pipāsā-nivṛttiḥ.

칸타-쿠페 크슈트-피파사-니브릿티

•

칸타-쿠페 목구멍에	크슈트 배고픔
피파사 갈증	니브릿티 멈춤

(By performing Saṃyama) on the gullet the cessation of hunger and thirst.

목구멍에 삼야마를 행함으로써 배고픔과 갈증이 멎는다.

허기와 갈증이 내분비선들(glands)에 의존한다는 것은 잘 알려진 사실이다. 내분비선들을 조절하는 지식은 당연히 요기들에게 허기와 갈증을 통제할 힘을 줄 것이다. 실제로 내분비선을 제어하는 원형적 힘은 프라나이다. 프라나, 즉 생기력은 가장 먼저 칫타에 반응한다. 따라서 내분비선에 대한 지식을 얻게 된 요기는 몸의 모든 생리적 작용을 제어할 수 있다. 현대의학이 약이나 주사 등을 통해 달성하려는 것을 요기는 프라나 흐름의 통제를 통해 달성할 수 있다. 파탄잘리가 구체적으로 내분비선의 통제방법을 명시하지 않은 것은, 어리석은 사람들이 스스로를 해치지 않도록 하기 위해서였다.

32

Kūrma-nāḍyāṃ sthairyam.

쿠르마-나디얌 스타이르얌

•

쿠르마-나디얌 쿠르마 나디에	**스타이르얌** 안정성

(By performing Saṃyama) on the Kūrma-nāḍi steadiness.

쿠르마 나디에 삼야마를 행함으로써 안정성을 얻는다.

프라나에는 여러 종류가 있는데, 각기 특별한 기능을 가지고 있고 특정한 나디를 운반도구로 사용한다. 쿠르마(*Kūrma*)는 잘 알려진 프라나의 종류 중 하나이며, 이를 운반하는 특정한 신경을 쿠르마-나디(*Kūrma-nāḍi*)라고 부른다. 이 프라나는 신체의 움직임과 관련이 깊다. 이를 제어함으로써 요기는 자신의 몸을 움직이지 않게 만들 수 있다. 이러한 제어방법은 쿠르마의 운반체인 쿠르마 나디에 삼야마를 행함으로써 얻을 수 있다.

육체에서 작동하는 모든 생리학적 장치들은 정상적인 활동을 무의식적으로 수행하도록 되어있다. 그러나 각 장치는 실제로 탓트바의 매개체이기 때문에, 그 기능에 대해 의식적인 제어를 함으로써 탓트바를 원하는 정도로 표현하는 것이 가능하다. 쿠르마-나디에 대한 의식적인 제어는 요기로 하여금 기적처럼 보이는 힘을 사용할 수 있게 해준다. 물론 진정한 요기라면 이런 종류의 시범을 보이지는 않을 것이다.

33

Mūrdha-jyotiṣi siddha-darśanam.

무르다-죠티쉬 싯다-다르샤남

•

무르다-죠티쉬 정수리 아래의 빛에	**싯다** 완성된 존재들, 아데프트들	**다르샤남** 비전을 봄

(By performing Saṃyama on) **the light under the crown of the head vision of perfected Beings.**

정수리 아래의 빛에 삼야마를 행함으로써 완성된 존재들에 대한 비전을 얻는다.

요가철학은 인간 영혼의 불멸성과 진화를 통한 완성을 기반으로 하기 때문에, 자신을 완성하여 최고의 깨달음의 상태로 살아가는 이들의 존재는 당연한 것으로 여겨진다. 이러한 존재들을 싯다(*Siddha*)라고 부른다. 싯다들은 육체적인 삶에서 배워야 할 모든 교훈을 이미 배웠고, 인간 진화의 주기를 완성했기 때문에 더 이상 윤회할 필요가 없다. 그들은 태양계의 영적인 차원에 거주하며, 인류의 진화를 돕기 위해 낮은 차원에서 육체로 현현해있을 때조차 그들의 의식은 더 높은 차원에 중심을 두고 있다. 이들과 접촉하기 위해서는 그들의 의식 차원으로 우리가 올라가야만 한다. 단순히 수단 방법을 가리지 않고 싯다들과 물질적으로 접촉하는 것은 큰 의미가 없다. 싯다들의 높은 의식과 동조할 수 없는 사람은 그들과의 접촉에서 진정한 유익을 구할 수 없기 때문이다.

그렇다면 어떻게 이런 존재들과 적절하게 접촉할 수 있을까? 정수리 아래의 빛에 대해 삼야마를 행함으로써 가능하다. 인간의 두뇌에는 뇌하수체라 불리는 작은 기관이 있다. 이 기관은 싯다의 의식이 기능하는 영적 차원과 접촉하는 데 있어 중요하다. 명상을 통해 이 기관이 활성화되면 뇌하수체는 상위의식과 하위의식 사이의 다리 역할을 하며, 상위세계의 빛이 두뇌로 침투할 수 있게 해준다. 이처럼 요기는 높은 차원으로 올라가 싯다들과 교감할 수 있어야만 진정한 접촉을 이룰 수 있다. 하지만 단순히 신체적 기관에 집중하는 것만으로는 적절한 소통을 할 수 없다. 그것은 정수리 아래의 빛에 대해 삼야마를 함으로써만 가능하고, 뇌하수체는 그 빛을 위한 물리적 매개체의 역할을 할 뿐이다.

34

Prātibhād vā sarvam.

프라티바드 바 사르밤

프라티바드 직관으로부터	바 또는	사르밤 모든 것

(Knowledge of) everything from intuition.

직관을 통해 모든 것에 대한 지식을 얻는다.

지금까지 《요가수트라》에서 설명된 방법들 외에도 다른 방법들을 통해 얼마든지 싯디를 획득할 수 있다. 예를 들어 사랑의 길을 따르는 박타(*Bhakta*, 헌신의 수행자)는 의도적으로 싯디를 계발하기 위해 아무것도 하지 않음에도 불구하고 싯디를 수없이 증득하게 된다. 이는 우리 내면에 궁극적 실재의 영적 의식이 존재함을 드러내며, 어떤 길로든 거기에 도달한 사람은 자동적으로 싯디를 얻게 된다는 의미다. 박타는 사랑을 통해 사랑하는 대상과 합일에 도달하고, 갸니(*Jñāni*, 지혜의 수행자)는 분별을 통해 도달한다. 파탄잘리는 다음 두 수트라에서 엄격한 요가적 방법으로 이러한 의식을 계발하는 방법을 제시했다.

이 모든 종류의 싯디가 내재된 의식은 어떤 도구의 도움 없이 직접적으로 진리를 인식할 수 있다. 프라티바(*Prātibhā*)라고 불리는 이 능력에는 실제로 정확한 영어의 대응어가 없다. 의미상으로 가장 근접한 단어는 직관

(intuition)이다. 그러나 서양 심리학에서 주로 사용되는 이 직관이라는 단어는 사유 없이 진리를 파악한다는 다소 모호하고 일반적인 의미를 가지고 있다. 서양 심리학은 사유의 부재만을 강조한다. 파악되는 대상의 초월적 본성은 잘 언급하지 않는다.

프라티바는 감각기관뿐 아니라 칫타의 사용도 필요로 하지 않는 초월적 영적 인식능력을 말한다. 프라티바의 상태에서는 모든 것을 의식 자체에 그대로 비쳐진 것처럼 직접 인식할 수 있다. 이에 비하면 직관은 기껏해야 프라티바의 모호하고 약한 반영일 뿐이며, 그저 메아리 또는 낮은 울림이라고 할 수 있다. 직관은 프라티바에 비해 인식의 직접성과 명확성이 부족하다.

도구를 필요로 하지 않는 인식능력이 존재한다는 점은 이슈바라가 모든 곳에서 모든 것을 인식한다는 선언에서 더욱 분명해진다. 프라티바는 단지 도구가 필요없는 전지적(omniscience) 인식이 개인을 통해 제한된 방식으로 표현된 것일 뿐이다. 프라티바는 또한 카이발야에 도달한 완성된 싯다들이 이미 초월한 낮은 차원의 세계와 접촉을 유지하는 데 사용하는 능력이기도 하다. 따라서 감각기관을 통한 인식은 단지 의식 전개의 한 단계로 여겨져야 한다. 더 높은 의식이 전개된 후에는 이러한 기관들의 사용이 대부분 불필요해지며, 특정한 목적을 위해서만 사용된다.

35

Hṛdaye citta-saṃvit.

흐리다예 칫타-삼비트

흐리다예 심장에	칫타-삼비트 칫타에 대한 인식

(By performing Saṃyama) on the heart, awareness of the nature of the mind.

심장에 삼야마를 함으로써 칫타의 본질에 대한 인식을 얻는다.

이 수트라와 다음 수트라에서는 직관적 의식을 전개하는 방법이 제시된다. 직관이 지성을 초월하기 때문에, 자연스럽게 첫 번째 단계는 칫타가 어떻게 순수의식을 왜곡하는지에 대해 아는 것이다. 이 앎은 심장에 삼야마를 행함으로써 얻어진다. 여기에서 심장은 무엇을 의미하는가?

형태적 측면에서 지바트마는 매우 다양하고 미세한 물질로 구성된, 그러나 동일한 중심을 지니는 매개체들의 집합이다. 이는 마치 영적 중심을 지닌 태양 로고스가 형태적으로는 태양계를 이루고 있는 것과 유사하다. 전자(지바트마)는 핀단다(*Piṇḍāṇḍa*), 즉 오라의 알(Auric egg)이라고 불리며, 후자(태양 로고스)는 브라만다(*Brahmāṇḍa*), 즉 브라마의 알이라고 불린다. 이 둘은 소우주와 대우주의 관계이며 공통된 중심을 가지고 있다. 태양이 물질적 및 초물질적 측면에서 태양계의 심장을 형성하여 태양계에 필요한 모든 에너지를 방사하는 것처럼, 지바트마의 모든 체들에 에너지를 공급하는 공통의 중심은 요가문헌에서 심장으로 언급된다. 이것이 심장으로 불리는 이유는 첫째, 물리적 심장과의 유사성 때문이며, 둘째, 심장과 비슷한 기능 때문일 것이다. 이 신비한 심장으로 가는 관문은 아나하타(*Anāhata*)로 알려진 차크라이며, 이에 대한 삼야마를 행함으로써 요기는 다양한 차원에서 다양한 체를 통해 기능하는 칫타의 본질을 알 수 있게 된다.

칫타는 단지 의식과 물질 사이 상호작용의 산물이기 때문에(I-2), 의식이 기능하는 모든 매개체의 공통중심이 칫타의 위치이기도 하다는 점을 이해해야 한다. 감각기관들은 단지 칫타의 전초기지일 뿐이며, 칫타의 일부로 간주되어야 한다.

36

Sattva-puruṣayor atyantāsaṃkīrṇayoḥ pratyayāviśeṣo bhogaḥ parārthāt svārtha-saṃyamāt puruṣa-jñānam.

사트바-푸루샤요르 아티얀타아삼키르나요 프라티야야아비셰쇼
보가 파라아르타트 스바르타-삼야마트 푸루샤-갸남

•

사트바-푸루샤요 사트바와 푸루샤의	**아티얀타** 극히	**아삼키르나요** 혼합되지 않는
프라티야야 칫타의 인식	**아비셰샤** 구별 없는	**보가** 경험
파라아르타트 다른 것들과 별개의	**스바르타** 자기 관심사	**삼야마트** 삼야마를 행함으로써
푸루샤 영혼, 순수의식	**갸남** 지식	

Experience is the result of inability to distinguish between the Puruṣa and the Sattva though they are absolutely distinct. Knowledge of the Puruṣa results from Saṃyama on the Self-interest (of the Puruṣa) apart from another's interest (of Prakṛti).

경험이란, 푸루샤와 사트바가 절대적으로 구별됨에도 불구하고 그들을 구별하지 못하는 무능력의 결과이다. 푸루샤에 대한 지식은 프라크리티의 관심과는 별개인, 푸루샤의 자기 관심사에 대한 삼야마를 통해 얻어진다.

이 수트라는 많은 학생들이 어려워하는 수트라 중의 하나이다. 왜냐하면 이 수트라가 상키야 철학의 근본교리를 다수 포함하고 있는데, 우리는 그에 대해 대부분 무지하기 때문이다. 일반적으로 《요가수트라》의 철학은 상키야라는 설이 다수이지만, 사실은 상키야와 베단타 교리 모두를 이해하는 것이

바람직하며, 높은 수준의 요가와 관련된 주제들을 논의할 때 베단타 교리를 임의로 배제하는 것은 결코 정당화될 수 없다.

푸루샤는 궁극적 실재(브라만, *Brahman*)의 중심이며, 현현과 그 한계를 초월한다. 프라크리티를 통해 현현으로 하강하는 것이 푸루샤의 본성을 변화시키지는 않지만, 놀랍게도 프라크리티는 변화시킨다. 푸루샤의 사트-치트-아난다(*Sat-Cit-Ānanda*)의 삼중 속성이 바로 프라크리티를 통해 표현되기 때문이다. 이 삼중의 속성이 세 가지 구나에 반영된다. 세 속성과 구나 사이의 관계는 다음 그림에 잘 나타난다.

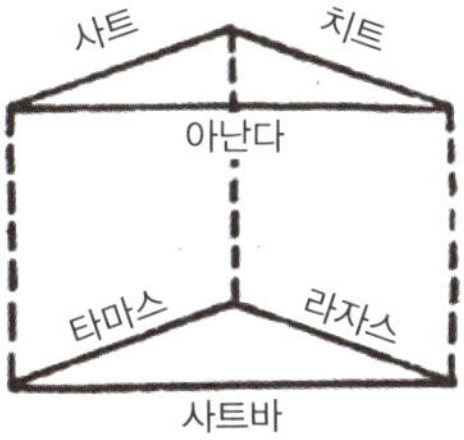

그림 10

그림 10에서 볼 수 있듯이 베단타의 아난다에 해당하는 인식, 알아차림은 사트바 구나에 상응한다. 요가의 목적은 자각 또는 진정한 본성에 대한 인식을 얻는 것이다(I-3). 따라서 사트바 구나가 요가 가르침에서 그토록 중요한 것이다.

푸루샤의 의식이 프라크리티의 영역에서 현현될 때 그것은 비자아(Not-Self)에 대한 인식이라 할 수 있다. 그러나 이 인식이 사트바 구나의 작용을 통해 표현되면 붓디라고 불리게 된다. '의식(Consciousness)'이라는 동일한 단어를 프라크리티를 초월하는 푸루샤의 의식과 프라크리티 안에서의 인식, 그 모두에 사용하는 것은 항상 혼란스럽다. 일상적인 의미로 의식이라는 단어를 사용할 때는 항상 후자이다. 하지만 푸루샤의 초월적인 의식에 해당하는 영어 단어는 실제로 없으며, 현대심리학에서 다루는 의식이라는 단어도 푸루샤의 극히 부분적이고 제한적인 현현에 불과하다. 푸루샤의 순수한 초월적 의식을 나타내는 산스크리트어 단어는 치티-샥티(*Citi-Śakti*, IV-34) 또는 차이탄얌(*Caitanyam*)이며, 조건화된 의식은 삼비트(*Saṃvit*, III-35)라고 부른다.

푸루샤의 순수의식이 프라크리티와 연결될 때, 그것은 차원별로 하강하면서 점점 더 조건화되며, 이런 조건화가 구나의 네 단계이다(II-19). 하지만 푸루샤의 절대적 초월성이 상키야의 근간임을 명심해야 한다. 상키야에 따르면 푸루샤는 프라크리티 속으로 하강하는 것이 아니라, 단지 뭐라 말할 수 없는 방식으로 프라크리티와 연결될 뿐이다. 프라크리티는 푸루샤와 단지 가까이 있는 것만으로 변화가 일어나며, 이러한 변화 중의 하나가 조건화된 의식의 발달이다. 하지만 푸루샤는 항상 프라크리티와 분리되고 구별되므로 우리가 이해하는 의식이나 인식의 모든 현상은 순수하게 프라크리티에 속하며, 이는 사트바 구나에 기반한다. 실용적인 목적을 위해 현재 맥락에서 사용된 사트바라는 단어는 붓디의 기능을 통해 표현되는 인식의 원리이다. 푸루샤는 그것과 완전히 분리되어 있지만, 그의 존재가 붓디를 통해 인식을 자극한다. 이 인식은 구나의 점점 더 미세한 단계를 통해 더욱 생생해지고 푸루샤의 의식을 더욱 완벽하게 모방하지만, 둘 사이에 공통점은 없다. 전자는 순수한 프라크리티의 산물인 반면, 후자는 프라크리티를 완전히 초월하기 때문이다. 이것이 아티얀타아삼키르나요(*Atyantāsaṃkīrṇayoḥ*)라는 구절이 의미하는 바이다.

이 수트라에서 이해해야 할 두 번째 개념은 경험의 속성에 관한 것이다.

푸루샤는 프라크리티를 완전히 초월하지만, 경험은 항상 프라크리티의 영역 안에 있기 때문에, 푸루샤는 엄밀히 말해 경험자가 될 수는 없다. 경험은 아비디야를 통해 푸루샤와 사트바라고 불리는 조건화된 의식 사이에 구별이 없어지거나 동일시가 일어날 때 발생한다. 일상생활에서도 우리가 스스로를 일상의식에 더 많이 동일시하고 그에 빠져들수록 삶에 대한 열정은 더 커지는 반면, 일상의식에 대한 초연함은 경험에 관한 열정을 빼앗고 그것을 단순한 인식으로 바꾼다는 것을 알 수 있다. 분별을 통한 바이라기야, 즉 비집착이 클수록, 보가(*Bhoga*), 즉 경험이 단순한 인식으로 더 완벽하게 변하게 된다. 지반묵타(*Jīvanmukta*, 생해탈자)는 평범한 사람과 마찬가지로 체를 통해 기능할 때 의식적이지만, 거기에는 동일시의 요소가 없기 때문에 즐거움의 경험은 없다. 매개체와의 접촉으로 인해 생긴 칫타의 프라티야야에서 순수의식이 점진적으로 분리되는 것은 비베카와 바이라기야에 의해 이루어지며, 이것이 완성되면 카이발야로 이어진다.

그렇다면 카이발야란 행복이 완전히 결여된 상태인가? 우리가 일상생활에서 느끼는 기쁨과 행복에 견줄만한 것이 전혀 없는 무미건조한 존재방식인가? 이는 피상적인 연구자들을 자주 괴롭혀온 오해이며, 해방이라는 요가적 이상에 대해 사람들이 느끼는 반발감의 원인이 되곤 했다. 이러한 오해와 반발감을 세거하려면, 우리가 느끼는 행복의 근원이 무엇인지 묻기만 하면 된다. 물론 행복의 근원은 영혼(Self)이며, 영혼은 그 자체가 지복이다. 외적인 경험은 단지 자극적인 원인일 뿐이다. 내적인 반응—지복의 근원—이 우리가 삶에서 느끼는 기쁨과 즐거움을 만들어낸다. 외적인 삶에서 기쁨과 즐거움을 버리는 것은 지복을 얻는 직접적인 방법이다. 우리는 실체를 잡기 위해 그림자를 버리는 것이다. 지복의 경험을 얻으려고 헛되이 노력하는 대신, 우리는 지복 그 자체가 된다.

푸루샤의 순수의식은 실제로는 **프라크리티**와 완전히 분리되어 있다. 그럼에도 불구하고 **프라크리티** 영역에서의 인식과 순수의식을 구별하는 것은 쉽지 않다. 그렇다면 **푸루샤**에 대한 지식을 얻기 위해 어떻게 이 둘을 분리할 수 있겠는가? 이 **수트라**에서 제시하는 방법은 **프라티야야** 뒤에 숨겨진 목적과 **푸루샤** 자신의 목적 사이의 차이에 대해 **삼야마**를 하는 것이다. **프라티야야**는 다른 무언가를 위한 것이다. 그것은 **상키야**에 따르면, 오직 그리고 항상 **푸루샤**를 위해 작용하는 **프라크리티**의 산물이다. **푸루샤**의 의식은 **푸루샤** 자신을 위한 것이다. 그것에는 어떤 숨겨진 동기나 목적이 없다. **푸루샤**는 영원하고, 변하지 않으며, 자족적이기 때문이다. 이 차이는 미세하지만 **삼야마**의 대상이 될 수 있다. 이러한 방식으로 겉보기에는 동질적인 **프라티야야**를 두 가지 구성요소, 즉 **푸루샤**의 의식이 반영된 **사트바 구나**와 **푸루샤** 자신의 의식으로 분석할 수 있다. 이 문제는 빛의 근원과 거울에 비친 그 반사를 구별하는 것과 유사하다. 실제 대상과 그 반사물을 구별하는 여러 가지 방법이 있을 수 있듯, **사트바**에 반영된 **푸루샤**와 **푸루샤** 자신을 구별하는 데에도 여러 가지 방법이 가능하다. 이 **수트라**에서 제안하는 방법은 그중의 하나이며, 이는 **사트바**에 반영된 **푸루샤**와는 구별되는 **푸루샤** 자신에 대한 지식으로 이어진다. 이 지식을 얻게 되면 **요기**는 III-34에서 암시된 비도구적 인식을 행할 수 있는 위치에 있게 된다. **푸루샤**는 **프라크리티**의 한계를 초월하기 때문에, 그의 인식 또한 **칫타**와 감각기관의 한계를 초월해야 한다.

37

Tataḥ prātibha-śrāvaṇa-vedanādarśāsvādavārtā jāyante.

타타 프라티바–슈라바나–베다나아다르샤아스바다바르타 자얀테

타타 그로부터	**프라티바** 직관적인	**슈라바나** 청각
베다나 촉각	**아다르샤** 시각	**아스바다** 미각
바르타 후각	**자얀테** 만들어진다	

Thence are produced intuitional hearing, touch, sight, taste and smell.

그로부터 직관적 청각, 촉각, 시각, 미각 및 후각이 생성된다.

정상적인 경우에 우리의 감각적인 인식은 감각기관이라는 도구를 통해 이루어지며, 따라서 우리는 감각기관의 한계에 의해 제한된다. 그러나 **삼야마**를 행하여 **푸루샤**에 대한 지식을 얻게 되면, 이러한 한계들이 사라지고 **요기**는 감각기관의 도움 없이 모든 것을 인식할 수 있게 된다. 투시력 등을 사용할 때 **요기**는 단순히 육체적 감각기관의 범위를 확장하는 것이지만, 직관적 **슈라바나**(*Śrāvaṇa*, 청각) 등에서는 감각기관을 완전히 배제하고 모든 것을 포괄하는 보편적인 인식능력을 사용한다.

푸루샤가 진정한 인식자(드라슈타, *Draṣṭā*)라는 점을 기억한다면, 직관적인 인식의 본질을 이해하는 데 도움이 될 것이다. 감각기관을 통해 하위 차원에서 획득할 수 있는 모든 지식은 이미 **푸루샤** 안에 총체적으로 존재한

다. 진화과정에서 발달되는 모든 능력과 기능은 처음부터 푸루샤 안에 존재했던 것이며, 단지 프라크리티가 제공하는 외적 자극에 의해 활동상태로 끌어내어지는 것뿐이다. 진화의 초기단계에서는 인지기능이 분화하여 별도의 통로를 통해 기능할 필요가 있었고, 이에 따라 감각기관이 발생한 것으로 보인다. 그러나 칫타가 일정한 단계까지 진화하고 개별의식의 능력이 푸루샤와 직접적인 접촉을 통해 충분히 개화된 후에는, 다섯 감각기관의 도움 없이 인지기능 자체가 전체로서 기능할 수 있게 된다. 직관적인 인식은 모든 색을 포함하는 백색광과 같아서 모든 것의 특징적인 색을 드러낼 수 있다. 감각적인 인식은 백색광으로부터 프리즘을 통해 얻는 스펙트럼의 색들과 같다. 요기가 프리즘을 초월할 수 있게 되면, 감각기관의 개별 통로를 통해 얻었던 모든 지식을 직접적으로, 동시에, 총체적으로 얻을 수 있게 된다.

이 수트라에 있는 두 단어의 의미에 대해서는 의견이 분분하다. 그중 첫 번째는 프라티바(*prātibha*)이다. 일부 주석가들은 프라티바가 초자연적 인식을 의미하며 프라티바 슈라바나(*Prātibha Śrāvaṇa*, 직관적 청각) 등이 단순히 투청 등을 의미한다고 생각한다. 이러한 해석에는 정당성이 없다. 왜냐하면 이러한 초자연적 능력의 발달은 이미 다른 수트라들(III-26, III-42)에서 다루어졌고, 다음으로 요기가 이런 능력을 행사하기 위해 푸루샤에 대한 지식을 얻을 필요까지는 없기 때문이다. 프라티바 슈라바나 등은 분명 훨씬 더 높은 차원의 인식이며, 맥락상 푸루샤 자체와 연관된 특별한 능력으로 보인다. 이는 요기가 최소한 부분적으로나마 푸루샤의 순수의식과 접촉한 후에 나타나기 때문이다.

혼란을 만든 두 번째 단어는 바르타(*Vārtā*)이다. 현재 이 단어는 후각의 의미로 사용되지 않지만, 이 수트라의 맥락에서는 분명 후각을 의미한다. 《요가수트라》에서 사용된 단어들을 현재 통용되는 의미로만 엄격하고 경직되게 해석하는 것은 바람직하지 않다. 《요가수트라》는 요가의 전통, 신비주의자와 오컬티스트들의 경험, 그리고 상식의 관점에서 해석되어야 한다. 수세기에 걸쳐 단어의 의미는 자주 변해왔다. 언어학적 정의만을 이런 문제들에 대한 지침으로 삼을 수는 없다.

38

Te samādhāv upasargā vyutthāne siddhayaḥ.

테 사마다브 우파사르가 뷰타네 싯다야

테 그들	사마다브 삼매에서	우파사르가 장애물
뷰타네 외부를 향한 상태에서	싯다야 힘들	

They are obstacles in the way of Samādhi and powers when the mind is outward-turned.

싯디들은 사마디의 길에 장애이며, 칫타가 외부를 지향할 때 주로 드러나는 힘이다.

다양한 싯디들은 요기가 자기의식의 더 깊은 층으로 들어가 잠길 때, 자연스럽게 장애가 될 것이다. 그것들은 요기의 의식을 자꾸만 외부로 끌어당기는 경향이 있기 때문이다. 진정한 신비가라면 이런 능력들을 꺼린다. 그는 싯디와 관련된 어떤 것도 원하지 않는다. 왜냐하면 싯디의 사용은 그의 길에 온갖 종류의 유혹과 방해를 만들어내기 때문이다. 그러나 완벽함이란 모든 차원에서 모든 현상을 제어하는 의식적 능력이다. 완벽한 인간은 궁극적 실재에 대한 직접적인 지식뿐 아니라, 그의 의식이 기능하는 모든 차원에 대한 모든 지식을 가지고 모든 차원들을 정복해야 한다. 따라서 완성의 단계에 도달하기 전, 어느 단계에서든 모든 싯디들을 획득해야만 한다. 아데프트는 이런 능력뿐만 아니라, 능력들의 남용을 근본적으로 불가능하게 만드는 최고의 지혜 또한 가지고 있는 존재들이다.

39

Bandha-kāraṇa-śaithilyāt pracāra-saṃvedanāc ca cittasya para-śarīrāveśaḥ.

반다-카라나-샤이틸야트 프라차라-삼베다낫
차 칫타시야 파라-샤리라아베샤

반다 속박	카라나 원인	샤이틸야트 느슨해져서
프라차라 통로, 흐름	삼베다낫 지식으로부터	차 그리고
칫타시야 마음의	파라 다른 이의	샤리라 몸
아베샤 진입, 입장		

The mind can enter another's body on relaxation of the cause of bondage and from knowledge of passages.

속박의 원인이 완화되고 통로에 대한 지식을 얻음으로써, 칫타는 다른 이의 신체에 들어갈 수 있다.

다른 사람의 신체에 들어가는 능력은 잘 알려진 싯디로서, 오컬티스트들이 가끔 외부세계에서 일할 때 사용한다. 이 싯디를 얼핏 겉보기에 유사한 빙의와 혼동해서는 안 된다. 흔히 빙의에서는 희생자의 몸에 들어가는 존재가 낮은 수준의 비육체적인 혼령이다. 이 존재는 자신의 욕망을 충족시키기 위해 물질적 세계와 일시적이고 부분적인 접촉을 하고자 희생자의 육체를 강제로 점유한다. 높은 수준의 요기가 이 능력을 행사할 때는, 첫째로 다른 사람의 몸을 점유하는 것이 그 사람의 동의와 이해하에 이루어진다. 그 사람은 일반적으로 요기의 제자이며 요기와 완벽한 공명을 이루고 있다. 둘째로, 요기에게는 어떤 개인적 욕망을 만족시키려는 의도가 전혀 없다. 그는 인류를 돕기 위한 목적으로 중요하고 필요한 작업을 하기 위해 다른 사람의 몸을 점유한다. 대부분의 경우 요기의 목적은 그가 일하고자 하는 환경에서 자신의 크리야 샥티(*Kriyā Śakti*, 행위 능력)를 통해 만들어낸 다른 몸을 일시적으로 물질화시킴으로써 이루어질 수 있다. 그러나 니르마나-카야(*Nirmāṇa-kāya*)로 알려진 이런 만들어낸 몸은 특정한 한계가 있기 때문에, 필요한 기간 동안 제자의 몸을 취하는 것이 더 편리할 수 있다. 이러한 조건에서 제자의 의식은 자신의 몸에서 나오고 요기가 그것을 점유한다. 제자는 이 기간 동안 더 미세한 체 안에서 더 높은 차원에 머물다가, 그의 몸이 비워질 때 다시 그것을 점유한다.

일부 사람들, 특히 서양에서는 한 사람이 다른 사람의 몸을 점유한다는 이 개념에 대해 혐오감을 느낀다. 하지만 육체가 단순히 영혼이 물질적 차원에서 일하기 위한 거주지나 도구라면, 이런 종류의 느낌은 설득력이 없다. 우리는 친구의 집이나 차를 일시적으로 빌리는 것을 크게 개의치 않는다. 그렇다면 요기가 기꺼이 자신을 도와주려는 다른 사람의 몸을 빌리는 것이 왜 잘못된 것인가? 이러한 혐오감은 실제로 우리가 자신을 육체와 완전히 동일시하거나, 다른 사람의 몸을 점유하는 것은 당연히 그의 의지를 지배하는 것으로 여기는 오해 때문이다.

요기가 이 능력을 사용하기 전에 충족해야 할 두 가지 조건이 있다. 첫 번째는 속박의 원인을 완화하는 것이다. 여기서의 속박은 분명히 일반적인 삶과 특히 육체에 대한 애착을 의미한다. 이 속박은 요기가 요가수련을 통해 클레샤를 약화시키고 자신의 카르마를 충분히 소진시켰을 때, 완전히 파괴되지는 않지만 느슨해진다.

두 번째는 의식이 몸에 들어가거나 나올 때 거치는 통로나 채널에 대하여 요기가 상세한 지식을 가져야 한다는 것이다. 매개체의 다양한 나디들은 각기 구체적인 목적을 수행하며, 이 중 칫타-바하-나디(*Citta-Vāhā-Nāḍī*)라고 불리는 하나의 나디가 의식이 타인의 몸에 들어가거나 자신의 몸에서 나올 때의 통로 역할을 한다. 많은 사람들은 요가적 힘의 행사가 물질적 및 초물질적 체에 대한 상세하고 정확한 지식에 기반하며, 특정한 목적을 위해 이런 지식을 적용하는 데 있어서 엄격한 훈련이 필요하다는 것을 깨닫지 못한다. 요가는 엄밀한 과학이며 그 필요조건은 물질과학의 필요조건만큼이나 까다롭다.

40

Udāna-jayāj jala-paṅka-kaṇṭakādiṣv asaṅga utkrāntiś ca.

우다나-자야즈 잘라-판카-칸타카디슈브 아상가 웃크란티슈 차

우다나 다섯 프라나 중의 하나	자야트 정복으로	잘라 물
판카 진흙	칸타카디슈 가시 등의	아상가 비접촉
웃크란티 공중부양	차 그리고	

By mastery over Udāna levitation and non-contact with water, mire, thorns etc.

우다나의 정복으로, 공중부양과 물, 진흙, 가시 등과의 비접촉이 가능해진다.

프라나마야 코샤에서 작용하는 프라나의 다섯 종류가 있다—프라나(*Prāṇa*), 아파나(*Apāna*), 사마나(*Samāna*), 우다나(*Udāna*), 브야나(*Vyāna*). 각각은 육체의 유지에 있어 특수한 기능을 수행한다. 우리가 어느 한 종류의 프라나에 대한 통제력을 얻는다는 것은 그에 상응하는 기능을 요기의 의지에 따라 조절할 수 있음을 의미한다. 우다나는 지구가 육체에 가하는 중력과 관련되어 있으며, 이 특정 프라나를 제어함으로써 중력을 무효화하는 것이 가능하다. 공중부양은 프라나야마 수련에서 매우 흔한 현상이며, 이는 특정한 방식의 프라나 흐름 때문이다. 요기가 지구의 중력을 무효화하고 원하는 높이에서 자신의 몸을 떠있게 할 수 있다면 물, 진흙, 가시 등과의 접촉을 쉽게 피할 수 있다.

41

Samāna-jayāj jvalanam.

사마나-자야즈 즈발라남

사마나 다섯 프라나 중의 하나	**자야트** 정복으로	**즈발라남** 타오르는, 빛나는

By mastery over Samāna blazing of gastric fire.

사마나를 정복함으로써, 위장의 불이 타오른다.

사마나 바유(*Samāna Vāyu*)* 와 위장의 불 및 음식의 소화 사이의 관계는 잘 알려져있다. 사마나에 대한 제어는 요기로 하여금 자연스럽게 소화에 관여하는 불의 강도를 원하는 대로 증가시키고 어떤 양의 음식도 소화할 수 있게 해준다.

음식의 소화가 불에 의존한다는 것은 현대의학의 지식을 가진 사람들에게는 기상천외하게 들릴 수도 있다. 그러나 여기에서 불이라는 단어는 일반적인 의미가 아니다. 아그니(*Agni*)는 무수한 방식으로 나타나는 중요한 탓트바 중의 하나이며, 우리에게 익숙한 일반적인 불은 그중의 하나일 뿐이다. 아그니 탓트바의 또 다른 형태인 위장의 불의 기능은 위장의 분비물을 자극하여 음식의 소화를 가능하게 만든다. 따라서 요가과학은 현대의학의 발견

* 바유는 바람 또는 생명력이라는 뜻이며, 사마나는 앞 수트라에서 설명된 다섯 종류의 프라나 중의 하나.

들과 모순되지 않는다. 요가과학은 단지 이런 자연적인 과정들에 대해 더 포괄적인 관점을 취하며, 보이지 않는 이면에서 작용하는 더 미세한 힘과 원인들도 그 범위에 포함시킬 뿐이다.

한편 즈발라남(*Jvalanam*)을 광채라는 의미로 해석하는 것은 올바르지 않다. 무엇보다도 빛을 발하는 요기에 대해 들어본 사람이 아무도 없다. 설령 그런 상태의 요기가 발견된다 하더라도, 이는 의도적으로 싯디를 행사한 결과라고 보기는 힘들 것이다. 매우 높은 수준의 영적 존재들의 머리 주변에서 보이는 전설적인 빛의 후광은 그들의 초물질적 오라(Aura, 미세 에너지장)의 광휘 때문이며 물리적인 현상이 아니다.

42

Śrotrākāśayoḥ sambandha-saṃyamād divyaṃ śrotram.

슈로트라아카샤요 삼반다-삼야마드 디브얌 슈로트람

•

슈로트라 귀	아카샤요 공간 또는 에테르의	삼반다 관계
삼야마드 삼야마를 행함으로써	디브얌 신성한, 초자연적인	슈로트람 청각

By performing Saṃyama on the relation between Ākāśa and the ear superphysical hearing.

아카샤와 귀 사이의 관계에 삼야마를 행함으로써, 초물리적 청각을 얻는다.

초물리적 차원의 소리는 물리적 차원의 소리와 본질적으로 다르지 않다. 그것은 단지 더 미세해진 같은 종류의 진동의 연속일 뿐이며, 다른 차원의 소리 진동들은 음악에서 다른 옥타브처럼 서로 관련되어 있다. 아카샤(*Ākāśa*, 공간)와 귀 사이의 관계에 대해 삼야마를 행하는 사람은 소리 진동의 전체 범위를 인식하게 되어 초물리적 차원의 소리도 들을 수 있게 된다. 디브얌 슈로트람(*Divyam Śrotram*)은 단순히 육체 귀의 범위를 넘어서는 더 미세한 소리 진동에 민감해지는 것에 불과하다. 어떤 원리나 힘에 대한 삼야마는 요기의 의식을 그 원리나 힘의 근본적인 실재와 접촉하게 만들어서, 그것이 작용하는 모든 영역과 범위를 인식하게 한다.

43

Kāyākāśayoḥ sambandha-saṃyamāt laghu-tūla-samāpatteś cākāśa-gamanam.

카야아카샤요 삼반다-삼야마트 라구-툴라-사마팟테슈 차아카샤-가마남

•

카야 몸	아카샤요 공간 또는 에테르의	삼반다 관계
삼야마트 삼야마를 행함으로써	라구 가벼운	툴라 솜
사마팟테 칫타의 통합을 통해	차 그리고	아카샤 공간
가마남 통과, 움직임		

By performing Saṃyama on the relation between the body and Ākāśa and at the same time bringing about coalescence of the mind with light (things like) cotton down (there comes the power of) passage through space.

몸과 아카샤 사이의 관계에 대해 삼야마를 하고, 동시에 칫타를 목화솜과 같은 가벼운 것들과 일체화함으로써 공간을 통과하는 능력이 생긴다.

아카샤-가마남(*Ākāśa-gamanam*)은 아카샤를 통해 몸을 한 장소에서 다른 장소로 옮기는 싯디를 말한다. 이는 우리의 무거운 몸이 새처럼 하늘을 나는 것을 의미하지는 않는다. 이는 한 장소에서 육체의 입자들을 공간 속으로 해체한 다음, 목적지에서 그것들을 다시 모으는 것을 의미한다. 육체는 응집력에 의해 함께 유지되는 무수한 물질입자들로 이루어져있으며, 이 힘들은 우주적인 매개체인 아카샤에 존재한다. 사실 육체라는 존재는 결국 아

카샤에서 만들어진 육체 입자들과 아카샤 사이의 관계에 달려있다.

만약 요기가 육체와 아카샤 사이의 이런 관계에 대해 삼야마를 행하면, 그는 이런 응집력에 대한 지식과 그것을 원하는 대로 조작할 수 있는 능력을 얻게 된다. 이 능력을 얻은 후 칫타를 목화솜과 같은 가벼운 물질과 일치시키면, 그는 육체 입자들의 분산과 그 입자들의 아카샤로의 해체를 일으키게 된다. 라구-툴라-사마팟테(*Laghu-Tūla-Samāpatteḥ*)는 매우 함축적인 구절로 목화솜에서 목화솜털이 만들어지는 과정, 즉 분산시키는 과정에 내면을 집중하는 것을 의미한다. 이는 요기가 특정한 과정을 의식에 두고 의지력을 발휘하면 삼야마를 행할 능력이 있는 한, 그 과정을 일으킬 수 있음을 보여준다. 목적지에서 입자들을 다시 모으기 위해 필요한 것은 단지 그 의지력을 철회하는 것이다. 입자들을 해체된 상태로 유지한 것은 의지력이었고, 이 힘이 제거되자마자 응집력이 다시 작용하면서 육체가 순간적으로 물질화되어 마치 허공에서 갑자기 나타난 것처럼 보인다.

따라서 아카샤-가마남의 기법은 두 가지에 달려있다. 하나는 아카샤에서 물질적 대상을 만드는 데 관여하는 힘들에 대한 지식이고, 다른 하나는 특정한 방식으로 의지력을 발휘하는 것이다. 이는 육체를 아카샤로 해체시키고, 아카샤에서 다시 물질화하는 역과정을 포함한다. 그러나 이 지식은 과학자가 가진 것과 같은 일반적인 지적 지식이 아니다. 이는 삼야마를 통해서만 얻을 수 있는 직접적인 지식으로서, 명상의 대상과 의식적으로 하나가 되는 것을 포함한다. 그것이 사마팟테(*Samāpatteḥ*)라는 단어의 의미이다.

아카샤-가마남은 멀리 떨어진 어떤 곳에서 크리야 샥티에 의해 만들어진, 물질화된 육체의 출현과는 구별되어야 한다. 전자의 경우, 요기의 원래 육체가 해체와 물질화의 결합된 과정을 통해 다른 장소로 이동하는 것이다. 후자의 경우, 원래의 육체는 그 자리에 남아있고 니르마나 칫타(*Nirmāṇa Citta*, IV-4)를 중심으로 만들어낸 두 번째 체가 다른 곳에서 일시적으로 물질화된 것이다. 두 과정의 기법은 다르며, 상황의 필요에 따라 둘 중 하나가 채택된다.

44

Bahir akalpitā vṛttir mahā-videhā;
tataḥ prakāśāvaraṇa-kṣayaḥ.

바히르 아칼피타 브릿티르 마하-비데하;
타타 프라카샤아바라나-크샤야

•

바히르 외부의	아칼피타 상상하기 힘든	브릿티 마음의 상태
마하-비데하 요기가 매개체 없이 존재할 수 있게 해주는 능력		타타 그로부터
프라카샤 빛	아바라나 덮고 있는	크샤야 파괴하는

The power of contacting the state of consciousness which is outside the intellect and is therefore inconceivable is called Mahā-Videhā. From it is destroyed the covering of light.

지성의 인식 밖에 있으므로 상상할 수조차 없는 의식의 상태와 접촉하는 힘, 그것을 마하-비데하라고 부른다. 그로부터 빛의 덮개가 파괴된다.

우리들 칫타의 프라티야야는 두 집합으로 이루어져있다. 하나는 감각기관을 통해 외부세계와 실제로 접촉하여 생성된 것이고, 다른 하나는 자기 상상의 산물이다. 이 두 집합은 서로 얽혀있어서, 매 순간 우리가 세상에 대해 갖는 이미지를 구성한다. 만약 우리를 둘러싼 현현된 세계가 신성한 관념화를 통한 실재의 표현이라면, 우리가 세상에 대해 갖는 이미지는 우주심(Universal Mind)이 우리의 개별적인 내면에 미친 영향의 결과이다. 우리는 각자의 개별 칫타를 통해 우주심과 접촉한다. 따라서 우리 내면에서 지속적으로 일어나는 변화들은 우주심이 독립적으로 현현된 태양계에서 자신을 개화시킴에 따라 일어나는 지속적인 변화의 결과이다. 우리의 개별적인 내면은 세상의 이미지를 개별화함으로써 신성한 관념을 제한하고 왜곡시키며, 그 결과 우리는 단지 희미하고 우울한 이미지만을 얻게 된다. 우주심의 빛은 우리의 개별적인 내면에 의해 마치 가려진 것 같다. 우리는 각자의 내면이라는 어두운 감옥 안에서 살아가며, 그 속에서 만들어지는 어둡고 빠르게 지나가는 그림자들이 엄청난 실재의 그림자라는 사실을 의식하지 못한다. 만약 우리가 어떻게든 이 감옥에서 빠져나온다면 어떻게 될까? 우주심의 빛이 우리 내면에 쏟아져 들어올 것이고, 우리는 그전까지 지성의 도구를 통해 하나씩, 그리고 더듬거리며 다룰 수 있었던 모든 원리와 자연법칙들에 대한 포괄적인 비전을 얻게 될 것이다. 이렇게 우리의 지성에서 벗어나는 능력을 마하-비데하(*Mahā-Videhā*)라고 부른다. 아마도 이것이 데하(*Deha*), 즉 매개체 없이 작동하는 우주심의 영역으로 의식을 해방시키기 때문일 것이다. 바히르(*Bahir*)라는 단어가 사용되는 이유는 우주심이 개별심 밖에 있고, 개별심의 세상에 대한 이미지는 외부에 그 원천을 가지고 있기 때문이다. 세상에 대한 어둡고 부분적인 이미지를 대체하며, 이 모든 것을 포괄하는 생생한 이미지는 아칼피타(*Akalpitā*), 즉 지성의 범위를 벗어난 것이다. 그것은 독립적인 실재를 가지며 불가해한 것이다. 그것은 일시적인 상태이기 때문에 브릿티이지만, 극도로 제한된 개별심의 브릿티가 아니라 우주심의 브릿티이다.

따라서 이 수트라에서의 '빛의 덮개'는 II-52에서 언급된 '빛의 덮개'와 다르다는 것을 알 수 있다. II-52에서 '덮개'는 내면의 빛을 가리는 두뇌를 지칭했다. 여기에서는 우주심의 빛을 가리는 개별 멘탈체를 지칭한다. 이 후자의 과정은 더 나중 단계에서, 그리고 훨씬 더 높은 수준에서 일어난다. II-52에서 언급된 덮개는 **프라나야마**에 의해 파괴되며 **다라나**(II-53)를 위한 기반을 마련한다. 이 **수트라**에서 언급된 덮개는 **삼야마**에 의해, 그리고 **푸루샤**에 대한 지식을 통한 직관적 인식의 개화(III-36)에 의해 파괴된다. 이 **싯디**는 **요기**가 감각기관을 초월(III-37)할 뿐만 아니라, 감각기관을 만들어낸 개별심도 초월할 수 있게 한다. 따라서 이는 III-37에서 언급된 **싯디**를 보완한다.

45

Sthūla-svarūpa-sūkṣmānvayārthavattva-saṃyamād bhūta-jayaḥ.

스툴라-스바루파-숙슈마안바야아르타밧트바-삼야마드 부타-자야

•

스툴라 거친	스바루파 자신만의 형태	숙슈마 미세한
안바야 편재한	아르타밧트바 목적에 종속됨, 기능	삼야마드 삼야마를 행함으로써
부타-자야 부타의 정복		

Mastery over the Pañca-Bhūtas by performing Saṃyama on their gross, constant, subtle, all-pervading and functional states.

판차-부타의 거친, 지속적인, 미세한, 모든 것에 편재하는, 그리고 기능적인 상태에 대해 삼야마를 행함으로써, 그것들을 정복한다.

이 수트라와 III-48은 3장에서 가장 중요하고 난해한 두 개의 수트라이다. 우선 판차-부타(*Pañca-Bhūtas*, 다섯 부타)의 근본적인 개념들을 고찰해보자.

판차-부타는 판차-탓트바(*Pañca-Tattvas*)라고도 하며, 탓트바(*Tattva*)라는 단어를 이해한다면 판차-부타의 본질을 이해하는 데 도움이 될 것이다. 탓트바는 문자 그대로 '그것다움(that-ness)'을 의미한다. 어떤 것을 다른 것들과 구별짓는 본질적인 특성이 그것의 '그것다움'을 구성한다. 따라서 탓트바는 서로 다른 것들마다 서로 다른 정도로 구현된 특성들을 의미한다. 또 탓트바는 여러 사물에 각기 다른 정도로 구현된 원리를 뜻할 수도 있다. 이 때

문에 사물마다 정도와 방식은 다르지만, 본질적인 동일성을 가지게 되는 것이다. 탓트바는 또한 기능을 지칭할 수도 있다. 그럴 경우 '그것다움'은 공통적인 기능을 가진 사물들의 집합이다.

이렇듯 탓트바는 매우 포괄적인 의미를 가진 단어다. 이 의미는 실제로 힌두철학의 근본적인 가르침에 기초한다. 이에 따르면 현현된 우주는 궁극적 실재가 방사된 것으로서, 이 실재는 언제 어디서나 우주를 관통하며 활성화시킨다. 우주가 생겨날 때는 당연히 수많은 원리, 기능, 법칙 등이 이면에 존재해야 한다. 이러한 법칙, 원리, 기능 없이는 현현된 우주가 결코 질서 있는 우주일 수가 없다. 서로 다른 부분들 간의 관계를 정의하고, 그들의 상호작용과 반응을 결정하며, 조화롭고 질서 있고 지속적인 세계 전개의 과정을 보장하는 이런 근본적인 표현의 방식들이 힌두철학에서의 탓트바들이다. 이 탓트바들은 무수히 많지만 서로 연결되어 있다. 그들은 서로 다르고 때로는 서로를 상쇄시키기도 하지만, 각 탓트바는 그 반대되는 것에 의해 조화되고 균형을 이루는 통합된 전체를 형성한다. 프랄라야(*Pralaya*, 해체)가 일어나고 현현된 우주가 차폐될 때, 이 탓트바들은 그들의 궁극적인 근원으로 해체되어 또 다른 우주가 태어나고 세계 전개의 과정이 다시 시작될 때까지, 그곳에서 균형 잡힌 상태로 잠재해있게 된다.

판차-부타는 이 무수한 탓트바들 중 다섯 가지로, 현현된 우주에서 물질과 의식을 연결하는 특별한 기능을 가지고 있다. 부타라는 단어는 엄밀히 말해 물, 불, 흙, 공기 등의 원소 자체가 아니다. 고체, 액체, 기체 등의 물질의 상태 또한 아니다. 여기에서 판차-부타의 철학을 길게 다루는 것은 불가능하지만, 힌두철학에서 말하는 핵심적인 개념을 간략히 요약해보겠다.

외부세계는 우리의 다섯 가지 갸넨드리야(*Jñānendriya*), 즉 감각기관을 통해 인식된다. 우리 주변의 사물들은 서로 다른 정도와 방식으로 공유되는 무수한 특성들을 가지고 있다. 감각적인 인상들의 정글을 형성하고 있는 이러한 특성들이나 속성들을 과학적으로 단순하게 분류할 수 있을까? 요가수련을 통해 만물의 핵심적인 본성으로 깊이 천착하여 들어간 현자들은 삶의 가장 깊은 신비를 풀어내고자 했다. 그들은 이런 특성들을 분류하는 데 있어서, 완벽히 과학적이면서도 매우 단순한 방법을 채택했다. 그들은 이 특성들이 우리의 다섯 가지 감각기관에 영향을 미치는 방식에 따라 다섯 그룹으로 나누었다. 모든 것들이 다섯 가지 감각기관을 통해 칫타에 영향을 미치는 이 다섯 가지 방식을 판차-부타 또는 판차 탓트바라고 부른다. 테자스(*Tejas*)는 어떤 식으로든 눈의 망막에 영향을 미치는 모든 포괄적인 특성이고, 아카샤(*Ākāśa*)는 귀에 영향을 미치는 특성, 이런 식으로 계속된다.

모든 것을 정복하기 위한 열쇠는 그것의 본질적인 속성에 대한 올바른 지식을 갖추는 데 있다. 자연의 모든 힘들은 이 힘들의 작용을 결정하는 법칙의 발견을 통해, 인간의 통제 아래 놓이게 되었다. 따라서 부타의 정복은 그 본질적 속성을 발견하는 데 달려있을 것이며, 이것이 바로 요기가 부타들이 최종 형태를 갖추는 과정에서 거치는 다양한 단계들에 대해 삼야마를 행하려는 이유다.

부타들이 하강진화(involution) 과정에서 거치는 다양한 단계들이 무엇인지 알려면, 우리는 다시 한번 요가철학의 기본 가르침을 떠올려야 한다. 이에 따르면, 현현된 우주 전체는 영혼(Self)이 방사된 것이다. 영혼의 일부가 점진적으로 물질 속으로 말려 들어가면서, 영혼(Self)이 영혼 아닌 것(Not-Self)으로 변화하게 되었다. 의식의 이런 점진적인 하강진화는 이 수트라에서 언급된 판차-부타의 다섯 단계를 의미하며, 이 과정을 역전시킴으로써 어떻게 근원으로 거슬러 올라갈 수 있을지를 보여준다.

우리는 신성한 의식에서 산소와 같은 화학적 원소가 현현되는 과정에 어떤 단계들이 존재하는지 살펴볼 것이다. 산소를 형성하는 첫 번째 단계는 신성한 의식 속에 자리한 산소의 기능이나 목적에 대한 개념이 될 것이다. 이 특정한 기능을 **아르타밧트바**(*Arthavattva*)라고 부른다. 이제 그 기능의 형성과 이행을 위해 모든 현현된 대상들의 가장 기본이 되는 세 가지 **구나**의 특정한 조합이 필요하다. 이는 **안바야**(*Anvaya*, 편재한) 상태라고 부르는데, 왜냐하면 세 가지 **구나**가 모든 것에 편재하며 모든 현현된 대상들의 공통된 기반을 형성하기 때문이다. 산소를 발생시킨 **구나**의 특정한 조합은, 그 다음 현현의 단계에서 현대과학에서 말하는 전자의 배열과 같은 특정한 형태를 필요로 할 것이다. 이는 분명히 원소의 **숙슈마**(*Sūkṣma*), 즉 미세한 상태이다. 입자들의 특정한 배열과 움직임을 가진 전자와 양성자의 특별한 조합이 하나의 분명한 원소를 만들어내며, 이 원소는 일련의 뚜렷한 특성들을 갖게 된다. 이런 특성들은 전체적으로 원소의 **스바루파**(*Svarūpa*) 또는 실제 형태를 구성한다. 이런 핵심적인 특성들은 고체, 액체 또는 기체와 같은 산소의 다양한 형태를 통해, 또는 산소가 다른 원소들과 결합하여 만드는 화합물을 통해 다양한 방식과 정도로 표현된다. 이것이 원소의 **스툴라**(*Sthūla*), 즉 거친 상태이다.

우리가 외부세계를 인식하는 나섯 가지 **부타**의 경우에도, 이처럼 다섯 가지 상태나 측면의 연속이 존재한다. **부타**가 원소가 아닌 원리라는 것은 분명 사실이지만, 이러한 원리들이 다양한 물질과 에너지를 통해 표현되기 때문에, **부타**들의 다양한 상태나 측면들은 원소들의 상태나 측면들과 어느 정도 비슷하다고 볼 수 있다. 따라서 원소들의 다섯 가지 상태에 대한 삼야마를 통해 그에 내재된 힘을 정복할 수 있다.

46

Tato'ṇimādi-prādurbhāvaḥ kāya-sampat taddharmānabhighātaś ca.

타토니마디(타타아니마아디)-프라두르바바 카야-삼파트 탓다르마아나비가타슈 차

•

타타 그로부터	아니마아디 아니만 등	프라두르바바 출현
카야 몸	삼파트 완성	탓 그들의
다르마 속성들, 기능들	아나비가타 방해받지 않음	차 그리고

Thence, the attainment of Aṇimān etc., perfection of the body and the non-obstruction of its functions (of the body) by the powers (of the elements).

판차-부타를 정복함으로써 아니만 등이 성취되고 체가 완성될 뿐만 아니라, 원소들의 힘에 의해 체의 기능들이 방해받지 않게 된다.

이 수트라는 판차-부타의 정복으로 얻는 세 가지 결과를 제시한다. 첫 번째는 마하-싯디(*Mahā-Siddhi*, 위대한 싯디)로 알려진 여덟 가지의 높은 오컬트 능력의 출현이다. 아니만(*Animan*), 마히만(*Mahiman*), 라기만(*Laghiman*), 가리만(*Gariman*), 프라프티(*Prāpti*), 프라카미야(*Prākāmya*), 이샤트바(*Īśatva*), 바쉬트바(*Vaśitva*)*가 그것이다. 두 번째 결과는 부타-자야(*Bhūta-Jaya*, 부타의 정복)로 인한 체의 완성이며, 이는 다음 수트라에서 설명된다. 세 번째 결과는

* 위 순서대로, 극미의 상태가 되는 능력/거대해지는 능력/극도로 가벼워지는 능력/극도로 무거워지는 능력/무한정 연장하는 능력/의지대로 할 수 있는 능력/물질 원소들을 창조 또는 파괴하는 능력/완전한 통제력.

판차-부타의 자연스러운 작용으로부터의 면역이다. 이로 인해 요기는 불에 타지 않고 불을 통과할 수 있고, 평범한 사람이 물에 들어가는 것처럼 고체 상태의 땅으로 들어갈 수 있다.

부타를 정복하여 성취하는 이런 능력들은 매우 특별해 보이고 거의 믿기 어려울 정도이다. 그러나 수천 년에 걸친 요가의 전통과 고급 요기들과 접촉한 사람들의 경험을 통해 이런 능력이 실제로 존재한다는 사실이 알려져 있다. 현상적 세계 전체는 판차-부타의 유희이며, 따라서 그것들을 완전히 제어할 수 있게 된 사람은 모든 자연적인 현상의 정복자가 된다. 독자들은 판차-부타가 편재된(III-45) 상태가 현현된 우주의 가장 기본이 되는 세 가지 구나와 관련되어 있다는 점을 떠올리면 좋다. 따라서 판차-부타의 정복은 신성한 의식과 하나가 되고, 그 결과 신성한 의식에 내재된 신성한 능력들을 행사할 수 있게 된다는 것을 의미한다. 이는 요기가 자신이 원하는 대로 무엇이든 할 수 있다는 의미는 아니다. 요기는 여전히 자연법칙의 틀 안에서 일해야 하지만, 그의 지식은 매우 방대하고 따라서 그의 능력은 아주 비범하기 때문에, 그는 무엇이든 할 수 있는 것처럼 보인다.

하지만 이런 능력들의 비범한 속성보다 더 중요한 것이 있다. 이런 능력들이 존재한다는 사실로 알게 되는 우주의 본질에 대한 질문이다. 이런 능력들을 가능하게 하는 우주의 본질적 속성은 무엇인가? 알면 알수록 생명, 물질, 의식의 신비는 더욱 깊어지고 새롭게 다가온다. 우리는 견고한 물질적 기반을 가진 것처럼 보이는 현상들조차 의식의 유희라는 결론에 도달할 수밖에 없는 것 같다. 베단타의 가르침인 '진실로, 모든 것은 브라만(*Brahman*)이다'라는 말이 유일하게 그럴듯한 설명이다.

47

Rūpa-lāvaṇya-bala-vajra-saṃhananatvāni kāya-sampat.

루파-라반야-발라-바즈라-삼하나나트바니 카야-삼파트

•

루파 아름다움	라반야 좋은 혈색	발라 힘
바즈라-삼하나나트바니 금강석처럼 단단함	카야 몸	삼파트 완성

Beauty, fine complexion, strength and adamantine hardness constitute the perfection of the body.

아름다움, 좋은 혈색, 힘, 그리고 금강석과 같은 견고함이 체(body)의 완성이다.

부타의 정복은 자연스럽게 체가 이 모든 특성들을 획득하도록 이끌 것이다. 이는 그 특성들이 부타의 작용에 의존하기 때문이다. 부타를 정복한 사람은 누구나 몸에서 일어나는 과정들을 조절할 수 있다. 게다가 축적된 카르마가 야기했던 왜곡들까지 제거되면 체는 자연스럽게 인간 형태의 원형에 부합하게 되는데, 이 원형은 매우 아름답고 위에 언급된 속성들을 가지고 있다.

우리 주변에서 보게 되는 육체의 추함과 불완전함은 진화의 초기단계에 내재된 부조화와 장애, 그리고 카르마의 결과라는 것을 잊지 말아야 한다. 우리가 완성에 도달하여 이것들이 제거되면, 그동안 갇혀있던 광채가 우리의 매개체들 중 가장 조악한 육체를 통해서도 쏟아져 나온다.

48

Grahaṇa-svarūpāsmitānvayārthavattva-saṃyamād indriya-jayaḥ.

그라하나-스바루파아스미타안바야아르타밧트바-삼야마드 인드리야-자야

그라하나 인식능력	**스바루파** 참된 본성	**아스미타** 자기중심성
안바야 편재성	**아르타밧트바** 목적에 종속됨, 기능	**삼야마드** 삼야마를 행함으로써
인드리야-자야 감각기관들의 정복		

Mastery over the sense-organs by performing Saṃyama on their power of cognition, real nature, egoism, all-pervasiveness and functions.

감각기관의 인식능력, 참된 본성, 자기중심성, 편재성 및 기능에 대해 삼야마를 함으로써 감각기관을 정복한다.

이 수트라는 III-45를 보완하며, III-45에서 부타에 대해 언급된 것이 이 수트라의 인드리야에도 어느 정도 적용된다. 감각기관을 완전히 정복하기 위해 행해야 하는 삼야마의 연속적인 다섯 단계는 부타의 다섯 단계에 상응한다. 그러나 부타의 경우 스툴라(*Sthūla*, 거친)와 숙슈마(*Sūkṣma*, 미세한)라고 부르는 단계들이, 인드리야의 경우에는 각각 그라하나(*Grahaṇa*, 인식)와 아스미타(*Asmitā*, 자기중심성)로 대체된다는 점에 주목해야 할 것이다.

인드리야의 경우, 첫 번째 단계는 인식능력이다. 모든 감각기관의 작용은 판차-부타가 제공하는 외부자극에 대한 감각기관의 반응으로 시작된다.

이러한 반응이 일어나는 메커니즘과 그 결과는 III-45에서 다룬 바와 같이 다섯 가지 감각기관의 경우에 각각 다르다. 따라서 인드리야의 정복을 위한 삼야마는 특정한 감각기관에 존재하는 특정한 인식능력으로부터 시작된다. 그 다음은 감각의 실제 속성인데, 이는 물론 결과로 나타나는 특정한 유형의 감각이며 탄마트라(*Tanmātra*)라고 불린다. 그러나 단순히 감각 자체로는 감지하는 과정이 완성되지 않는다. 칫타가 감각들을 사용해 정신적 이미지를 구성하기 위해서는, 먼저 이 감각들이 개별화되어야 한다. '나'라는 의식이 감각과 결합되지 않으면 그것은 단순히 감각적 현상에 머물러있을 뿐, 감지하는 행위가 되지 못한다. 이런 상황에서 칫타는 별도의 경로를 통해 얻은 다섯 가지 감각을 복합적인 정신적 이미지로 통합시킬 수 없다. 이런 개별화된 감각의 기초에는 무엇이 있는가? 그것은 운동의 한 방식, 구나의 독특한 조합이 아닌가? 그것은 인드리야의 편재적인 측면이며, 부타의 편재적 측면에 상응한다. 이 수준에서 부타와 인드리야는 단지 세 가지 구나의 특정한 조합일 뿐이다. 그러나 구나의 모든 특정한 조합 뒤에는, 그 조합이 수행하도록 의도된 기능이 있다. 이것이 부타의 아르타밧트바(*Arthavattva*) 단계에 해당하는 (인드리야의) 마지막 아르타밧트바 단계이다.

따라서 부타와 인드리야 모두가 처음에는 단지 신성한 마음속의 기능일 뿐임을 알 수 있다. 이런 기능들은 부타와 인드리야 양쪽 모두가 특정한 구나의 조합을 선택함으로써 수행된다. 이렇게 구나의 한쪽 조합은 부타의 형태로 자극을 제공하는 역할을 하고, 다른 조합은 인드리야의 형태로 그 자극을 감지하는 메커니즘이 된다. 그리고 감각들은 이 둘의 상호작용의 결과이다. 온전하고 통합된 하나의 의식은 이렇게 두 가지의 흐름으로 나뉘어 주관-객관의 현현의 유희, 즉 바가반(*Bhagavān*)의 릴라(*Līlā*)를 제공한다.

49

Tato manojavitvaṃ vikaraṇa-bhāvaḥ pradhāna-jayaś ca.

타토 마노자비트밤 비카라나-바바 프라다나-자야슈 차

타토 그로부터	**마노자비트밤** 마음의 속도	**비카라나-바바** 도구를 사용하지 않는 상태
프라다나-자야 프라다나의 정복		**차** 그리고

Thence, instantaneous cognition without the use of any vehicle and complete mastery over Pradhāna.

인드리야를 정복함으로써, 어떤 매개체도 사용하지 않는 즉각적인 인지와 프라다나에 대한 정복이 가능해진다.

부타의 정복이 세 가지 결과를 가져오는 것처럼, 인드리야의 정복 역시 두 가지 싯디를 획득할 수 있게 한다. 첫 번째는 어떤 조직화된 의식적 매개체의 도움 없이도 프라크리티의 영역에서 무엇이든 인식할 수 있는 능력이다. 일반적으로 인식은 항상 감각기관이라는 도구를 통해 이루어지는데, 이 감각기관들은 육체 또는 미세한 매개체들에 속해있다. 요기가 삼야마를 통해 감각기관을 정복하면, 그런 도구의 도움을 받지 않아도 된다. 이런 비도구적 인식은 직접적이고 즉각적이다. 이는 요기가 자신의 의식을 어떤 장소나 사물로 향하기만 하면, 알고자 하는 모든 것을 즉시 인식하게 된다는 것을 의미한다.

평범한 사람의 의식은 육체 내에 엄격히 제한되어 있으며, 지각능력의 범위는 그 감각기관의 능력에 의해 제한된다. 물론 이 능력은 현미경, 망원경 등의 물질적인 도구를 사용함으로써 크게 확장될 수 있다. 요기가 수련을 통해 초물질적 매개체, 미세한 체들의 감각을 차례로 발달시키면, 그의 인식능력의 범위는 엄청나게 증가한다. 이러한 유형의 인식에서는 미세한 매개체의 감각기관이 아니라, 직관의 영적 능력이 사용된다. 그런데 이 수트라가 언급하는 단계에서는 이 영적 능력마저 초월되며, 푸루샤는 자신의 전지전능함 속에서 모든 것을 인식한다. 드디어 푸루샤는 프라크리티가 부과하는 환영을 정복했으며, 프라크리티의 방대한 영역 전체가 그의 앞에 마치 열린 책처럼 펼쳐져있다.

인드리야-자야(*Indriya-Jaya*, 인드리야 정복)의 두 번째 결과는 프라다나(*Pradhāna*, 원질)에 대한 정복이다. 도구가 필요한 인식의 한계를 초월함으로써 푸루샤는 프라크리티를 초월했으며, 이제 프라크리티의 주인이 된다. 대상이 무엇이든 그것을 완전히 정복하기 위한 비밀은 그것을 초월하는 데 있다. 카르마는 우리가 그것의 작용을 넘어설 때 정복된다. 예컨대 육체라면 우리가 의지대로 그것을 벗어날 수 있고 의식의 매개체로 사용할 때, 완전히 정복된다는 의미다.

부타와 인드리야의 정복이 가져오는 결과를 통해, 우리는 이것들이 물질적인 차원 이상에서도 작용한다는 사실을 알 수 있다. 초물질적 차원에서도 초물질적 감각기관을 통한 인식작용이 있다. 하지만 인식의 메커니즘은 차원마다 다르다. 차원마다 부타가 변하고, 인드리야가 변하고, 드라슈타(*Draṣṭā*, 관찰자)가 변한다(각 차원마다의 드라슈타는 아직 초월하지 못한 모든 매개체에 갇혀있는 푸루샤이다). 그러나 이 셋 사이의 상호관계는 동일하게 유지된다. 요가철학에서는 이 세 가지를 지칭하는 단어들이 가장 보편적 의미를

띠고 있다: 그라히야(*Grāhya*, 인식대상), 그라하나(*Grahaṇa*, 인식행위), 그라히트리(*Grahītṛ*, 인식하는 자). 따라서 물질적 차원에서 자아에 의한 비자아의 인식은 이런 인식과정의 가장 낮은 현현이며, 이 과정은 부타와 인드리야가 완전히 정복되고 푸루샤가 프라크리티로부터 독립할 때까지 점점 더 미세해진다는 사실을 알 수 있을 것이다.

다음 비카라나 바바(*Vikaraṇa Bhāva*)라는 구절은 단지 도구 없는 인식뿐만 아니라, 도구 없는 행동까지 의미한다. 도구 없이 인식하는 능력을 얻음으로써 요기는 갸넨드리야(*Jñānendriya*, 감각기관)를 초월한다. 도구 없이 행동하는 능력을 얻음으로써 그는 카르멘드리야(*Karmendriya*, 행동기관)를 초월한다. 전자의 능력만 있고 후자가 없다면, 푸루샤는 무력한 관객의 지위로 전락할 것이다. 요기의 진보에 있어 지식과 힘은 함께 발전하며, 어떤 힘이나 원리에 관한 지식을 얻는다는 것은 그 힘이나 원리를 자신의 의지대로 사용하거나 조종할 수 있는 능력을 지닌다는 의미다. 《요가수트라》 3권의 대부분은 다양한 종류의 능력계발에 할애되어 있다. 지식과 힘을 함께 발전시켜온 요기가 마지막 단계에서 갑자기 힘을 빼앗기고, 그의 주변에서 벌어지는 드라마의 단순한 관객이 된다고 가정하는 것은 불합리하다. 더욱이 이는 요가의 아데프트들이 현현된 우주에서 행하는 역할과 실용적 오컬티즘에 알려져있는 많은 사실들과 배치된다. 푸루샤에게 드라슈타(*Draṣṭā*)와 카르타(*Kartā*), 즉 관객이자 배우라는 이중의 역할을 부여한다는 점에서, 요가철학은 정통 상키야의 교리와 근본적으로 다르다.

50

Sattva-puruṣānyatā-khyāti-mātrasya sarvabhāvādhiṣṭhātṛtvaṃ sarvajñātṛtvaṃ ca.

사트바-푸루샤안야타-키야티-마트라시야
사르바바바아디슈타트르트밤 사르바갸트르트밤 차

사트바 균형, 조화	푸루샤 순수의식	안야타 구별, 차이
키야티 인식	마트라시야 오직 ~의	사르바 모든
바바 존재	아디슈타트르트밤 전능	사르바갸트르트밤 전지
차 그리고		

Only from the awareness of the distinction between Sattva and Puruṣa arise supremacy over all states and forms of existence (omnipotence) and knowledge of everything (omniscience).

오직 사트바와 푸루샤에 대한 분별적 인식에 의해서만, 모든 존재의 형태에 대한 전능과 전지가 생긴다.

인드리야-자야(III-49)에 의해 얻어지는 비카라나 바바(*Vikaraṇa Bhāva*)에 의해 어떤 도구나 매개체의 도움 없이도 프라크리티 안에서 작용하는 모든 힘을 인식하고 조종할 수 있다. 그러나 아직은 이것이 요기에게 전지(omniscience)와 전능(omnipotence)을 부여하지는 않는다. 이는 오직 삼야마를 통해 사트바와 푸루샤 간의 차이를 완전히 인식함으로써만 얻을 수 있다. 그럼에도 비카라나 바바는 전능과 전지의 필수조건이다. 왜냐하면 전능과 전지는 무제한적이므로, 그 속성상 제한적인 도구를 통해서는 기능할 수 없기 때문이다. 오직 비카라나 바바라는 기초 위에만 전지와 전능의 무한한 상부구조를 쌓을 수 있다.

III-49에서 언급된 프라다나의 정복은 오직 드리샤(보이는 대상, II-18)을 드라슈타(보는 자, II-20)로부터 분리함으로써 얻을 수 있다는 점에 주목해야 한다. 그러나 이렇게 드리샤을 자신과 별개로 보는 과정에서, 드라슈타는 보는 행위를 하고 있으므로 인식의 기본 토대인 사트바 구나와 동일시되고 있다. 이러한 동일시가 지속되는 한, 드라슈타는 제한적이다. 왜냐하면 사트바 구나 역시 프라크리티의 영역 내에 있기 때문이다. 따라서 그는 전능과 전지를 행사할 수 없다. 오직 그가 보는 힘, 즉 사트바와 분리된 존재로 스스로를 깨달을 수 있을 때에만, 그는 완전히 프라크리티의 영역을 벗어나 전능과 전지를 행사할 수 있다. 그라히트리(인식하는 자)는 한계에서 완전히 자유로워지기 위해, 그라히야(인식대상)뿐만 아니라 그라하나(인식행위)로부터도 자신을 분리된 존재로 알아차려야 한다.

또한 이 수트라는 이전 수트라에서 표현된 견해, 즉 푸루샤가 관찰자와 행위자의 이중적 역할을 한다는 점을 확인한다. 푸루샤는 더 많은 지식을 얻을 뿐만 아니라, 그 지식이 부여하는 힘들을 행사한다. 그는 전지할 뿐만 아니라 전능하게 된다. 이 수트라에서 두 기능이 별도로 언급된다는 사실은, 그 점에 대해 의심의 여지를 남기지 않는 것 같다. 그렇다면 왜 《요가수트라》에서는 인식적인 측면이 지속적으로 강조되는 것처럼 보이고, 의지적인 측면은 거의 언급되지 않는 것일까? 분명하게 힘은 지식과 상호관계를 가지며, 모든 실용적인 목적을 위해 요기가 얻는 지식에 포함되어 있기 때문이다.

학생들은 이 수트라를 III-36과 비교해보면 좋을 것이다. 이번 수트라에서 제시된 방법은 전지와 전능으로 이어지는 반면, III-36의 방법은 단지 직관적 청각, 시각 등의 발달(III-37)로만 이어진다. 결과의 차이는 III-36에서 언급된 푸루샤에 대한 지식은 부분적인 반면, 이 수트라에서 언급된 지식은 완전하다는 사실 때문이다. 개기일식에서 처음에는 태양의 일부만이 그림자에서 벗어나지만, 이 부분은 점점 더 커져서 결국 태양은 달이 드리운 그림자에서 완전히 벗어난다. 이는 두 수트라에서 언급된 푸루샤와 프라크리티의 부분적 분리와 완전한 분리라는 주제에 대한 비유가 될 수 있다.

51

Tad-vairāgyād api doṣa-bīja-kṣaye kaivalyam.

탓-바이라기야드 아피 도샤-비자-크샤예 카이발얌

탓-바이라기야드 그것에 대해 집착하지 않음으로써			아피 ~조차
도샤 속박	비자 씨앗	크샤예 파괴될 때	카이발얌 해방

By non-attachment even to that, on the very seed of bondage being destroyed, follows Kaivalya.

전지와 전능에 대해서도 집착하지 않음으로써, 속박의 씨앗 자체가 파괴되어 카이발야에 이른다.

푸루샤와 사트바 사이의 미세한 차이에 대한 인식의 결과로 전지와 전능이 발달할 때, 요기는 프라크리티의 영역을 벗어난다. 그러나 프라크리티의 영역에서만 행사할 수 있는 초월적 힘에 대한 집착이 남아있다면, 그는 여전히 프라크리티에 의존하고 있으며, 따라서 프라크리티에 종속된다. 무엇을 지배한다는 것이 반드시 그것으로부터 독립적이라는 의미는 아니며, 의존성이 있는 한 속박도 있다. 전능과 전지는 프라크리티에 대한 지배를 의미하지만, 이에 대한 요기의 집착이 파괴되지 않는 한, 그는 프라크리티에 의존하는 것이며 따라서 완전히 자유롭지 않다. 카이발야는 완전한 자유의 상태이기 때문에, 이러한 집착이 바이라기야에 의해 파괴된 후에만 도달할 수 있다. 요기는 이런 힘을 행사해야 할지라도, 그 힘들에 대해 조금도 집착을 가지거나 매력을 느껴서는 안 된다.

따라서 카이발야를 향한 여정이 점점 더 높은 지식과 힘을 얻어 궁극적인 목표를 위해 그것들을 차례로 버리는 과정이라는 점은 분명하다. 아무리 높은 경지라 하더라도 그것에 대한 집착은 더 이상의 진보를 멈추게 할 뿐만 아니라, 간신히 도달한 아찔한 높이에서 곤두박질치게 할 가능성 또한 농후하다. 순례자는 최종목표에 도달하여 이 위험에서 완전히 벗어날 때까지 가차 없이 전진해야 한다.

52

Sthāny-upanimantraṇe saṅga-smayākaraṇaṃ punar aniṣṭa-prasaṅgāt.

스타니-우파니만트라네 상가-스마야아카라남 푸나르 아니슈타-프라상가트

스타니 초월적 존재	우파니만트라네 초대가 있을 때	상가 집착, 즐거움
스마야 자부심	아카라남 기피, 방지	푸나르 다시
아니슈타 바람직하지 않은	프라상가트 되살아나기 때문에	

(There should be) avoidance of pleasure or pride on being invited by the super-physical entities in charge of various planes because there is the possibility of the revival of evil.

다양한 차원의 초물질적 존재들의 초대를 받았을 때, 즐거움이나 자부심을 피해야 한다. 악의 씨앗이 되살아날 가능성이 있기 때문이다.

앞에서 전지와 전능에 대한 집착이 카이발야에 도달하기 전 바이라기야에 의해 파괴되어야 할 속박의 씨앗을 포함하고 있다는 점이 역설되었다. 이 수트라는 이런 집착이 속박의 원천일 뿐만 아니라, 위험의 원천이기도 하다는 점을 상기시킨다. 높은 수준에 도달한 요기는 다양한 차원의 힘들에 의해 항상 시험을 받으며, 이 유혹에 굴복한다면 틀림없이 몰락하게 될 것이다. 이러한 유혹을 끊임없이 받는 것은 고도로 진보한 모든 요기들의 운명이며, 그리스도나 부처와 같은 모든 위대한 영적 스승들의 삶에서도 발견된다.

이러한 유혹이 고도로 영적 발전을 한 사람들에게만 온다고 생각해서는

안 된다. 요기가 진정한 요가의 힘을 조금이라도 얻는 순간, 그는 유혹과 공격의 대상이 되므로 항상 경계해야 한다. 유혹은 당연히 그의 특정한 약점과 발전의 단계에 따라 다양할 것이다. 초물질적 차원으로 진입하려고 수련하는 초심자들은 단순히 엘리멘탈*들에게 유혹당하는 정도이지만, 높은 수준의 요기들은 다양한 자연의 영역에서 활동하는 위대한 데바(*Deva*)**들의 공격 대상이 된다. 단계가 높을수록 유혹은 더 미세해지고, 그 유혹에 대항하기 위해 필요한 바이라기야의 정도는 더 크고 강해진다.

이러한 유혹이 그들의 악의에서 비롯되었다고 여겨서는 안 된다. 그들의 활동과 작업은 우리가 매 단계 시험을 통해 약점을 제거하고 목표를 향해 꾸준히 전진할 수 있도록 하는, 자연 속의 유익한 힘으로 받아들여야 한다. 우리의 영적 여정에 이런 대리인들이 없다면 어떤 일이 일어날지 상상해보라. 자각의 길을 걷는 사람들은 자신의 약점을 인식하지 못한 채 더 이상 발전하지 못할 것이다. 우리의 약점을 찾아내고 공격하는 유혹의 칼은 분명 일시적인 고통과 괴로움을 주지만, 동시에 그 약점들을 제거할 기회를 주어 우리가 영적 여정에서 더 앞으로 나아갈 수 있게 해준다.

---

* 자연령이라고도 하며, 의식진화의 단계에서 데바나 인간보다 하위의 존재들.

** 찬란한 신성이라는 의미로 천상의 존재이며, 서양에서는 천사로 부른다. 다양한 등급과 그룹으로 나뉘어있다.

53

Kṣaṇa-tat-kramayoḥ saṃyamād vivekajaṃ jñānam.

크샤나-탓-크라마요 삼야마드 비베카잠 갸남

크샤나 순간	탓-크라마요 그것의 연속에 대해	삼야마드 삼야마를 행함으로써
비베카잠 실재에 대한 인식의 탄생	갸남 지식	

Knowledge born of awareness of Reality by performing Saṃyama on moment and (the process of) its succession.

순간과 그 과정의 연속에 삼야마를 행하면, 궁극적 실재에 대한 인식이 생겨난다.

이 수트라는 IV-33과 함께 연구되어야 하며, IV-33에서는 크샤나(*Kṣaṇa*)와 시간의 본질에 대한 요가의 이론이 설명된다. 크샤나-탓-크라마요(*Kṣaṇa-Tat-Kramayoḥ*)는 시간을 초월하는 영원한 실재가 현현으로 투사되는 과정이다. 이는 분명히 요기가 카이발야에 도달하기 전에 꿰뚫어야 할 마지막 환영의 장막이다. 이 마지막 장막을 꿰뚫는 기법은 다른 경우와 동일하게 삼야마이다. 시간의 진행에 대해 삼야마를 행한 결과로 얻어지는 지식은 가장 높은 종류의 지식이며, 심지어 III-50에서 언급된 전지보다도 더 높다. 이것은 '실재에 대한 인식에서 비롯된 지식'인 비베카잠-갸남(*Vivekajam-Jñānam*)이라고 불린다. 비베카라는 단어는 일반적으로 '분별(discrimination)'이라고 번역되지만, 현재의 맥락에서 이 단어의 사용은 적절하지 않다. '분별'이라는 단어는 일반적으로 삶의 환영을 감지하고, 그 뒤에 숨겨진 상대적인 실재를 발견할 수 있게 해주는 영적 인식과정을 가리킨다. 그러나 현재의 맥락에서 비베카라는 단어는 궁극적인 실재에 대한 완전한 인식을 의미한다. 본질적으로 두 경우의 과정은 동일하며 덜 실재적인 상태에서 더 실재적인 상태로 넘어가는 것을 포함하지만 그 차이가 너무나 크기 때문에, 이 최종적인 '발견'에 대해 '분별'이라는 단어를 사용하는 것은 적확한 개념을 전달하지 못할 수 있다. 따라서 비베카잠-갸남이라는 구절을 '궁극적 실재에 대한 인식'으로 번역하는 것이 맞다. 이렇게 고양된 의식의 상태와 관련하여 '지식'이라는 단어는 적절해 보이지 않기 때문이다. 전지 자체를 초월하는 의식을 지식이라고 부를 수는 없지 않겠는가?

54

Jāti-lakṣaṇa-deśair anyatānavacchedāt tulyayos tataḥ pratipattiḥ.

자티-락샤나-데샤이르 안야타아나밧체다트 툴야요스 타타 프라티팟티

자티 계급	락샤나 특성	데샤이르 장소에 의해
안야타 차이	아나밧체다트 명확한 구분의 부재 때문에	
툴야요스 두 동일한 것들의	타타 그로부터	프라티팟티 차이에 대한 지식

From it (Vivekajaṃ-Jñānam) knowledge of distinction between similars which cannot be distinguished by class, characteristic or position.

궁극적 실재에 대한 인식으로부터 계급, 특성 또는 장소로 구별할 수 없는 유사한 것들 사이의 차이를 식별하는 지식이 생긴다.

비베카잠-갸남이 시간을 초월한다는 사실은 독특하고 흥미로운 능력의 획득으로 이어진다. 이 수트라에서 중요한 단어는 프라티팟티(*Pratipattiḥ*)이다. 사마팟티(*Samapattiḥ*)는 겉보기에 분리된 두 가지가 결합되는 것이다. 프라티팟티는 원래 결합되었거나 분리할 수 없는 두 가지를 분해하는 것이다. 그렇다면 요기가 구별할 수 없는 두 가지를 구별해야 한다면 어떻게 해야 할까?

겉보기에 동일한 하나가 시간의 흐름에 따라 둘로 나뉘어 번갈아 나타나고 사라지는 경우를 생각해보자. 당신은 하나의 물질이 같은 조건에서 서로

교체되는 빈도보다 더 잦은 빈도의 시간적 분석을 적용해야 할 것이다. 한 물질의 두 가지 형태가 서로 교체될 수 있는 빈도에는 한계값이 있을 것이다. 그것은 **크샤나**(*Kṣaṇa*)들이 서로 얼마나 연속되느냐에 달렸다. 따라서 시간을 초월할 수 있는 사람이라면, 그렇게 교체되는 순간의 한 가지 물질에서 쪼개진 두 가지 상태를 각각 구별할 수 있어야 한다.

요기의 민감한 능력들은 그로 하여금 겉보기에 유사한 두 가지를 구별할 수 있게 할 것이다. 이 **수트라**는 그런 일반적인 유사성이 아니라, 전지(omniscience)조차도 당혹스럽게 만드는 매우 미세한 성질의 유사성과 관련이 있다. 이 **싯디**는 시간마저 초월하여 **요기**가 모든 한계와 환영을 초월하는 영원한 실재 위에 정립되었을 때, 가장 마지막으로 오는 것이다.

55

Tārakaṃ sarva-viṣayaṃ sarvathā-viṣayam akramaṃ ceti vivekajaṃ-jñānam.

타라캄 사르바-비샤얌 사르바타-비샤얌 아크라맘 체티(차이티) 비베카잠-갸남

타라캄 초월적인	사르바-비샤얌 모든 대상들을 동시에 인식하는
사르바타-비샤얌 과거, 현재, 미래의 모든 대상과 과정에 관련된	
아크라맘 순서 없는, 세계 전개과정을 초월하는	차 그리고
이티 끝, 종료	비베카잠-갸남 실재에 대한 인식으로부터 생겨난 지식

The highest knowledge born of the awareness of Reality is transcendent, includes the cognition of all objects simultaneously, pertains to all objects and processes whatsoever in the past, present and future and also transcends the World Process.

실재에 대한 인식에서 비롯된 지고의 지식은 초월적이고 모든 대상을 동시에 인식하며, 과거, 현재, 미래의 모든 대상과 과정에 관련되며, 또한 세계가 전개되는 모든 과정을 초월한다.

III-53은 요가의 궁극적 목표인 지고의 지식을 얻는 방법을 다루었다. 이 수트라에서는 그 지식의 본질을 정의한다. 첫째로, 그것은 초월적이다. 즉, 현상계 내의 모든 형태의 지식을 초월한다. 그것은 실재에 대한 지식, 더 정확히는 완전한 인식이며, 반면 다른 모든 형태의 지식은 그것이 가장 높은 수준에 관한 것일지라도 상대적이다. 타라캄(*Tārakaṃ*)은 요기가 바바 사가

라(*Bhava Sāgara*), 즉 조건화된 존재의 바다를 건널 수 있게 해준다는 의미이다. 조건화된 존재의 한계와 환영에 얽매인 영혼은 **타라카-갸나**(*Tāraka-Jñāna*, 초월적 지혜)를 달성하여 완전히 해방된다.

둘째로, 이 지식은 **사르바-비샤얌**(*Sarva-Viṣayaṃ*)이다. 이는 모든 대상을 포괄할 뿐만 아니라, 모든 대상을 동시에 의식 속에 가지고 있음을 의미한다. **사르바타-비샤얌**(*Sarvathā-Viṣayam*)은 과거, 현재, 미래에 관련된 지식을 의미한다. **사르바-비샤얌**이 공간과 관련되는 것처럼, **사르바타-비샤얌**은 시간과 관련된다. 따라서 **비베카잠-갸남**은 시간과 공간 내의 모든 것, 즉 세계 전개과정의 모든 것을 포함한다.

셋째로, **비베카잠-갸남**은 **아크라맘**(*Akramaṃ*)이다. 즉 시간을 만들어내는 세계의 전개과정을 초월한다. 세계 전개과정의 지배를 받는 상대적인 세계에서는 사물들이 연속적으로 일어나며, 이것이 과거, 현재, 미래의 인상을 만들어낸다. 실재의 세계에서는 시간이 존재할 수 없으며, 이러한 시간 없는 상태를 영원이라고 부른다. 이는 단지 흥미로운 가설이 아니다. 최고의 오컬티스트들과 신비주의자들에 따르면, 시간은 실제로 존재하지 않는다. 그것은 단지 세계가 전개되는 과정에 의해 생성되는 현상들의 연속 때문에, 의식 속에 만들어진 인상일 뿐이다. 따라서 **요기**가 세계의 전개과정을 초월할 때, 그는 또한 시간의 환영을 정복한다. 이는 가장 근본적인 환영이며, 따라서 IV-33에서 설명되는 바와 같이 가장 마지막에 자연스럽게 사라진다.

비베카잠-갸남이 동시에 **사르바-비샤얌**, **사르바타-비샤얌**, 그리고 **아크라맘**이라는 사실은 실재의 세계가 상대적인 세계와 별개의 것이 아님을 의미한다. 따라서 실재의 세계로 들어가는 것은 상대적인 세계를 뒤로하고 떠나는 것을 의미하지 않는다. 그것은 상대적인 세계를 그 진정한 본질과 올바른 관점에서 보고, 실재의 빛 속에서 상대적인 세계에서 살아가는 것을 의미한다. 참된 자아를 확립하여 자각을 성취한 요기는 상대적인 세계에서 살고 일할 수 있다. 그는 프라크리티가 제공하는 모든 힘을 사용하면서도, 프라크리티가 만들어낸 환영에는 전혀 영향받지 않는다.

독자들은 이 수트라가 놀라운 명료함과 몇 마디 단어로, 요가수련의 목표인 궁극적 실재의 본질을 제시하고 있음을 알게 될 것이다. 물론 독자들은 이처럼 지적인 설명만으로는 궁극적 실재에 대한 경험이 가지는 실제성을 짐작조차 할 수 없을 것이다. 여기서 이티(*Iti*)라는 단어는 이제 싯디라는 주제가 종결됨을 나타낸다.

56

Sattva-puruṣayoḥ śuddhi-sāmye kaivalyam.

사트바-푸루샤요 슛디-삼예 카이발얌

사트바-푸루샤요 사트바와 푸루샤의	슛디 순수성
삼예 동일할 때	카이발얌 해방

Kaivalya is attained when there is equality of purity between the Puruṣa and Sattva.

푸루샤와 사트바 사이에 동일한 순수성이 있을 때, 카이발야가 성취된다.

이 수트라는 III-36과 III-50에서 부분적으로 다뤘던 개념을 완성시킨다. III-36에서는 **사트바**와 **푸루샤**가 일반적으로는 구별할 수 없지만 실제로는 완전히 다르며, **사트바**와 별개로 **푸루샤**를 알 수 있다고 설명했다. III-50에서는 **사트바**와는 완전히 별개인 **푸루샤**를 알아야만 **프라크리티**가 **푸루샤**의 지식과 힘에 부여하는 한계를 파괴할 수 있다는 점이 명확해졌다. 그러나 **푸루샤**와 **사트바**의 완전히 구별되는 속성에 대한 이 깨달음은 갑자기 일어날 수 없다. 이는 단계적으로 진행되며, **푸루샤**와 **사트바**의 구별되는 속성에 대한 더 명확한 깨달음과 함께 **요기**는 한계와 환영으로부터의 완전한 자유라는 목표에 더 가까워진다.

사트바의 정화는 실제로 **요기**의 이런 점진적인 깨달음을 의미하며, 그의 본성에서 어떤 실질적인 변화가 나타나는 것을 의미하지 않는다. 또한 이 깨달음과 함께 오는 실재에 대한 인식도 어떤 실질적인 변화와는 관련이 없다. 이는 오직 깨달음의 문제일 뿐이다. 그래서 이것을 비베카잠-갸남이라고 부른다. 요기가 푸루샤와 사트바 사이의 차이를 완전히 깨달았을 때, 사트바의 청정(淸淨)과 푸루샤는 동등해진다. 요기의 사트바는 푸루샤와 사트바의 표면적 동일성이라는 환영에서 자유로워지고, 푸루샤의 자각은 사트바와의 어떤 자기동일시에서도 자유로워진다.

위에서 언급한 조건들이 있을 때, 사트바의 존재는 요기의 자각을 방해하지 않는다. 그는 프라크리티의 영역 안에 머물면서도 자신의 영원한 본성을 완전히 깨달을 수 있다. 이 수트라에서 카이발야가 반드시 푸루샤와 프라크리티의 분리를 의미하는 것이 아니라는 점이 분명해진다. 사트바가 정화되었다면, 푸루샤는 자신의 진정한 본성을 완전히 깨닫고 항상 자유로운 상태로 프라크리티를 통해 기능할 수 있다. 따라서 카이발야의 필수조건은 최고 수준의 스바루파의 실현이며, 프라크리티로부터의 분리가 아니다. 카이발야의 '독존(isolation)'은 따라서 주관적인 것이며 반드시 객관적일 필요는 없다. 프라크리티의 영역에서 그가 구축하고 완성한 매개체들은 어떤 종류의 일에도 사심 없이, 그리고 어떤 환영도 없이 사용할 수 있다. 그가 바로 완성된 사람이자 요가의 아데프트이며, 이 신성한 과학의 대스승으로서 완성을 향해 나아가는 인류를 인도한다.

카이발야 파다

IV

Kaivalya Pāda

해방의 길

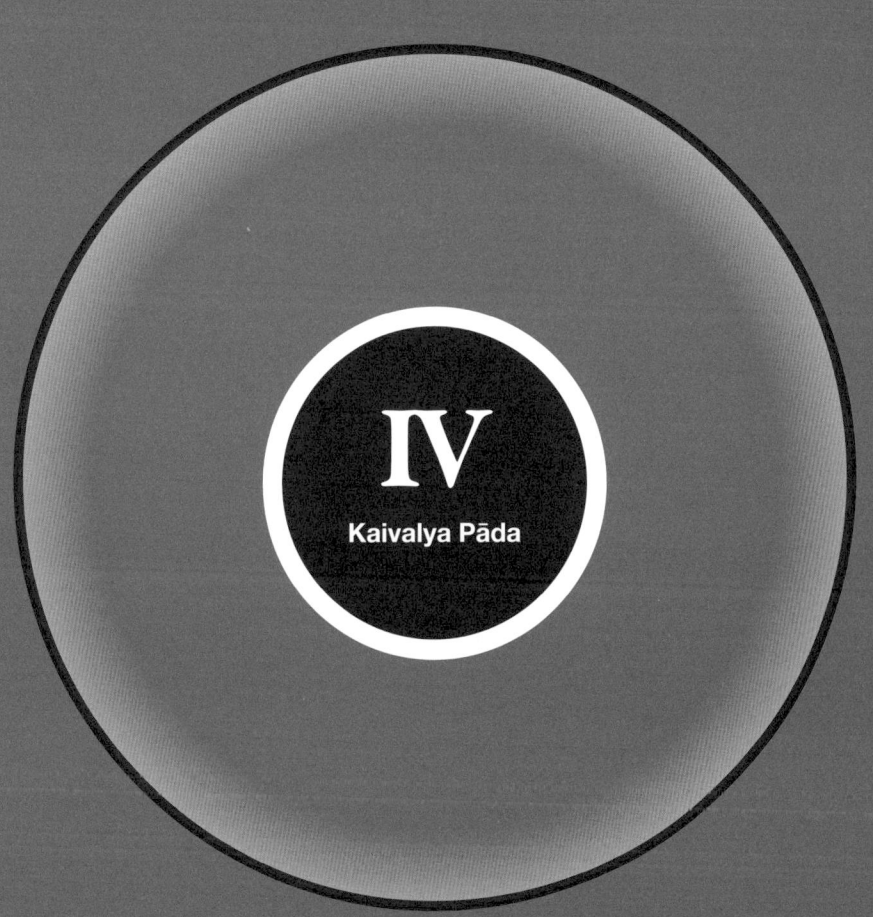

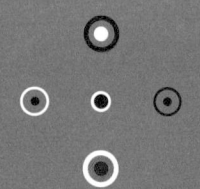

1

Janmauṣadhi-mantra-tapaḥ-samādhi-jāḥ siddhayaḥ.

잔마아우샤디-만트라-타파-사마디-자 싯다야

잔마 출생	아우샤디 약	만트라 진언
타파스 고행, 절제	사마디 삼매	자 그 결과로
싯다야 초자연적 능력들		

The Siddhis are the result of birth, drugs, Mantras, austerities or Samādhi.

싯디는 출생, 약, 만트라, 고행 또는 사마디의 결과이다.

《요가수트라》 4권은 이전 세 권에서 다루어진 요가기법의 이론적인 배경을 제공한다. 요가수련은 모호한 영적 이상을 달성하기 위해 미지의 영역에서 허둥대는 것이 아니다. 요가는 잘 정의된 방법들을 사용하여 분명한 목표를 달성하려는 과학이다. 이 이론적 배경을 구성하는 가르침들이 요가에 익숙하지 않은 사람들에게는 합리적이거나 지성적으로 보이지 않을 수 있다는 점은 인정한다. 그러나 이는 낯선 문제를 다루는 모든 종류의 지식이 가진 숙명이다. 요가에 대해 진지하게 숙고하고 적어도 요가철학의 기본 가르침에 익숙한 사람들만이, 4권에서 다뤄지는 겉으로는 연관성이 없어 보이는 주제들 아래에 깔린 장대하고 거의 완벽한 논리의 흐름을 이해할 수 있을 것이다.

4권에서는 서로 연관성이 없어 보이는 어려운 주제들을 많이 다루기 때문에, 이 권 전체의 개요를 처음부터 제시해두면 독자들에게 도움이 될 것이다.

• 개요

수트라 1: 이 수트라는 싯디를 얻는 다양한 방법들을 열거한다. 주어진 다섯 가지 방법 중에서 진보한 요기들은 오직 마지막 방법인 사마디에 기반한 것만을 사용하는데, 왜냐하면 그 방법만이 지고한 자연의 법칙에 대한 직접적인 지식에 기반하고 있어 의지적 통제가 가능하기 때문이다. 독자들은 3권의 모든 싯디들이 삼야마의 결과라는 점에 주목해야 한다. 이것들은 진화적 성장의 산물이며, 따라서 자연현상의 전 범위를 정복하게 한다.

수트라 2-3: 이 두 수트라는 상대적인 세계를 구성하는 자연의 두 가지 근본법칙을 암시한다. 싯디의 기능과 한계를 정확히 평가하려면 이 두 법칙을 이해해야 한다. 요기는 제한된 시야에서 기적적으로 보이는 많은 결과를 가져올 수 있기는 하지만, 이것을 그가 원하는 모든 것을 할 수 있다는 식으로 이해해서는 안 된다. 요기 역시 자연의 법칙에 구속된다. 그는 프라크리티로부터 해방을 이루어내야 하지만, 오직 프라크리티의 법칙들을 준수하고 활용함으로써만 그렇게 할 수 있다.

수트라 4-6: 요기 역시 다른 사람들처럼 카르마와 바사나로 엄청난 경향성과 잠재력을 타고난다. 이들은 그의 미세체들 속에 분명한 형태로 존재하며, 카이발야에 도달하기 전에 파괴되어야 한다. 이 수트라들은 두 가지 유형의 개별적 체들을 언급한다. 연속되는 생 동안의 진화적 성장의 산물인 것들과, 요기가 자신의 의지력으로 창조할 수 있는 것들이다.

수트라 7-11: 이 수트라들은 우리의 생각, 욕망, 행동의 인상이 어떻게 만들어지고, 연속되는 생의 과정에서 그것들이 어떻게 작용하는지를 다룬다. 요기의 과제는 니스카마 카르마(*Niṣkāma Karma*, 결과에 대한 집착 없는 행위)와 무욕의 기법을 배워서 이런 축적된 인상들을 더 이상 추가하지 않는 것이며, 이미 획득한 잠재력들을 가장 빠르고 효율적인 방법으로 해소하는 것이다. 더 미세하거나 휴면 상태인 바사나의 파괴는 결국 삶에 대한 집착의 원인인 아비디야의 파괴에 달려있다.

수트라 12-22: 칫타의 매개체들과 이 체들 안에서 끊임없는 변형(*Vṛtti*, 브릿티)을 일으키는 힘들(*Vāsanā*, 바사나)을 다룬 후, 파탄잘리는 인식에 대해 논의한다. 인식에는 완전히 다른 두 종류의 요소가 관여한다. 한편으로는 대상의 특징적인 속성이 칫타에 영향을 미쳐야 하고, 다른 한편으로는 영원한 푸루샤가 순수의 빛으로 칫타를 비춰야 한다. 이 두 조건이 동시에 존재하지 않으면 인식이란 없다. 왜냐하면 칫타 그 자체는 자력으로 활동할 수도, 인식할 수도 없기 때문이다. 실제의 인식자는 푸루샤이지만 그는 항상 배경에 있고, 푸루샤가 발산하는 순수의식의 빛으로 칫타를 비추는 것이 마치 칫타의 인식처럼 보인다. 이는 푸루샤의 의식이 실재에 대한 완전한 자각 속에서 자신의 스바루파에 중심을 둘 때에만 깨달을 수 있다.

수트라 23: 이 수트라는 칫타의 본질에 대해 많은 통찰을 제공하며, 파탄잘리가 칫타라는 단어를 사용할 때 그것을 단지 일반적인 지성적 인식의 매개체가 아니라, 모든 의식수준의 인식의 체라는 포괄적인 의미로 사용한다는 점을 분명히 보여준다. 프라크리티의 상대적인 영역에서 인식이 있는 곳이라면 어디든 그 인식이 일어나게 하는 매개체가 있어야 하며, 그 체가 바로 칫타이다. 따라서 의식이 지성의 영역을 훨씬 넘어선 현현의 가장 높은 차원에서 기능할 때조차도 의식은 매개체를 통해 작용하며, 그 체가 아무리 미세할지라도 그 역시 **칫타**라고 불린다.

수트라 24-25: 이 두 **수트라**는 현현의 가장 높은 차원에서조차 삶에서 겪는 한계가 있다는 점을 지적한다. **푸루샤**는 모든 인식의 원천일 뿐만 아니라, **바사나**들이 작용하는 원동력이기도 하다. **푸루샤**는 항상 배경에 숨겨져 있지만, 이 모든 긴 진화의 과정은 **푸루샤**를 위해 일어난다. 이로부터 **요기**가 **요가**의 높은 단계에서 도달하는 고양된 의식상태에서조차, 그는 자신 안에 머물지만 그와 구별되고 분리된 무언가에 의존하고 있음을 짐작할 수 있다. **요기**는 완전한 자각을 이루어 자신 안의 실재와 하나가 될 때까지는 진정으로 자족적이거나 스스로 빛을 발할 수 없다.

수트라 26-29: 이 **수트라**들은 완전한 자각을 성취하기 직전, 마지막 단계에서의 분투를 다룬다. 이 분투는 결국 **다르마-메가-사마디**(*Dharma-Megha-Samādhi*)에서 절정에 이르는데, 이것이 영원한 실재로 향하는 문을 열어준다.

수트라 30-34: 이 **수트라**들은 단지 **카이발야**를 달성한 결과 가운데 일부를 나타낼 뿐이며, 완전히 자각한 **푸루샤**가 살아가는 고양된 의식의 상태에 대해 힌트를 제공한다. 물론 **카이발야**에 도달하지 않은 사람은 누구도 이 상태가 실제로 어떤 것인지 진정으로 이해할 수 없다.

전체적인 조망이 끝났으니, 이제 각각의 주제를 하나씩 다루어보겠다. 첫 번째 **수트라**에서 파탄잘리는 오컬트 힘을 얻을 수 있는 방법들의 목록을 제시한다. 일부 사람들은 투시력 등의 특정한 오컬트 능력을 타고나기도 한다. 하지만 이런 오컬트 능력의 출현은 전적으로 우연이 아니며, 전생에서 어떤 형태로든 요가를 수련한 결과이다. 우리가 이번 생에서 가지게 되는 모든 특별한 능력들은 이전 생들에서 그 방향으로 노력한 결과이며, 싯디 또한 이 규칙에서 예외가 아니다. 그러나 누군가 전생에서 요가를 수련하고 싯디를 계발했다고 해서, 이번 생에서도 반드시 그 힘을 타고나는 것은 아니다. 요기가 고도로 발전하여 전생에서 매우 강력한 삼스카라를 가져오지 않는 한, 이 능력들은 매 생마다 새로 계발되어야 한다. 도덕적, 지적 수준이 그리 높지 않은 사람들이 때로 특정한 유사 오컬트 능력을 가지고 태어난다는 점을 기억할 필요가 있다. 이는 I-19에서 설명한 바와 같이, 그들이 전생에서 요가수련을 가벼이 다룬 결과이다.

낮은 수준의 심령능력은 종종 특정한 약물의 사용으로 계발될 수 있다. 인도의 많은 파키르(*Fakir*, 수행자 또는 거리의 묘기 공연자)들은 저급한 수준의 투시력을 계발하기 위해 대마와 같은 특정 약초를 사용한다. 말할 필요도 없이 이런 방식으로 얻은 능력들은 그다지 중요하지 않으며, 현대과학이 우리에게 제공한 일반적 능력들과 같은 부류로 분류되어야 한다.

만트라는 싯디를 계발하는 중요하고 강력한 수단이며, 이렇게 계발된 싯디는 높은 수준일 수 있다. 프라나바나 가야트리와 같은 일부 만트라는 의식의 개화를 가져오며, 이런 개화에는 한계가 없기 때문이다. 이런 방식으로 싯디가 자연스럽게 발달하는 것 외에도, 특정한 목적을 위한 구체적인 만트라들이 있으며, 이들을 올바른 방식으로 사용하면 원하는 결과를 가져온다. 탄트라(*Tantra*)* 에는 때로 부정적인 결과를 얻기 위한 만트라들이 가득하다.

* 문자 그대로는 베틀 또는 직물이라는 뜻이며, 지식을 확장하고 넓히는 것을 의미한다. 서양에서는 종종 성적 기법만으로 영적 성취를 추구하는 것으로 오해받지만, 실제로는 여러 학파와 전통들로 나뉘는 포괄적인 영적 체계이며, 티베트에서는 밀교, 서구에서는 에소테릭 혹은 오컬트라고도 한다.

평범한 사람이 단순히 책의 내용을 따르는 것만으로 원하는 결과를 얻을 수 없는 이유는 정확하게 조건들이 갖춰지고, 정식으로 입문하여 능력을 계발한 사람들만이 결과를 얻을 수 있기 때문이다. 물론 진정한 요기라면 그런 수련들조차 무시하며, 결코 부정적인 탄트라 기법에 가까이 가지 않는다.

타파스는 싯디를 얻는 또 다른 방법이다. 푸라나(고대의 이야기)에는 다양한 종류의 고행을 통하여 여러 신들을 회유하고 모든 싯디를 얻은 사람들의 이야기가 가득하다. 중요한 점은 이 방법으로 획득한 싯디는 제한적인 성격을 가지며, 한 생 이상 지속되지 않는다는 것이다. 그리고 종종 이러한 싯디를 획득한 사람이 도덕적, 영적으로 발달하지 못한 경우, 그것을 오용하여 능력을 잃을 뿐만 아니라 많은 고통과 악한 카르마를 초래하게 된다.

싯디를 계발하는 마지막이자 가장 중요한 방법은 삼야마의 수련이다. 3권의 대부분이 이러한 방식으로 계발될 수 있는 일부 싯디들을 다루었다. 3권에서 언급된 싯디의 목록은 완전하지는 않지만 중요한 것들이 제시되어 있다. 이들은 요가문헌에서 언급되는 무수한 싯디의 종류들 중에서 대표적인 예로 인정되어야 한다.

삼야마 수련의 결과로 계발되는 싯디들은 다른 방식으로 계발되는 것들과는 범주가 다르며 훨씬 우수하다. 이것들은 자연스러운 의식개화의 산물이며, 따라서 영혼의 영구적인 소유물이 된다. 비록 요가수련의 초기단계에서는 각각의 새로운 환생에서마다 이것들을 되살리는 데 약간의 노력이 필요할 수 있지만 말이다. 이는 자연의 고급법칙에 대한 지식에 기반하고 있기 때문에, 마치 과학자가 물질과학에서 특별한 성과를 낼 수 있는 것처럼 완전한 확신과 효과를 기대하며 사용할 수 있다.

2

Jāty-antara-pariṇāmaḥ prakṛty-āpūrāt.

자티-안타라-파리나마 프라크리티-아푸라트

자티-안타라 다른 계급, 종으로의	파리나마 전변, 변형
프라크리티 자연적 경향성, 잠재력	아푸라트 넘쳐남으로써

The transformation from one species or kind into another is by the overflow of natural tendencies or potentialities.

하나의 종에서 다른 종으로의 변형은 자연적 경향성이나 잠재력에 달려있다.

자티(*Jāti*)라는 단어는 일반적으로 산스크리트어에서 계급, 종(種) 등을 나타내는 데 사용되지만, 여기에서는 훨씬 더 넓은 의미로 해석되어야 한다.

자티-안타라-파리나마(*Jāty-Antara-Pariṇāma*)는 단순한 상태나 형태의 변화가 아니다. 종이나 화학적 구성과 같은 본질적인 속성이나 물질의 변화까지 수반하는 변형을 의미한다. 예를 들어 물이 얼음으로 변할 때는 단순한 상태의 변화일 뿐이며 물질의 본질적인 변화는 아니다. 금으로 만든 팔찌가 목걸이로 바뀔 때도 마찬가지다. 그러나 수소가 헬륨으로 변하거나 우라늄이 납으로 변하는 것은 물질의 근본적인 변화이며, 자티-안타라-파리나마에 해당한다. 이제 이 수트라는 자티-안타라-파리나마가 특정한 조건에서 변화를 위한 잠재력이 물질 내에 존재할 때만 일어날 수 있다고 명시한다. 프라크리티-아푸라트(*Prakṛty-āpūrāt*)는 포괄적인 과학 법칙을 표현하는 아름답고 함축적인 구절이다. 문자 그대로 '프라크리티의 흐름에 의해'라는 뜻이지만, 이 구절의 실제 의미를 현대과학의 관점에서 이해해보자. 건조한 목재더미에 불붙은 성냥을 대면, 목재에는 즉시 불이 붙고 짧은 시간 내에 잿더미로 변할 수 있다. 그러나 벽돌과 회반죽 더미에 불붙은 성냥을 대면 아무 일도 일어나지 않는다. 왜일까? 목재는 대기 중의 산소와 결합하여 많은 열과 다수의 휘발성 물질을 방출할 수 있는 잠재력을 가지고 있고, 이 반응이 일종의 '연쇄반응'을 수반하는 자기전파성(self-propagating)을 가지기 때문에, 단지 불꽃 하나만으로도 전체 목재를 재로 만들기에 충분하다. 그러나 벽돌과 회반죽의 경우에는 이러한 방식으로 반응할 잠재력이 없기 때문에, 성냥을 대도 아무 일도 일어나지 않는다. 따라서 이런 변화는 재료 안에 존재하는 잠재력에 따라 일어나며, 주어진 조건에서 자연적인 힘의 법칙을 따른다. 조건이 바뀌면 법칙의 지배를 받는 경향도 바뀔 수 있고 완전히 새로운 종류의 변화가 일어날 수 있다. 예를 들어 목재는 특정한 화학물질의 작용으로 숯이 될 수 있다. 다른 예를 들어보자. 사육자는 다양한 종류의 개를 교배시켜 새로운 개의 품종을 만들어낼 수 있지만, 그렇다고 새로운 고양이의 품종을 만들어낼 수는 없다. 여기에는 새로운 고양이의 품종을 만들어낼 잠재력이 존재하지 않는다. 만약 우리가 충분한 지식을 가지고 있다면, 이전에는 불가능해 보였던 변화들을 계속 만들어낼 수 있는 것은 사실이다. 그렇다고 해서 그 변화가 우리가 앞서 언급한 자연의 법칙을 거스를 수는 없다.

3

Nimittam aprayojakaṃ prakṛtīnāṃ varaṇa-bhedas tu tataḥ kṣetrikavat.

니미탐 아프라요자캄 프라크리티남 바라나-베다스 투 타타 크셰트리카바트

니미탐 부수적 원인	아프라요자캄 직접 유발하지 않는	프라크리티남 자연적 경향성
바라나 장애물	베다 제거	투 그러나, 한편
타타 그로부터	크셰트리카바트 농부처럼	

The incidental cause does not move or stir up the natural tendencies into activity; it merely removes the obstacles, like a farmer (irrigating a field)

표면적, 부수적 원인은 자연적 경향을 활동하게 하거나 자극하지 않는다; 그것은 단지 장애를 제거할 뿐이다, 마치 밭에 물을 대는 농부처럼.

이전 수트라에 담긴 개념이 이 수트라에서 더 자세히 설명된다. 우리가 보았듯이 한 종류에서 다른 종류로의 변형은 관련된 모든 힘들이 합성된 효과에 따라 일어난다. 모든 것은 여러 방향으로 변할 수 있는 잠재력을 가지고 있으며, 다양한 종류의 힘을 가하여 그림 11에서 나타난 것처럼 한 방향 또는 다른 방향으로 변화시킬 수 있다.

설탕용액으로 가득 찬 비커가 있다고 가정해보자. 우리는 특정 종류의 발효제를 용액에 섞어 설탕을 알코올로 변화시킬 수 있고, 염산을 첨가하여 포도당과 과당의 혼합물로 변화시킬 수 있으며, 강한 황산을 첨가하여 탄소

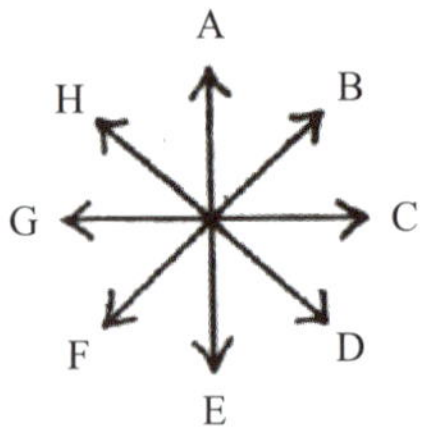

그림 11

로 변화시킬 수도 있다. 이런 종류의 변화는 서로 다른 조건을 만들어냄으로써, 그리고 다양한 잠재력의 발현을 위해 여러 종류의 자극을 가함으로써 일어날 수 있다. 하지만 이 모든 변화에 대한 잠재력은 이미 설탕용액 안에 존재한다. 우리는 설탕을 수은으로 바꿀 수는 없다. 왜냐하면 화학적으로 설탕에는 수은으로 변할 수 있는 잠재력이 없기 때문이다.

부수적인 원인, 또는 표면적으로 변화를 일으키는 것처럼 보이는 원인은 변화의 진정한 원인이 아니다. 변화는 실제로 변화를 겪는 사물들 안에 존재하는 잠재력의 속성에 의해 결정된, 즉 내재된 원인들로 인해 일어난다. 부수적 원인이 하는 일은 단지 변화가 일어날 방향을 결정하여 자연적인 힘의 흐름을 특정한 방향으로 유도하는 것뿐이다.

자연에서 일어나는 모든 종류의 변화를 가져오는 데 있어서 표면적인 원인과 내재된 원인, 각각의 역할은 '농부처럼'이라는 매우 적절한 비유를 통해 설명된다. 농부가 밭에 물을 대는 것을 본 사람이라면 누구나 그 과정이 자연적 힘의 작용과 얼마나 유사한지 알 수 있을 것이다. 농부가 밭에서 약간의 흙을 제거하면, 물이 한 고랑으로 흐르기 시작한다. 그런 다음 고랑의 틈을 막고 다른 곳에 구멍을 내면 그쪽 방향으로 물이 흐르기 시작한다. 특정한 지점에서 약간의 흙을 제거하는 것이 물의 흐름을 만들어내는 것은 아니다. 그것은 단지 물의 경로에 있는 장애를 제거하고 흐름을 바꿀 뿐이다.

위의 두 **수트라**에 담긴 위대한 자연법칙은 **프라크리티**의 모든 현상에 적용된다. 예를 들면 우리 행동의 속성, 즉 선이나 악이 우리의 삶을 주조하지는 않는다. 그것은 단지 미래의 삶에 영향을 줄 뿐이다. 우리 삶의 흐름은 끊임없이 계속된다. 그 방향은 우리의 행동, 생각, 감정에 의해 결정된다.

이 법칙이 **요가**와 무슨 관계가 있는가? 앞서 지적했듯이 **요기**는 **프라크리티**에 작용하는 법칙들의 도움으로 자신의 해방을 이루어내야 하며, 따라서 그의 주변과 내면에서 일어나는 현상의 흐름을 좌우하는 근본법칙에 대해 명확히 이해해야만 한다. **요기**는 자신의 본성에 깊이 뿌리박힌 특정경향들을 완전히, 그리고 영원히 파괴해야 하기 때문이다. 따라서 외적으로 다양한 형태를 만들어내는 근본원인을 알아야 한다. 표면적인 원인만을 제거하는 것은 소용없다. 내재된 원인들이 제거되어야 한다. 현대사회의 풍조는 단지 표면적인 원인들만을 다루고, 어떻게든 현재의 어려움에서 빠져나오려고만 한다. 이는 우리를 어디로도 이끌지 못하며, 계속해서 오래된 문제들을 새롭고 다른 형태로 우리 앞에 가져오도록 만든다.

4

Nirmāṇa-cittāny asmitā-mātrāt.

니르마나-칫타니 아스미타-마트라트

•

니르마나 만들어진	**칫타니** 마음들
아스미타 '내가 있다'는 의식	**마트라트** 오직 그것으로부터

Artificially created minds (proceed) from 'egoism' alone.

인위적으로 만들어진 마음들은 오직 '자의식'에서 비롯된다.

칫타는 모든 종류의 내적 인식을 위한 매개체의 역할을 하는 보편적 원리이다. 그러나 이 보편적인 원리는 태양계의 다양한 의식 차원에서 활동하는 다양한 매개체들을 통해서만 작용할 수 있다. **코샤**, 즉 의식의 체라고 불리는 이 매개체들은 모든 개별의식 속에서 일어나는 내적 인식에 필요한 자극을 준다. 또한 이 매개체들은 개별의식이 속한 다양한 차원마다 존재하는 물질에 의해 만들어진다. 파탄잘리는 **칫타**라고 하는 보편적 원리와, 그러한 인식이 일어나는 개별적 메커니즘 모두에 대해 동일한 단어인 **칫타**를 계속 사용한다. 보편적 원리로서의 **칫타**, 개별적 인식의 메커니즘으로서의 **칫타**는 서로 다른 맥락에서 사용되므로 독자들은 이런 차이를 알아둘 필요가 있다.

4권의 부분적인 목적은 **칫타**의 속성을 밝히는 것이어서, 파탄잘리는 4권에서 '인위적인 마음들(artificial minds)'이 어떻게 창조되었는지 또한 다루고 있다. 물론 긴 진화의 과정 동안, 한 개인이 프라크리티의 영역에서 발달시키는 '자연적인 마음(natural mind)'이 있다. 그 마음은 진화의 산물이며 연속되는 생에서 겪은 모든 경험의 인상을 지니고 있고, 카이발야에 도달할 때까지 지속성을 갖는다. 그러나 요가수련 중에 요기가 삼야마를 행하고, 특히 마하트-탓트바(*Mahat-Tattva*, 위대한 원리)*와 같은 높은 차원의 힘을 다루는 능력을 획득했을 때, 그는 일반적으로 기능하는 체의 정확한 복사판인 다수의 매개체들을 만들 수 있다. 이러한 의식체들을 니르마나-칫타니(*Nirmāṇa-Cittāni*)라고 부른다. 그리고 여기에서 다음 질문이 제기된다: "요기는 이 '인위적인 마음들'을 어떻게 만들어내는가?"

인위적인 마음들은 그것에 적합한 메커니즘에 따라 '아스미타로부터만' 만들어진다. 아스미타는 개별영혼의 핵심을 형성하며, 서로 다른 차원에서 기능하는 모든 의식체들을 통합된 상태로 유지한다. 이 원리가 서로 다른 체들과 동일시될 때, 자기중심성(egoism)과 II-6에서 다룬 관련 현상들을 만들어낸다. 이 원리는 힌두철학에서 마하트-탓트바라고 부르며, 이를 통해 인위적인 마음들이 창조된다. 마하트-탓트바를 제어할 수 있는 진보한 요기는 스스로 여러 개의 독립적 의식의 중심을 확립할 수 있으며, 그러한 중심이 설정되는 즉시 '인위적인 마음들'은 그 주변에 자동적으로 물질화된다. 이것이 한 개인이 주로 사용하는 '자연적인 마음'의 정확한 복제품이며, 그가 그것을 유지하기를 원하는 한 그 복제품은 지속된다. 하지만, 요기가 '인위적인 마음'에서 자신의 의지를 철회하는 순간, 그것은 즉시 사라진다.

이 수트라에서 '~로부터만'라는 말의 의미에 주목해야 한다. 그 의미는

* 원질인 프라크리티에서 최초로 전개된 원리.

'인위적인 마음'을 만드는 데 있어서, 개별의식의 새로운 중심을 확립하는 것 이외에 다른 작업은 필요하지 않다는 뜻이다. 이 개별의식의 중심 주위에 '인위적인 마음'이 형성되는 것은 프라크리티의 힘에 의해 자동으로 이루어진다. 마하트-탓트바에 자신의 주위로 '마음'을 모으는 능력이 이미 내재되어 있기 때문이다. 예컨대 땅에 씨앗을 심을 때를 상상해보자. 씨앗은 그 안에 내재된 잠재적 힘을 즉시 사용하여 환경에서 얻은 물질로 점차 커다란 나무를 만들어낸다. 그것이 모든 생명의 발전과 변화에 필요한 자연의 힘이다. 우리는 그 힘의 비밀을 알고 있는가? 아니다! 하지만 그것은 여전히 존재하며, 우리는 삶의 모든 영역에서 그 작용을 본다. 그렇다면 마하트-탓트바에 확립된 중심이 자연적 힘의 자동적인 작용(*Prakṛti-Āpūrāt*, 프라크리티-아푸라트)에 의해 자신의 주위에 칫타 또는 '인위적 마음'을 모으는 것이 왜 믿기 어렵겠는가? 유일한 차이는 시간뿐이다. 나무가 자라는 데는 상당한 시간이 걸리는 반면, '인위적인 마음'의 생성은 순간적으로 일어나는 것처럼 보인다. 그러나 시간은 상대적인 것이며 기능하는 차원에 따라 다르다.

'인위적인 마음들'이 어떻게 자동적으로 생성되는지는 IV-2~3에서 제시된 자연법칙을 파악하지 않고서는 충분히 이해될 수 없다. 이것이 파탄잘리가 '인위적인 마음들'의 문제를 다루기 전, 그 두 수트라를 제시한 이유다.

5

Pravṛtti-bhede prayojakaṃ cittam ekam anekeṣām.

프라브릿티-베데 프라요자캄 칫탐 에캄 아네케샴

•

프라브릿티 활동	베데 차이가 있을 때	프라요자캄 지휘하게 하는
칫탐 마음은	에캄 하나	아네케샴 많은 것들의

The one (natural) mind is the director or mover of the many (artificial) minds in their different activities.

하나의 자연적인 마음이, 인위적으로 창조된 여러 마음들의 다양한 활동을 지휘하거나 움직인다.

만약 요기가 여러 곳에 자신의 '마음'을 복제할 수 있다면, 다음과 같은 질문이 제기된다: "이렇게 만들어진 '인위적인 마음들'의 활동은 어떻게 조정되고 통제되는가?" 이 수트라에 따르면 '인위적인 마음들'의 활동과 기능은—그 수에 관계없이—요기의 단 하나, '자연적인 마음'에 의해 지휘되고 통제된다. '인위적인 마음들'은 단지 하나의 '자연적인 마음'의 도구일 뿐이며, 자동으로 그에 복종한다. 마치 육체에서 기능하는 손과 다른 기관들의 활동이 뇌에 의해 조정되고 통제되는 것과 같다. 동일한 방식으로 '인위적인 마음들'의 활동도 '자연적인 마음'을 통해 작용하는 지성에 의해 조정되고 통제된다. 물론 '자연적인 마음'을 통해 작용하는 이 지성은 모든 체를 일깨우고 활성화시키는 푸루샤 그 자체이다. '인위적인 마음들'이 '자연적인 마음'의 도구로서뿐만 아니라, 그 의식의 전초기지로서 작용한다는 점에도 주목해야 한다. 프라브릿티(*Pravṛtti*, 활동)는 갸넨드리야와 카르멘드리야에 해당하는 활동들, 즉 의식의 수용적 기능과 능동적 기능 모두를 포함한다.

6

Tatra dhyānajam anāśayam.

타트라 디야나잠 아나샤얌

타트라 그들 중에	디야나잠 명상에서 생긴 것은	아나샤얌 인상들로부터 자유로운

Of these the mind born of meditation is free from impressions.

이들 여러 다양한 마음들 가운데, 명상에서 비롯된 마음은 인상(삼스카라)들로부터 자유롭다.

외견상 '인위적인 마음들'은 '자연적인 마음'의 정확한 복제품이지만, 한 가지 근본적인 점에서 차이가 있다. 그것들은 '자연적인 마음'의 필수적인 부분인 어떠한 인상, **삼스카라** 또는 **카르마**를 담고 있지 않다. '자연적인 마음'은 진화적 성장의 산물이며, 연속되는 생의 과정에서 겪은 모든 경험의 **삼스카라**들을 저장하고 있다. 이 **삼스카라**들은 총체적으로 **카르마샤야**(*Karmāśaya*), 즉 '**카르마**의 매개체'라고 불리며 II-12에서 다루었다. 요기의 의지력으로 만들어진 '인위적인 마음들'은 이런 인상들에서 자유롭다. 그것들은 목표를 완수하면 사라지는 일시적 창조물들이다. 한 사업체의 임시 지점과 본점과의 관계를 비유로 들 수 있다. 임시로 개설된 지점은 단지 본점의 전초기지일 뿐이다. 자산과 부채는 본사에 속한다. 이와 유사한 관계가 '인위적인 마음들'과 하나의 '자연적인 마음' 사이에 존재한다.

7

Karmāśuklākṛṣṇaṃ yoginas tri-vidham itareṣām.

카르마아슈클라아크리슈남 요기나스 트리-비담 이타레샴

카르마 행위	아슈클라 희지 않은	아크리슈남 검지 않은
요기나스 요기들의	트리-비담 세 가지 종류	이타레샴 다른 이들의

Karmas are neither white nor black (neither good nor bad) in the case of Yogis, they are of three kinds in the case of others.

요기들의 카르마는 흰색도 아니고 검은색도 아니어서 선하지도 악하지도 않지만, 다른 이들의 경우에는 세 가지 카르마가 있다.

이 수트라의 주제는 카이발야의 필수조건인 카르마에서 자유를 얻는 문제이다. 4권에서는 요기가 어떻게 카르마샤야—카르마의 매개체—를 제거할 수 있는지 보여주는 것이 그 목적이다. 카르마샤야는 모든 전생들의 축적된 삼스카라를 포함하고 있으며, 개별영혼을 윤회의 수레바퀴에 묶는다. 이 모든 삼스카라가 파괴되거나 무력화되지 않는 한, 요기가 아무리 높은 수준의 깨달음에 도달한다 하더라도 프라크리티의 속박에서 해방될 수는 없다. 삼스카라의 힘은 요기를 반복해서 끌어내리고 궁극적 목표로의 도달을 막을 것이다.

이 수트라는 카르마의 분류를 제시함과 동시에, 새로운 카르마의 형성을 피하는 방법을 보여준다. 요기의 경우 카르마는 검지도 희지도 않다. 평범한 사람의 경우에는 세 가지 종류의 카르마가 있다. 검은색과 흰색은 분명히 II-14에서 언급된 고통스러운 결과와 즐거운 결과를 낳는 두 종류의 카르마를 설명한다. 세 번째 종류의 카르마는 혼합된 성격이다. 예를 들어 우리가 하는 많은 행동들은 여러 사람들에게 서로 다른 영향을 미친다. 어떤 이들에게는 이익을 다른 이들에게는 해를 끼치며, 결과적으로 혼성의 카르마를 만들어낸다.

이 수트라에서 요기라는 단어는 요가를 수련하는 사람뿐만 아니라, 니스카마 카르마의 기법을 배운 사람도 의미한다. 그는 모든 행동을 이슈바라와 합일된 상태에서 행하기 때문에, 개인적인 카르마를 만들어내지 않는다. 본디 니스카마 카르마의 이론은 힌두철학의 필수적인 부분이며, 요기들이라면 이를 잘 이해하고 있어야 한다. 이 가르침에 따르면 개인적인 카르마는 일반적인 행동의 실행에서 발생하는데, 그 이유는 행동을 이끄는 힘이나 동기가 개인적인 욕망—카마(*Kāma*)—이기 때문이다. 우리는 자기 욕망을 충족시키려는 자아(개성)와 우리 자신을 동일시하며 행동하고, 즐겁거나 고통스러운 경험의 형태로 그 결과를 거둔다. 개인이 자신의 개성에서 완전히 분리되어 지고의 영과 완전히 동일시하여 행동할 때, 그러한 행동을 니스카마(욕망 없는)라고 부른다. 그것은 어떤 개인적인 카르마도 만들어내지 않으며, 결과적으로 개인에게 어떤 결과도 가져오지 않는다.

그러나 진정한 니스카마 카르마는 욕망의 차원을 초월하여 고도로 진보한 요기들에게만 가능하다. 종교적 선의를 가진 많은 이들이 단순히 개인적 욕망이 사라지기를 바라거나, 스스로를 자신의 개성에서 분리시키려 하거나, 피상적으로 자신의 행동을 신에게 귀속시키는 것만으로 카르마에서 해방될 수 있다고 상상한다. 하지만 이는 잘못된 생각이다. 마치 어떤 사람이 공중에 떠오르는 것을 간절히 바람으로써, 중력의 법칙에서 자유로워지기를 희망하는 것과 같다. 필수조건은 내면의 신성과의 완전한 동일시, 어떤 개인적 동기와 의도조차 완전히 내려놓는 것이다. 개인적인 동기에 개인적인 행동이 물들어있는 정도만큼 카르마는 그 개인을 구속한다.

니스카마 카르마의 기법을 배우고 모든 행동에 적용하면, 요기는 자신 안의 신성한 생명의 대리인으로서 세상사에 바쁘게 관여할지라도 개인적 카르마를 초래하지 않는다. 《바가바드 기타》의 말씀대로 그의 모든 카르마는 '지혜의 불에 소멸된다'. 그러나 그가 현재와 과거 생에서 이미 축적했던 카르마는 어떻게 되는가? 축적된 저장소에 새로운 삼스카라를 더하지는 않지만, 그의 카르마샤야에는 이미 해방을 성취하기 전에 소진시켜야 할 엄청난 삼스카라가 있다. 단지 의지만으로는 이 삼스카라들을 사라지게 할 수 없다. 그것들이 완전히 소진되고 자신의 빚을 마지막 한 푼까지 갚을 때까지, 인내심을 가지고 기다려야 한다. 따라서 그를 다른 영혼들에게 구속시키는 카르마의 소진이 여러 생에 걸쳐 오랫동안 지속되는 과정이리라는 점은 극히 자연스럽다. 요기가 요가의 길에 들어선 이후로 카르마의 빚을 많이 갚아왔다는 것은 사실이다. 또한 그가 요가의 길에서 진보하고 높은 차원에서 기능할 수 있게 됨에 따라, 이런 과정을 가속화할 수 있는 새로운 능력들이 생긴다는 것도 사실이다. 예를 들어 그는 '인위적인 마음들'과 '인위적인 체들'(니르마나카야, *Nirmāṇakāyas*)을 만들어 다양한 시간과 공간에 흩어져있는 사람들에게 진 빚을 동시에 갚을 수 있다. 물론 카르마 청산의 과정을 가속화할 수 있음에도 불구하고, 그는 프라크리티의 법칙에 묶여있으며 이 법칙의 틀 안에서 일해야 한다. 목적을 위해 신중하고 현명하게 수단을 적용해야 하며, 시간을 필요로 한다.

8

Tatas tad-vipākānuguṇānām evābhivyaktir vāsanānām.

타타스 탓-비파카아누구나남 에바아비비약티르 바사나남

•

타타스 그로부터	탓-비파카 그들의 결과	아누구나남 ~에 따르는 것들의
에바 오직	아비비약티 현현	바사나남 잠재적 욕망들

From these only those tendencies are manifested for which the conditions are favourable.

세 종류의 카르마에서 조건이 무르익은 바사나들만이 현현한다.

우리의 생각, 욕망, 행동에 의해 발생한 힘은 복잡한 성질을 지니며, 분류하기 어려운 결과값을 만들어낸다. 이 모든 것은 미래에 우리를 구속하는 **삼스카라**들을 어떤 형태로든 남긴다. 따라서 우리의 미세하거나 거친 욕망들은 잠재적인 에너지를 만들어, 그것들이 현현할 수 있는 환경이나 조건으로 우리를 저항할 수 없을 만큼 끌어당긴다. 유사한 행동이 반복될수록 습관으로 고착되고, 고착된 습관은 또다시 유사한 행동을 낳는다. 그렇게 어떤 행동이 타인에게 영향을 끼치면, 그 행동은 **카르마**적 유대를 형성하여 우리를 타인들에게 구속시키고, 즐겁거나 불쾌한 경험을 낳는다. 생각 또한 마찬가지다. 생각 역시 끝없는 **삼스카라**를 생산하며, 그 속성에 따라 행동이 이어진다.

이 모든 결과의 근저에는 항상 욕망이 있다. 가장 포괄적인 의미에서 욕망은 생각, 행동, 습관보다 더 근본적인 요소이다. 물론 '욕망'이라는 단어만으로는, 의식을 궁극적 실재에 묶어두고 더 높은 수준에서 칫타에 작용하는 미세한 힘까지는 표현하지 못한다. 하여, 마음의 전 수준에서 작용하는 힘은 욕망이 아니라, 산스크리트어로 바사나(*Vāsanā*)이다. 칫타가 마음 원리의 표현을 위한 보편적인 매개체인 것처럼, 바사나는 마음의 연속적인 변형들을 만들어내는 보편적 힘이다. 사실, 현재 맥락에서 사용된 바사나라는 단어는 더욱 포괄적인 의미를 가진다. 그것은 가장 넓은 의미에서 욕망의 원리뿐만 아니라, 이 원리가 다양한 차원에서 생성해내는 경향성과 카르마 또한 나타내기 때문이다. 욕망과 그것이 만들어내는 카르마나 경향들은 원인과 결과가 얽혀있어서 분리하기 어려운 악순환을 형성하기 때문에, 양쪽 모두에 바사나라는 단어를 사용해도 무방하다.

다양한 유형의 바사나가 현현하기 위해서는 서로 다른 종류의 조건과 환경을 필요로 하기 때문에, 그것들은 무작위로 표현될 수 없고 연속된 환생에서 개인이 거치는 다양한 유형의 환경과 조건에 의해 결정되는 특정한 순서를 따라야 한다. 만약 어떤 사람이 운동선수로서 챔피언이 되고자 하는 강한 욕망을 가지고 있지만 약하고 병든 몸을 물려받았다면, 그의 욕망은 당연히 그 생에서는 충족될 수 없다. 만약 개인 A가 현재 환생하지 않은 다른 개인 B와 강한 카르마적 유대를 가지고 있고 그 유대가 물질적인 표현을 필요로 한다면, 당연히 그것들은 당분간 보류될 것이고, 둘 다 동시에 육체적인 상태로 존재할 때만 해소될 수 있다. 따라서 욕망의 형태로든 카르마의 형태로든, 오직 제한된 수의 바사나만이 특정한 생에서 표현될 수 있다. 이는 첫째, 인간의 수명이 제한적이기 때문이고, 둘째, 다양한 바사나를 표현하기 위한 조건들이 종종 양립할 수 없기 때문이다. 축적된 바사나(삼치타 카르마) 중, 특정한 생에서 표현될 수 있고 실현될 준비가 된 부분을 그 개인의 프라랍다 카르마(*Prārabdha Karma*)라고 한다. 평범한 개인의 삶은 이렇게 만들어진 틀 안에 국한되며, 그 주요한 경향성을 바꿀 자유는 극도로 제한되어 있다. 그러나 예외적으로 강한 의지를 가진 사람, 특히 지식과 능력 면에서 비범한 요기는 그를 위해 정해진 이런 삶의 계획에 상당한 변화를 줄 수 있다. 사실 요기가 더 많이 진보할수록, 삶의 패턴을 결정하는 데 개인의 역할이 더 커지며, 카이발야의 문턱에 있을 때는 실질적으로 자기 운명의 주인이 된다.

한편, 바사나라는 단어가 포괄적인 의미로 사용됨에도 불구하고, 이 수트라에서는 바사나의 한 측면, 즉 경향성의 형태로만 주로 표현되었다. 이때 카르마는 단지 이런 경향성의 부차적인 결과일 뿐이다.

9

Jāti-deśa-kāla-vyavahitānām apy ānantaryaṃ smṛti-saṃskārayor ekarūpatvāt.

자티-데샤-칼라-비야바히타남 아피 아난타리얌 스므리티-
삼스카라요르 에카루파트바트

자티 계급	데샤 장소	칼라 시간
비야바히타남 분리된 것들의	아피 ~조차	아난타리얌 연달아 일어나는, 연속되는
스므리티-삼스카라요르 기억과 인상들의	에카루파트바트 형태가 동일하기 때문에	

There is the relation of cause and effect even though separated by class, locality and time because memory and impressions are the same in form.

아무리 계층, 장소, 시간에 의해 분리되어 있을지라도, 기억과 인상의 형태가 동일하면 인과관계는 지속된다.

연속적인 생들에서 바사나의 작용이 비합리적이고 단절된 것처럼 보일 수 있다. 파탄잘리는 이번 수트라에서 그 점을 해소하려 한다. 한 개인이 어떤 특정한 행동을 했을 때 그 행동의 결과인 카르마는 필요한 조건이 부재할 때, 해당 개성에 의해서는 청산될 수 없다. 이 경우 같은 개인의 또 다른 개성이 나중 생에서 그것을 청산해야 하는 경우가 생겨난다. 그러할 때, 이 두 번째 개성은 자신이 겪고 있는 경험의 원인도 모르고, 특정한 행동에 대한 기억 또한 없다. 물론 그 경험이 즐거운 것이라면, 두 번째 개성은 자신이 받을 자격이 없는 행운의 정당성에 대한 의문을 가지지 않는다. 그러나 그 경험이 고통스러운 것이라면, 자신이 받을법하지 않은 고통이나 괴로움 때문에 자신의 운명에 대해 불만을 느끼게 된다. 카르마의 법칙과 그 작용 방식을 모르는 사람들에게는 '부당한' 고통에 대한 엄청난 원망이 독으로 작용한다. 이 법칙에 대한 더 넓은 이해는 사람들이 모든 상황과 대상을 있는 그대로 바라보고, 인생의 경험을 쓰라림 없이 받아들이는 데 큰 도움이 될 것이다.

"왜 나중 생의 두 번째 개성이 전생의 첫 번째 개성이 저지른 잘못에 대해 고통받아야 하며, 만약 그래야 한다면 어떻게 카르마의 법칙이 정의롭다고 할 수 있는가?" 요가철학의 필수적인 부분이며 파탄잘리가 당연하게 여기는 윤회의 가르침은 연속되는 환생에서의 일련의 개성들이 더 높고 더 영구적인 존재의 일시적 표현임을 암시한다. 이 존재는 다양한 학파에서 지바트마, 불멸의 에고 또는 개별성(individuality) 등 다양한 이름으로 불린다. 실제로 다양한 개성들 속에서 환생하는 것은 이 지바트마이며, 개성들은 환생의 기간 동안 낮은 차원의 세계에서 지바트마의 전초기지로 간주될 수 있다.

중요한 점은 모든 연속된 생들을 포괄하는 전체적인 기억이 지바트마의 내면에 존재하며, 서로 이어지는 다양한 개성들은 전체적이고 연속적인 기억을 공유하지 못한다는 점이다. 개성의 기억은 개별 환생에서 겪은 특정한 경험들에만 한정된다. 일련의 생들을 포괄하는 연속적인 기억은, 이런 생들에서 겪은 모든 경험의 삼스카라가 지바트마의 상위 매개체들에 존재한다는 사실을 알려준다. 마치 축음기 레코드의 홈과 바늘의 접촉이 소리를 재생하는 것처럼, 마치 칫타와 육체두뇌의 접촉이 이번 생에서 겪은 경험의 기억을 재생하는 것처럼, 같은 방식으로 상위의식과 지바트마의 상위 체들에 있는 삼스카라와의 접촉이, 접촉된 삼스카라에 해당하는 기억들을 재생한다. 이 모든 삼스카라의 저장소는 베단타 용어로 '카라나 샤리라(*Kāraṇa Śarīra*, 원인의 체)'라고 부르는데, 그것이 모든 미래 경험의 씨앗을 저장하고 있기 때문이다.

지금까지 계급, 시간, 공간의 다양한 조건에 흩어져있는 서로 다른 개성들의 경험과 그에 상응하는 기억들이 지바트마의 의식 속에서 어떻게 통합되는지, 그리고 지바트마가 그로부터 발생하는 카르마의 진정한 파종자이자 수확자임을 알아보았다. 이런 관점에서 볼 때, 이전의 한 개성이 저지른 잘못에 대해 또 다른 개성이 쓰라린 결과를 거두는 것은 불공정하지 않다. 왜냐하면 서로 다른 개성들은 여러 다른 조건하에서 동일한 존재의 표현이기 때문이다. 비록 물질적 차원에서 개성들은 그 사실을 인식하지 못하지만 말이다. 한 특정한 개성(지바, *Jīva*)은 전체적인 일련의 경험과 삼스카라를 인식하지 못하지만, 지바트마(*Jīvātmā*)는 이를 인식하며, 길고 끊임없는 일련의 행동과 반응 속에서 카르마의 법칙이 자연스럽게 작용하는 것을 보며 어떠한 편파성이나 불공정도 느끼지 않는다. 우리가 겪어야 하는 불쾌한 경험이 우리 자신의 어리석음이나 잘못된 행동의 직접적인 결과라는 것을 알게 될 때, 우리는 불평하지 않는다. 모든 과거의 삶이 그의 앞에 열린 책처럼 펼쳐져있는 지바트마도 마찬가지이다.

지바트마의 전체적인 기억이 비록 불규칙한 방식으로 여러 생에 걸쳐 흩어져있다 하더라도, 어떻게 그로 하여금 원인과 결과의 완벽한 작용을 볼 수 있게 하는지는 다음에 주어진 간단한 그림으로 설명할 수 있다.

a, b, c, d 등은 A, B, C, D의 구획으로 표현된 네 개의 생에서 특정한 지바트마가 시작된 다양한 원인들을 나타내며, a', b', c', d' 등은 같은 생이나

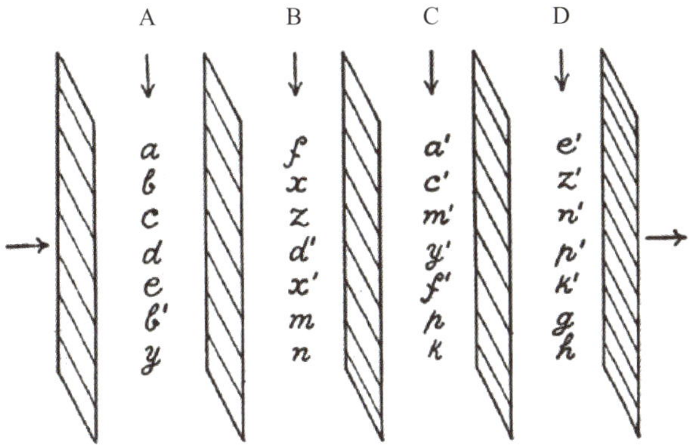

그림 12

다음 생에서 발생하는 그에 상응하는 카르마적 결과들을 나타낸다. 만약 각 결과가 그에 상응하는 원인을 따른다는 점만 유념하면서 이 글자들이 네 개의 별도 구획에 불규칙하게 분포된다면, 한 구획에만 시야가 한정된 사람은 적절한 조건이 같은 생이나 후속되는 생에서 나타날 때 발생하는 모든 원인과 결과를 연관짓는 일이 불가능할 것이다. 그러나 만약 누군가가 글자들을 멀리서 바라보게 되어 모든 구획의 글자들을 동시에 볼 수 있다면, 모든 결과를 그에 상응하는 원인으로 추적할 수 있으며, 다른 구획들에서 원인과 결과가 불규칙하게 섞여있음에도 불구하고 인과의 법칙이 엄격히 지켜지고 있음을 알 수 있다.

10

Tāsām anāditvaṃ cāśiṣo nityatvāt.

타삼 아나디트밤 차아시쇼 니트야트바트

타삼 그것들의	아나디트밤 시작 없는	차 그리고
아시쇼 살려는 의지, 욕망으로부터	니트야트바트 영원하기 때문에	

And there is no beginning of them, the desire to live being eternal.

삶에 대한 욕망이 영원하기 때문에, 삼스카라의 시작 또한 알 수 없다.

"삼스카라를 축적하는 이런 과정은 언제 어떻게 시작되었으며, 어떻게 끝낼 수 있는가?" 다양한 종류의 경험을 낳는 바사나 때문에 우리는 윤회의 수레바퀴에 묶여있으며, 이 경험들은 다시 더 많은 바사나를 생성한다. 우리는 해결이 불가능할 것처럼 보이는 철학적 수수께끼 중 하나를 마주하게 된 것 같다. 이에 관한 파탄잘리의 대답은 삼스카라 축적의 근원을 추적할 수 없다는 것이다. 왜냐하면 '살고자 하는 의지' 또는 '존재하고자 하는 욕망'이 인간 영혼의 탄생과 함께 작용하기 시작한 것이 아니라 모든 생명의 특징이고, 그 생명 형태를 통해 의식은 인간에 이르기까지 진화해왔기 때문이다. 사실 삼스카라는 의식이 아비디야의 탄생과 함께 물질과 접촉하고 클레샤가 작용하기 시작하는 순간부터 형성되기 시작한다. 이때 작용하는 인력과 척력은 심지어 진화의 가장 초기단계인 광물, 식물, 동물단계에서도 존재한다. 이 모든 단계를 거쳐 인간에 도달한 개인은 그 모든 단계들의 모든 삼스카라를 가지고 온다. 하지만 이 삼스카라들의 대부분은 휴면상태에 있다. 서양의 심리학도 동물적 특성이 우리의 잠재의식에 존재한다고 인정한다. 감정이 고조되거나 혼란이 생기거나 상위자아의 통제가 일시적으로 사라지거나 느슨해질 때, 인간은 짐승처럼, 또는 짐승보다 더 악하게 변모한다. 따라서 우리는 우리의 존재를 구성하는 모든 것들에 대하여 엄격한 통제를 훈련하고 유지해야 한다. 통제력을 잃게 되면 오랜 기간 동안 휴면상태로 있던 삼스카라가 활성화되어 어떤 후회할만할 일을 하게 될지 모르기 때문이다. 역사는 인간이 이러한 특성들을 재연하고 일시적으로 동물단계로 퇴행한 많은 사례를 제공한다.

진화가 진행됨에 따라 바사나는 점점 더 복잡해지고, 인간의 단계에서는 더더욱 다양하고 복합적으로 된다. 진화가 더 진행되고 요가수련을 통해 더 미세한 수준의 의식과 접촉하게 되면, 욕망은 점점 더 정제되고 미세해져서 감지하고 초월하기가 더 어려워진다. 의식을 최고의 영적 차원의 지복과 지식에 묶는 가장 미세하고 정제된 욕망조차도 정도의 차이일 뿐이며 실제로는 아시샤(*Āśiṣaḥ*), 즉 '살고자 하는 의지'로 불리는 원초적인 욕망의 정제된 형태이다. 따라서 바사나를 바사나의 차원에서 다룸으로써 파괴하고, 그렇게 생명의 과정을 끝내는 것이 불가능하다는 사실을 알 수 있을 것이다. 완벽하게 실천되는 니스카마 카르마조차도 미래의 새로운 카르마 생성만 멈출 수 있을 뿐이다. 현현된 생명에 내재된 바사나의 근원은 니스카마 카르마로도 파괴할 수 없다. 비베카와 바이라기야가 발달함에 따라, 활성화된 바사나는 점점 더 잠잠해지지만 삼스카라는 남아있으며, 씨앗처럼 유리한 조건이 주어지고 마음에 적절한 자극이 가해질 때마다 활성화된 형태로 터져 나올 수 있다.

11

Hetu-phalāśrayālambanaiḥ saṃgṛhītatvād eṣām abhāve tad-abhāvaḥ.

헤투-팔라아슈라야알람바나이 삼그리히타트바드 에샴 아바베 탓-아바바

헤투 원인	팔라 결과	아슈라야 원질
알람바나이 대상에 의해	삼그리히타트바드 같이 묶여있기 때문에	
에샴 그것들의	아바베 사라질 때	탓-아바바 그들의 사라짐

Being bound together as cause-effect, substratum-object, they (effects, i.e. Vāsanās) disappear on their (cause, i.e. Avidyā) disappearance.

원인-결과, 원질-대상으로 묶여있기에, 바사나는 아비디야가 사라질 때 사라진다.

"만약 바사나가 연속적인 흐름을 형성하며 그것들의 파괴 없이는 속박에서 해방되는 것이 불가능하다면, 어떻게 해방을 성취할 수 있는가?" 이 질문에 대한 답변은 이미 2권에서 다룬 클레샤 이론에서 제시되었다. 우리는 푸루샤가 현현된 생명의 주기적인 진보가, 푸루샤의 의식이 아비디야의 직접적인 작용을 통해 프라크리티와 결합하면서 시작된다는 것을 보았다. 아비디야는 차례로 아스미타, 라가-드베샤, 아비니베샤로, 그리고 속박된 상태에서 삶의 모든 고통으로 이어진다.

만약 아비디야가 속박의 궁극적인 원인이고 바사나가 지속적으로 생성되는 과정 전체가 이 기반 위에 있다면, 속박으로부터의 자유를 얻는 유일하

게 효과적인 수단은 아비디야를 파괴하는 것이라는 논리적인 결론이 나온다. 이 아비디야를 어떻게 파괴할 수 있는지는 2권에서 매우 체계적으로 논의되었으니, 여기에서 이 문제를 다시 다룰 필요는 없겠다.

12

Atītānāgataṃ svarūpato'sty adhva-bhedād dharmāṇām.

아티타아나가탐 스바루파토스티(스바루파타아스티) 아드바-베다드 다르마남

아티타 과거	아나가탐 미래	스바루파타 그것만의 고유한 형태로
아스티 존재하는	아드바-베다드 경로들의 차이 때문	다르마남 속성들의

The past and the future exist in their own (real) form. The difference of Dharmas or properties is on account of the difference of paths.

과거와 미래는 그들 자신만의 고유한 형태로 존재한다. 다르마 또는 속성들의 차이는 경로의 차이 때문이다.

이 수트라는 4권에서 가장 중요하고 흥미로운 수트라 중 하나인데, 그 이유는 근본적인 철학적 문제를 해설해주기 때문이다. 우리가 살아가는 현상의 세계 아래 궁극의 실재가 존재한다는 점은 모든 요가학파에서 당연하게 여겨지며, 사실 요가의 목적은 이 실재를 찾고 발견하는 것이다. 그렇다면 "이 실재의 세계는 우리가 접하는 시공간의 현상계와 절대적으로 독립적인가, 아니면 두 세계는 어떤 식으로든 서로 연관되어 있는가?" 위대한 스승들에 따르면, 두 세계는 연관되어 있지만 평범한 지성으로 이를 이해하기는 어렵다. 두 세계가 관계가 있다면, 우리는 더 나아가서 시공간에 현현된 세계가 영화필름처럼 미리 정해진 신성한 사고의 패턴을 정밀하게 표현하는지, 아니면 단순히 건축가의 계획에 따르는 건설자처럼 신성한 계획을 따

르는 것인지 의문을 가질 수 있다. 첫 번째 견해는 결정론을 의미할 것이고, 두 번째는 자유의지를 위한 약간의 여지를 남길 것이다.

이 **수트라**는 두 개의 부분으로 구성되어 있으며, 두 번째 부분이 첫 번째 부분을 확장시켜준다. '과거와 미래는 그들 자신만의 고유한 형태로 존재한다'라는 서술은, 분명히 세계 전개과정이나 그 일부를 구성하는 현상들의 연속이, 인간지성의 범위를 넘어선 더 미세한 영역에 존재하는 어떤 실재의 시간적 표현임을 의미한다. 이 실재는 시간을 초월하면서도, 세계 전개의 과정에서는 시간으로써 자신을 표현한다.

이런 시간에 대한 문제는 IV-33에서 철저히 다뤄질 것이므로, 지금은 이 **수트라**의 두 번째 부분을 고려하겠다. '**다르마**의 차이는 경로의 차이 때문이다.' 이는 겉보기에 난해한 서술이며, 기존의 주석들은 이에 대해 어떠한 설명도 하지 않는다.

만약 우리가 인식하는 현상의 연속이 어떤 실재의 표현이고 이 표현이 단순한 기계적 투영이 아니라면, 즉 엄격한 결정론을 의미하지 않는다면 시간과 공간의 관점에서 이 실재의 실현은 여러 경로를 따라 가능하다는 논리적 귀결에 이른다. 자연의 영역에서 작용하는 모든 힘의 결과로 이런 경로들 중의 하나가 실제로 선택되어 진행될 수 있다. 이미 일어나 '과거'가 된 일련의 사건들은 지금까지 시간의 전차가 밟아온 길을 나타내며, 고정되어 **아카식**(*Ākāśic*) 기록*에 있는 자연의 기억의 일부가 되었다. '미래'의 태중에 있는 사건들은 어떨까? 이 사건들은 차례로 '과거'가 되면서 어떤 형태를 취하게 될까? 이 사건들이 엄격하고 바꿀 수 없는 운명의 결과가 아니라 신성한

* 아카샤에 새겨진 기록이라는 의미이며, 평범한 인간의 이해 범위 너머 차원에 있는, 우주의 모든 것들에 대한 역사가 기록된 비물질적 데이터베이스라 할 수 있다.

패턴에 대한 유연한 적응이라면, 그들이 취하는 경로는 최소한 어느 정도는 미정이어야 한다. 선택의 자유가 있고 자유의지가 신성한 계획에서 약간의 자리라도 차지한다면, 그 움직임에는 일정 정도의 여유가 있어야 한다. 물론 진화라는 힘의 압력처럼 사건의 방향을 결정하는 힘들은 있다. 모든 발전에는 신성한 계획과 원형에 따라 이를 추동하는 힘이 있다. 물질과 의식의 영역 모두에는 **삼스카라**라는 엄청난 잠재력이 있다. 그러나 미래를 형성하는 이런 다양한 힘들은 여전히 어느 정도 움직임의 자유가 있으며, 그것이 순간순간 열리는 많은 노선들 중 하나를 따라 미래가 변화, 발전할 수 있게 만든다. 따라서 이런 상대적인 세계에서 한편으로는 신성한 패턴의 영향을 받고, 다른 한편으로는 과거의 추진력의 영향을 받아, 사건들은 최종적인 완성을 향해 모두 전진한다.

'경로의 차이'라는 구절의 의미를 이해했으니, 이제 어떻게 이 다양한 경로들이 단순히 원질(프라크리티, *Prakṛti*)에서 서로 다른 속성들의 출현으로 나타나는지 살펴보자. 경로는 우리가 주의 깊게 그것을 분석해본다면, 특정한 순서로 나타나는 특정한 현상에 불과하다. 이러한 연속성은 다시, **프라크리티**에 모두 내재된 속성들 또는 **다르마**들의 특정한 조합에 불과하다. 설명을 위해 서로 다른 속성들을 A, B, C, D, … 등으로 나타내면 그림 13과 같다.

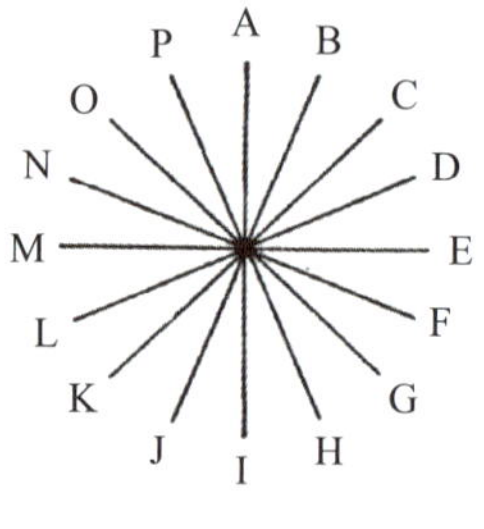

그림 13

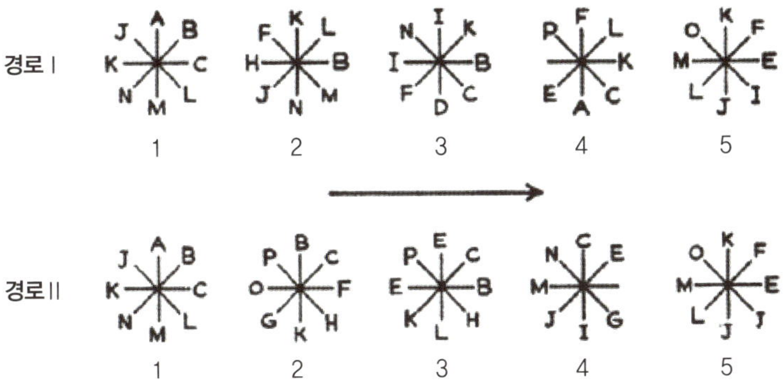

그림 14

이때 발생하는 사건들의 경로는 그림 14와 같은 방식으로 서로 다른 현상들이 연속되는 것으로 표현될 수 있다.

위의 각 요소는 특정한 시점에 현현된 **다르마**들의 특정한 조합에 불과하다. 그것은 우리가 태양계와 같은 제한된 영역 내의 현상들을 고려하든, 우주의 무제한적인 영역 내의 현상들을 고려하든 상관없다. 왜냐하면 그것들은 모두 **프라크리티**의 영역 내에서 일어나기 때문이다. 따라서 특정한 상황에서 시작하여 두 개 이상의 대안적 경로를 통해 동일한 결과에 도달하는 것이 가능하다.

이 경로들은 유물론자들의 주장처럼 기계적인 패턴이 아니다. 이것들은 어떤 신비로운 방식으로 영원의 실현을 가져온다. 낮은 현상계는 그 자체를 위해 존재하는 것이 아니라 영원을 실현시키기 위해 존재한다. 즉 더 높은 영적 세계에서 어떤 '변화'를 가져오는 것이다. 물론 영원과 관련하여 '변화'라는 단어를 사용하는 것은 매우 부적절하다. 하지만, 이 단어가 현상계에서 우리들 삶이 영원한 존재성에 미치는 미묘하고 신비로운 반응을 나타내기 위해 사용된다는 점을 이해해야 한다. 영혼이 한 생에서 다른 생을 거치며 겪는 다양한 경험들은 점진적으로 영적 본성을 자극하고 카이발야에 이르러 완벽함을 드러낸다. 이 경험들의 유형과 수는 목표가 달성되는 한, 실제로 중요하지 않다. 어떤 개인은 강렬하고 고통스러운 경험이 있는 백 번의 생을 거칠 수도 있고, 완벽을 성취하기 위해 전혀 다른 천 번의 생을 거칠 수도 있다. 경로는 중요하지 않으며, 중요한 것은 목표의 달성이다. 경로는 비실재적이고 환영적인 현상계에 있지만, 목표는 실재하는 영원의 세계에 있다.

서로 다른 경로를 택할 수 있는 가능성에 따라 요기는 현상계에서 개화되는 과정을 단축하고 가능한 짧은 시간 내에 완벽에 도달할 수 있다. 그는 인류 전체가 밟고 있는 길고 평이한 진화의 길을 따라갈 의무가 없다. 그는 넓은 길에서 벗어나, 요가의 길을 따라 짧고 어려운 등반을 통해 산 정상에 오를 수 있다. 그러나 만약 그가 현상계를 뚫고 실재의 세계로 나아가고자 한다면, 먼저 이런 현상들의 본질과 이를 인식하는 방식을 이해해야 한다.

13

Te vyakta-sūkṣmāḥ guṇātmānaḥ.

테 비약타-숙슈마 구나트마나

•

테 그들	**비약타** 현현된
숙슈마 미세한, 현현되지 않은	**구나트마나** 구나의 성질의

They, whether manifest or unmanifest, are of the nature of Guṇas.

다르마 또는 속성들은 현현되었든 현현되지 않았든, 구나의 성질을 지닌다.

지난 **수트라**에서는 우리가 인식하는 모든 종류의 현상이 **프라크리티**에 내재된 **다르마** 또는 속성의 다양한 조합에 불과하다는 점이 설명되었다. 이 **수트라**에서는 **다르마** 자체가 세 가지 주요 **구나**의 다양한 조합에 불과하다는 점을 지적한다. 세 가지 **구나**는 운동의 세 가지 기본원리(관성, 운동, 진동)이고, 어떤 운동이든 관계없이 모든 종류의 속성이 현현되는 기초이다. 따라서 모든 속성들은 **구나**의 본질을 가져야 한다. **숙슈마**(*Sūkṣmā*)라는 단어는 미세한 차원과 관련된 속성뿐만 아니라, 현현되지 않았거나 잠재된 속성도 의미한다. 현현된 속성과 잠재된 속성의 유일한 차이는, 현현된 속성은 특정한 조합의 **구나**가 작용한 결과인 반면, 잠재된 속성은 아직 물질화되지 않은 **구나**의 이론적인 조합이므로 **프라크리티**에 잠재적으로 존재한다는 것이다. 화학 분야에서는 매년 수천 개의 새로운 화합물이 생산되고 있다. 이들은 지금까지 잠재되어 있다가 이제야 현현된, 구나의 새로운 조합을 나타낸다. 프라크리티는 무수한 음을 낼 수 있는 악기와 같다. 현현된 특성은 연주되어 특정한 소리를 내는 음표이고, 현현되지 않은 특성은 휴면 상태에 있는 잠재적 음표이다. 그러나 이들 모두는 언제 어디서나 현상계에 나타나 자신의 역할을 할 수 있는 가능태로 존재한다.

14

Pariṇāmaikatvād vastu-tattvam.

파리나마이카트바드(파라나마에카트와드) 바스투-탓트밤

파리나마 변형, 변화	에카트바트 고유성 때문에
바스투 대상	탓트밤 본질

The essence of the object consists in the uniqueness of transformation (of the Guṇas).

대상의 본질은 변형된 구나의 고유성에 달려있다.

어떤 물체나 대상의 본질적 속성은 무엇인가? 우리는 특정한 순간에 드러나는 사물의 속성을 통해서만 어떤 대상의 존재와 본질을 알 수 있다. 그 이외에 다른 방법은 없다. 사물을 총체적으로 구성하는 이 '속성의 묶음'은 세 가지 **구나**의 고유한 조합이다. 각각의 속성은 그 자체로 **구나**의 특정한 조합에 불과하기 때문이다. 현대과학에서는 물질적 대상을 그것이 무엇이든 물리적, 화학적 구성요소로 분해할 수 있다—분자, 원자, 전자 등. 그것들은 궁극적으로 다양한 종류의 힘과 운동으로 분해된다. 물질과 에너지가 상호 전환 가능하다는 사실을 고려하면, 일반적인 의미에서 순전히 물질적인 것은 존재하지 않는다. 모든 것은 놀라운 다양성과 복잡성을 가진 힘과 운동의 작용이다. 우리는 아직 원자핵의 정확한 본질을 알지 못한다. 하지만, 그 또한 다양한 종류의 운동의 조합에 불과할 가능성이 매우 높다. 따라서 현대과학의 성과는 우리가 인식하는 모든 대상이 단지 세 가지 구나의 독특한 변형에 불과하다는 요가철학의 진실성을 입증한다. 이 수트라의 주요 단서가 에카트바트(*Ekatvāt*)라는 단어에 있다는 점을 주목하자. 에카트바트는 '단일성(oneness)'이 아니라 '고유성(uniqueness)'을 의미한다.

15

Vastu-sāmye citta-bhedāt tayor vibhaktaḥ panthāḥ.

바스투-삼예 칫타-베다트 타요르 비박타 판타

바스투-삼예 동일한 대상일 때	**칫타-베다트** 마음에서의 차이때문에	
타요 그들 둘의	**비박타** 분리된	**판타** 경로

The object being the same the difference in the two (the object and its cognition) are due to their (of the minds) separate path.

대상은 같을지라도 인식에는 차이가 있다. 칫타들의 서로 다른 경로 때문이다.

만약 각 대상이 세 가지 구나의 독특한 변형이며 따라서 대상 자체의 명확한 정체성을 가진다면, 왜 그것이 칫타들마다 다르게 인식되는가? 두 개의 칫타가 동일한 대상을 똑같이 보지 않는 사례는 흔하다. 같은 사물일지라도 그것을 인식하는 데에는 항상 차이가 있다. 이러한 차이가 생기는 이유는 사물을 인식하는 칫타들이 서로 다른 조건 아래 있기 때문이다. 같은 대상으로부터 자연스럽게 칫타마다 다른 인상을 받는다. 하나의 진동하는 물체가 다른 진동하는 물체를 칠 때, 그 충격의 결과는 충격 시점의 두 물체의 상태에 달려있다. 대상을 인식하는 각자의 멘탈체는 수동적이거나 정적인 것이 아니다. 멘탈체 또한 온갖 방식으로 진동하고 있으며, 따라서 대상으로부터 받은 인상을 자신의 진동 속도로 수정해야 한다. 그러므로 칫타 자체가 브릿티에서 자유롭지 않은 한, 대상으로부터 진정한 인상을 얻는 것은 불가능하다. 인상은 그것을 받아들이는 칫타의 상태에 따라 만들어진다. 게다가 모든 칫타들은 진화과정에서 서로 다른 경로를 따랐기 때문에 같은 대상임에도 다른 인상을 얻게 된다. 우리는 진동 중의 멘탈체와 진동에 의해 만들어지는 브릿티, 브릿티를 인식하는 칫타, 이들 사이의 차이를 주목해야 한다.

그렇다면 어떤 상황에서든 대상으로부터 진정한 인상을 얻는 것이 가능한가? 그렇다. 칫타가 브릿티에서 자유로워져서, 그 결과 대상으로부터 받은 인상을 수정하지 않을 때 가능하다. 브릿티가 제거되면 칫타는 그 대상과 하나가 된다(I-41). 이는 칫타가 대상으로부터 정확한 인상을 받는다는 것을 다르게 표현한 것이다. 따라서 모든 브릿티가 제거된 사마디 상태에서만 대상을 실제 그대로 인식하는 것이 가능하다.

16

Na caika-citta-tantraṃ vastu tad-apramāṇakaṃ tadā kiṃ syāt.

나 차이카-칫타-탄트람 바스투 탓-아프라마나캄 타다 킴 시야트

나 아닌	차 그리고	에카 하나
칫타 마음	탄트람 의존하는	바스투 대상
탓 그	아프라마나캄 인식되지 않을 때	타다 그러면
킴 어떻게	시야트 ~일 것인가	

Nor is an object dependent on one mind. What would become of it when not cognized by that mind?

대상은 하나의 칫타에 의해 인식되지 않는다. 만약 그렇지 않다면, 그 대상은 어떻게 존재할 것인가?

만약 인식의 대상이 서로 다른 칫타에게 서로 다른 인상을 주는 속성들을 가졌다면, 인식은 순수하게 주관적이다. 그때 대상은 인식의 주체, 즉 칫타와는 별개로 독립적인 존재성이 없다고 주장할 수 있다. 이 순수한 관념론은 이 수트라에서 제기된 반론에 의해 해결된다. 만약 인식의 대상이 단지 칫타의 산물이며 대상 자체로 독립적인 존재성이 없다면, 칫타가 그것을 인식하지 않거나 못할 때, 그 대상은 어떻게 되는가? 만약 우리가 외부대상들이 그 자체의 실제적 존재성을 가지지 않고 단지 내면의 창조물에 불과하다

는 순수한 관념론을 받아들인다면, 우리는 외부세계가 각 개인의 칫타에서 대상이 출현하고 소멸함에 따라 전부 나타나고 사라진다는 결론에 이르게 된다. 그렇게 되면 서로 다른 사물들에 대한 다양한 사람들의 경험의 일관성과, 서로 다른 개인들에 의해 이루어진 관찰결과가 어떻게 조화롭게 일치되는지 설명하기 어려워진다.

요가철학은 각 칫타 밖에 외부 '대상'이 엄연히 존재함을 인정한다. 이 대상들이 특정한 방식으로 칫타를 자극하고 인상을 만들어내며, 이들을 푸루샤가 결국 인식하는 것이다. 인상을 만들어내는 대상들이 단순히 구나의 조합으로 여겨지는 것은 맞다. 또한 칫타는 대상 자체가 아니라 대상들이 칫타에 새긴 인상을 인식한다는 것도 사실이다. 하지만 여전히 칫타의 바깥에는 무언가 있으며, 그것의 본질이 무엇이든 칫타로 하여금 대상에 대한 이미지를 만들도록 자극한다. 따라서 요가철학이 기반을 두고 있는 인식론은 순수 관념론과 순수 실재론 사이의 중도를 취하며, 둘의 본질적인 특징을 조화롭게 양립시킨다는 사실을 알 수 있을 것이다. 이 이론의 주요 가정들이 다음 몇 개의 수트라들에서 제시된다.

17

Tad-uparāgāpekṣitvāc cittasya vastu jñātājñātam.

탓-우파라가아페크쉬트밧 칫타시야 바스투 갸타아갸탐

탓-우파라가 그로 인한 착색	**아페크쉬트밧** 필요하기 때문에	**칫타시야** 마음의
바스투 대상	**갸타** 알려진	**아갸탐** 알려지지 않은

In consequence of the mind being coloured or not coloured by it, an object is known or unknown.

칫타가 대상에 물들었거나 물들여지지 않았느냐에 따라, 대상을 인식하거나 인식하지 못한다.

한 개인의 칫타가 대상을 '아는' 첫 번째 필수조건은 그 대상이 어떤 방식으로든 칫타에 영향을 주거나 칫타를 변하게 해야 한다는 것이다. 실제로 사용된 구절은 '칫타를 물들이는 것'이다. '변형'을 위해 '물들임(colouring)'이라는 단어를 사용하는 것은 단순히 과학적 사실을 비유적으로 표현한 것이 아니냐. 그것은 분명한 목적을 갖는다. '변형'이라는 단어는 단지 부분적 변화를 의미하겠지만, 여기서 전달하고자 하는 개념은 단순한 흔적에서부터 얼마간의 깊이까지, 그 강도에 있어서 매우 다양한 변화의 정도들이다. 대상에 대한 지식은 피상적일 수도 있고 깊을 수도 있으며, 이처럼 점진적으로 증가하는 이해의 정도는 '물들임'이라는 단어를 사용함으로써 가장 잘 전달할 수 있다. 색깔의 깊이는 칫타와 대상이 동화되는 정도를 나타낸다.

완전히 새로우며 자신의 능력치를 훨씬 능가하는 주제의 공부에 도전해 본 사람들은 대상을 온전히 이해하기 전, 먼저 스스로를 그 대상으로 '물들일' 필요성에 대해 공감할 수 있을 것이다. 어렵고 새로운 주제는 자신의 칫타에 전혀 동화되지 않으며, 마치 염료가 때로 특정 천조각의 염색을 거부하는 것처럼, 손쉽게 칫타에 스며들기를 거부한다. 칫타가 대상을 '알기' 위해서는 최소한 어느 정도 그 대상을 '받아들여야' 하며, 칫타가 대상과 동화되는 정도가 습득할 지식의 정도를 결정할 것이다. 외부대상에 의해 이렇게 칫타가 '물드는' 것은 상세히 분석해보면, 대상의 자극에 반응하여 진동하는 멘탈체의 능력에 달려있다는 것을 알 수 있다. 이런 방식으로 해당 매개체가 더 충분히 진동할수록 대상에 대해 얻는 인식은 더 커진다. 여기에서 매개체들이 진화해야 할 필요성이 도출된다.

18

Sadā jñātāś citta-vṛttayas tat-prabhoḥ puruṣasyāpariṇāmitvāt.

사다 갸타슈 칫타-브릿타야스 탓-프라보 푸루샤시야아파리나미트바트

사다 항상	갸타슈 알려진 것들	칫타-브릿타야스 마음의 변형들은
탓-프라보 그것의 주인의	푸루샤시야 푸루샤의	아파리나미트바트 불변하기 때문에

The modifications of the mind are always known to its lord on account of the changelessness of the Puruṣa.

푸루샤는 영원불변하므로 칫타의 변형들을 모두 알 수 있다.

대상이 **칫타**를 물들이자마자 그 변화는 즉시 **푸루샤**에 의해 목격되며, 이것이 대상에 대한 '앎'을 가져온다. **칫타**의 변화에 대한 **푸루샤**의 반응을 '목격(witness)'이라는 단어로 표현하는 것은 적절치 않겠지만, 일반적으로 인식이라고 불리는 동시에 일어나는 내면의 과정과 구별하기 위해 목격이라는 단어를 사용했다. '아는(knowing)', '인식하는(perceiving)' 등의 단어들은 **칫타**의 활동과 밀접하다. 따라서 전체적인 내면의 과정에 대한 **푸루샤**의 최종적 반응을 나타내기 위해서는 진정으로 새로운 단어가 필요하다. 하지만 영어에는 그런 단어가 없기 때문에, 그 특별하고도 새로운 의미를 표현하기 위해 '목격'이라는 단어를 사용했다. **푸루샤**의 목격은 **칫타**가 어떤 대상을 '아는' 데 필요한 두 번째 필수조건이며, 첫 번째 조건은 대상에 '물드는'

것이었다. 따라서 **칫타**의 변화에 대한 **푸루샤**의 '목격'은 **칫타**의 제반활동과는 분리되어 있다. 이것이 문자 그대로 '항상' 또는 '언제나'를 의미하는 **사다**(*Sadā*)라는 단어의 의미이다. 이 **수트라**에서 전달하고자 하는 바는 **푸루샤**가 내면에서 일어나는 모든 변화를 끊임없이 인식하고 있으며, 어떤 변화도 그의 주시를 피할 수 없다는 것이다. 이는 **푸루샤**가 영원하기 때문이다. 오직 변하지 않는 영원한 의식만이 내면에서 일어나는 연속적이고 복잡한 변화에 대해 지속적이고 완벽한 배경을 제공할 수 있다. 만약 배경 자체가 변한다면 혼란이 생길 수밖에 없다. 끊임없이 움직이는 스크린에 영화를 투사할 수 없는 것과 마찬가지이다.

주목할 또 다른 점은 **푸루샤**는 **칫타**의 변화에 대해 지속적인 배경이 될 뿐만 아니라, 마침내 **푸루샤**의 의식이 궁극적인 배경이 될 때에만 **칫타**의 모든 수준에서 일어나는 변화를 알아차릴 수 있다는 것이다. **요기**가 **사마디**에 들어가 내면의 더 깊은 수준에 머물 때, 그는 의식의 모든 차원에서 연속성을 가진다. 각 차원마다 나타나는 새로운 의식은 이전 단계의 모든 경험을 받아들이고, 이해하고, 조정하는 것처럼 보이며, 따라서 다양한 차원에서 **칫타**를 일깨우는 동일한 의식이 있어야 한다. 이 궁극적인 의식이 지속적으로 인식하고 있는 것은 우리의 일상적인 경험뿐만 아니라, **요기**가 **사마디**에서 겪는 모든 초의식적 경험도 포함한다.

푸루샤의 의식을 특징짓는 이 비범한 포괄성은, 그것이 영원하고 시간과 공간을 초월하며, 시간과 공간의 영역에서 항상 현현할 수 있는 모든 것을 동시에 자신 안에 포함하고 있다는 사실에서 비롯된다. 영화 스크린에 컬러 필름을 투사할 때 사용할 수 있는 것은 오직, 모든 가능한 색상의 조화로운 종합인 백색광뿐이다. 불완전한 유색광은 그런 목적으로 사용할 수 없다.

19

Na tat svābhāsaṃ dṛśyatvāt.

나 탓 스바바삼 드리샤트바트

나 아닌	탓 그것
스바바삼 스스로 비추는	드리샤트바트 보여지는 것이기 때문에

Nor is it self-illuminative, for it is perceptible.

칫타는 스스로를 비출 수 없다. 왜냐하면 칫타는 인식의 대상이기 때문이다.

이전 수트라에서 푸루샤가 어떤 수준의 칫타에서든 일어나는 모든 변화의 유일하고도 영원한 목격자라고 진술한 후, 파탄잘리는 다음 네 개의 수트라에서 전개되는 일련의 추론을 통해 이 진술을 입증한다.

이 추론의 첫 번째 연결고리는 칫타는 스스로를 인식할 수 없다는 것이다. 즉 칫타 자체의 힘으로는 스스로를 인식할 수 없다. 왜냐하면 칫타 자체가 인식의 대상이기 때문이다. 칫타는 스스로 빛을 내는 태양과 달리, 태양빛을 반사하는 달과 같다. 칫타가 인식의 대상이라는 사실은 우리가 원할 때마다 칫타의 활동과 변화를 관찰, 관조할 수 있다는 경험에서 비롯된다. 우리의 관심이 외부로 향해있을 때는 우리 내면의 변화를 의식하지 못한다. 하지만 언제든 우리는 관심과 주의를 내부로 돌릴 수 있다. 그때 우리는 칫타의 변화를 관찰할 수 있다.

칫타가 인식의 대상이며, 모종의 힘의 작용을 통해서만 인식할 수 있다는 사실은 요기가 사마디에서 칫타의 다양한 수준을 초월할 때마다 생생하게 체험된다. 존재의 중심을 향해 내면으로 들어가는 이 중요한 각 단계를 통해 칫타가 한 수준에서 다른 수준으로 이동할 때마다, 인식하는 자는 인식의 대상이 되는 것처럼 보인다. 주관과 객관 사이의 경계가 지속적으로 이동하는 이 현상은 요기에게 낮은 수준의 구체적인 칫타뿐만 아니라, 가장 미세한 단계조차도 단순한 인식의 메커니즘에 불과하다는 사실을 증명한다. 본디 의식이 가진 인식의 능력은 그 근원이 푸루샤에 있다.

20

Eka-samaye cobhayānavadhāraṇam.

에카-사마예 초바야아나바다라남(차우바야아나바다라남)

에카-사마예 동시에	차 그리고
우바야 양쪽	아나바다라남 이해하지 못함

Moreover, it is impossible for it to be of both ways (as perceiver and perceived) at the same time.

더욱이 칫타는 동시에 두 가지 상태, 인식하는 자와 인식의 대상으로 존재할 수 없다.

칫타가 인식 가능한 대상이라는 것은 경험의 문제이다. 만약 칫타가 인식 가능한 대상이라면, 동시에 인식하는 자는 될 수 없다. 또한 칫타가 인식의 대상이라면, 칫타로 하여금 인식기능을 수행할 수 있게 하는 별도의 힘이 있어야 한다는 결론이 나온다. 칫타는 의식의 힘을 통해 인식하는 것처럼 보이기 때문에, 칫타는 그 의식의 힘 자체를 인식할 수 없다. 다시 말해, 의식은 칫타의 인식대상이 아니다. 따라서 우리가 칫타의 영역 안에 머물러 있는 한, 의식 그 자체의 본질을 알 수는 없다. 의식의 인지적 활동이 칫타를 매개로 작용하는 한, 의식은 외부로 향해있으며, 칫타의 영역에 들어오는 외부의 것들을 인식한다. IV-22에서 설명될 내용처럼, 오직 궁극의 의식이 칫타의 속박에서 벗어나 스스로를 향해 내면으로 돌아설 때에만 스스로를 인식할 수 있다.

21

Cittāntara-dṛśye buddhi-buddher atiprasaṅgaḥ smṛti-saṃkaraś ca.

칫탄타라-드리셰 붓디-붓데르 아티프라상가 스므리티-삼카라슈 차

•

칫탄타라-드리셰 한 마음이 다른 마음에 의해 인식되는	**붓디-붓데** 인식들에 대한 인식
아티프라상가 지나친 입증의 과잉	**스므리티** 기억의
삼카라 혼란	**차** 그리고

If cognition of one mind by another (be postulated) we would have to assume cognition of cognitions and confusion of memories also.

만일 한 개인이 가진 여러 차원의 칫타가 서로를 인식한다면, 우리는 인식들에 대한 인식과 기억들의 혼란 또한 가정해야 할 것이다.

여기에서 철학적인 반론이 제기될 수 있다. 모든 수준의 **칫타**를 일깨우는 하나의 **푸루샤**의 존재 대신, 각 개인이 여러 단계의 **칫타**를 가지고 있다고 가정해보면, 각 단계는 이전 단계를 초월하는 더 높은 차원의 **칫타**가 될 것이다. 이 다양한 **칫타**들이 하나의 의식의 원천에 의해 일깨워지는 대신 서로 독립적이며, **사마디** 상태의 **요기**는 단지 이 다양하고 독립적인 **칫타**의 영역을 차례로 통과하는 것이라고 해보자. 이러한 가정에 따르면 모든 깨달음(illumination)의 원천인 **푸루샤**의 존재를 상정할 필요가 없어진다. 이 가설은 **푸루샤**를 제거하는 동시에, 우리를 온갖 종류의 어려움으로 이끌 것이다.

우리에게 여러 차원의 각각 독립적인 칫타들이 있어, 각 칫타들은 자신보다 더 거친 것들을 인식하고 자신보다 더 미세한 것들에 의해 인식의 대상이 된다고 치면, 이에 각기 상응하는 붓디들이 있어야 할 것이다. 그럴 수는 없다. 칫타는 단순한 도구에 불과하며, 실재의 인지적인 측면인 치티(*Citi*)와 그것의 반영인 인식기능은 칫타와는 본질적으로 다르다. 따라서 여러 개의 독립적인 칫타가 있다면, 그에 상응하는 수의 붓디도 있어야 한다는 결론이 나온다. 각 칫타는 기능하기 위해서 자신만의 별도의 붓디가 필요하기 때문이다. 아티프라상가(*Atiprasaṅgaḥ*)라는 구절은 '너무 많다'는 뜻뿐만 아니라 '귀류법(reductio ad absurdum)'*이라는 의미도 가진다. 따라서 이 두 의미 모두, 원래의 가정으로부터 도출된 논리적 결론에 적용될 수 있다. 이 불합리성은 오직 하나의 붓디만이 존재할 수 있는 곳에, 여러 개의 붓디가 존재할 수 있다는 가정에서 기인한다. 다양한 감각기관으로부터 오는 보고를 칫타가 하나의 조화로운 개념으로 통합하는 것처럼, 붓디는 칫타가 다양한 수준을 통해 받은 지식을 하나의 조화로운 이해로 통합한다. 따라서 여러 개의 붓디가 한 사람 안에서 동시에 기능한다고 생각하는 것은 불가능하다. 지식이나 경험을 얻기 위한 도구는 다양하지만, 그 도구들을 통해 수집된 모든 지식을 조정하고 조화시키는 기관에 대해서는 다양성을 가정하기 어렵다. 이 기관은 속성상 하나여야 하며, 그렇지 않으면 혼란이 생길 수밖에 없다.

또 다른 문제는 기억의 혼란이다. 만약 각각 자신만의 기억들을 가진 여러 개의 칫타가 있고, 또한 수많은 독립적인 붓디들이 있다면, 이 모든 기억들을 하나의 조화로운 전체로 통합하는 조정기관이 없기 때문에 우리 내면

* 어떤 주장에 대해 그 내용을 따라가다 보면 이치에 맞지 않는 결론에 이르게 된다는 것을 보여서 그 주장이 잘못된 것임을 증명하는 법.

에는 혼란이 생길 수밖에 없다. 우리의 내면에 대해 주목할만한 사실은, 가장 복잡하고 다양한 정신적 현상과 경험 속에서도 완벽한 조정과 조화가 존재한다는 점이다. 이는 특히 요가수련에서 두드러지는데, 우리가 더 깊은 내면으로 들어가 보다 정교하고 비범한 경험을 가진 미세한 세계를 탐험할 때 그렇다. 우리 안의 붓디 원리가 이런 조정을 가능하게 하며, 따라서 이 조정의 요소를 제거해야 하는 여러 독립적인 칫타에 대한 가설은 인정될 수 없다.

22

Citer apratisaṃkramāyās tad-ākārāpattau sva-buddhi-saṃvedanaṃ.

치테르 아프라티삼크라마야스 탓-아카라아팟타우 스바-붓디-삼베다남

치테 의식의	아프라티삼크라마야 한 곳에서 다른 곳으로 이동하지 않는
탓-아카라 그것의 형태	아팟타우 ~를 전제할 때
스바-붓디 자기인식	삼베다남 알고 있는

Knowledge of its own nature through self-cognition (is obtained) when consciousness assumes that form in which it does not pass from place to place.

의식이 한 곳에서 다른 곳으로 이동하지 않을 때, 스스로에 대한 인식을 통해 자신의 본성에 대한 지식을 얻는다.

만약 인식이 칫타를 통해 일어나고, 우리는 칫타의 가장 미세한 인식상태에서 의식에 비쳐신 칫타만을 알 수 있다면 지연스럽게 다음 질문이 도출된다: "우리는 어떻게 의식 그 자체, 즉 모든 수준의 칫타를 비추는 그 빛을 알 수 있는가?" 이 중요한 질문에 대한 답변이 이번 수트라에서 주어지지만, 그 의미를 본격적으로 이해하기 전, 이 수트라의 표현들을 주의 깊게 살펴보자.

치테(*Citeḥ*)는 '의식의'라는 의미다. 마음을 의미하는 칫타(*Citta*)가 아닌 치

티(*Citi*)에서 파생되었다. 아프라티삼크라마야(*Apratisaṃkramāyāḥ*)는 '하나에서 또 다른 하나로 이동하지 않는다'는 뜻으로, 의식이 칫타의 한 수준에서 다른 수준으로, 또는 한 매개체에서 다른 매개체로 이동하지 않는다는 의미이다. 사마디에서 의식은 칫타의 한 수준에서 다른 수준으로 이동하며, 이 구절은 이 과정이 멈추거나 그 한계에 도달했을 때를 가리킨다. 탓-아카라아팟타우(*Tad-ākārāpattau*)는 '자신의 형태를 성취하거나 장악하는 것'을 의미한다. 의식은 일반적으로 칫타를 통해 기능한다. 이 구절은 의식이 칫타의 제한에서 벗어나, 의식 그 자체로 기능하는 상태를 말한다. 스바-붓디(*Sva-buddhi*)는 칫타라는 매개체를 통해 기능하는 것이 아닌, 있는 그대로의 실제 붓디를 의미한다. 우리는 칫타와 연관된 모습으로 나타나는 붓디의 인식기능만을 알 뿐이다. 스바-붓디는 인식기능이 자기 스스로를 대상으로 할 때를 말한다. 삼베다남(*Saṃvedanaṃ*)은 '~을 아는 것'을 의미한다. 아는 것은 실제로 의식의 기능이지만, 칫타를 통할 때는 순수의식 외부의 또는 외적인 무언가를 아는 것이 된다. 따라서 스바-붓디-삼베다남이라는 구절은 붓디의 능력이 자신에게로 향할 때 생기는 지식을 의미한다. 일반적으로 붓디는 칫타를 통해 기능하며, 칫타가 대상을 인식하고 이해하도록 돕는다. 그러나 붓디가 칫타와의 연관에서 벗어나면 자동적으로 자신에게 향하여 자신의 본질을 비춘다. 붓디에게는 빛으로 일깨우는 힘이 내재되어 있기 때문에, 칫타를 통해 기능할 때 칫타를 비추는 것이다. 빛이 반투명한 구체 안에 갇혀있으면 구체를 드러내지만, 구체가 제거되면 빛은 자신을 드러낸다. 붓디는 칫타로 하여금 현상계의 대상을 인식하고 이해할 수 있게 하는 능력이며, 칫타 자체는 자력으로 기능하지 못하기 때문에 이를 수행할 수 없다. 또한 붓디가 칫타를 통해 기능하는 한, 우리는 순수의식을 알 수 없다. 칫타의 한 수준에서 다른 수준으로의 모든 이동이 제거된 형태를 취할 때만 붓디는 그 진정한 본질을 드러낸다. 칫타는 여러 수준을 가지고 있으며, 사마디에서 의식은 중심과 주변부 사이의 한 수준에서 다른 수준으로 오르내린다. 이런 의식이동에는 공간의 이동이 없고 오직 다른 차원으로의 이동만이 있으며, 의식이 기능하는 중심은 항상 동일하게 유지된다. 사마디 상태에서 의식이 칫타의 가장 깊은 수준까지 침투한 다음 마침내 이 수준마저 초월하면, 칫타의 제한적이고 모호한 작용에서 완전히 자유로워지며 그때야 비로소 의식의 진정한 본질이 실현된다. 이 상태에서 인식하는 자, 인식의 대상, 인식 모두는 그 자체로 빛나는 하나의 실재에 통합된다. 따라서 "우리는 어떻게 의식 자체를 알 수 있는가?"라는 질문에 대한 답은 '사마디에서 가장 미세한 차원의 칫타마저 초월할 때까지 깊이 들어가, 그 아래 숨겨진 실재가 드러날 때'라고 할 수 있다.

현대심리학의 일반적인 방법으로는 의식의 진정한 본질을 이해할 수 없다. 현대심리학의 용어로 알려진 의식은 단지 여러 층의 '마음'에 의해 가려진 의식일 뿐이며, 의식이 우리의 가장 외적인 물리적 메커니즘, 즉 육체두뇌로 스며들수록 '마음'의 각 층은 의식의 본질을 더욱 모호하게 만들 뿐이다. 따라서 우리는 철저히 두뇌를 통해 의식의 일반적인 표현을 관찰하는 것이며, 이런 극도로 부분적이고 왜곡된 조건 아래서는 의식의 본질을 알아낼 수 없다. 이는 평생 지하 감옥에서 살아온 사람이 태양 빛에 대한 상상을 하려고 노력하는 것과 같다. 뇌와 신경계를 아무리 해부하고 인간행동을 수없이 연구해도 의식 그 자체의 신비를 풀 수 없다. 이에 대한 많은 연구가 진행되고 있고 소위 과학적 데이터라고 불리는 방대한 양의 자료가 축적되고 있지만, 이 모든 노력은 헛될 수밖에 없다. 물질적인 분석에 모든 것을 맡기려는 현대인들이 물질적인 것들에 대해서는 성공할 수 있겠지만, 영의 속성을 가진 의식의 본질을 드러낼 수는 없다.

그렇다면 요가철학은 종교와 어떤 관련이 있을까? 사실 열린 마음으로 요가를 공부하는 종교인이라면 요가철학의 모든 개념이 종교적 용어로 해석될 수 있으며, 요기가 깊은 내면에서부터 드러내려는 의식이 바로 신이라 불리는 지고의 실재임을 알 수 있다. 철학적 토대를 가진 종교에서, 신은 그 의식이 현현된 우주를 초월하는 위대한 존재라 여겨진다. 그는 모든 인간의 내면 속에 숨겨져있다. 그는 내면을 초월한다. 기본적으로 이러한 생각들은 요가의 생각들과 같다. 주요한 차이점은 요가철학이 이 지고의 실재 또는 의식이 단지 사변이나 숭배의 대상이 아니라, 현대과학의 기술만큼이나 명확하고 확실한 기법에 따라 발견될 수 있다고 주장한다는 점이다. 따라서 요가는 종교에 엄청난 중요성을 부여하고 종교적 삶과 노력의 문제를 완전히 새로운 기반 위에 놓으므로, 어떤 종교인이라도 요가의 주장을 적절히 고려해보지도 않고 거부할 수는 없다.

23

Draṣṭṛ-dṛśyoparaktaṃ cittaṃ sarvārtham.

드라슈트리-드리쇼파락탐(드리샤우파락탐) 칫탐 사르바르탐

드라슈트리 아는 자	드리샤 앎의 대상	우파락탐 물든
칫탐 마음은	사르바르탐 모든 대상을 이해하는	

The mind coloured by the Knower (i.e., the Puruṣa) and the Known is all-apprehending.

아는 자, 즉 푸루샤와 앎의 대상에 의해 물든 칫타는 모든 것을 파악한다.

어떤 대상을 알기 위해서는 첫째, 대상에 의해 어느 정도는 변하거나 물들어야 하고, 둘째, 궁극적인 배경에 영원히 존재하는 **푸루샤**에 의해 **칫타**가 일깨워져야 한다. 이렇게 이중으로 변화된 **칫타**의 상태는 매우 포괄적인 의미로 현상계의 모든 것을 '알 수 있는' 능력을 갖게 된다. '모든 것을 포함하는' 또는 '모든 것을 파악하는'이라는 뜻의 **사르바르탐**의 중요성은 **칫타**가 단순히 인간지성의 매개체만을 의미하지 않는다는 사실에 있다. **칫타**는 분명히 물질적 차원에서부터 **아트마** 차원에 이르기까지 모든 종류의 현상을 인식하는 모든 것을 포함하는 매개체이다. **아트마** 차원에서 **푸루샤**의 의식을 가리고 **푸루샤**를 현현에 관여시키는 가장 얇은 '물질'의 장막조차도, 가장 미세한 단계의 **칫타**와 연관되어 있다. 따라서 **칫타**는 **프라크리티**와 공존하며, **푸루샤**가 **카이발야**에서 자각을 달성할 때 둘 모두를 동시에 초월한다.

24

Tad asaṃkhyeya-vāsanābhiś citram api parārthaṃ saṃhatya-kāritvāt.

탓 아삼키예야-바사나비슈 치트람 아피 파라르탐 삼하티야-카리트바트

•

탓 그것	**아삼키예야** 무수한	**바사나비슈** 바사나들에 의해
치트람 다채롭게 물든	**아피** 비록 ~지만	**파라르탐** 다른 이를 위해
삼하티야-카리트바트 연관되어 작용하기 때문		

Though variegated by innumerable Vāsanās it (the mind) acts for another (Puruṣa) for it acts in association.

무수한 바사나에 의해 다채롭게 물들지만 칫타는 푸루샤를 위해 작용한다. 왜냐하면 칫타는 푸루샤와 연관되어 기능하기 때문이다.

칫타가 푸루샤의 의식이 현현된 세계에서 기능하는 모든 매개체를 포함하는 것처럼, 바사나 역시 의식의 모든 매개체와 칫타의 모든 단계와 연관되어 있다. 바사나는 일반적으로 욕망이라고 번역되지만, 이는 칫타의 의미를 지성의 매개체로 한정하는 것과 마찬가지로 그 범위를 제한하는 것이다. 하위세계의 즐거움에 대한 집착은 영혼을 이 세계에 묶어두고, 모든 종류의 애착과 그에 따른 고통을 만들어낸다. 이러한 집착은 일반적으로 욕망 또는 카마로 알려져있다. 그러나 이런 집착은 하위세계에만 한정되지 않는다. 더 미세한 형태로 상위세계에도 존재한다. 사실 아스미타 또는 의식의 매개체

와 동일시가 있는 곳이라면 어디든, 그 집착이 아무리 미세하고 그 대상이 아무리 영적이라 하더라도 매개체에 대한 집착이 있다. 만약 완벽한 바이라기야로 인해 집착이나 애착이 없다면, 속박이 아닌 해방 또는 카이발야가 있을 것이다. 존재의 더 높은 방식에 대한 이러한 집착이 해방의 길에서 끊어야 할 많은 '족쇄'를 만든다.

바사나를 단지 하위세계와 관련된 욕망의 의미로만이 아니라, 더 넓은 의미로 이해할 때만 우리는 이번 수트라의 의미를 파악할 수 있다. 다시 말하지만, 바사나는 최상의 수준을 포함한 모든 수준의 삶에 스며들어 있다. 그것은 가장 조잡한 물질적 탐닉에서부터 영적인 차원의 가장 정제된 지식과 지복에 이르기까지, 매우 다양한 속성을 가진 대상을 목표로 한다. 하지만 우리가 이런 목표들을 추구할 때—우리가 추구하는 대상의 속성은 우리가 진화함에 따라 계속 변한다- 우리는 실제로 무엇을 찾고 있는 것일까? 우리는 이런 목표들 그 자체를 추구하고 있는 것일까? 아니다! 우리는 단지 이 모든 매력적인 추구의 대상들 아래 숨겨진 우리의 진정한 자아인 푸루샤를 찾고 있는 것이다. 우리가 이 길고 지루한 진화의 과정을 거치는 것은 바로 그를 위해서이다. 우리가 이런 대상들을 추구하는 것은 실제로 그것들이 우리에게 행복을 줄 것이라고 약속하기 때문이 아니라, 다른 누군가를 위해서(파라르탐, *Parārthaṃ*)이며 그가 바로 푸루샤이다.

우리가 찾고 있는 것이 푸루샤라는 사실을 어떻게 알 수 있을까? 다양한 목표들은 계속 변하고 결코 우리를 만족시키지 못하는 반면, 푸루샤는 항상 배경에 남아있기 때문이다. 푸루샤는 끊임없이 변하는 형태를 통해 행복을 찾으려는 우리의 필사적인 노력에서 공통된 요소이며, 따라서 그는 우리가 추구하는 진정한 대상임에 틀림없다. 간단한 추론이다. 그렇지 않은가? 따라서 **푸루샤**는 모든 활동에서 빛을 비추는 지속적인 배경(IV-18)일 뿐만 아니라, 모든 형태와 욕망 속에 숨겨진 끌어당기는 힘이기도 하다.

푸루샤가 궁극적인 목표라는 점이 가져오는 중요한 결과 중의 하나는 요기가 도달한 어떤 존재의 상태도, 아무리 고양된 것일지라도 그에게 지속적인 평화를 줄 수 없다는 사실이다. 요기의 내면에 자리한 신성한 충동은 조만간 스스로를 드러내고, 요기가 자각 속에서 **푸루샤**를 발견할 때까지 그는 끊임없는 불만족에 시달릴 것이다. 오직 **푸루샤**의 의식만이 자족적이고, 자기 완결적이며, 스스로 비추기 때문에, 이것이 달성될 때까지는 진정한 안심, 진정한 자유, 지속적인 평화란 있을 수 없다.

25

Viśeṣa-darśina ātma-bhāva-bhāvanā-vinivṛttiḥ.

비세샤-다르쉬나 아트마-바바-바바나-비니브릿티

비셰샤 차이	다르쉬나 보는 자의	아트마-바바 아트마 차원의 의식
바바나 마음에 머무르거나 집중하는	비니브릿티 완전한 중지	

The cessation (of desire) for dwelling in the consciousness of Ātmā for one who has seen the distinction.

푸루샤와 푸루샤 아닌 의식의 차이를 본 자들은 아트마에 머물고자 하는 욕망조차 중지하려 한다.

푸루샤와 푸루샤 아닌 의식의 차이를 깨달았을 때 요기를 아트마 차원의 초월적 지복, 영적 깨달음에 묶어두는 미세한 바사나조차 중지되고, 그는 사랑하는 이의 얼굴을 가리는 마지막이자 가장 미세한 장막을 찢기 위해 모든 에너지를 집중한다. 비셰샤(*Viśeṣa*)로 표현되는 차이는 이미 논의되었다. 그것은 요기의 진정한 목표인 궁극적 실재의 자각과, 그가 행복을 찾는 과정에서 추구하는 끝없이 변하는 목표들 사이의 차이이다. 아트마-바바(*Ātma-Bhāva*)라는 구절은 카이발야에 도달하기 직전의 마지막 단계인 아트마 수준에서 기능하는 고양된 의식을 나타내는 데 사용된다. 바바(*Bhāva*)라는 단어는 요가에서 사용하는 전문용어로, 영적 차원의 의식기능을 말한다. 바바는 종합적이고 포괄적이며 보편적인 인식이다. 바바나(*Bhāvanā*)는

'머무르는'을 의미하는 또 다른 전문용어이지만, 아트마-바바와 함께 사용될 때는 자연스럽게 아트마 차원의 초월적 인식과 지복 속에서 살아간다는 의미이다.

요기가 아트마 차원을 넘어서는 것은 그가 오랜 시간 닦아온 바이라기야를 고려할 때, 비교적 쉬운 문제로 보일 수 있다. 그러나 아트마 차원의 의식만 해도 인간의 이해를 완전히 초월하는 힘, 지복, 지식의 절정을 나타내며, 우리에게 익숙한 그 어떤 것과도 비교할 수 없다는 점을 기억해야 한다. 요기가 이제 시도해야 하는 아트마 차원의 초월은 실제로 그의 모든 개별성 자체의 파괴를 의미한다. 왜냐하면 아트마는 현현계에서 분리된 존재성의 핵심이고 절정이기 때문이다. 아트마 차원의 삶을 넘어설 때 더 높고 더 미세한 종류의 개별성이 나타나는 것은 사실이지만, 이제 그의 앞에 열리는 허공 속으로 최종적인 도약을 하기 위해서는 엄청난 믿음이 필요하다. 그리고 이 믿음의 기초는 아트마 차원의 애착은 여전히 지고의 실재가 아닌 것에 대한 애착이며 칫타와 바사나의 영역에 있는 것이고, 따라서 그 환영이 아무리 미세할지라도 환영에 불과하다는 깨달음이다.

아트마 차원의 의식에 내재된 이 초월적인 지복과 지식에 대한 욕망은 낮은 수준의 욕망들을 파괴하고 제거하며, 요기를 프라크리티의 영역 내에서 가능한 가장 높은 수준의 깨달음으로 이끈다. 그러나 이 지식과 지복을 얻었을 때조차 그것들은 차례로 속박의 수단이 되며, 최종적인 목표를 달성하기 전에는 버려야만 한다. 이는 삶의 근원적인 법칙이다—다음 단계의 높은 것을 얻기 위해서는, 더 낮은 것을 버려야만 한다.

26

Tadā hi viveka-nimnaṃ kaivalya-prāgbhāraṃ cittam.

타다 히 비베카-님남 카이발야-프라그바람 칫탐

타다 그러면	**히** 진정으로	**비베카-님남** 분별을 향하는 경향이 있는
카이발야-프라그바람 카이발야를 향해 이끌리는		**칫탐** 마음은

Then, verily, the mind is inclined towards discrimination and gravitating towards Kaivalya.

그러면 진실로 칫타는 분별을 향하고 카이발야를 향해 이끌린다.

요기에게 아트마-바바의 불충분함에 대한 깨달음이 찾아올 때, 그는 아트마 차원의 지복과 지식을 버림으로써 이 마지막 속박을 끊기로 결심한다. 그 후로 그의 모든 노력은 지속적으로 강렬하고 통찰력 있는 분별을 통해 카이발야를 성취하는 데 집중된다. 오직 이러한 분별만이 환영의 마지막 장막을 꿰뚫을 수 있기 때문이다. 이 수트라와 다음 세 개의 수트라는 영혼이 카이발야를 증득하기 전, 물질의 속박에서 완전히 벗어나기 위한 마지막 분투에 관한 내용을 일부 밝혀준다.

이 수트라에서 이러한 분투를 하는 주체로 사용된 단어가 칫타라는 점에 주목해야 한다. "칫타가 카이발야를 향해 이끌린다". 하지만 이 과정에서, 초월하고자 하는 칫타가 어떻게 스스로의 해방을 얻기 위해 분투할 수 있는가? 이는 마치 사람이 자신의 신발 끈을 잡고 스스로를 들어올리려는 것과 같다. 이 역설의 해결은 실제로는 칫타가 스스로의 한계에서 자유롭기 위하여 분투하는 것이 아님에 있다. 칫타 뒤에 숨겨진 것은 푸루샤이며, 이는 전체 진화의 과정에서 줄곧 자각을 얻기 위해 분투할 때 진정한 원동력이 된다. 철가루가 자석에 이끌릴 때 움직이는 것은 철가루처럼 보이지만, 실제로는 자석의 유도력 때문인 것과 마찬가지다.

해방을 위한 이 마지막 단계에서 사용되는 것은 비베카와 바이라기야이다. 요기는 자신 안의 실재에 대한 일별을 얻었다. 그는 비베카를 통해 실재에 대한 인식을 반복해서 얻으려고 노력해야 하며, 그 노력을 통해 이 인식을 중단 없이 유지할 수 있게 된다(II-26). 동시에 그는 다르마-메가-사마디(*Dharma-Megha-Samādhi*, IV-29)에 이를 정도로 바이라기야를 강화해야 한다. 첫 단계와 마지막 단계에서 필요한 도구가 동일하다는 점은 흥미롭다. 요기는 비베카와 바이라기야를 통해 요가의 길에 들어서고, 또한 비베카와 바이라기야를 통해 이 길을 떠난다.

27

Tac-chidreṣu pratyayāntarāṇi saṃskārebhyaḥ.

탓–치히드레슈 프라티야야안타라니 삼스카레비야

•

탓–치히드레슈 그 간격 사이에서	프라티야야안타라니 다른 프라티야야들
삼스카레비야 삼스카라의 힘으로부터	

In the intervals arise other Pratyayas from the force of Saṃskāras.

실재와 비실재의 간격들 사이에 있는 삼스카라의 힘으로 인해 다른 프라티야야들이 일어난다.

이 수트라는 실재와 비실재를 구분하는 경계지대에서 의식이 오가며 동요하는 것을 설명한다. 요기는 실재의 세계에 자신의 좌표를 고정하려 노력하지만, 가장 미세한 환영의 영역으로 계속해서 되돌아간다. 그는 비베카키야티(II-26)의 의식상태를 안정적으로 유지할 수 없으며, 조금이라도 느슨해지면 즉시 칫타를 통해 또 다른 프라티야야가 나타난다. 프라티야야는 의식이 미세한 매개체를 통해 정상적으로 기능할 때, 그 의식의 내용을 지칭한다. 프라티야야의 출현은 칫타가 실재의 세계에서 일시적으로 물러나, 또 다른 수준에서 기능하고 있음을 의미한다. 프라티야야라는 단어는 칫타나 바사나처럼 보편적인 의미를 지니며, 그들과 함께한다. 의식이 일정 수준의 칫타를 통해 정상적으로 기능하는 곳이라면 어디든, 프라티야야라고 부르는 '의식의 내용'이 있어야 한다. 오직 아삼프라갸타 사마디에서만 프라티야야가 부재한다. 이는 의식이 중요한 단계를 지나면서 두 체들 사이를 오가고 있기 때문이다. 아트마 차원에 해당하는 칫타의 가장 높은 수준에서조차 프라티야야가 있지만, 우리는 그것이 어떤 것인지 시각화할 수는 없다. 비베카가 느슨해져서 의식이 아트마 또는 낮은 매개체로 되돌아갈 때, 해당 차원의 프라티야야는 즉시 의식의 영역에 나타난다.

요기의 의식이 그가 초월한 매개체들로 다시 되돌아가는 이유와 이런 프라티야야들이 계속해서 나타나는 이유는 무엇인가? 여전히 그의 체들 안에 삼스카라들이 잠재된 상태로 존재하며 요기의 노력이 느슨해지거나 비베카 키야티가 일시적으로 중단되는 순간, 그의 내면 속에 계속 떠오르기 때문이다. 이러한 '씨앗들'이 단지 잠재된 상태로 있고 다르마-메가-사마디에 의해 '태워지거나' 완전히 무해하게 되지 않는 한, 적절한 기회가 주어지면 싹을 틔울 수밖에 없는 것이다.

28

Hānam eṣāṃ kleśavad uktam.

하남 에샴 클레샤바드 욱탐

하남 제거	에샴 이것들의
클레샤바드 클레샤들처럼	욱탐 설명됨

Their removal like that of Kleśas, as has been described.

삼스카라들을 제거하는 것은 클레샤들을 제거하는 것과 같다.

따라서 요기 앞에 놓인 문제는 다음과 같다: 이러한 삼스카라에서 비롯된 프라티야야들의 출현을 어떻게 막을 것인가? 삼스카라의 활성화는 2권(10, 11, 26)에서 클레샤 제거를 위해 제시된 방법으로 막아야 한다. 2권에서 설명된 클레샤의 본질, 클레샤와 카르마의 관계, 그리고 클레샤의 제거방법을 이해한 독자라면 그 이유는 분명할 것이다. 클레샤에 뿌리를 둔 삼스카라와 카르마는 클레샤가 잠잠해지면 활성화될 수 없다. 또한 클레샤는 모든 것의 근원인 아비디야가 제거될 때 잠잠해진다(II-4). 요기가 자신의 분별력을 유지하고, 비베카 키야티를 통해 실재에 대한 인식을 유지할 수 있는 한 아비디야는 드러날 수 없다(II-26). 따라서 잠재된 삼스카라가 활성화되는 것을 막는 유일한 방법은 II-26에서 언급된 대로 비베카 키야티를 유지하는 것이다. 이것이 중단되는 순간 프라티야야들의 문이 열리게 된다. 따라서 카이발야 달성을 위한 분투의 마지막 단계에서 요기는 아비디야를 억제하기 위해 비베카 키야티를 끊임없이 유지할 수 있는 힘을 획득, 견지해야 한다. 이러한 요기의 능력에 삼스카라의 씨앗을 태우고 그것들의 재활성화를 불가능하게 만드는 다르마-메가-사마디의 가능성이 달려있다.

29

Prasaṃkhyāne'py akusīdasya sarvathā viveka-khyāter dharma-meghaḥ samādhiḥ.

프라삼키야네피(아피) 아쿠시다시야 사르바타 비베카-키야테르 다르마-메가 사마디

프라삼키야네 최상의 명상에 관한 지식에서	아피 ~조차
아쿠시다시야 아무런 흥미도 남지 않은 이의	사르바타 모든 방식으로
비베카-키야테 실재에 대한 인식으로 이끄는 분별	다르마-메가 다르마가 쏟아져 내리는
사마디 삼매	

In the case of one, who is able to maintain a constant state of Vairāgya even towards the most exalted state of enlightenment and to exercise the highest kind of discrimination, follows Dharma-Megha-Samādhi.

가장 고귀한 깨달음의 단계에서도 지속적인 바이라기야 상태를 유지할 수 있고 가장 높은 수준의 분별력을 행사할 수 있는 자의 경우, 다르마-메가-사마디가 따른다.

비베카 키야티의 끊임없는 수련을 통해, 요기는 아비디야를 멀리하고 자신의 고양된 의식에서 프라티야야의 출현을 막는다. 여기에 파라-바이라기야로 알려진 가장 높은 수준의 비집착이 더해진다. 그가 도달한 높은 깨달음과 지복이 압도적인 매력을 지닌 것임에도 불구하고, 그는 그것에 대한 애착을 완전히 버리고 그것을 향한 최고의 비집착의 태도를 중단없이 유지

한다. 사실 그가 지금 실천하고 있는 파라-바이라기야는 새로운 것이 아니라, 요가의 길에 들어선 이래 그가 실천해온 비집착의 정점일 뿐이다. 비베카 키야티가 매우 단순한 형태의 비베카에서 시작하여 오랜 집중수련을 통해 발전하는 것처럼, 파라-바이라기야도 단순한 비집착에서 발전하여 아트마 차원의 지복과 깨달음을 버리는 데서 정점에 이른다. 비베카와 바이라기야는 매우 밀접하며, 실제로 동전의 양면과 같다는 점을 명심해야 한다. 비베카는 영혼의 눈을 열어 그를 속박하는 대상들에 대한 비집착을 가져오고, 이렇게 발전된 비집착은 다시 영혼의 시야를 더욱 명료하게 만들어 삶의 환영을 더 깊이 볼 수 있게 한다. 따라서 비베카와 바이라기야는 서로를 강화하고 보강하여 일종의 '선순환'을 형성하며, 이는 요기의 진보를 점점 더 가속화시킨다.

비베카 키야티와 파라-바이라기야의 결합된 수련이 오래 지속되면 상호강화를 통해 엄청난 강도에 이르고, 궁극적으로 다르마-메가-사마디(*Dharma-Megha-Samādhi*)에서 그 절정에 이른다. 다르마-메가-사마디는 가장 높은 단계의 사마디로, 삼스카라의 '씨앗'을 태워버리고 푸루샤가 영원히 머무는 궁극적 실재의 문을 열어젖힌다. 왜 이 사마디를 다르마-메가-사마디라고 부르는지 대부분의 사람들은 잘 이해하지 못하며, 대부분의 설명들은 별 의미없는 억지 해석인 경우가 많다. 그 설명들에서 다르마라는 단어는 덕행이나 공덕으로 해석되고, 다르마-메가는 '덕행이나 공덕을 하사하는 구름'을 의미하는 것으로 여겨지는데, 이는 당연히 아무런 설명도 되지 못한다. 다르마-메가라는 구절의 의미는 다르마라는 단어에 IV-12에서와 같이 속성, 특성, 기능이라는 의미를 부여하면 분명해질 것이다. 메가는 요가문헌에서의 기술적인 용어로, 의식의 영역에 어떤 프라티야야도 없는 아삼프라갸타 사마디에서 의식이 통과하는 구름 낀 또는 안개 낀 상태를 말한다.

니르비자 사마디는 일종의 아삼프라갸타 사마디로, 여기서 요기는 실재의 빛 속으로 나아가기 위해 마지막 환영의 장막을 벗어나려 하고 있다. 이 노력이 성공하면 요기의 의식은 구나와 그것들의 독특한 조합인 다르마가 작용하는 현상계를 떠나, 그것들이 더 이상 존재하지 않는 실재의 세계로 나아가게 된다. 그의 상태는 구름층에서 나와 밝은 햇빛 속으로 들어서서 모든 것을 명확히 보기 시작하는 비행기 조종사에 비유될 수 있다. 따라서 다르마-메가-사마디는 요기가 구름처럼 실재를 가리는 다르마의 세계에서 자신을 완전히 해방시키는 최종적인 사마디를 의미하는 것이다.

다르마-메가-사마디를 통과하는 것은 개인에 있어 진화주기의 완성이며, 아비디야를 완전히 그리고 영원히 파괴함으로써 II-23에서 언급된 삼요가(*Saṃyoga*)를 달성하는 것이다. 완전한 자각을 성취한 푸루샤의 시야를 아비디야가 다시 가리는 일은 더 이상 없을 것이다. 이 과정은 되돌릴 수 없으며, 이 단계에 도달한 후에는 푸루샤가 마야의 영역으로 다시 떨어지는 것은 불가능하다. 이 최종목표에 도달하기 전에는 요기가 매우 높은 단계일지라도 추락할 수 있지만, 다르마-메가-사마디를 통과하고 카이발야의 깨달음을 얻은 후에는 결코 그렇지 않다.

이후 다섯 개의 수트라는 단지 다르마-메가-사마디를 통과하고 카이발야를 달성한 결과를 설명한다. 여기서 주목할 점은 궁극적 실재의 경험을 묘사하려는 시도가 없다는 것이다. 그것은 무의미한데, 왜냐하면 요기가 카이발야를 성취하며 들어서게 되는 그 초월적인 영광을 아무도 상상할 수 없기 때문이다. 많은 신비주의자들이 사마디에서 도달한 높은 차원의 영광스러운 비전을 온갖 황홀한 말로 전달하려 했다. 물론 이러한 묘사들이 우리들의 영감을 자극하기는 하지만, 여전히 눈먼 이들에게는 그 차원의 아름다움과 장엄함에 대한 어떤 생각도 전달하지 못했다. 그렇다면 어떻게 누군가가 언어라는 거친 매개를 통해 요기가 카이발야를 달성하며 얻는 그 최고의 경험에 대해, 심지어 암시라도 전달할 수 있겠는가? 파탄잘리는 그런 작업의 무의미함을 알고 그것을 시도조차 하지 않았다. 하지만 그는 몇 개의 수트라에서 카이발야의 성취를 통해 얻는 결과들 중의 일부를 제시했다.

30

Tataḥ kleśa-karma-nivṛttiḥ.

타타 클레샤-카르마-니브릿티

타타 그러면	클레샤 고통	카르마 작용과 반작용	니브릿티 중지

Then follows freedom from Kleśas and Karmas.

그때 클레샤와 카르마로부터의 자유가 뒤따른다.

카이발야를 달성한 첫 번째 결과는 요기가 그 이후로 클레샤와 카르마에 더 이상 묶이지 않는다는 것이다. 카이발야의 달성은 클레샤와 카르마가 파괴된 후에 온다. 따라서 이 수트라는 이 두 가지 속박의 도구가 다시 출현할 가능성 자체가 파괴됨을 의미한다. 지반묵타(*Jīvanmukta*, 생해탈자)는 다르마-메가-사마디를 통과하고 카이발야를 달성한 후에는 다시 아비디야에 빠져 그를 속박하는 카르마를 생성할 수 없다.

우리는 클레샤와 카르마의 관계를 항상 염두에 두어야 하는데, 이는 카르마의 구속력으로부터 자유를 얻는 기법이 둘 사이의 관계에 기반하고 있기 때문이다. 클레샤와 카르마는 II-12에서 분명하게 설명된 바와 같이 원인과 결과의 관계에 있으며, 아비디야가 없고 실재에 대한 인식만 있는 곳에서는 어떤 카르마도 구속력을 발휘할 수 없다. 이런 상태에서 모든 행동은 필연적으로 개별자아와의 어떤 동일시도 없이, 신성한 의식과 완전히 일체화된 채 이루어진다. 그래서 개인에게는 행동의 어떤 결과도 생기지 않는다. 분리된 삶이라는 환영은 파괴되었고, 이런 조건에서는 일반적인 의미의 분리된 개인이 실제로 존재하지 않기 때문이다. **요가철학**에 따르면 각 **푸루샤**가 분리된 개체라는 점은 사실이지만, 각 **푸루샤**의 분리된 개별성은 단지 그가 지고의 실재 안에서 의식의 분리된 중심이라는 것을 의미할 뿐, 그의 의식이 다른 **푸루샤**들의 의식과 따로 떨어져서 분리된 삶의 환영에 눈먼 평범한 개인들처럼 분리된 목적을 추구한다는 것을 의미하지는 않는다. 분리된 개별성은 완전한 합일성과 완벽하게 양립할 수 있는데, 이는 높은 영적 의식에 관한 경험이 있는 모든 신비주의자나 오컬티스트들이 분명히 아는 바이다. 이런 개별성과 일체성의 역설적인 동시성은 **카이발야**에서 정점에 도달한다.

31

Tadā sarvāvaraṇa-malāpetasya jñānasyānantyāj jñeyam alpam.

타다 사르바아바라나–말라아페타시아 갸나시아아난티야즈 기예얌 알팜

타다 그때	사르바 모든	아바라나 덮고 있는 것
말라 불순한	아페타시아 제거됨으로써	갸나시아 지식의
아난티야즈 무한함 때문에	기예얌 알 수 있는	알팜 미미한

Then, in consequence of the removal of all obscuration and impurities, that which can be known (through the mind) is but little in comparison with the infinity of knowledge (obtained in Enlightenment).

모든 장막과 불순물이 제거되고 얻는 지식조차도 다르마–메가–사마디에서 얻는 지식의 무한함에 비하면 극히 미미하다.

카이발야를 달성한 두 번째 결과는 개별의식이 무한한 지식의 영역으로 갑자기 확장되는 것이다. 다르마–메가–사마디에서 마지막 환영의 장막이 제거될 때 오는 깨달음은 완전히 새로운 것이다. 사비자 사마디의 여러 단계에서 칫타가 연속적으로 확장될 때마다 오는 지식은 이전 단계에 비해 엄청나게 크게 보인다. 하지만 현현의 영역에서 가장 높은 도달점을 나타내는 아트마 차원의 초월적인 지식조차도, 카이발야의 깨달음에서 오는 비베카잠–갸남(III–55)과 비교하면 무의미해진다. 100만과 10억은 1과 비교하면 엄

청난 크기이기는 하지만 무한대와 비교하면 모두 무의미해지는데, 이 점은 다음의 방정식이 보여줄 것이다.

$$\frac{1}{\propto} = 0 \qquad \frac{1{,}000{,}000}{\propto} = 0 \qquad \frac{1{,}000{,}000{,}000}{\propto} = 0$$

우리가 무한의 영역에 있을 때, 우리는 크기와는 전혀 무관하다. 따라서 **지반묵타**는 실제로 지식의 영역에 있는 것이 아니라, 지식을 초월하여 순수의식으로 넘어간 상태이다. 지식은 순수의식에 한계를 부과함으로써 생기는 것이므로, 가장 높은 종류의 지식조차도 이런 모든 한계가 제거되고 요기가 순수의식으로 넘어갈 때 얻는 깨달음과는 비교할 수 없다. 지식과 깨달음의 관계는 시간과 영원의 관계와 유사하다. 영원은 무한한 범위의 시간이 아니라 시간을 초월한 상태이다. 이 둘은 같은 범주에 속하지 않는다.

여기서 주목할 점은 우리가 지성을 통해 풀려는 삶의 모든 신비들이 실제로는 영원 속에 뿌리를 두고 있으며, 영원 속에서 그들의 진정한 형태(스바루파, *Svarūpa*)로 존재하는 실재들이 거꾸로 시간과 공간의 관점에서 표현된 것이라는 점이다. 그러므로 우리가 비실재의 세계 속에 갇혀있는 한, 삶의 어떤 문제도 해결할 수 없다. 우리들 삶의 문제에 대해 학문적 체계가 제공하는 소위 지적인 해결책들은 전혀 해결책이 아니다. 그저 같은 문제를 다른 말로 서술한 것에 불과하며, 이는 문제를 더 난해하게 만든다. 이 모든 문제를 해결하는 유일하고도 효과적인 방법은 **요가철학**에 개괄된 기법의 도움을 받아 우리 자신의 내면으로 깊숙이 들어가서, 우리 스스로를 모든 제한에서 해방시키는 것뿐이다. 삶의 모든 문제들은 오직 영원의 빛 속에서만 해결될 수 있는데, 이는 그 문제들이 모두 영원 속에 뿌리를 두고 있기 때문이다. 더 정확히 말하자면 그것들은 영원한 의식의 빛 속에서 해결되는(solved) 것이 아니다. 해결은 환영에 묶인 지성의 과정이기 때문이다. 그 문제들은 실상 해결이 아니라, 해소되는(resolved) 것이다. 이제 그것들은 더 이상 존재하지 않는다. 왜냐하면 그것들은 비실재의 영역에서 지성이 만들어낸 그림자였고, 실재의 영역에서는 존재하지 않기 때문이다.

삶의 신비를 조각조각 풀어낼 수 없다는 점 또한 중요한 결론이다. 현대 철학이 시도하는 것처럼 우리는 이 위대한 신비를 여러 개의 구성요소들로 나누고, 그 주제들을 하나씩 개별적으로 해결할 수는 없다. 신비의 해소는 지성을 통해 얻은 개별적이고 부분적인 해결책들을 한데 모아 이루어지는 것이 아니라, 영원에 대한 통합적 비전을 얻는 것에 달려있다. '전부 아니면 전무'의 문제인 것이다.

이런 이유로 인해 요기는 지적인 과정으로 삶의 여러 신비와 문제들을 해결하려 하지 않는다. 그렇다고 요기가 지성을 경멸하는 것은 결코 아니다. 단지 지성에 내재된 한계를 잘 알고 있으며, 그 한계를 초월하기 위해서만 지성을 사용한다. 그러므로 요기는 인내심을 가지고 자신의 영혼을 붙들고, 요가의 목표를 달성하는 데에 모든 에너지를 쏟는다. 요가철학은 삶의 문제들을 해결하는 데 있어 어떤 구체적 약속도 하지 않지만, 궁극적 실재의 세계를 여는 열쇠를 제공한다. 우리가 언젠가 실재의 세계에 이르면 이 모든 문제들은 해소되고, 우리는 존재하는 모든 것들의 진정한 속성과 관점을 보게 된다.

32

Tataḥ kṛtārthānāṃ pariṇāma-krama-samāptir guṇānām.

타타 크리타아르타남 파리나마-크라마-사마프티르 구나남

•

타타 그로부터	크리타아르타남 목적을 달성한 것들의	파리나마 전변, 변화
크라마 과정	사마프티 종결	구나남 구나들의

The three Guṇas having fulfilled their object, the process of change (in the Guṇas) comes to an end.

목적을 달성하면 세 가지 구나들의 변화과정은 끝난다.

요가철학에 따르면, **삼야바스타**(*Sāmyāvasthā*, II-18)로 알려진 **프라크리티**의 고요한 상태는 **푸루샤**와 **프라크리티**가 결합될 때 교란되고, 그로부터 세 가지 **구나**의 끊임없는 변형이 시작된다. 이러한 변형은 **푸루샤**와 **프라크리티**의 연관성이 지속되는 한 계속되며, 그것이 사라질 때 끝나야 한다. 따라서 **푸루샤**와 **프라크리티**가 분리될 때, 자연스럽게 **프라크리티**의 동요가 가라앉고 **구나**가 조화로운 상태로 되돌아간다.

프라크리티가 **삼야바스타**로 돌아간다는 것은 무엇을 의미하는가? 이는 **푸루샤**와 **프라크리티**가 원래 상태로 돌아가고 긴 진화과정의 귀중한 결실이 사라졌다는 뜻인가? 아니다! **푸루샤**는 자각을 유지하고, **프라크리티**는 **푸루샤**의 의식에 즉각 반응하며 진화과정에서 구축된 효율적이고 민감한 매개체를 통해 **푸루샤**의 의지대로 봉사할 수 있는 능력을 유지한다는 의미다. 그러나 이제 푸루샤는 카이발야의 성취 이전처럼 매개체에 더 이상 얽매이지 않는다. 다양한 현현의 차원에 있는 매개체들은 유지되거나 해체될 수 있지만, 항상 잠재적인 형태로 남아서 푸루샤가 체의 사용을 원할 때마다 활동할 수 있다. 푸루샤는 이 매개체들을 자신과의 동일시 없이 단순히 도구로 사용하기 때문에 새로운 카르마나 삼스카라를 축적하지 않으며, 푸루샤가 원할 때마다 자유롭게 그들과 분리되어 자신의 진정한 형태로 물러나 머물 수 있다. 푸루샤는 아비디야를 파괴했고, 일반적인 지바트마처럼 그를 현현의 세계에 묶어두는 삼스카라가 없다. 구나의 상태 또한 매우 안정적이어서 푸루샤가 스스로를 철수시키는 순간, 자동으로 균형을 이룬다. 이는 완벽히 안정적일 뿐만 아니라, 현현에 필요한 어떤 조합이라도 즉시 취할 수 있는 잠재력을 내포하고 있다. 독자들은 이와 관련하여 II-18을 참조하라.

33

Kṣaṇa-pratiyogī pariṇāmāparānta-nirgrāhyaḥ kramaḥ.

크샤나-프라티요기 파리나마아파란타-니르그라히야 크라마

크샤나 순간들	프라티요기 해당하는	파리나마 전변, 변형
아파란타 최종단계에서	니르그라히야 완전히 이해할 수 있는	크라마 과정, 연속

The process, corresponding to moments which become apprehensible at the final end of transformation (of the Guṇas), is Kramaḥ.

크라마는 구나가 변형되는 최종단계에서 비로소 인식 가능해지는 순간들을 말한다.

이 수트라는 현현된 세계와 시간의 속성을 일부 밝혀주기 때문에, 4권에서 가장 중요하고 흥미로운 수트라 중의 하나다. 이 수트라에서 우리는 현대의 작가라면 한 권의 책으로 다룰만한 과학이론이 몇 마디 말로 응축된 놀라운 예시를 볼 수 있다.

먼저 크샤나(*Kṣaṇa*)라는 단어를 살펴보자. 문자 그대로는 순간을 의미하지만, 이 간단한 의미 뒤에는 시간에 대한 전체 철학이 숨겨져있다. 이 철학에 따르면, 시간은 연속적인 것이 아니라 불연속적이다. 현대과학이 등장하기 전까지 물질은 일반적으로 연속적인 것으로 여겨졌지만, 화학은 물질이 불연속적이며 거대한 빈 공간에서 서로 분리된 개별입자들로 구성되어 있음을 보여주었다. 영화필름을 스크린에 투사하는 메커니즘은 겉으로는 연속적으로 보이는 것 이면의 불연속성을 거의 완벽하게 보여주는 예시이다.

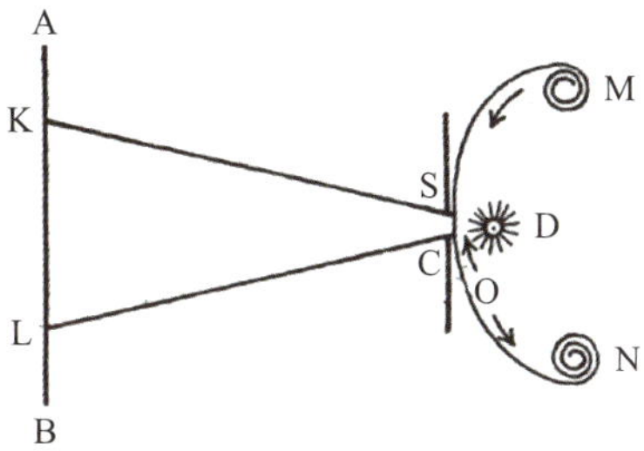

그림 15

AB는 스크린이고, D는 광원이다. O는 D에서 오는 빛이 스크린에 닿을 수 있게 하는 조리개이다. 이 조리개는 번갈아 열리고 닫히며, 그 움직임은 필름의 움직임과 동기화되어 있다. 조리개가 열릴 때, 필름의 사진들 중 하나가 조리개와 마주하게 되고 사진을 통과하는 광선이 이를 스크린에 투사한다. 이어 조리개가 닫히고, 필름이 움직이며, 다음 사진이 정해진 위치에 오면 종전과 같은 방식으로 스크린에 투사된다. 따라서 스크린에 만들어진 연속적인 화면은, 실제로는 빠르게 연속으로 스크린에 투사된 일련의 개별 이미지들임을 알 수 있다. 연속된 이미지들 사이의 시간 간격이 1초의 1/10보다 짧기 때문에, 우리는 연속적인 화면이라는 인상을 받는다.

요가철학에 따르면, 우리가 **칫타**를 통해 인식하는 연속적인 인상들은 실제로 연속적이지 않으며, 스크린 위의 화면처럼 불연속적인 상태들의 연속으로 구성되어 있다. 현상계에서 일어나는 각각의 변화는 분리되고 구별되며 그에 상응하는 인상을 만들어내지만, 이런 인상들이 너무나 빠르게 연속적으로 펼쳐지므로 우리는 모든 것이 연속적으로 존재한다는 인상을 받는다. 이처럼 분절된 연속적 상태들 각각에 상응하는 시간시간의 마디를 **크샤나**라고 한다. 따라서 **크샤나**는 더 이상 쪼갤 수 없는, 가장 작은 시간의 단위라고 할 수 있다.

다음으로 고려할 단어는 크라마(*Kramaḥ*)이다. 우리는 방금 연속적인 인상이 프라크리티에서 일어나는 불연속적 변화들의 연속에 의해 생산된다는 사실을 보았다. 크라마는 모든 현상의 근간을 이루는 끊임없는 불연속적 변화들의 연속적인 과정이다. 따라서 이 과정은 궁극적으로 시간의 단위인 크샤나에 기반하며, 이는 영화 화면의 투사가 조리개의 매번의 열림과 닫힘에 연동되는 것과 같다. 크샤나에 잇따라 크샤나가 일어나면서, 전체적으로 현현된 세계는 하나의 분명한 상태에서 또 다른 분명한 상태로 넘어가지만, 그 연속이 너무 빨라서 우리는 불연속성을 의식하지 못한다.

요가철학에 따르면 현현의 전체적인 기반인 프라크리티에서 일어나는 모든 현상적 변화들은 본질적으로 기계적이다. 현현된 우주 전체와 그 안의 모든 것은 현현의 본질 자체에 내재된 가차 없이 적확한 법칙에 의해 순간순간 변화한다.

우리가 크샤나와 크라마라는 두 단어가 나타내는 과정의 본질을 이해했다면, 이 수트라의 의미를 이해하는 것은 어렵지 않을 것이다. 이는 III-53에서 언급한 대로, 단지 요기가 이 과정에 대해 삼야마를 행함으로써 시간을 만들어내는 한계에서 그의 의식이 해방될 때에만, 궁극적 실재를 인식할 수 있다는 것을 의미한다. 그가 비실재의 세계에서 벗어나 실재의 빛 속으로 들어설 때에만, 실재의 진정한 본질뿐만 아니라 그가 뒤에 남겨둔 시간과 공간의 상대적 본질 또한 깨닫게 된다.

이제 영민한 독자들이라면 시간과 에너지의 본질, 그리고 현대과학의 발전에 매우 유용했던 양자이론의 단서를 찾을 수 있을 것이다. 다음의 두 가지 개념은 이런 주제에 관심 있는 독자들에게 얼마간 시사점을 줄 수 있을 것이다.

현상계가 불연속적이라면 우리가 관찰하고 측정할 수 있는 모든 과정들도 불연속적이어야 한다. 예를 들어 태양에서 우리에게 방사되어 오는 에너지를 생각해보자. 이 에너지는 우리에게 연속적으로 흐르는가, 아니면 불연속적인 양자로 오는가? 만약 태양계의 모든 변화가 불연속적이고 마치 태양계가 순간순간 생성되었다가 사라지는 것과 같다면, 태양으로부터 오는 에너지의 흐름도 불연속적이어야 한다. 요가철학의 가르침에서 도출되는 이 결론은 양자이론의 기본개념과 일치한다.

III-53과 IV-33의 두 수트라는 또한, 시간의 본질에 대한 논의이다. 현상계의 인식이 연속적인 이미지들에 의해 의식에 만들어진 인상들의 결과라면, 우리가 시간이라고 부르는 현상의 지속 시간을 실제로 결정하는 것은 그 이미지들의 수가 될 것이다. 따라서 시간의 절대적인 측정이란 있을 수 없다. 결국 시간은 칫타를 통과하는 인상, 그로 인한 이미지들의 수와 관련될 것이다. 이런 개념이야말로 우주의 다양한 차원마다 존재하는 서로 다른 시간의 측정에 대하여 어떤 통찰을 제공할 것이다.

34

Puruṣārtha-śūnyānāṃ guṇānāṃ pratiprasavaḥ kaivalyaṃ svarūpa-pratiṣṭhā vā citi-śakter iti.

푸루샤아르타–슌야남 구나남 프라티프라사바
카이발얌 스바루파–프라티슈타 바 치티–샥테르 이티

•

푸루샤아르타 푸루샤의 목적	**슌야남** 비어있는	**구나남** 구나들의
프라티프라사바 환원, 재흡수	**카이발얌** 해방	**스바루파** 참된 본성
프라티슈타 확립	**바** 또는	**치티–샥테** 순수의식의 힘의
이티 끝		

Kaivalya is the state (of Enlightenment) following remergence of the Guṇas because of their becoming devoid of the object of the Puruṣa. In this state the Puruṣa is established in his Real nature which is pure Consciousness. Finis.

카이발야는 구나들이 더 이상 푸루샤의 대상이 되지 않음으로 인해, 그들의 본래 상태로 되돌아감에 따라 나타나는 깨달음의 경지이다. 이제 푸루샤는 그의 진정한 본성인 순수의식 안에 확립된다. 끝.

이제 우리는 마지막 수트라에 도달했다. 이 수트라의 의미는 다음과 같이 요약할 수 있다: '카이발야는 **푸루샤**의 오랜 진화적 전개의 목적이 달성되었을 때, **푸루샤**가 최종적으로 확립한 자각의 상태이다. 이 상태에서 **구나**들은 그들의 목적을 완수하고 균형에 이르게 되므로, 순수의식은 어떠한 방해나 제한 없이 기능할 수 있게 된다.'

이는 카이발야 의식에 대한 설명이 아니라는 점에 유의해야 한다. 비실재의 세계에 살고 있는 어느 누구도, 요기가 카이발야에 도달함으로써 인식하게 되는 실재를 이해하거나 설명할 수 없다. 인간의 이해를 완전히 벗어난 의식상태와 인간이 도달해야 할 목표에 대해 많은 오해가 존재하는 것은 당연하다. 이러한 오해들 중 일부를 이 장을 마무리하기 전에 다루는 것이 필요하다.

"'이슬방울이 빛나는 바다 속으로 미끄러져 들어간다'는 문장이 암시하듯, 카이발야는 개별성의 완전한 소멸과 요기가 신성한 의식으로 통합된다는 것을 의미하는가?" 우리는 카이발야가 무수한 생들과 엄청난 시간을 포함하는 매우 긴 진화과정의 정점이라는 사실을 명심해야 한다. 요가수련이 가져온 이 진화적 발전의 마지막 단계에 요기의 내면에서부터 힘과 지식과 지복이 비약적으로 펼쳐져 나오고, 끝을 향할수록 그것들이 폭발적으로 커져서 인간은 그저 그것을 응시하는 것만으로도 현기증을 느끼게 된다. 진보의 각 단계마다 요기는 자신 안에서 깨어나는 새로운 의식이 이전의 것보다 무한히 활기차고 영광스럽다는 것을 발견하며, 자신의 존재의 가장 깊은 곳에 숨겨진 엄청난 실재를 점진적으로 드러내고 있는 것처럼 보인다. 카이발야는 프라크리티의 영역 내에서 도달할 수 있는 가장 초월적인 의식상태를 초월함으로써 얻게 된다. 이렇게 얻은 새로운 의식에서 그의 개별성이 완전히 사라지고, 그토록 많은 고통과 노고를 통해 모았던 진화의 귀중한 열매들이 단번에 씻겨나가는 것이 합리적일까?

신성한 의식과 합일하는 경험은 너무나 완벽하고 압도적이기 때문에, 요기가 일시적으로 자신의 개별성을 잃은 것처럼 보이는 상황은 합리적으로 추측해볼 수 있다. 하지만 이것이 개별성이 그 영광스러운 실재 속에서 영원히 분해되고 사라진다는 것을 의미하지는 않는다. 만약 개별성이 완전히 사라진다면, 어떻게 그것이 하위세계에 도로 나타나는 것을 설명할 수 있겠는가? 이 위대한 존재들이 깨달음을 얻은 후, 하위세계로 되돌아온다는 것은 의심할 여지없는 사실이기 때문이다. 이슬방울이 빛나는 바다로 미끄러져 들어가 사라지는 것은 쉽지만, 그 바다에서 다시 돌아올 수는 없다. 마찬가지로 만약 개별성이 완전히 통합되어 사라진다면, 다시 분리되어 나타날 수는 없다. 만약 그렇게 할 수 있다면, 그것은 **지바트마**가 **파라마트마**와 완벽하게 결합한 상태에서도 개별성의 씨앗이 여전히 남아있다는 것을 의미한다. 따라서 인간존재의 길고 지루한 진화적 발전이 단지 돌아올 수 없는 실재 속으로 사라지는 것으로 끝나고, 힘들게 얻은 진화의 열매들이 모두 사라진다고 생각하는 실수를 범하지 말자. 이 경이로운 우주를 창조하고 진화의 계획을 고안한 전능자는 우리보다 막대한 지성을 가지고 있음을 믿자!

카이발야의 문자적 의미*로 인해, 많은 사람들이 **카이발야**를 **푸루샤**가 다른 모든 것들에서 완전히 분리되어 마치 산꼭대기에 홀로 앉아있는 사람처럼 고독한 장엄 속에서 살아가는 상태라고 상상하곤 한다. 만약 그런 상태가 존재한다면 그것은 지복의 완성이 아니라 공포일 것이다. **카이발야**에서 분리(isolation)의 개념은 **푸루샤**가 분리되는 대상인 **프라크리티**와 관련하여 해석해야 한다. 이 분리는 **푸루샤**를 모든 제한에서 자유롭게 하지만, 한편으로는 **푸루샤**를 모든 현현에서의 의식과 통합하기에 가장 적합한 상태로 이끈다. **프라크리티**로부터의 완전한 분리는 실재와의 완전한 통합을 의미한다. 왜냐하면 물질로 인해 서로 다른 의식들이 출현하는 것이고, 실재의

* 카이발야는 '홀로' 또는 '오직'이라는 의미의 '케발라'에서 파생된 말로, 절대적 독존상태를 의미한다.

세계에서 우리는 모두 하나이기 때문이다. 우리가 물질을 초월하고 물질의 제한에서 우리를 분리시킬수록, 파라메슈바라(*Parameśvara*, 최고의 주재자)와 그의 중심들인 모든 지바트마들과 우리의 통합은 더욱 가까워진다. 또한 아난다는 사랑 또는 하나됨과 떼어놓을 수 없다. 따라서 우리는 모든 것을 포용하는 카이발야의 의식이 왜 우리를 아난다의 절정으로 이끄는지 잘 이해할 수 있다.

마지막 질문은 "카이발야가 모든 여정의 끝인가?"이다. 《요가수트라》에서는 카이발야가 최종목표라는 인상을 주고 있다. 하지만 이 길을 먼저 걸어간 사람들과 오랜 신비의 전통은 한 목소리로 말한다. 카이발야는 끝없는 의식의 전개과정에서 단지 한 단계일 뿐이라고. 푸루샤가 이 자각의 단계에 도달했을 때, 그는 인간의 상상을 완전히 넘어서는 새로운 성취의 전망이 자신 앞에 또다시 열리는 것을 본다. 부처님이 말씀하셨듯이 "장막이 하나씩 제거될 때마다, 그 뒤에 또 다른 장막이 발견될 것이다." 《요가수트라》는 인간에 관한 한, 최종목표를 달성하기 위한 기법을 제공한다. 그 너머에 있는 것은 현재로서는 우리의 관심사가 아닐 뿐만 아니라, 우리의 이해를 완전히 벗어나있기 때문에 연구의 대상 또한 될 수 없다. 우리가 풀어야 할 더 깊은 신비와 우리가 걸어야 할 길의 나머지 단계들은 우리 의식의 더 깊은 곳에 숨겨져있으며, 우리가 받아들일 준비가 되었을 때 스스로를 적절히 드러낼 것이나. 현재 우리에게는 카이발야에 내포된 성취의 목표만으로도 충분하다.

참고

인간의 구성에 관한 구조적 설명

요가에서는 인간의 구성에 대해, 그 본질인 참자아(Self)를 여러 매개체(vehicle)들이 겹겹이 덮고 있는 상태라고 본다. 타임니는 매개체에 관한 언급에서, 베단타 철학의 판차 코샤(*Pañca Kośa*, 다섯 덮개) 개념과 현대 신지학적인 매개체 분류를 함께 사용하고 있다. 따라서 아래에 설명된 두 분류 방식 사이의 대략적인(매개체의 분류 방식이 학파마다 상이하므로, 유연한 해석이 필요) 대응관계를 미리 숙지한다면, 수트라 본문을 더 명확하게 이해하는 데 도움이 될 것이다.

1. 안나마야 코샤(Annamaya Kośa)

'음식으로 이루어진 덮개'라는 의미이며, 우리가 흔히 잘 아는 물질로 구성된 가시적인 육체이자, 우리가 통상 육체라고 인식하는 몸이다. 신지학에서는 조밀한 물질로 이루어진 '거친 체(dense body)'라고도 부르며 사실상 별다른 기능 없는 껍질에 불과한 몸이다.

2. 프라나마야 코샤(Prāṇamaya Kośa)

'생기에너지로 이루어진 덮개'라는 의미이며, 신지학에서는 '에너지체' 또는 '에테르체'로 부르거나 때로는 '거친 체'와 합쳐서 '육체'라고 부르기도 한다. '거친 체'의 원형이 되는 진정한 육체이며 '거친 체'와 매우 근접하게 포개져있으므로, '에텔복체(etheric double)'로 쓰기도 한다. 생기에너지의 흐름이 지나는 통로들로 마치 그물처럼 짜인 체이다. **프라나마야 코샤**부터는 비가시적 매개체이며, 이는 앞으로 점점 더 미세해진다.

3. 마노마야 코샤(Manomaya Kośa)

'마음으로 이루어진 덮개'라는 의미이며, 신지학에서 말하는 감정과 욕망의 체인 '아스트랄체'와 구체적인 생각의 체인 '(하위)멘탈체'가 **마노마야 코샤**에 상응한다고 볼 수 있다. 평범한 사람에게 감정과 욕망은 구체적인 생각과 뒤섞인 상태(카마-마나스)로 존재하기 때문이다.

4. 비갸나마야 코샤(Vijñānamaya Kośa)

'지성으로 이루어진 덮개'라는 의미이며, 여기에서의 지성은 흔히 말하는 구체적인 마음이라기보다 추상적인 원리, 본질, 원형에 대한 사고로 볼 수 있으며, 신지학에서는 그 사고를 담당하는 (상위)멘탈 차원에 존재하는 '원인체(causal body)'와 상응한다. 여러 생에서의 원인들이 모이는 매개체라는 의미이다.

5. 아난다마야 코샤(Ānandamaya Kośa)

'지복으로 이루어진 덮개'라는 의미이며, 신지학에서 '붓디(직관)체'에 상응한다. 직관은 감각과 지성 너머의 초월적인 영적 인식능력을 의미하며, 지복(bliss, 아난다)을 동반하기 때문에 **아난다마야 코샤**라는 이름으로 부른다.

이 다섯 매개체들을 넘어서면 **아트마**(*Ātmā*)에 도달하게 된다. **아트마**는 현현의 영역에서 분리된 존재의 핵심이다.

한편, **베단타**에서는 세 가지 **샤리라**(*Śarīra*, 신체)로 매개체를 분류하기도 하는데, 그 경우에 **코샤**와의 대응관계는 다음과 같이 볼 수 있다.

- **스툴라 샤리라**(*Sthūla Śarīra*, 거친 신체): **안나마야 코샤**
- **숙슈마 샤리라**(*Sūkṣma Śarīra*, 미세한 신체): **프라나마야 코샤, 마노마야 코샤**
- **카라나 샤리라**(*Kāraṇa Śarīra*, 원인적 신체): **비갸나마야 코샤, 아난다마야 코샤**

색인

ㄱ

가리만(Gariman) 446
가야트리(Gāyatrī) 286, 477
갸나(Jñāna) 152, 155
갸나-딥티(jñāna-dīpti) 263
갸넨드리야(Jñānendriya) 443, 453, 488
구나(Guṇa) 230
구나티타(Guṇātīta) 235
구루(Guru) 99, 326, 332
그라하나(Grahaṇa) 141, 449, 453
그라히야(Grāhya) 395, 453, 455
그라히트리(Grahītṛ) 141, 453

ㄴ

나다(Nāda) 129
나디 슛디(Nāḍī Śuddhi) 127
나바다 박티(Navadhā-Bhakti) 289
네티(Neti) 308
니드라(Nidrā) 40, 47, 135~137
니로다 파리나마(Nirodha Pariṇāma) 363
니로다(Nirodha) 33
니룻다(Niruddha) 364
니르구나 브라만(Nirguṇa Brahman) 96
니르구나 우파사나(Nirguṇa Upāsanā) 172
니르마나 칫타(Nirmāṇa Citta) 438
니르마나-카야(Nirmāṇa-kāya) 430, 492
니르바사(Nirbhāsā) 155
니르비자 사마디(Nirbīja Samādhi) 32, 34, 47, 64, 70, 72, 77, 144~150, 161, 172~175, 257, 359, 361, 545
니르비차라(Nirvicāra) 71, 158, 163
니르비타르카(Nirvitarka) 71, 154
니스카마 카르마(Niṣkāma Karma) 288, 475
니야마(Niyama) 111, 179, 265, 280

ㄷ

다라나(Dhāraṇā) 33, 343
다르마 메가(Dharma Megha) 68, 96, 209, 317, 368, 476, 538, 543~544
다르마 샤스트라(Dharma-Śāstra) 180
다르마 파리나마(Dharma Pariṇāma) 376
다르마(Dharma) 232, 375, 504
다르미(Dharmi) 376, 378
다우티(Dhauti) 308
데바(Deva) 98, 460
데샤(Deśa) 277, 343, 496
두카(Duḥkha) 121, 124, 195, 202, 219, 291, 294
드라슈타(Draṣṭā) 34, 156, 243, 425, 452~453
드반드바(Dvandva) 322
드베샤(Dveṣa) 37, 56, 183, 202
디브얌 슈로트람(Divyaṃ Śrotram) 435
디야나(Dhyāna) 33, 69~70, 118~119, 122, 143, 149, 152, 210, 265, 325, 333, 335, 343, 346~352, 360

ㄹ

라가(Rāga) 37, 56, 183, 201
라기만(Laghiman) 446
라야 요가(Laya Yoga) 129, 131
라자 요가(Rāja Yoga) 130
라자스(Rajas) 223
락샤나 파리나마(Lakṣaṇa Pariṇāma) 376
락샤나(Lakṣaṇa) 374, 376, 463
레차카(Recaka) 327
로바(Lobha) 291~292
루파(Rūpa) 44, 350, 395, 448
리시(Ṛṣi) 187
리탐(Ṛtam) 165
리탐바라 프라갸(Ṛtaṃbharā prajñā) 166
리탐바라(Ṛtambharā) 34, 165
릴라(Līlā) 450
링가(Liṅga) 240

ㅁ

마나스(Manas) 40, 48, 54, 110, 563
마노마야 코샤(Manomaya Kośa) 54, 69, 213, 563
마누(Manu) 98
마디야마(Madhyamā) 108
마야(Māyā) 96, 185, 194, 197, 220, 227, 247, 254, 256, 264, 268, 545
마트라(Mātraḥ) 240, 244, 351
마하-비데하(Mahā-Videhā) 439
마하-싯디(Mahā-Siddhi) 446
마하트-탓트바(Mahat-Tattva) 485
마히만(Mahiman) 446

만트라 샤스트라(Mantra-Śastra) 103
모하(Moha) 291, 293
목샤(Mokṣa) 80
무묵슈트바(Mumukṣutva) 86

ㅂ

바가반(Bhagavān) 450
바르나슈라마 다르마(Varṇāśrama Dharma) 277
바르타(Vārtā) 425
바바 사가라(Bhava Sāgara) 465
바바(Bhāva) 535
바사나(Vāsanā) 367, 474~476, 494~496, 500~502, 532~536, 539
바쉬카라-삼갸(Vaśīkāra-Saṃjñā) 56
바쉬트바(Vaśitva) 446
바이라기야(Vairāgya) 56~62, 143, 203, 344, 368, 383, 423, 459~460, 501, 536, 538, 543~544
바이샤(Vaiśya) 277
바이카리(Vaikharī) 108
바차(Vācya) 105
바차카(Vācaka) 104
바히랑가(Bahiraṅga) 18, 340
바히르(Bahir) 361, 439~440
박타(Bhakta) 416
박티 요가(bhakti Yoga) 108
베단타(Vedānta) 30, 70, 93, 213, 240, 248, 420~421, 447, 498, 562, 564
보가(Bhoga) 215~216, 229, 420, 423
부타 자야(Bhūta Jaya) 376, 442, 446
부타(Bhūta) 159, 230, 235, 389
붓다들(Buddhas) 98
붓디(Buddhi) 60, 82, 110, 164, 166, 196, 270~271, 293, 299, 337, 421~422, 524~529
뷰타나 삼스카라(Vyutthāna Saṃskāra) 364
브라마 브릿티(Brahma-Vṛtti) 241
브라마차리야(Brahmacarya) 267, 273, 302, 328
브라만(Brahman) 257, 421, 447
브라만다(Brahmāṇḍa) 92, 96, 98, 281, 418
브릿티(Vṛtti) 29, 31~51, 56~58, 89, 145, 155, 171, 173, 219~224, 241, 270, 316, 319, 324, 329, 363~364, 440, 513~514
브야나(Vyāna) 432
비갸나마야 코샤(Vijñānamaya Kośa) 70~71, 238, 563
비데하(Videha) 78~79, 439
비두샤(Vidūṣaḥ) 204
비라마-프라티야야(Virāma-Pratyaya) 74
비르야(Vīrya) 82, 302

비베카(Viveka) 59~60, 118, 189, 220~224, 258, 262~263, 423, 462, 501, 538, 540, 544
비베카잠-갸남(Vivekajaṃ-Jñānam) 461~469, 549
비베카-키야티(Viveka-Khyāti) 258~263, 356, 539~544
비샤야(Viṣaya) 49, 56, 58, 336
비셰샤(Viśeṣa) 87, 91, 238~241, 535
비자(Bīja) 33, 148, 457
비차라(Vicāra) 63, 68~71, 145, 238~239
비카라나 바바(Vikaraṇa Bhāva) 451, 453~455
비칼파(Vikalpa) 39, 45~46, 147, 152
비타라가(Vītarāga) 133
비타르카(Vitarka) 63, 68~71, 142, 153, 156, 238~239, 290~295, 356, 370
비파르야야(Viparyaya) 39
빅셰파(Vikṣepa) 109, 112, 121
빈두(Bindu) 75

ㅅ

사구나 브라만(Saguṇa Brahman) 95
사구나 우파사나(Saguṇa Upāsanā) 172
사르바르탐(Sarvārtham) 531
사르바-비샤얌(Sarva-Viṣayaṃ) 465~466
사르바타-비샤얌(Sarvathā-Viṣayam) 466
사마나(Samāna) 432~433
사마디 파리나마(Samādhi Pariṇāma) 146, 364~365, 369~371, 376
사마팟티(Samāpattiḥ) 141, 463
사마팟티비얌(Samāpattibhyām) 320~321
사비자 사마디(Sabīja Samādhi) 32, 64, 70, 141~175, 361, 549
사비차라(Savicāra) 71, 158~159
사비타르카(Savitarka) 71, 147, 152
사트(Sat) 30, 165~166, 312, 421
사트바(Sattva) 229, 233~235, 282, 309~310, 420~424, 454~469
사트바슛디(Sattva-Śuddhi) 309
사트야(Satya) 267, 271~272, 298~299
사트-치트-아난다(Sat-Cit-Ānanda) 30, 421
사히타 쿰바카(Sahita Kumbhaka) 327
삭샷카라나트(sākṣātkaraṇāt) 393
산토샤(Saṃtoṣa) 280, 283~284, 311
삼비트(Saṃvit) 418, 422
삼스카라 세샤(Saṃskāra Śeṣaḥ) 75
삼스카라(Saṃskāra) 49, 53, 68, 74~77, 80, 96, 131, 143, 171, 175, 213, 219, 222, 224, 274, 288, 305, 362~364, 367~368, 373, 391, 399, 477, 489~

500, 506, 539~542, 544, 553
삼야마(Saṃyama) 144~145, 149~155, 158, 161, 163, 171~175, 325, 352, 355~360, 376~378, 381~382, 386~402, 405~415, 418~424, 435~437, 441~445, 449~451, 454, 461, 474, 478, 485, 556
삼야바스타(Sāmyāvasthā) 231, 234, 552
삼요가(Saṃyoga) 227, 249, 256, 545
삼키르나(Samkīrṇā) 147, 152
삼프라갸타(Saṃprajñāta) 33, 63~77, 142, 145, 148~150, 172~175, 237, 239, 356, 359, 365, 370
삿다카(Sādhaka) 18, 180~182, 194, 207, 209~211, 263, 266, 268, 270~296, 302~303, 315, 318~319, 321, 328~348, 375, 386
삿카라(Satkāra) 52, 55
상키야(Sāṃkhya) 30, 69, 89~90, 93~94, 157, 160, 183, 230, 247, 420, 422, 424, 453
샤우차(Śauca) 280~283, 307
삽다(Śabda) 45, 101~102, 131, 147, 152~155, 389, 397
삽다-브라만(Śabda-Brahman) 102
세슈바라 상키야(Seśvara Sāṃkhya) 89
수슘나(Suṣumṇā) 332
수카(Sukha) 124, 193, 195, 201, 311~312
수트라(Sūtra) 26
숙슈마 비사야(Sūkṣma Viṣaya) 158, 160, 239
숙슈마(Sūkṣma) 207, 329, 403, 442, 445, 449, 509
슈라바나(Śrāvaṇa) 425~426
슈랏다(Śraddhā) 81, 117
슈로트라(Śrotra) 397, 435
순야(Śūnya) 154~155, 558
슐로카(Śloka) 62
스므리티(Smṛti) 39, 49, 81~82, 154, 496, 524
스므리티-파리슛디(Smṛti-pariśuddhi) 154
스바루파 순야(Svarūpa-Śūnya) 155
스바루파(Svarūpa) 34, 68, 154~155, 233, 249, 287, 336, 349~351, 370, 442, 445, 449, 469, 475, 558
스툴라(Sthūla) 442, 445, 449, 564
싯다(Siddha) 375, 414~317
싯다사나(Siddhāsana) 319
싯디(Siddhi) 18, 79, 82, 140, 164, 264, 297, 313, 316~317, 325, 355, 374, 376, 381~387, 395, 399, 402, 416, 428~429, 434, 436, 441, 446, 451, 464, 467, 473~478

ㅇ

아갸나(Ajñāna) 291, 294
아그니(Agni) 433
아나하타 샵다(Anāhata Śabda) 131
아나하타(Anāhata) 131, 419
아난다(Ānanda) 63, 68, 70~71, 142, 145, 195, 201, 238, 240, 312, 421, 561, 564
아난다마야 코샤(Ānandamaya Kośa) 70~71, 238, 240, 563~564
아난타(Ananta) 320~321
아누슈라비카(Ānuśravika) 58
아니만(Animan) 446
아데프트(Adept) 68, 76, 93~94, 164, 235, 250, 355, 414, 428, 453, 469
아디카리 푸루샤(Adhikāri Puruṣa) 92
아르타(Artha) 152, 349, 351, 389~390
아르타밧트바(Arthavattva) 442, 445, 449~450
아링가(Alinga) 160, 238, 240
아바스타 파리나마(Avasthā Pariṇāma) 377
아비니베샤(Abhiniveśa) 183, 204~208, 502
아비디야(Avidyā) 61, 90, 183, 189, 191~200, 204~209, 254~259, 423, 475, 500~503, 541~548, 553
아비베카(Aviveka) 258
아비셰샤(Aviśeṣa) 237~241, 420
아비야사 푸르바(Abhyāsa Pūrvaḥ) 74, 365
아비야사(Abhyāsa) 50~52, 57, 74, 123, 368
아비플라바(Aviplavā) 258, 260
아사나(Āsana) 16, 116, 143, 265, 318~328, 338, 340
아삼프라갸타(Asamprajñāta) 63~77, 172, 174, 365, 539, 545
아수릭(Āsuric) 284
아슈탕가 요가(Aṣṭāṅga Yoga) 51, 87, 130, 144, 265, 316
아슛디-크샤야트(Aśuddhi-kṣayāt) 313~314
아스미(Asmi) 196
아스미타(Asmitā) 63, 68~71, 142, 145, 183, 196~200, 209, 227, 238, 241, 257, 285, 287, 289, 449, 484~485, 502, 532
아스테야(Asteya) 267, 272, 300
아시샤(Āśiṣaḥ) 501
아야마(Āyāma) 325
아카샤(Ākāśa) 337, 397, 435~437, 444, 505
아카샤-가마남(Ākāśa-gamanam) 437
아카식(Ākāśic) 505

아칼피타(Akalpitā) 439~440
아크라맘(Akramaṃ) 465~466
아트마(Ātmā) 66, 68, 70~71, 76, 85, 110, 164, 173, 193, 238, 246, 256~257, 309, 323, 337, 372~373, 531, 535~536, 540, 549, 564
아트마-바바(Ātma-Bhāva) 535, 537
아티얀타아삼키르나요(Atyantāsaṃkīr-ṇayoḥ) 420, 422
아티프라상가(Atiprasaṅgaḥ) 524~525
아파나(Apāna) 432
아파리그라하(Aparigraha) 267, 275, 304
아힘사(Ahiṃsā) 267~272, 278, 294, 296~297
안타랑가 요가(Antaraṅga Yoga) 18, 335, 340
앙가(Aṅga) 265~267, 280, 326, 336, 340, 343, 360
야마(Yama, 금계) 111, 143, 265, 267~273, 280, 292~296, 326, 328, 338, 340
에카그라타 파리나마(Ekāgratā Pariṇāma) 364, 370~372, 376
에카타나타(Ekatānatā) 346~347
에카트바트(Ekatvāt) 511~512
옴(AUM/Om) 101, 104~106, 286
요가 샤스트라(Yoga-Śāstra) 180
우다나(Udāna) 432
이샤트바(Īśatva) 446
이슈바라(Īśvara) 53, 85, 89~109, 179, 182, 210, 280, 286~289, 316~317, 406, 417, 491
이슈바라-프라니다나(Iśvara-praṇidhāna) 179, 182, 210, 280, 286~289, 316~317
이슈타-데바타(Iṣṭa-Devatā) 286, 315
이티(Iti) 465~467
인드리야(Indriya) 189, 229~230, 235~236, 309, 313, 336~337, 340, 374~377, 449~454
인드리야-자야(Indriya-Jaya) 449, 452, 454

ㅈ

자다-사마디(Jaḍa-Samādhi) 80, 353
자파(Japa) 88, 104, 107~108, 110~111, 131
잔마-카탐타(Janma-Kathaṃtā) 304
즈발라남(Jvalanam) 433~434
지바트마(Jīvātmā) 30, 498
지반묵타(Jīvanmukta) 235, 423, 547, 550

ㅊ

차이탄야(Caitanya) 80, 422
차크라(Cakra) 129, 327, 332, 411
차크슈(Cakṣuḥ) 395~396
첼라(Celā) 327, 332
치티-샥티(Citi-Śakti) 422
칫타(Citta) 29, 112, 124, 133, 336, 343, 363, 369, 371, 393, 418, 429, 484, 487, 513, 515, 517, 519, 524, 531, 537

ㅋ

카라나 샤리라(Kāraṇa Śarīra) 213, 392, 399, 498, 564
카르마 요가(Karma Yoga) 288
카르마(Karma) 53, 91, 119, 212~219, 232, 275, 278, 288, 292, 294, 300, 392, 398~399, 431, 448, 452, 474, 478, 489~501, 541, 547, 553
카르마샤야(Karmāśaya) 91, 212~215, 392, 489~492
카르멘드리야(Karmendriya) 453, 488
카르타(Kartā) 156, 453
카마(Kāma) 274, 491
카이발야(Kaivalya) 19, 61~64, 68, 91~96, 147, 157, 175, 182, 194, 209, 234, 244, 256, 260, 263, 282, 285, 361, 368, 386, 417, 423, 457~459, 461, 468~469, 474, 476, 485, 490, 495, 508, 531, 533, 535, 537, 545~549, 553, 558~561
케발라 쿰바카(Kevala Kumbhaka) 327
쿠르마(Kūrma) 413
쿠르마-나디(Kūrma-nāḍi) 413
쿤달리니(Kuṇḍalinī) 327~328, 331
쿰바카(Kumbhaka) 127~128, 327~331
크라마(Krama) 372, 380, 552, 554, 556
크로다(Krodha) 291~293
크리야 샥티(Kriyā Śakti) 430, 437
크리야 요가(kriyā yoga) 21, 33, 179~180, 182, 203, 210, 308
크샤나(Kṣaṇa) 362, 364, 371, 461, 464, 554~556
클레샤(Kleśa) 18, 37, 56, 91, 121~122, 179~183, 186~193, 202~215, 220, 227, 256, 259, 263~264, 287, 431, 502, 541, 547

ㅌ

타라카-갸나(Tāraka-Jñāna) 466
타라캄(Tārakaṃ) 465
타마스(Tamas) 223, 229, 233~234, 282, 309~310, 421
타파(Tāpa, 불안) 219~222
타파스(Tapas, 절제) 179, 280, 284~

285, 313, 473
탄마트라(Tanmātra) 337, 396~397, 450
탄트라(Tantra) 17, 477~478
탓트바(Tattva) 123, 396~397, 402, 413, 433, 442~444, 485~486
테자스(Tejas) 337, 396, 444
트리구나 삼야바스타(Triguṇa-Sāmyāvasthā) 231
트리구나(Triguṇa) 231

ㅍ

파드마사나(Padmāsana) 319
파라르탐(Parārthaṃ) 532~533
파라마트마(Paramātmā) 30, 108, 235, 359, 560
파라메슈바라(Parameśvara) 561
파라-바이라기야(Para-Vairāgya) 35
파라브라만(Parabrahman) 93
파랑가(Parāṅga) 109~110
파리나마(Pariṇāma) 146, 219~220, 224, 362~377, 380, 479, 511, 552, 554
파리슛다우(Pariśuddhau) 154~155
파샨티(Paśyantī) 108
파키르(Fakir) 477
판차-부타(Pañca-Bhūtas) 442~449
판차타이야(Pañcatayyaḥ) 36, 40
푸라카(Pūraka) 327~329
푸루샤 비셰샤(Puruṣa-Viśeṣa) 93
푸루샤(Puruṣa) 30~31, 35, 61~62, 68, 72, 91~96, 144~145, 156~157, 161, 174~175, 189, 196~197, 227~230, 233~236, 243~259, 287, 309~310, 314, 316, 324, 356, 361, 373, 420~426, 452~457, 468~476, 487, 502, 519~524, 531~538, 544~548, 552~553, 558~561
푸루샤-키야티(Puruṣa-Khyāti) 62
프라갸(Prajñā) 65~67, 148, 165~167, 261, 356
프라나(Prāṇa) 122, 127~128, 313, 318, 323~327, 331~333, 410~413, 432~433
프라나마야 코샤(Prāṇamaya Kośa) 79, 116, 127, 325, 330~331, 411, 432, 563
프라나바(Praṇava) 101, 104~111, 286, 477
프라나야마(Prāṇāyāma) 116, 127~128, 143, 265, 284, 313, 323~340, 385, 432, 441
프라다나(Pradhāna) 451~452, 455
프라랍다 카르마(Prārabdha Karma) 495
프라마나(Pramāṇa) 39, 42~43, 45
프라브릿티(Pravṛtti) 129, 403, 487~488

프라카미야(Prākāmya) 446
프라크리티(Prakṛti) 30~33, 58, 68, 78~80, 161, 172~175, 189, 196, 227~235, 245~256, 324, 361, 374, 378, 380, 420~426, 451~457, 467~469, 474~475, 479~480, 483~486, 490, 492, 502, 506~510, 531, 536, 552, 556, 559~560
프라크리티라야(Prakṛtilaya) 78~80
프라크리티-아푸라트(Prakṛty-āpūrāt) 479
프라티바 슈라바나(Prātibha Śrāvaṇa) 426
프라티바(prātibhā) 159, 416~417, 425~426
프라티야야(Pratyaya) 243~245, 346~347, 350, 352, 363, 365, 371~373, 393, 420, 423~424, 439, 539~544
프라티야하라(Pratyāhāra) 265, 336~340
프라티약 체타나(Pratyak Cetanā) 109~110
프라티약(Pratyak) 109
프라티약샤(Pratyakṣa) 42, 259
프라티팟티(Pratipattiḥ) 463
프라티프라사바(Pratiprasava) 207~208, 558
프라프티(Prāpti) 446
프랄라야(Pralaya) 443
핀단다(Piṇḍāṇḍa) 418

ㅎ

하타요가(Hatha yoga) 116, 318~319, 324
헤투(Hetuḥ) 227, 249, 254, 380, 502

타임니 요가수트라 강의

초판 1쇄 발행 2025년 10월 15일

지은이 I. K. 타임니
감수자 이숙인
옮긴이 정솔빛
펴낸이 이수미
편집 김연희
표지 디자인 이지선
본문 디자인 김미연
마케팅 임수진
종이 세종페이퍼 **인쇄** 두성피엔엘 **유통** 신영북스
펴낸곳 나무를 심는 사람들
출판신고 2013년 1월 7일 제2013-000004호
주소 서울시 용산구 서빙고로 35 103동 804호
전화 02-3141-2233 **팩스** 02-3141-2257
이메일 nasimsabooks@naver.com
블로그 blog.naver.com/nasimsabooks
인스타그램 instagram.com/nasimsabook

ISBN 979-11-93156-32-2